남명학의 현장 권5

오이환

지은이 오이환

1949년 부산에서 출생하여, 서울대학교 철학과를 졸업하였다. 동 대학원 및 타이완대학 대학원 철학과에서 수학한 후, 교토대학에서 문학석사 및 문학박사 학위를 수여받았다. 1982년 이후 경상대학교 철학과에 재직해 왔으며, 1997년에 사단법인 남명학연구원의 제1회 학술대상을 수상하였고, 제17대 한국동양철학회장을 역임하였다. 주요 저서로는 『남명학파연구』 2책, 『남명학의 새 연구』 2책, 『동아시아의 사상』, 편저로 『남명집4종』 및 『한국의 사상가 10인—남명 조식—』, 교감으로 『역주 고대일록』 3책, 역서로는 『중국철학사』(가노 나오키 저) 및 『남명집』, 『남명문집』 등이 있다.

남명학의 현장 권5

1판 1쇄 인쇄: 2013년 09월 20일
1판 1쇄 발행: 2013년 09월 30일

지은이: 오이환
펴낸이: 홍정표
펴낸곳: 글로벌콘텐츠
등 록_제25100-2008-24호

공급처: (주)글로벌콘텐츠출판그룹
이 사_양정섭
디자인_김미미
편 집_노경민 배소정 최민지
기획·마케팅_이용기
경영지원_안선영
주 소_서울특별시 강동구 천중로 196 정일빌딩 401호
전 화_02-488-3280
팩 스_02-488-3281
홈페이지_http://www.gcbook.co.kr
이메일_edit@gcbook.co.kr

값 28,000원
ISBN 978-89-93908-86-2 94150
978-89-93908-81-7 94150(전5권 세트)

남명학의 현장 권5

오이환 지음

글로벌콘텐츠

머리말

나는 1987년 정월 초하루부터 일기를 쓰기 시작하여 오늘에 이르기까지 계속해 오고 있다. 그 이전에도 일기 쓰기를 시도해 본 적은 몇 번 있었으나, 대체로 그다지 오래 지속되지 못했다. 그 무렵 일기를 다시 써보게 된 계기는 너무 오래 전 일이라 지금으로서는 정확하게 기억해내지 못하나, 아마도 당시 내가 『孤臺日錄』이나 『端磎家曆日記』 등 선현들의 일기를 발견하거나 혹은 그 학술적 가치를 확인하여 학계에 보고한 것이 계기가 되지 않았을까 싶다. 그렇게 시작된 일기가 지금까지 25년이 넘는 세월동안 지속된 것은 그 무렵 이후부터 나의 일상생활이 점차 규칙적으로 되어 간 데에 근본 원인이 있는 듯하다. 오후 9시에 취침하여 오전 4시에 기상하는 것을 원칙으로 삼는 생활을 시작한 지로부터도 이미 20년 정도의 세월이 지난 것이다. 그러므로 아침 8시에 출근하기 전까지 네 시간 정도의 시간적 여유가 있는 셈이다.

이미 환갑을 넘겨 정년퇴직을 얼마 남겨두지 않은 이즈음, 나는 일기의 출판을 생각해 보게 되었다. 그것은 자신이 살아서 아직 사회적 활동을 할 수 있는 여력을 어느 정도 남겨두고 있는 시기에 그렇게 하지 않고서는, 장차 이 일기가 흐지부지 사라져 버리거나 자신의 의사와는 상관없이 내용이 변개될 가능성도 배제할 수 없겠다는 우려 때문이다. 그래서 재작년 11월에 『남명학의 새 연구』 출판을 위한 작업을 모두 끝내고 난 이후부터 일기의 정리 작업에 착수하였다. 처음 노트에 적기 시작했던 부분을 컴퓨터 파일로 옮겨 입력하고, 오래된 파일도 점검하기 시작했다. 이렇게 하여 대충 정리된 파일들을 작년에 어느 출판사로 보내보았더니, 신국판 권당 500쪽의 형태로 한다면 약 20책의 분량이 되겠다는 회답이 있었다.

자신으로서는 매일 새벽에 그 전날의 일기를 적어왔고, 혹시 못 쓰게 되는 일이 있으면 다음 기회에 반드시 보충해 넣었으므로 빠진 날이 없을 것이라고 생각했지만, 파일을 정리하다보니 빠져 있는 부분을 몇 군데 발견하게 되었다. 그러나 그런 것도 후일 다른 파일을 통하여 빠진 부분이 들어 있는 걸 발견한 경우가 있으므로, 아마도 결락이 생긴 것은 파일의 복사 과정에서 생긴 하자가 아닐까 생각된다.

일기란 사적인 기록이다. 저명인사의 자서전이라 할지라도 그다지 팔리지 않는 경우가 많다고 들었는데, 저명하지도 않은 사람이 쓴 이 정도 되는 분량의 일기를 맡아서 출판해 줄 회사를 찾기가 어려운 것은 당연한 일이다. 또한 나로서는 남길만한 가치가 있는 내용으로 판단한 부분이라 할지라도 자신과 타인의 사생활을 세상에 노출시킨다는 것은 무척 염려스러운 점이기도 하다. 그래서 생각해 본 것이 일기 중 사적인 요소보다는 사회적 성격이 보다 많은 부분만을 발췌 편집하여 출판하는 것이었다.

그 중 첫 번째로 고려해 본 것은 나의 학문적 활동이다. 1987년은 남명학연구원이 설립된 다음해이고, 나의 남명학에 관한 연구 논문이 처음 출판된 해이다. 작년에 간행된 『남명학의 새 연구』 서문에서 공언한 바와 같이, 나는 이제 오랫동안 계속해 온 그 분야에 관한 연구를 접으려 하고 있다. 그러므로 자신의 연구 역정을 마무리 짓고 자신이 그 현장에 참여해 온 남명학의 연구사를 정리해 본다는 것은 그런대로 시의적절하고도 의미 있는 일이리라고 생각된다. 물론 나로서는 그때부터 남명학에 관한 연구나 그것을 위한 답사 및 문헌 수집을 시작했던 것이 아니고, 또한 남명학의 연구가 반드시 남명학연구원의 설립으로부터 시작된 것도 아니다. 그러나 대체로 말하자면 이 일기가 시작된 시점은 그 초창기에 속한다고 할 수 있다.

나는 이 책 속에 반드시 남명학에 관한 내용이 아닌 것도 다소 포함시켰다. 그러므로 이 책은 나의 학문 및 저술활동 일반을 포괄한 것이라고 할 수 있겠다. 그리고 이 책에 이어 나의 해외여행에 관한 기록 및 국내 여행과 등산에 관한 기록도 출판할 것을 계획하고 있다. 『남명학의 현장』의 출판에 즈음하여, 그 출판을 선선히 수락해 주신 (주)글로벌콘텐츠출판그룹의 홍정표 대표이사님과 재정적 지원을 통해 출판을 가능케 해주신 사단법인 남명학연구원의 조옥환 부이사장님께 심심한 사의를 표한다.

2013년 5월 24일
오이환

목 차

남명학의 현장 권5

2007년

1월

2 (화) 맑음

≪경향신문≫으로부터 위촉받은 서평의 입력을 시작하여 퇴근 무렵에 12.1장의 분량으로 된 원고를 첨부하여 이메일로 김진우 기자에게 부쳤다. 꽤 신랄한 비판을 담았으므로 주저되는 마음이 없지 않았다.

3 (수) 흐림

새벽에 일어나 이메일을 열어보니 ≪경향신문≫의 김진우 기자로부터 어제 오후 7시 43분에 회신이 와 있었는데, 원고를 수정해 보내달라는 요청이었다. "저자나 남명학연구원 소개보다는 두 책의 내용 소개를 좀 더 해 주셨으면 합니다. 특히 『남명사상의 재조명』에서 어떤 내용이 다뤄지고 있는지를 좀 더 설명해 주셨으면 합니다."라고 되어 있었다. 요컨대 논평보다는 책 소개에 치중해 달라는 주문이었다. 오늘 종일 작업하여 거의 전면적으로 수정한 원고를 오후 4시 23분에 첨부해 보냈다. 4시 37분에 잘 받았다는 말과 더불어 내 주소를 알려달라는 회신이 왔으므로, 주소와 더불어 "보통의 경우 서평을 요청할 때는 그 대상이 되는 책을 보내주는 것으로 아는데, 이번에는 그것이 오지 않았으나 마침 수중에 그 책들이 있어서 이럭저럭 시간을 맞출 수 있었습니다."라는 말을 덧붙여 보냈다.

4 (목) 맑음

오랫동안 중단해 두었던 『남명집』의 발췌 번역 작업을 다시 시작하여 200자 원고지 174.6매의 분량까지 나아갔다.

5 (금) 맑음

출근하여 번역 작업을 시작하였는데, 인문대 행정실로부터 전화가 걸려왔다. 오늘 2007학년도 대학입학전형(정시 가군) 실기고사를 시행하는데, 사범대학 예·체능 계열 중 미술교육과의 감독위원을 맡기로 예정된 독문과의 신임 신용민 교수가 출장 중이므로 내가 대신 가 줄 수 없겠느냐는 것이었다. 좀 황당했지만 거듭 부탁하므로 부득이 수락했다.

오후에 번역 작업을 계속하여 192.1매의 분량까지 나아갔다.

8 (월) 맑으나 쌀쌀함

지난주에 이어 『남명집』의 번역 작업을 계속하여 『심경』 발문에까지 이르렀다.

오후에 권오민 교수가 연구실로 찾아와 그가 최근에 탈고한 두 논문 「緣起法이 불타 自內證이라는 經說 검토—불타 깨달음은 연기법인가?(Ⅰ)」 「4聖諦와 12緣起—불타 깨달음은 연기법인가?(Ⅱ)」의 요지를 일본어로 번역해 달라고 하므로, 하던 일을 중단하고서 퇴근 시간까지 그 작업을 하였다.

9 (화) 맑음

권오민 교수의 논문 두 편 요지를 일본어로 번역하는 작업을 마치고서, 그와 함께 모처럼 문산의 수궁어탕 식당으로 가서 메기탕으로 점심을 들고 학교로 돌아왔다. 오후에는 『남명집』의 번역 작업을 계속하여 208.4매까지 나아갔다. 발문 부분을 마쳤다.

10 (수) 맑음
『남명집』 번역 작업은 216장 부친 조언형의 묘갈명 부분까지 나아갔다.

11 (목) 맑음
번역 작업은 227장까지 나아갔다.

12 (금) 맑음
번역 작업을 계속하여 239.9장 申繼誠의 墓表까지 나아갔다.

15 (월) 맑음
『남명집』의 번역 작업을 계속하여 200자 원고지 249매의 분량까지 나아갔다.

본교 남명학연구소의 기관지 『남명학연구』 제22집이 배부되어져 왔으므로, 퇴근 때까지 거기에 수록된 글들을 「남명학관계기간문헌목록」에다 추가하고서 수록된 내용을 훑어보았다. 휘보에 의하면, 작년 3월 22일자 평의원회의에서 연구소의 규정을 개정하여, 종래에 유명무실했던 "평의원회를 없애고, '예산 및 결산에 관한 사항'과 '제규정의 제정 및 개정에 관한 사항'을 연구소총회에서 심의 의결하도록" 하였다고 한다. 그렇다면 앞으로 연구소의 운영에 관한 모든 사항은 임원들끼리 결정하고 따로 평의원회의 승인을 받지 않는다는 것인데, 임원이란 소장이 한문학과의 H 교수로서 4회 계속 연임 중이고, 부장 다섯 명 중 네 명이 한문학과 교수이니, 한문학과에서 알아서 운영한다는 것인 셈이다.

≪경향신문≫의 김진우 기자로부터 내가 쓴 서평이 실린 금년 1월 6일 토요일자 '경향2, 책과 삶'이 세 부 우리 집으로 우송되어져 왔다.

16 (화) 흐림
오전 중 어제에 이어 『남명학연구』 제22집의 내용을 훑어보았다. 말미에 첨부된 2006년 3월 22일자로 개정 시행하는 새 남명학연구소 규정에는 평의원회 조항이 없고, 제11조 운영회의 조항의 제1항에 "연구소 운영의 효율성을 기하기 위하여 소장·부장으로 구성된 운영회의를 둔다."고 되어 있고, 그 제2항에 "운영회의에서는 연구소의 운영에 관한 실질적인 업무를 토의·의결한다."고 되어 있다.

휘보에 의하면, 2006년 5월 19일에 『남명학연구』 제21집 제1차 편집회의가 개최되었는데, 거기서 총 투고논문 16편 중 기획논문 6편, 일반논문 10편에 대한 심사위원을 위촉하기로 하고, 6월 1일의 2차 편집회의에서 기획논문 6편 모두 심사를 통과해 다 개재하기로 하고 일반논문 10편 가운데서 심사를 통과한 3편만 싣기로 결정하였으며(게재율 56%), 그 때 내 논문 「선조 시기의 정인홍」도 일반논문으로서 게재하기로 결정되었다. 11월 20일에는 제22집 제1차 편집회의가 열렸는데, 총 투고논문은 18편으로서, 그 중 기획논문은 6편, 일반논문은 12편이며, 12월 4일의 제2차 편집회의에서 기획논문 6편은 모두 심사를 통과하고, 일반논문 12편 중 5편의 게재가 결정되었다(게재율 61%). 그 때 나의 논문 「전은과 토역의 논리」는 싣지 않기로 결정된 것이다. 물론 본교 한문학과 교수들의 논문은 모두 기획논문으로서 100% 게재했는데, 이번 제22집의 경우 기획논문 6편 가운데서 한문학과 교수들의 것이 네 편이었다.

오후에 번역 작업을 계속하여 252.4매까지 나아갔다.

2월

2 (금) 맑음

어제 입력한 강의계획서의 수정 보완 작업을 마쳤다. 나는 새 학기에 가상강의로 개설하는 균형교양 '동아시아의 사상'('동아시아의 철학사상'을 이번 학기부터 개명, 2학점)을 교내용 한 강좌 교류용 한 강좌로 나누어 두 강좌, 학부의 중국철학특강(2학점)에서 13經 중에 포함되는 『孝經』과 『爾雅』, 교육대학원 철학교육전공의 한국철학사특론(2학점)에서 한국유학사, 일반대학원의 한당유학연구(3학점)에서 董仲舒의 『春秋繁露』를 각각 다루게 된다.

지난번에 교내의 인문학연구소로부터 연구소 평가를 위해 필요하니 2006년도 중에 간행된 연구실적물이 있으면 저자의 소속을 인문학연구소로 명기하지 않은 것이라도 좋으니 보내달라는 요청이 거듭 있었으므로, 『남명학연구』 제21집에 실린 내 논문 「선조 시기의 정인홍」 별쇄 한 부를 조교를 통해 보내준 바 있었다. 오늘 오전에 인문학연구소장인 류재천 씨로부터 전화가 걸려와 남명학연구소와 더불어 이중으로 제출하지 않았는지를 물으므로 남명학연구소에는 따로 제출한 바 없다고 대답하였는데, 그 직후에 남명학연구소의 조교로 짐작되는 남자로부터 전화가 걸려와 그 실적물을 남명학연구소 소속의 것으로 해 달라고 요청하였다. 그는 내가 남명학연구소의 책임연구원이라는 점을 이유로 들었지만, 나는 평소 이 연구소의 운영에 관여한 바가 없고 남명학연구소는 한문학과가 맡아 하는 것이라는 점을 들어 이미 제출한 실적물의 소속을 변경할 생각이 없음을 밝혔다. 그 이후 인문학연구소 측으로부터 또다시 이중으로 제출하지 않는다는 서약서를 제출해 달라는 요청이 있었지만, 그럴 생각까지는 없다고 조교를 통해 회보했다. 2006년 6월에 간행된 『남명학연구』 제21집에 의하면, 평의원회 해체 당시 이 연구소의 마지막 평의원은 정치행정학부의 徐陽重, 중문과의 朴秋鉉, 지리교육과의 范善奎였다.

5 (월) 맑음

한국사상문화학회의 기관지 『한국사상과 문화』 제35집(2006.12.31)이 우송되어져 왔는데, 그 주간이자 회장인 한국체육대학의 金益洙 교수가 메모를 동봉하여 『한국유학사상사』 '제6부 정주성리학과 교학 및 경세사상' 가운데서 '2. 성리학의 구축과 교학 및 경세사상' 중 '2) 조남명의 성리학과 교학사상' 부분을 100매 전후의 분량으로 정리하여 2007년 2월 말까지 보내줄 것을 요청해 왔다. 마감 날짜가 얼마 남지 않았음에도 불구하고 이런 갑작스런 요청을 해 오는 것이 황당하여 총간사인 윤종일 박사에게 전화를 걸어 좀 문의해 보았다. 이는 1. 한국문학, 2. 역사, 3. 철학, 4. 문화의 네 분야로 나뉘어 간행될 예정인 '동방사상과 학술문화총서' 가운데서 철학 부분에 해당하는 것으로서, 기왕에 발표했던 것을 적당히 수정하여 보내주면 되며, 마감일은 그다지 신경 쓰지 않아도 된다는 것이었다. 일단 수락해 두었다.

지난주 인문학연구소에서 요청해 온 내 연구실적물에 대한 서명에는 응하지 않는다는 의사를 이미 전달한 바 있었지만, 오늘 학과 조교가 우편물 등을 가지고서 연구실로 찾아와 대학본부 측에서도 역시 서명을 요청한다는 것이었다. 인문학연구소장인 류재천 교수와 통화하여, 이왕 서명까지 해야 하는 것이라면 역시 남명학연구소의 연구원으로서 제출하는 편이 낫다는 데 대한 동의를 얻어, 서명한 것을 남명학연구소 사무실로 보냈다.

6 (화) 맑음

인문대 교수휴게실에 들렀더니, 전체 교수회장 강호신 씨가 내가 몇 년 전 인문대학 교수회장을 하던 시절에 직원과 학생의 총장선거 및 대학평의원회 참여 문제와 관련하여 본교의 전체교수들에게 이메일로 첨부하여 보낸 글 「진보와 대학민주주의」를 보여 달라고 하므로, 내 연구실로 올라가 그것을 찾아서 이메일로 첨부하여 보냈다. 교수회 40년사 편찬을 위한 자료로서 필요한 것이라고 했다.

17 (토) 비

밤 3시 반쯤에 집에 도착하여 샤워를 한 후 취침하였다. 늦잠을 자고서 기상하여, 중국에 가 있었던 기간의 밀린 신문들을 읽고, 우편물과 이메일들을 점검하였다.

일본의 武本民子 여사가 예전에 살던 럭키아파트로 보낸 연하장이 이제야 내 손에 떨어졌고, 조옥환 사장이 매년 그래왔듯이 명절 선물로서

사과 한 상자를 보내왔다.

20 (화) 맑음

국민대학교 한국학연구소 관인·관직 연구팀의 徐廷文이라는 사람으로부터 봉투에 든 우편물이 도착하였다. 열어 보니 「朝鮮中期 文集編刊과 門派形成」이라는 제목으로 된 그 대학 국사학과의 2006년 12월 문학박사 학위논문이었다. 『퇴계집』『남명집』『율곡집』의 성립 과정을 다루었는데, 鄭萬朝 씨가 지도교수였다. 좀 읽어보니 인조반정 이전 시기 『남명집』의 초기 판본 문제에 대해 내 논문에서 피력된 견해와 김윤수·이상필 등 본교 남명학연구소 측의 견해를 면밀히 비교 검토한 후 전폭적으로 나의 견해를 따른 것이었다. 앞표지 다음의 빈 종이에다 헌사를 쓰고서 노란 메모지를 첨부하였는데, 거기에 "선생님의 논문을 통하여 많은 것을 배웠습니다. 그래서 무례를 무릅쓰고 부족한 제 학위논문을 보내드립니다. 많은 지도와 편달을 앙망합니다. 예를 다 갖추지 못합니다."라는 말이 적혀 있었다.

근자에 김경수 군으로부터 들은 바에 의하면, 이 논문의 지도교수인 정만조 씨는 김충렬 씨가 남명학연구원장을 사임한 이후 경북대 사학과의 문경현 교수와 더불어 그 후임 물망에 올라 있는 사람이다. 몇 년 전 남명 탄신 500주년 기념 국제학술대회 참석차 그 대회장인 산청의 삼성연수원으로 와서 나를 만났을 때, 남명학에 관한 나의 연구 성과에 대해 타인이 더 손댈 바 없을 정도로 완벽한 것이라고 말한 바 있었다.

21 (수) 맑음

본교 전 총장이며, 법대 학장 시절 우리 내외의 결혼식 주례를 맡아준 바 있는 徐永培 박사가 연구실로 전화를 걸어와 점심을 같이 하자고 했다. 정오 무렵 시청 서문 앞으로 가서 서 박사와 전 산청 부군수 조용규 씨를 만나 함께 근처의 上大洞 286-15번지에 있는 운수대통맛정식이라는 대나무통밥 전문 식당으로 가서 점심을 들며 대화를 나누었다. 부산교통의 조옥환 사장은 이미 거의 80대에 접어들어 자기 이후를 대비해서인지 사단법인 남명학연구원을 대체할 한국선비문화연구원이라는 기관의 설립을 추진 중이다. 서 총장은 그 추진위원장을 맡고 조 씨는 기획실장을 맡아 있으며, 다음 주에 시내의 갑을가든에서 설립 발기대회를 가질 예정인데, 앞으로 나와 자주 만나 대화를 갖고 싶다는 것이었다. 그들은 현재 덕산의 남명기념관 부지를 대폭 확장하여 거기에다 국비 및 도비 지원 200~250억, 자체 조달자금 15억 정도의 예산으로 안동의 한국국학진흥원과 비슷한 규모로 건물을 짓고 연구와 교육 양 측면에서 남명학을 선양하는 사업을 추진하려 한다는 것이었다. 기존의 한국학중앙연구원이나 한국국학진흥원과는 차별화된 방향으로 사업을 추진할 계획이라고도 말했는데, 그것은 결국 이론적 연구보다는 정신교육과 연수 쪽에 중점을 둔다는 뜻인 듯했다.

22 (목) 맑음

어제에 이어 서정문 씨의 학위논문을 마저 읽었다. 퇴근 무렵 서 씨에게 답장을 써서 조교를 통해 부치게 했다. 그 글의 말미에서, 서 씨의 지도교수인 鄭萬祚 교수에게 안부를 전해 달라는 말과 더불어, 정만조 교수에게 내가 남명에 관해 연구한 성과를 망라하여 서울에서 출판할 기회가 있을지 물어봐 주면 어떻겠느냐고 운을 떼 두었다.

23 (금) 맑음

남명로로 접어들어 함양 쪽으로 가는 국도를 따라 차를 달려 오후 1시 무렵에 한국동양철학회 2007년 제52차 동계학술회의가 열리는 함양용추자연휴양림에 도착하였다. 이른바 安義三洞 중 尋眞洞의 골짜기 안쪽 깊숙한 곳에 자리 잡은 것이었다. 그 근처 대추나무집이란 식당에서 혼자 점심을 들고서 오후 2시 남짓부터 시작된 학술회의에 참석하였다. 이번 학회의 전체 주제는 '동양철학과 한의학'이었다. 사단법인 인산학연구원 소장인 함양의 김윤수 씨가 후원을 맡아 초대하였으므로 이곳에서 이러한 주제로 학회 모임을 가지게 된 것이다. 참석자는 스무 명 남짓에 지나지 않았다. 김 씨는 『남명집』의 판본 문제를 두고서 나와 크게 대립했던 인물이며, 본교 남명학연구소를 장악하고 있는 한문학과 교수들은 지금까지도 그의 설을 지지하고 있다.

학회 총무인 건양대 김문준 교수의 사회로 회장인 대전대 송인창 교수의 인사와 김윤수 씨의 환영사가 있은 후 주제발표에 들어갔다. 동의과학연구소 박석준 소장이 「李濟馬 天機論의 구조」를 발표하고 김문준 총무가 논평을 하였으며, 두 번째로 호서대 김시천 씨가 「감각과 신체—고대 중국철학과 한의학에서 본 신체 지각과 인체 과학」을 발표하고 영산대 김상래 씨가 논평하였다. 그 다음은 휴식이었는데, 나는 세 번째 발표인 영산대 성호준 씨의 「儒學과 의학—儒醫를 중심으로—」 및 충남대 金世貞 교수의 토론에는 참석하지 않고 강당 입구의 로비에서 서울 마포 합정동에 있는 민족문화문고 문용길 사장이 가져와 전시하고 있는 영인본과 간행도서들을 계속 검토하다가 그 중에서 16만 원어치를 구입하였다.

마지막 제4주제인 인산한방암의학연구소 소장 겸 인산한의원 대표이사의 직함을 가진 최은아 씨의 「인산의학철학의 암 원리」와 대독된 원광대 강의교수 임채우 씨의 논평에는 도중부터 참석하였다. 최은아 여사의 소개에 의하면 仁山 金一勳(1902~1992)의 경우 "현재 선생의 삼남 김윤수가 유지를 받들어 사단법인 인산학연구원(www.insan.org) 및 부설 인산한의원, 인산한방암센터, 인산죽염촌을 설립하여 인산선생의 사상과 의학을 연구 보급하고 있다."고 한다. 그녀는 김윤수 씨의 부인이며, 숙명여대 출신이라고 들은 바 있었다.

주제발표가 모두 끝난 후, 송인창 회장이 좌장이 되어 종합토론이 있었다. 발표자와 토론자의 추가 응답이 있은 후, 송 회장이 플로어 중에서 나를 첫 번째로 지명하여 토론을 요청하므로, 김시천·최은아 씨가 사용하는 과학이라는 말의 개념과 박석준 씨의 주자 성리학에 대한 설명이 지닌 문제점에 대해 언급하였다.

24 (토) 맑음

자연휴양림을 떠나 계곡을 내려오는 길에 용추폭포에 들렀고, 이어서 함양의 灆溪書院과 一蠹 鄭汝昌 묘소 그리고 함양 介坪 마을에 있는 일두 종택에도 들렀다. 함양군 수동면 원평리에 있는 水東메기탕이라는 식당에 들러 메기탕으로 점심을 든 후 학회 참석자들 및 초청자인 김윤수 씨와 작별하여 갔던 길을 따라서 귀로에 올랐다. 김윤수 씨는 자택 외에 함양 읍내에다 인산한의원을 경영하기 때문인지 경제적으로 꽤 부유해 보였고, 여기저기에 기부도 많이 하고 있는 모양이었다.

남명학연구원으로부터 우리 집에 '(재)한국선비문화연구원 설립 발기인 총회 개최에 따른 초대'라는 제목의 우편물이 도착해 있었다. 그것에 의하면, 한국선비문화연구원은 남명 조식을 비롯한 우리 선조들의 선비정신과 선비문화를 연구하고 새롭게 정립하여 이를 확산하고, 선비문화의 교육을 통하여 한국의 미래사회를 이끌어갈 새로운 정신교육과 인재양성의 중심 센터 역할을 목적으로 사단법인 남명학연구원을 재단법인 선비문화연구원으로 확대개편 설립하는 것이다. 지난 1월 25일 진주 갑을가든에서 경남도내 시군 향교 전교 및 문화원장, 서원 대표, 경남도 및 산청군 관계 인사 등 200여 명이 참석한 가운데 설립 발기회를 개최하여 추진위원회의 임원을 선임하였고, 이제 도내 시군 향교 전교 및 문화원장, 남명학연구원 이사 등을 초청하여 운영위원 선임 및 사업계획 등에 관한 총회를 개최하고자 하는 것이라고 한다. 중식시간을 포함하여 2월 28일 오전 11시부터 오후 3시까지 천수교 옆의 갑을가든에서 개최하며, 문경현 경북대 명예교수가 「한국 제일의 선비 남명 조식선생」, 박병련 한국학중앙연구원 교수가 「영남지역 남명학파의 실상」에 관한 강연도 행하는 것으로 되어 있다. 설립 추진위원장은 이현재 덕천서원 원장(전 국무총리)이며, 집행위원장은 서영배 전 경상대학교 총장이다.

26 (월) 맑음

서울대학교 철학과의 정원재 교수가 대표자로 되어 한국학술진흥재단의 지원을 받아 행해지는 조사 작업 실무를 맡은 이화라는 여성이 내게 전화를 걸어와 내 연구업적과 관련한 자료에 대해 물으므로, 단행본인 『남명학파연구』 『南冥集四種』 『동아시아의 사상』에 대해 언급해 두었다. 이 책들을 구해 pdf 자료로서 저장하겠다고 했다.

27 (화) 맑음

사단법인 남명학연구원으로부터 나를 재단법인 한국선비문화연구원 설립추진위원회 추진위원으로 위촉하는 위촉장이 든 우편물이 배달되어져 왔다.

28 (수) 맑음

오전 11시부터 오후 3시까지 갑을가든 3층의 크리스털 홀에서 열린 재단법인 한국선비문화연구원 설립 발기인 총회에 참석하였다. 나는 서영배 집행위원장의 권유로 서영배 前 본교 총장 및 권정호 남명학연구원 이사장, 하유집 덕천서원 외임, 그리고 오늘의 특별강연을 맡은 박병련 한국학중앙연구원 교수 겸 남명학연구원 부원장, 문경현 경북대학교 명예교수와 한 테이블에 앉았다. 박 교수의 강연 중에 내 이름이 여러 번 거론되었다. 조옥환 사장도 일부러 우리 테이블로 옮겨 와 고맙다고 하면서 내게 반갑게 대해주었다. 내가 이런 모임에 참석한 것은 약 5년 만인 듯하다.

근자에 김경수 군으로부터 들은 바에 의하면, 퇴임한 김충렬 교수 이후의 남명학연구원장으로는 국민대학교의 정만조 교수와 문경현 교수가 거론되고 있다는 것이었는데, 오늘 내 옆 자리에 앉은 문 교수는 몇 년 전에 교통사고를 당해 보행이 불편하므로 걸을 때는 등산용 스틱 두 개를 사용하고 있었다. 조옥환 사장의 말로는 김충렬 교수에게 후임 원장을 추천해 주도록 부탁해 놓았다는 것이었다.

3월

2 (금) 비

한국사상문화학회에서 집필을 위촉해 온 『한국유학사상사』 제6부 2절 2항 「조남명의 성리학과 교학사상」 부분의 입력을 시작했다. 원고용지 100매 전후의 분량으로 2월말까지 간사인 윤종일 박사에게 보내달라는 요청이었다. 이미 발표했던 것을 가지고서 정리하여 보내주면 되며 마감일에 구애받지 않아도 된다는 것이었으므로, 한국국학진흥원에서 간행한 『한국유학사상대계』 제2권에 수록된 내 글 가운데서 남명의 사상 부분만을 발췌하여 정리할 생각이다.

6 (화) 늦추위

한국사상문화연구원에서 간행할 예정인 『한국유학사상사』 중 제6부 2장 2항으로서 위촉받은 「조남명의 성리학과 교학사상」 부분의 원고를 115.8장의 분량으로 줄여 그 간사인 윤종일 박사에게로 송부하였다. 이어서 『남명학연구』 제22집에 투고했다가 채택되지 못한 나의 논문 「全恩과 討逆의 논리 (1)」을 서울대학교 철학사상연구소가 발간하는 『철학연구』 제24호에 투고하기 위해 수정하는 작업을 시작하였다. 담당간사인 강희경 씨에게 전화하여 최근의 투고규정을 한 부 이메일로 보내주도록 당부하였고, 그 제목을 「광해군 초기의 정인홍」으로 고친 다음, 머리말 부분을 대폭 고쳐 원고지 188장의 분량이었던 것을 일단 168.9장의 분량으로 줄여두었다.

7 (수) 꽃샘추위

『철학사상』의 편집을 맡고 있는 강희경 씨로부터 최근 투고규정을 이메일로 받았는데, 지난번에 받아둔 것과 별로 차이가 없었다.

8 (목) 맑음

새벽에 예문서원으로부터 이메일로 보내져 온 내 저서 『동아시아의 사상』 인세계산서를 보았다. 이에 의하면 2006년 한 해 동안 이 책의 판매 부수는 총 14권으로서 인세는 9800원인데, 만 원 이하의 금액은 다음 분기로 이월해서 지급하겠다는 것이었다. 지난 학기 내 강의의 수강생은 138명이었던 것으로 기억되는데, 그 학생들 거의 모두가 주교재인 이 책을 사지 않고서 자료실에 올려 진 이 책 출판을 위한 파일들을 가지고서 공부했으며, 심지어는 그 파일들을 복사해 가지고서 시험 답안에다 베껴 넣기도 했던 것이다. 이즘 학생들의 약고 천박한 의식구조에 환멸을 금할 수 없었다. 지금까지 이 과목의 과제물로는 강의계획서에 열거된 주교재를 제외한 다섯 종류의 참고도서 중 하나를 선택하여 서평을 쓰도록 하는 것이었는데, 오늘부터 서평의 대상 속에 주교재도 포함시키는 것으로 고쳤다.

논문 작업을 계속하여 「남명학관계기간문헌목록」 가운데서 정인홍 관계 문헌을 뽑아 따로 목록을 하나 만들었고, '머리말' 부분의 보완 작업을 계속하였다.

9 (금) 맑음

논문 작업을 계속하여 머리말 부분의 입력을 마쳤다. 총 177.1장이 되었다. 후자의 경우, 이 글을 지난번 『남명학연구』 제22집에 투고했을 때 심사했던 세 명의 평을 참고로 하여, 그 중 수용할 수 있는 것은 수용하고 그렇지 못한 것에 대해서는 내 나름의 설명을 하는 방식으로 수정해 나갔다.

12 (월) 꽃샘추위

오늘 아침 ≪경남일보≫에서 강동욱 기자가 쓴 '동양철학과 한의학 관계성 논의~인산학연구원-동양철학회 함양서 학술대회' 라는 제목의 사진이 첨부된 기사를 읽었다. 지난 2월 23일부터 24일까지 함양 용추

자연휴양림에서 개최된 한국동양철학회 동계학술대회를 소개한 것이었다. 이 기사는 이미 뉴스라 할 수 없을 정도로 게재시기를 크게 놓친 것이며, 게다가 사단법인 인산학연구원과 그 원장 김윤수 씨의 홍보에 초점을 맞춘 것이었다. 김 씨가 본교 남명학연구소를 장악한 한문학과 교수들과 밀접한 인적 관계를 가지고 있으므로, 한문학과 시간강사이자 H 교수로부터 석·박사논문지도를 받았던 강 기자가 뒤늦게 그 소식을 듣고서 기사화한 모양이다.

저녁 무렵 부속 박물관의 류창환 학예사가 방문해 와 함께 대화를 나누었다. 「광해군 초기의 정인홍」 중 기왕에 입력해 둔 부분에 대한 수정 작업을 마치고서 맺음말을 입력하기 시작하였는데, 도중에 류 박사가 찾아와서 한참동안 대화를 나누다가 돌아간 후에 작업을 계속하려다 보니 컴퓨터의 모니터가 꺼져 있었으므로, 나는 그것이 전기 절약모드인 줄을 깜박 잊고서 전원이 꺼진 줄로 착각하고서 새로 컴퓨터 본체의 전원 버턴을 눌렀더니, 오후 동안 작업한 내용이 저장되지 않은 채 모두 날아가 버렸다.

13 (화) 맑음

오전 중 정병표 목사가 연구실로 방문해 왔다. 박사논문 제출 자격을 얻기 위한 종합시험 준비 때문이었다.

한국사상문화학회가 편찬하는 『동방사상과 학술문화』 총서 사무의 총간사인 서울 서일대학교 민족문화학과 윤종일 박사와 통화하여 내가 최근에 탈고해 보낸 원고가 편집 원칙에 적합한지를 묻고 아울러 출판일정에 대해서도 물어보았다. 그의 대답으로는 내가 보낸 원고에 문제는 없으며, 1. 한국문학, 2. 한국사학, 3. 한국철학, 4. 한국문화의 네 부로 구성되는 이 총서 가운데서 내 글이 들어가는 철학 편은 부여에 있는 민족문화학교의 최영성 교수가 편집 책임을 맡았고, 현재까지 70편의 위촉된 원고 중 30여 편이 입수되었으므로, 올해 중 출판은 무리가 없을 것이라고 했다. 그의 설명을 들은 후 이 학회의 네이버 카페 홈페이지에 접속하여 총서의 전체 목차와 그 집필자들에 대해 알아보았다.

14 (목) 흐림

정병표 목사에게 이메일을 보내, 학위논문에 대한 내 생각을 알려 주었다. "요컨대 나로서는 박사학위논문의 수준에 다다르지 못한 것을 개인적 안면이나 학위 후보자의 필요성을 감안하여 눈감아 주는 식으로지도 심사할 생각은 없다"는 것이었다.

15 (목) 흐리고 오전에 부슬비

퇴근 시간까지 논문 작업을 계속하여 '머리말' 부분을 수정 보완하고 제2절 '임해군의 역옥' 부분에 대한 수정을 시작하였다.

국민대학교 한국학연구소 관인·직인 연구팀에 속해 있는 徐廷文 박사로부터 회신을 받았다. 그동안 학교에 나가지 못해 이제야 내 편지를 보았다면서, 내 저술의 출판 건은 지도교수인 鄭萬祚 씨에게 말하겠다고 했다.

16 (금) 흐림

오후 5시에 남명학관 105세미나실에서 남명학연구소총회가 개최되었다. 참석자는 적었지만, 책임연구원 1/3의 출석으로 의결하도록 규정이 바뀐 모양이어서 성회에 문제는 없었다. 안건은 2006년도 결산과 규정 개정, 그리고 새 소장 및 감사 선출이었다. 2년 임기의 소장을 다섯 차례 연임하여 10년간 재임한 H 교수에 뒤이어 후임 소장으로는 현 총무부장이자 같은 한문학과인 최석기 교수가 선출되었다. 그들과 밀접한 관계에 있는 역사교육과의 김준형 교수가 최 교수를 추천하였는데, 최 교수는 인사말에서 마음 같으면 금년으로 연구소의 일을 그만두고 싶었는데, 며칠 전부터 분위기가 이상하게 돌아가 이런 결과가 되었다고 한 것으로 미루어, 최 교수의 선출은 역시 사전에 내정된 것이었다.

19 (월) 흐림

논문 작업을 계속하여 '맺음말' 부분의 입력을 대충 마쳤다. 183.4장의 분량이었다.

20 (화) 맑음

논문의 '맺음말' 부분에 대한 퇴고를 마쳤다. 185.6장의 분량이 되었다.

한문학과의 최석기 교수가 글을 쓰고 그 학과 강사를 하던 서예가 윤효석 씨의 글씨를 덧붙여 출판한 『남명 정신과 문자의 향기』(서울, 景仁文化社, 2007, 경상대학교 남명학연구소 남명학교양총서 09)를 한 권 보내 왔으므로, 그 내용을 훑어보았다.

21 (수) 맑음

논문 「광해군 초기의 정인홍」」을 전체적으로 다시 한 번 퇴고한 다음, 퇴근 얼마 전인 5시 22분에 이메일 첨부파일로서 서울대학교 철학사상연구소의 기관지 『철학사상』 제24호에 기고하였다. 국문과 영문 요지를 포함하여 총 분량은 185.7장이었다. 서울대학교 철학과 교수로 있는 후배 정원재 씨에게도 숨은 참조로 하여 함께 보냈다.

22 (목) 맑음

모처럼 『남명집』의 발췌번역 작업에 다시 착수하여 「乙卯辭職疏」 부분을 계속하였는데, 퇴근 시간까지 255.4장의 분량이 되었다.

저녁 무렵 부산의 어떤 남자로부터 전화를 받았다. 名古屋에 살고 있는 재일교포 정희승 씨의 조카라고 자신을 소개하면서, 내가 3월말 경에 정 씨와 한 번 만나기로 약속했었는데 아무런 연락이 없어 궁금해 한다는 것이었다. 나는 그런 약속을 한 기억이 없다고 했더니, 내가 오이환 교수 본인임을 확인한지 얼마 후 정희승 씨가 직접 일본으로부터 국제전화를 걸어왔다. 정 씨는 일본에서 광섬유를 생산하는 선텍이라는 회사를 경영하는 사업가로서 우리 역사에 관심이 있는 모양인데, 한국의 고향은

泗川市라고 한다. 名古屋외국어대학 등에서 강사를 하고 있는 사학자 貫井正之 씨로부터 내 말을 들었다면서, 자신이 3월 30일에 한국에 와서 4월 2일 무렵까지 체재할 예정이므로 그 사이에 나를 한 번 만나고 싶다는 것이었다. 4월 1일에 그가 체재하게 될 진주의 동방호텔에서 만나 함께 점심을 들기로 했다.

아세아문화사로부터 『2007년 상반기 도서목록 신간안내』와 더불어 영업부 과장 엄승진 씨의 명함이 부쳐져 왔으므로, 엄 씨와 통화하여 근자에 출판된 愼後聃(1702~1761)의 『河濱先生文集』 한 질(총 8책, 40만 원)의 할인구입 건과 아울러 내 저서의 출판 건에 대해 상의해 보았다. 그 책은 28만 원으로 구입이 가능한데, 얼마 후에 이메일로 다시 연락해 주기로 했고, 내 저서의 출판 건도 별 문제가 없으리라는 것이었다. 나는 예전에 서울대 국사학과 崔炳憲 교수의 소개로 이 출판사의 李昌世 사장을 몇 차례 면담하여 남명학자료총간을 영인 출판하는 문제를 협의한 바 있었으나, 내 쪽 사정으로 말미암아 그 일은 성사되지 않았었다. 이제 그것 대신 『남명학파연구』의 증보판을 이 출판사에서 간행해 보는 것도 의의가 있을 듯하다. 이창세 사장은 치매에 걸려 이미 오래 전부터 요양원에 입원 중이고, 현재 그 아들이 출판사 사업을 이어 받아 있다고 한다.

23 (금) 화창한 봄 날씨

「을묘사직소」 번역을 계속하여 263.6장의 분량까지 나아갔다.

연구실에서 본교 남명학연구소의 신임 소장인 한문학과 최석기 교수로부터 전화를 받았다. 4월 11일(수) 함안의 문화예술회관에서 열릴 예정인 학술대회에서 사단법인 남명학연구원 박병련 부원장의 晩醒 朴致馥에 관한 논문의 논평을 맡아 달라는 것이었다. 수요일에는 수업이 없으므로 승낙해 두었다.

『철학사상』의 편집을 맡고 있는 강희경 씨로부터 내가 투고한 논문에 대한 회답 이메일이 왔다. 6월 1일에 발간될 예정인 제24호에 게재하기 위해 투고한 논문들 중에서 이미 심사 통과된 논문들의 수가 많아 게재

논문 편수가 벌써 다 차버린 상태이므로, 내 논문은 심사 결과 게재 가능 판정이 나더라도 다음 25호(12월 1일 발간 예정)로 이월되어야 하는 상황이라면서, 이러한 일정으로 내 논문의 심사를 진행해도 좋은지를 묻는 내용이었다. 사정이 그렇다면 별 수 없다고 판단하여, 그렇게 진행해 달라고 했다.

아세아문화사의 엄승진 출판과장이 어제 나와의 통화에서 『하빈선생문집』의 구입가능 가격을 이메일로 알려주겠다고 했었으나 기다려도 그것이 오지 않으므로, 오늘 오후 2시 24분에 내가 먼저 이메일을 보내 다시 물었다. 오후 5시 39분에 엄 씨로부터 회답이 왔는데, 최대한 할인 가격은 26만 원까지이며, 내가 준비하고 있는 원고가 어느 정도 마무리되면 연락해 달라는 말을 덧붙여 놓았다. 오후 6시 2분에 회신을 보내 "알겠습니다. 구좌번호를 알려주십시오. 다음 주 월요일에 입금하겠습니다. 저서 출판 건은 적당한 시기에 다시 연락드리겠습니다."고 말해두었다.

26 (월) 맑음

오늘 배달되어져 온 경북대학교 퇴계연구소의 기관지 『퇴계학과 한국문화』 제40호(2007.2)의 기획주제 '竹牖 吳澐의 삶과 학문세계'에 실린 논문들과 그 참고 문헌에 보이는 남명학 관계 논문들을 「남명학관계기간문헌목록」에다 추가하였고, 「을묘사직소」의 번역을 계속하여 267.6장의 분량까지 나아갔다.

27 (화) 맑음

나는 그동안 정인홍이 선조 말년의 영의정 유영경에 대한 탄핵 상소로 말미암아 귀양 간 장소를 알지 못했었는데, 지난번에 읽은 서정문 씨의 박사학위논문에 그것이 적혀 있었다. 이번에 「광해군 초기의 정인홍」을 집필하면서 기억에 따라 귀양지를 강계라고 적어 넣었다. 그러나 서 씨의 논문이 우리 집에 있어 그 정보에 대한 확신이 가지 않았으므로,

오늘 집에 있던 그 논문을 연구실로 가져가 확인해 보았다. 그런데 이 논문(「朝鮮中期의 文集編刊과 門派形成」)의 122쪽에는 정인홍이 귀양 간 장소를 '寧邊'이라 하였고, 주석 126에서 그 근거를 '『선조실록』 42권 41년 1월 1일 기축'이라고 적어두었다. 그러나 내가 『조선왕조실록』을 검색해 보았더니, 그런 기록은 전혀 없었다. 불확실한 정보를 부정확하게 이용하여 뼈아픈 실수를 한 셈이다.

오후에는 「乙卯辭職疏」의 번역을 끝내고서 그 다음의 「丁卯辭職贈承政院狀」으로 들어가 276.1장의 분량까지 나아갔다.

28 (수) 맑음

오늘부터 2박3일간에 걸쳐 2007학년도 철학전공 답사를 떠나게 되었다. 작년의 안동 퇴계 권에 이어 금년 주제는 '남명 조식 선생의 일생과 사상'으로서 남명 및 그 대표적인 문도들의 유적을 둘러보게 되었다. 학과장인 배석원 교수가 부산교통의 조옥환 사장과 면담하여 사흘간에 걸쳐 기사를 포함한 관광버스 한 대를 무료로 지원받게 되었다.

인문대학 옆 운동장에서 오전 10시 무렵에 출발하였다. 배석원·류왕표·정병훈·이성환·오이환 교수와 학생 36명을 포함하여 40여 명이 출발하였다. 함께 간 대학원생 유재한 군을 제외한 본교 철학과 출신 시간강사 4명은 저녁 무렵 덕산의 남명기념관에서 합류하였다. 도동의 법원 뒤편 仙鶴山 중턱에 있는 守愚堂 崔永慶의 유적지 道江書堂, 수곡면 사곡의 覺齋 河沆 유적지 및 大覺書院, 그리고 각재의 조카인 松亭 河受一의 유적지 落水庵을 둘러본 후 단성 읍에서 점심을 들었다. 나는 남는 시간에 培養마을의 문익점 면화시배지 부근에 있는 眞庵 李炳憲의 培山書堂 입구에 새로 새워진 康有爲 손자의 친필을 새긴 비석을 둘러보았다.

산청읍 지리에 있는 西溪書院과 德溪 吳健의 묘소 및 胎室을 둘러본 후, 산청군 금서면과 삼장면의 경계를 이루는 백두대간 밤머리재를 넘어서 시천면의 남명기념관으로 갔다. 덕산에 도착한 이후로는 나를 대신하여 사단법인 남명학연구원의 전임 사무국장인 김경수 군이 설명을 맡게 되었다. 기념관 구내와 齋室, 山天齋 및 덕천서원 등을 둘러보고서 천왕봉 아래 마을 중산리로 가는 도중에 있는 시천면 동당리의 지리산관광휴양지 가야정에서 숙박하였다. 예전에 이곳 가야정에서 철학과의 전공 진입생 환영 모임을 가진 바 있었다.

29 (목) 맑으나 밤에 비

조식 후 가야정을 출발하여 합천군 삼가면 토동의 雷龍亭과 그 옆에 복원된 龍巖書院 및 남명 생가 터를 둘러보았다. 토동도 몰라보게 달라져 있었다. 2년 전에 복원되어 아직 정식으로 낙성식을 올리지 않은 용암서원은 덕천서원 규모 정도로 크게 지어져 있는데, 기왕의 뇌룡정도 하천 부지에 속해 있어 머지않아 용암서원 옆의 다른 장소로 옮겨질 것이라 하며, 생가 터에 있던 민가는 철거되고 얼마 후 그 자리에다 생가도 복원할 예정인 모양이다.

대의면 소재지에 새로 크게 들어선 한우불고기 집에서 갈비탕으로 점심을 들었다. 오후에는 합천읍과 합천댐 수문을 거쳐 합천임란창의기념관을 방문하였고, 거기서 돌아 나오는 길에 명소인 黃溪瀑布에도 들렀다. 해인사 입구의 가야면 황산리에 있는 孚飮亭과 그 위에 새로 들어선 來庵鄭仁弘의 사당 및 신도비를 둘러보았다. 김경수 군을 따라서 황산리에 살고 있던 내암 후손 鄭琪哲 씨의 댁에 들러 그 부인과 둘째 아들을 만나보았다. 올해 78세인 정 씨는 근년에 대장암 수술을 받았는데, 집도한 의사는 이후 5개월 정도 생존할 수 있을 것이라고 했으나 수술 후 경과가 좋아 1년 정도 사회활동도 했었다. 그러나 근자에 다시 상태가 악화되어 병원에 입원해 있다가 위독해 진 이후 임종을 위해 집으로 모시고 왔었는데, 고통에 신음하는 모습이 보기 안타까워 며칠 전 다시 대구에 있는 병원으로 옮겨졌다고 한다. 그는 종손은 아니지만 사실상 내암의 문중을 대표하는 입장으로 爲先사업에 활발하게 종사해 왔었다. 나와는 작별 인사도 나누지 못하고서 이렇게 영원한 이별을 하게 되었다.

오후 6시 무렵의 늦은 시간에 해인사에 도착하여, 미리 연락해 두어 대기하고 있던 문화유산해설사의 안내를 받아 팔만대장경 장판고 등을 둘러본 다음, 절 부근 치인리 집단시설지구 안의 관광호텔 아래에 있는 산장별장여관에 투숙하였다.

30 (금) 쾌청

느지막하게 조식을 든 후 산장여관을 출발하여, 황산리에서 59번 지방도로로 빠져서 정인홍 묘소 입구를 경유하여 가야산 백운대 앞을 지나 성주군 수륜면으로 진입하였고, 수륜면에서 33번 국도를 만나 북상하여 寒岡 鄭逑를 모신 檜淵書院에 도착하였다. 간밤에 김경수 군이 진주로 돌아갔으므로 그곳에서부터는 다시 내가 설명을 맡았고, 성주군청에 소속된 문화유적해설사가 뒤늦게 나타나 건물 등의 설명을 해 주었다. 해설사가 선도하는 차량을 뒤따라 성주군 대가면 사도실 마을에 도착하여 東岡 金宇顒의 13대 종손 心山 金昌淑의 생가와 심산의 며느리를 방문하였고, 종택 부근에 예전부터 있었던 晴川書堂과 대원군 때 훼철 된 이후 근년에 재건된 청천서원을 둘러보았다.

대가면에서 성주읍을 거쳐 왜관으로 빠져나온 다음, 경부고속국도를 타고서 남하하여 대구, 경주와 언양을 지나 통도사 정문 입구인 경남 양산시 하북면 순지리에 있는 오복식당에 들러 점심을 들었다. 양산·구포 간 고속국도로 접어들어 대동 IC에서 기타도로로 빠져나온 다음, 경남 김해시 大東面 酒同里 院洞에 있는 山海亭(新山書院)에 다다랐다. 예전에 내가 여기에 몇 번 들렀을 때는 대원군 때 서원이 훼철된 이후 다시 세워진 산해정 한 채만이 퇴락한 모습으로 남명의 유허를 지키고 있었는데, 근년에 산해정을 보수하여 강당으로 삼고, 그 주변에 祠宇와 兩齋 그리고 담장을 둘러쳐서 서원의 격식을 갖춘 다음, 강당에다 산해정과 신산서원의 편액을 나란히 붙여두었다. 김해시에서 서원의 관리를 맡은 노인이 두 명 와서 문을 열어주고 사우를 참배할 수 있도록 배려해 주었다. 신산서원에서 내려오는 길에는 그 아래쪽 삼거리의 조그만 야산 윗부분에 있는 남명 부인 貞敬夫人 南平曹氏의 무덤에도 들러보았다.

김해시와 남해고속국도를 경유하여 진주로 귀환하는 도중에 마지막 답사지인 의령의 鼎巖津에 들러 누각에 올라서 옛 남강 나루터를 바라보며 忘憂堂 郭再祐의 전적지를 설명하였고, 의령군 유곡면 세간리의 곽재우 고향 동네에 이르러 임진왜란 최초의 의병을 일으킬 당시 북을 매달아 두드리며 군사를 소집하였다는 懸鼓樹와 그 마을에 거주하는 안내인이 도착하여 문을 열어주자 작년에 새로 낙성되어 아직 電氣 설비도 미쳐 갖춰지지 않은 곽재우 생가 안으로 들어가 두루 둘러보았다. 그러나 이곳은 생가 터가 아니고 마을 끄트머리에다 관광용으로 조성한 것이었다.

31 (토) 오전 중 비 온 후 오후에 개임

박영률출판사의 〈고전 천 줄〉 팀으로부터 '원고 작성 원칙' 등의 파일이 첨부된 이메일이 왔다. 2006년 1월부터 준비를 시작하여 지금까지 3,000종의 고전을 찾아내고 분야 간 밸런스를 맞추느라 1년의 시간이 지났다고 한다.

일본에서 온 정희승 씨로부터 전화를 받았다. 내일 오후 12시 30분에 경남문화예술회관 부근의 석봉한정식에서 만나 점심을 함께 들기로 약속하였다.

4월

1 (일) 심한 황사

칠암동의 석봉한정식까지 걸어가서 일본에서 온 鄭禧昇 씨 내외와 그 조카로서 며칠 전 내게 전화를 걸어왔었던 백정용 씨를 만나 함께 점심을 들며 대화를 나누었다. 정 씨는 愛知縣 小牧市 大草 年上坂의 포토닉스 밸리 大草 캠퍼스에 있는 SANTEC주식회사의 설립자로서 미국 미주리州에 있는 어느 대학으로부터 명예이학박사 학위를 받은 사람인데, 현재는 회사의 실무에서 손을 떼고 상담역으로 있는 모양이다. 나보다는 11

살 연상이었다. 그 회사는 광섬유를 다루는 업체로서, 정 씨는 일찍이 남한 및 북한 정부 측과도 사업 관계로 교류가 있었다고 한다. 그는 조총련계 동포로서, 일찍이 조선대학 사학과를 졸업하고서 조총련의 신문사에서도 일한 바 있었다. 貫井正之 씨로부터 나와 鄭琪哲, 본교 한문학과의 張源哲 교수 그리고 국립진주박물관 학예사의 이름을 소개받아 연락처를 메모해 와 있었다. 그 조카 되는 사람은 부산시 금정구 구서1동 롯데캐슬 정문 입구에서 진주부동산중개인사무소를 열고 있는 사람이었다.

2 (월) 맑음

본교 남명학연구소로부터 내가 한국학중앙연구원 朴炳鍊 교수의 논문에 대한 토론자로서 참여하게 될 제21회 아라제 학술 토론회「-남명학의 계승과 발전-晩醒 朴致馥의 학문과 사상」안내장이 배부되어져 왔다. 4월 11일 수요일 10시부터 18시까지 함안군 문화예술회관 소강당에서 함안군과 경상대학교 남명학연구소가 공동으로 주최하고, 함안문화원이 주관하는 행사이다.

지난주의 답사 도중에 입수한 자료들과 사단법인 남명학연구원이 발행하는 잡지『선비문화』2007년 봄 제11호, 그리고 아세아문화사로부터 우송되어져 온『河濱先生全書』의 내용을 훑어보았다. 그런 다음『남명집』의 번역 작업을 계속하여「戊辰封事」287.7장의 분량까지 나아갔다.

3 (화) 맑으나 꽃샘추위

지난주 답사에서 학과장이 얻어와 학과도서로서 기증한『陝川壬亂史』2輯(합천임란창의기념사업회, 2001) 및 합천문화원이 주최한 2006년 합천 학술세미나 발표논문집『임진왜란과 일제강점기 합천선열들의 구국운동』(합천군 종합사회복지관 대강당, 2006년 12월 19일)의 내용을 훑어보고, 거기서 새로 본 남명학 관계 자료들을「남명학관계기간문헌목록」에다 추가하였다. 위의 두 책은 합천향토사학회장이자 합천임란창의기념사업회 이사인 鄭琪哲 씨가 주로 힘을 써서 이루어진 것인데, 전자에 실린 정 씨의 글들에는 집필자의 이름이 모두 '편집위원회'라는 쪽지로 가려져 있었다.

「무진봉사」의 번역을 계속하여 283쪽의 분량까지 나아갔다.

4 (水) 맑음

「무진봉사」의 번역 작업을 계속하여 289.7장의 분량까지 나아갔다.

6 (金) 맑음

「무진봉사」의 번역 작업을 계속하여 299.2장의 분량까지 나아갔다.

9 (월) 맑음

남명학연구소 조교로부터 이번 주 수요일 함안에서 있을 제21회 아라제 학술토론회에서 내가 토론을 맡게 된 한국학중앙연구원 朴炳鍊 교수의 논문 「晩醒 朴致馥의 학문과 정치사회적 문제의식」이 이제야 도착하여 이메일로 내게 보냈다는 연락이 있었다. 오후에 그것을 두 차례 읽고서 토론문을 작성하기 시작했다.

10 (화) 맑음

박병련 교수의 발표문에 대한 토론문 작성을 계속하여, 오후 4시 33분에 A4용지 한 장 분량의 것으로 탈고하여 이메일로 남명학연구소에 부쳤다. 그런 다음 퇴근 시간까지 朴致馥의 문집 『晩醒集』 중의 부록 부분을 훑어보았다.

11 (수) 맑음

『만성집』 부록의 연보 부분을 다시 한 번 훑어보고서 『만성집』의 전체 내용도 훑어보았다. 평소와 다름없이 교직원식당에서 점심을 들고서 국어교육과 조규태 교수와 더불어 풀코스를 산책한 후 연구실로 돌아와 『만성집』을 계속하여 훑었다.

오후 4시부터 함안군 문화예술회관 1층 소강당에서 「만성 박치복의 학문과 사상」에 관한 종합토론이 있으므로, 오후 3시쯤에 연구실을 나서 승용차를 몰고서 함안으로 향했다. 개양에서 근년에 새로 생긴 마산 행 일반국도를 따라 진성까지 간 다음, 진성에서 고속국도 10번인 남해고속도로를 탈 생각이었지만, 부주의로 말미암아 진성을 지나쳐 버렸으므로, 도중에 국도를 내려 舊도로를 따라 진성까지 되돌아온 다음 남해고속도로에 올랐다. 그러나 고속도로 상에 무슨 사고가 있었던 모양으로 남강휴게소 부근이 매우 정체되더니, 그곳을 지나도 정체가 계속되어 한 시간이면 충분히 도착할 것이라고 본 예상이 빗나가 오후 4시 반 남짓 되어서야 종합토론장에 도착할 수가 있었다. 토론은 이미 시작되어 있었지만, 아직 내 순서에 이르지는 않았다. 그러나 발표자인 한국학중앙연구원의 박병련 교수도 서울에서 내려오지 않았으므로, 내가 한 토론에 대해서는 종합토론의 사회자인 본교 한문학과 이상필 교수가 코멘트하였다.

학술대회의 일정을 모두 마치고서 방청석에 앉아 있었던 부산교통의 조옥환 사장과 더불어 로비에서 잠시 대화를 나누었는데, 조 사장의 말에 의하면 내암 정인홍의 후손인 정기철 씨는 열흘 쯤 전에 작고했다는 것이었다.

12 (목) 맑음

오전 세 시간 일반대학원 수업을 마친 다음, 연구실로 돌아와 거창전문대학 평생교육원 최고지도자 과정에서 내게 특강을 요청한 메모 녹음을 들었다. 내 쪽에서 전화를 걸어보았더니, 5월 29일 오후 7~9시에 걸쳐 거창읍에 있는 자기네 대학으로 와서 동양철학에 관한 주제의 특강을 해 주면 50만 원의 보수를 지급한다는 것이었다. 그러나 평소 대중강의에 별로 경험이 없다는 이유로 사절했다.

14 (토) 맑음

아침에 아내가 하는 말로는, 어제 아내가 하동에 특강을 갔다 오는 길에 우리 집에다 한동안 뉴 스타트 건강식을 배달해 주었던 산청군 신안면 외송리에 사는 정신순 여사가 전화를 걸어왔었는데, 자기가 사는 그곳 산골짜기에 평당 10만 원씩 하는 1억 남짓 규모의 토지가 나와 있는데, 멀지않은 장래에 값이 크게 오를 터이니 사두면 좋을 것이며, 아내가 사지 않는다면 다른 사람에게 말할 데가 있으니 그 소문은 내지 말라고 하더라는 것이었다. 오전 중 정 여사와 직접 통화해 보았더니, 간디학교가 있는 그 산골짜기의 권오민 교수 산장과 에덴농원 사이에 위치한 계곡에 평당 10만 원인 논이 900평이고, 평당 5만 원인 산도 있는데, 산 1,100평 정도를 보태어 2,000평을 구입하면 전체 가격은 1억4천만 원이 되지만, 1억3천만 원 정도에 구입할 수 있으리라는 것이었다. 내게 그 방면의 지식이 전혀 없으므로, 그 일대 두 군데에다 땅과 집을 2,500평 정도 소유하고 있는 권오민 교수에게 전화하여 한 번 같이 가 보고서 자문을 받아 구입 여부를 결정하기로 했다.

15 (일) 맑음

오후 3시 반 무렵 우리 아파트 입구에서 권오민 교수 내외를 만나 권 교수의 지프 형 승용차에 우리 내외가 동승하여 네 명이 함께 산청군 신안면 외송리의 정신순 여사가 소개하는 땅을 보러갔다. 오후 4시 무렵에 권 교수가 근년에 새로 마련한 땅 부근의 정 여사가 소유한 컨테이너 박스에 가까운 도로에서 정 여사를 만나 그녀를 따라가 땅을 둘러보았다. 근자에 절이 들어선 자리 위쪽의 개울 건너편에 위치한 곳이었다. 비스듬한 경사지에 복숭아와 자두를 심어 두어 꽃이 만발해 있는 과수원 900평과 그 주변의 임야였다. 정 여사가 논이라고 말했던 것은 바로 이 과수원을 의미한 것이었다. 정 여사와 같은 제7안식일 교회의 신자가 80·81년 무렵에 이 일대의 야산 약 3만 평을 구입해 둔 것인데, 과수원 위쪽으로는 땅 주인이 최근에 새로 만든 자동차 한 대 정도가 다닐 수 있는 비포장도로도 나 있었다. 정남향으로 난 경사지에다 주변의 개발지가 왼편을 둘러싼 야트막한 능선에 가려 거의 보이지 않고, 그 대신 앞쪽으로 멀리까지 전망이 아름답게 트인 곳이었다. 권오민 교수의 의견도 무척 호의적이었다. 구입하기로 마음먹고서 정 여사에게 1억2천만 원 정도에 성사가 될 수 있도록 주인과 상의해 달라고 말해두었다.

16 (월) 비 온 다음 오후에 개임

권오민 교수가 내가 몇 달 전 그 요지를 일본어로 번역해 준 바 있는 두 편의 논문 「緣起法이 불타 自內證이라는 經證 검토—불타 깨달음은 연기법인가?(Ⅰ)—」(『보조사상』 27집, 普照思想硏究院, 2007. 2) 및 「4聖諦와 12緣起」—불타 깨달음은 연기법인가?(Ⅱ)—」(『한국불교학』 제47집, 한국불교학회, 2007·冬季)와 함께 지난주에 보내온 논문 「敎學과 宗學—현행 불교강원의 교과과정에 대해 다시 생각한다—」(『한국불교학』 제41집, 2005)의 내용도 훑어보았다.

17 (화) 비

지난 11일에 함안에서 있었던 학술토론회의 발표논문집을 검토해 보았다.

18 (수) 흐리고 때때로 부슬비

오전 중 아라제 학술토론회에서의 발표논문집과 거기에 실린 논문들을 「남명학관계기간문헌목록」에다 추가한 다음, 오후에는 『남명집』의 발췌번역 작업을 다시 계속하여 「戊辰封事」를 마쳤다. 총 304.3장의 분량에 이르렀다.

19 (목) 대체로 흐림

『남명집』 「嚴光論」의 번역을 진행하여 314.9매의 분량에 이르렀다.

23 (월) 흐리고 황사

『남명집』「嚴光論」의 번역을 마치고서 雜著「解關西問答」으로 들어가 329장의 분량이 되었다.

24 (화) 흐림

『남명집』「해관서문답」의 번역을 마치고서 「策問題」로 들어가 336.5장의 분량까지 나아갔다.

25 (수) 맑음

『남명집』의 발췌 번역을 계속하여 「遊頭流錄」 340.5장의 분량에 이르렀다.

오후에 정신순 여사로부터 전화를 받았다. 땅 주인 김경식 씨가 내가 제시한 1억3천만 원의 가격에 3,400평의 땅을 팔기로 동의했다고 하며, 내일 오후 6시에 외송리의 정 여사네 컨테이너 박스 부근에서 내가 정 여사와 만난 후 구입하기로 예정된 땅을 다시 한 번 자세히 둘러보기로 합의하였다. 계약은 다른 날 산청읍 등기소 앞에 있는 법무사사무소에서 하자는 것이었다.

26 (목) 맑음

본교 박물관의 류창환 학예사가 내 연구실로 방문해 와 2006년에 산청군과 본교박물관이 공동으로 제작한 『문화유적분포지도』 산청군 편과 2007년에 본교박물관이 제작한 같은 책 의령군 편 및 그 검색프로그램 CD 두 장을 기증해 주었다. 나는 근년에 류 박사로부터 2003년에 진주시와 본교박물관이 공동 제작한 같은 책 진주시 편을 기증 받기도 했었다.

오후에 잠시 『남명집』「遊頭流錄」 부분의 발췌번역 작업을 계속하여 341.2장까지 나아갔다.

27 (금) 맑음

오전 11시에 연구실을 출발하여 승용차를 몰고서 칠암동의 진주산업대학 정문 앞으로 가서 큰처남 황광이와 합류한 다음, 어제처럼 황광이가 내 차를 운전하여 약속 장소인 산청읍 등기소 건너편의 朴水錫법무사 사무실에 이르렀다. 얼마 후 약속 시간인 정오 무렵에 정신순 여사와 토지 소유자인 金敬湜 씨도 도착하였다.

정 여사와 친분이 있는 사무장이 도착한 이후 부동산매매계약서를 작성하였고, 그것이 끝난 다음 내가 김경식 씨에게 준비해 간 계약금인 1천만 원짜리 수표를 전달하였다. 중도금 5천만 원은 5월 2일(수)에 김씨 구좌에 온라인으로 입금하고, 잔금 7천만 원은 5월 28일(월)에 모든 계약 내용이 이행된 것을 확인한 후 직접 지불하기로 합의하였다.

오늘 거기서 들은 바에 의하면, 내가 매입할 땅의 총면적은 약 3,500평인데, 측량 여하에 따라 약 100평 정도의 차이가 날 수 있는 점은 피차 양해하기로 했다.

30 (월) 흐리고 저녁부터 비

『남명집』「遊頭流錄」의 발췌번역을 계속하여 346.7장의 분량에 이르렀다.

5월

1 (화)

「유두류록」의 발췌번역을 계속하여 350.4매까지 나아갔다.

2 (수) 맑음

「遊頭流錄」의 발췌번역을 마쳤는데 총 361.3장이었다.

3 (목) 흐림

『남명집』 중 제일 끝인 「書景賢錄後」의 번역을 거의 마쳐 369.3장의 분량에 이르렀다.

4 (금) 맑음

오전 8시에 우리 집을 출발하여 승용차를 몰아 산청군 신안면 외송리에 새로 구입할 땅의 분할측량을 보러갔다. 김경식 씨가 분할하여 내게 팔려던 땅의 면적은 실제로 측량해 보니 매매 계약서에 적힌 3,500평보다 모자라므로, 새로 낸 길에 인접한 김 씨 모친 소유의 산12번지 임야 일부를 편입하게 되었다. 그리하여 나는 약 60평 정도의 토지를 더 얻게 되었고, 그 대신 새로 편입된 필지에 대한 측량 비용 추가분을 내가 부담하기로 했다. 공식적인 측량 결과가 아직 나오지 않았으므로 정확한 면적은 알 수 없지만, 내가 소유할 땅의 넓이는 대략 3,560평 정도가 될 모양이다. 정오 무렵에 측량을 모두 마친 후 내가 외송리 입구의 홍화원 식당으로 두 명의 기사와 측량 현장에 입회한 두 명을 초청하여 점심을 샀다.

그런 다음 학교로 돌아와 『남명집』의 발췌 번역을 모두 마쳤고, 머리말 부분을 집필하기 시작하여 총 372.8장의 분량까지 나아갔다. 박영률 출판사 측이 두 차례에 걸쳐 이메일 첨부파일로서 보내온 「〈고전천줄〉 한국 고전 편역(편저) 지침」 등의 문건 내용을 다시 한 번 자세히 검토해 보았다.

7 (월) 맑음

『남명집』 발췌번역본의 머리말 입력을 마쳤다. 이로써 일단 번역본 출판과 관련된 입력은 모두 마친 셈이며, 남은 것은 퇴고와 보완 작업이다. 총 387장의 분량에 이르렀다.

8 (화) 맑음

『남명집』 발췌번역의 퇴고를 시작하여 총 388.8장으로 되었다.

9 (수) 맑았다가 저녁 무렵 비

『남명집』 발췌역의 퇴고 작업을 계속하여 시 부분을 모두 마치고서 「原泉賦」에 들어갔다. 일부 추가한 작품도 있어 총 393.8장에 이르렀다.

10 (목) 맑음

퇴고를 계속하여 「與全州府尹書」까지 나아갔는데, 총 395.2장이 되었다.

11 (금) 맑음

『남명집』 발췌번역의 퇴고를 계속하여 「與子强子精書」까지 나아가 총 398.8장의 분량에 이르렀다.

15 (화) 맑음

어제 오후 서울의 박영률출판사로부터 여직원이 전화를 걸어 와 출판 계약서 작성 교부를 위한 방문 가능 시간을 묻더니, 오늘 오전에 다시 전화를 걸어와 내일 오후 4시 무렵에 내 연구실로 방문해 올 것을 합의했다. 오후 늦게 『남명집』 발췌번역의 퇴고 작업을 계속하여 「與吳子强書」까지 나아갔다.

16 (수) 비

퇴고 작업을 계속하여 記文 부분까지 나아갔다.

사단법인 남명학연구원 부원장인 한국학중앙연구원의 박병련 교수가 연구실로 전화를 걸어와 晩醒 朴致馥의 사상과 학통에 관한 대화를 나누었다. 그는 지난번 함안에서 있었던 남명학연구소와 함안문화원 주최 학술대회에서 발표된 논문을 퇴고하여 학술지에다 정식으로 발표할 준비를 하고 있는 모양인데, 그것과 관련한 자문을 구해 온 것이다.

오후 4시 반쯤에 서울시 마포구 연남동 568-33 충무빌딩 1층에 소재하는 박영률출판사의 최정엽 편집주간(여성)이 내 연구실로 방문해 와 『남명집』 발췌번역본의 출판권설정계약서에 서명 날인해 한 부씩 나눠가졌다. 이 발췌번역본이 포함되는 〈고전 천 줄〉 시리즈는 박영률출판사의 고전 브랜드인 〈지식을만드는 지식〉(출판등록번호 105-91- 03732)이라는 출판사 명칭으로 간행될 것이며, 한 종당 한 번에 500부씩 다품종 소량생산을 하여 나갈 것이라고 한다.

17 (목) 맑고 다소 서늘함

오후에 『남명집』 발췌번역의 퇴고작업을 진행하다가 기문이 하나도 수록되지 않아 다소 균형을 결한 감이 들므로, 「陋巷記」 하나를 추가키로 하였다. 총 402.1매에 다다랐다.

18 (금) 맑음

「陋巷記」의 번역을 계속하여 404.8장의 분량에 이르렀다.

21 (월) 맑음

「陋巷記」의 번역을 마치고서 「寒暄堂畵屛跋」의 번역을 보충하여 410.6장의 분량에 이르렀다.

지난주 토요일에 김경식 씨가 알려준 측량 결과에 대해 의문이 있어 사흘 연달아 김 씨의 휴대폰 번호로 전화를 걸어 보았으나 신호는 가는데 계속 받지 않았다. 내가 의문을 가졌던 점은 畓 전체를 포함하면 내가 구입하게 될 토지의 총 면적은 3,660.25평(12,100㎡)이 되어 예상했던 3,560평 정도보다도 또다시 100평이나 더 많아지게 되므로, 혹시 답의 북쪽 일부분이 분할측량 과정에서 잘려나간 것은 아닐까 하는 것이었다. 대한지적공사 산청군 지부에다 전화를 걸어 지난 5월 4일에 행해진 측량 결과에 대해 문의해 보았더니, 임야만 측량하고서 답은 따로 측량하지 않았다는 것이었다. 그 말은 곧 지목이 답으로 되어 있는 3,084㎡(933평)

는 계약서에 적힌 대로 전체가 이번 매매 대상에 포함되었음을 의미하는 것이다. 김 씨나 정 여사가 말한 바와 같이 답 한 평의 가격을 10만 원으로 계산하여 이를 총액 1억3천만 원에서 빼면, 나머지 임야 총 9,016㎡(2727.34평)의 가격은 총 3670만 원, 평당 13,456.3원이 되는 셈이다. 임야의 細目은 산12-2가 1,735㎡, 산12-1이 165㎡, 산13-1이 7,116㎡이다.

22 (화) 맑음

「寒暄堂畵屛跋」의 보충 번역을 계속하여 414.2장의 분량에 이르렀다.

산청군 신안면사무소로 가서 5월 21일자로 발급된 농지취득자격증명을 찾았다. 이왕 원지까지 간 김에 그 일대의 다리 건너편 단성면 江樓里에 있는 경호강 가의 고건축들을 둘러보았다. 먼저 민가의 담 안에 있는 안동권씨 權克有(1608~1674)의 愚川精舍를 방문한 다음, 일제시기 이 마을에 살았던 안동권씨 중 한 사람이 세운 挹淸樓를 닫힌 대문의 담 바깥에서 바라보았다. 우천 권극유는 효종 2년에 있었던 『남명집』 임술본 훼판사건 당시 덕천서원의 도유사로서 내 논문에서도 다루어진 인물이며, 본교 도서관에 그 후손이 기증한 한적을 소장한 愚川文庫가 있다.

부산 수영구 남천동의 법무사 문덕칠 씨로부터 수영구 민락동 147-19에 있는 큰누나 아파트의 내 명의로 된 등기필증이 등기우편물로 도착하였다.

23 (수) 맑음

『남명집』 발췌번역의 수정보완 작업을 계속하여 「趙之瑞墓銘」 416.8장까지 나아갔다.

24 (목) 맑았다가 밤에 비

다음 학기의 전공 수업에 사용할 예정인 텍스트들을 검토해 두었다. 학부 4학년의 한국유학 과목에서는 근자에 구입한 愼後聃(1702~1761)의 『河濱先生全集』 가운데서 필사본 「遯窩西學辨」을 그리고 일반대학원의 일본사상 수업에서는 太安萬侶의 『古事記』를 다룰 예정이다. 나는 『古事記』를 岩波書店의 日本古典文學大系 1에 수록된 원본과 같은 출판사의 日本思想大系 1에 수록된 복사본으로 두 종류를 가지고 있다. 수업에서는 후자를 텍스트로서 취하고, 나 개인적으로는 일본고전문학대계 67, 68권에 수록된 『日本書紀』와도 비교해 가며 읽어볼 생각이다.

25 (금) 맑음

『남명집』「戊辰封事」 417장까지 나아갔다.

29 (화) 맑으나 오후 한때 비

새벽에 『철학사상』 편집간사 강희경 씨로부터 나의 투고 논문에 대한 심사결과를 통지하는 이메일을 받았다. "먼저 심사 기간이 오래 걸린 점에 대해 깊이 사과드리며…논문 심사를 진행한 결과 선생님께서 투고해 주신 논문을 저희 『철학사상』에 게재하기는 어려울 것 같습니다. 선생님께서 논문을 수정해 주신다면 추후 재심사 과정을 거쳐 논문 게재 여부를 재결정토록 하겠습니다."라는 내용이었다.

심사결과 파일 두 개가 첨부되어져 있었다. 그 첫 번째 것의 요지는 "철학적 논문은 나열하기보다는 일관된 관점을 가지고 서술할 필요가 있음" "이 글은 정인홍의 사상을 서술하기 위한 자료조사에 불과함. 이것보다 한 걸음 정리된 글을 소개할 필요가 있음"이라는 것이었다. 두 번째 것의 요지는 "필자는 이 논문이 '객관적 연구 시도', '실증적 재구성'이라는 용어를 사용하고 자료선택 자체가 역사철학적 시각이 반영될 수도 있으나 논문에서 그것도 철학적 논문에서 '관련 자료가 스스로 말하게 한다는 방법'이라는 매우 객관을 표방하고 있다. 그러나 독자나 평자 그리고 심사자의 자료에 대한 주관적 해석을 논자의 자료에 대한 해석과 평가가 없어 이를 막지 못한다면 200자 원고지 184매의 방대한 자료 나열을 철학논문이라고 평가하고 싶지 않다. 철학은 해석과 비판이다."라는 것이었다.

양자가 모두 선택된 자료로 하여금 스스로 말하게 한다는 나의 실증적 입장을 비철학적이라고 보고 있는 것이다. 철학성의 문제는 내 논문 전반에 걸쳐 계속 존재해 왔던 것이며, 박사학위 논문 심사 때 京都大學 중국철학사전공의 주임이자 논문 주심이었던 內山俊彦 교수도 그 점을 강조한 바 있었다. 그러나 나로서는 사상사 연구란 철학과 달라서 대상의 실체를 객관적으로 규명하는 데서 그친다고 보고 있기 때문에 평자들의 관점에 동의하지 않는다.

어쨌든 이 일련의 정인홍 연구는 20년 남짓한 나의 남명학 연구 과정 가운데서 하이라이트를 이루는 것이라고 스스로는 생각하고 있지만, 난생 처음으로 두 차례 연거푸 개재불가 판정을 받았고, 더구나 두 번째 경우는 모교인 서울대 철학과가 주관하는 연구소에서 내린 판정이기 때문에 더욱 실망스럽다. 세 번째로 한국사상사학회의 기관지 『한국사상사학』에 투고해 보기 위해 그 학회의 투고 규정에 따라 논문의 분량과 형식을 조정하는 작업에 착수했다. 이 작업을 마치고서 투고를 완료할 때까지 『남명집』의 발췌번역 원고에 대한 수정보완은 당분간 보류해 둘까 한다.

30 (수) 맑음

「광해군 초기의 정인홍」 머리말 부분까지를 일부 수정 보완하였다. 188.8장이 되었다.

오늘 오후 문득 서울대 철학사상연구소에서 첨부파일로서 보내온 심사보고서 두 통 중 꽤 길게 쓴 한 통('철학은 해석과 비판이다.'라고 주장하는 것)은 아무래도 대진대학교 철학과의 權仁浩 교수가 작성한 것이 아닌가 하는 생각이 들었다. 그는 나와 같이 남명학연구원의 상임연구위원을 오래도록 역임해 왔고, 조식과 정인홍의 사상에 대한 연구로 성균관대학교에서 철학박사 학위를 받았다. 나와는 비교적 사이가 좋은 편이었지만, 그의 글은 평소 학문적이기보다는 매우 감정적인 경향이 있다. 내 글 속에 기존의 정인홍 연구들이 충분히 해결하지 못한 문제점을 지적한 바 있었는데, 그 각주에 열거된 논문 중에 자기 학위논문이 포함된 점에 흥분한 모양이다.

31 (목) 맑음

『춘추번로』를 다루는 일반대학원 수업을 종강하였다.

산책 도중에 지금 수정하고 있는 논문은 『한국사상사학』이 아니라 경북대학교 퇴계연구소의 기관지인 『퇴계학과 한국문화』에 투고하는 편이 낫겠다는 생각이 들었다. 한국사상사학회는 까다로운 집필 요령을 마련해 두고 있고, 게다가 게재료까지 징수하는데, 후자는 그렇지 않을 뿐 아니라 이 글의 내용이 퇴계학과 관련이 있고, 여기에는 아직 한 번도 내 논문을 실어본 적이 없었기 때문이다.

논문의 축약 작업을 계속하여, 1차 수정에서 164.3장까지 줄였고 이를 150장 이하의 분량으로까지 줄이기 위해 2차 수정에 들어갔다. 퇴계연구소의 투고 규정에 "논문은 매 편 200자 원고지 100매 내외를 원칙으로 한다. 150매를 초과할 경우 편집회의의 의결을 통하여 내용상 필요하다고 인정되는 경우에는 게재하며, 그 외의 경우에는 축소나 나누어 게재할 것을 요구할 수 있다."고 되어 있기 때문이다.

6월

1 (금) 흐리고 약간의 빗방울

어제 오전 5시 2분에 사단법인 남명학연구원의 사무국장을 지냈던 김경수 군에게 『철학사상』 투고 논문 심사결과를 알리는 강희경 편집간사의 이메일을 전달하면서 이렇게 적었다. "심사의견서를 몇 번 읽어보았는데, 어제 오후에 문득 그 중 B는 권인호 교수의 것이 아닐까 하는 생각이 들었네. 자네 생각은 어떠한가?" 오늘 오후 6시 52분에 김 군으로부터 나의 추측이 틀림없다고 보는 내용의 답신이 왔다.

오전에 郭璞 注『爾雅』의「釋鳥」에 이어「釋獸」「釋畜」편을 읽어 이 책을 마침내 독파했다. 이로서 十三經의 본문은 일단 다 읽어본 셈이다.

오후에 논문의 두 번째 축약 작업을 마쳐 151.2장의 분량에 이르렀다. 아직도 150매 이하로까지 줄이지는 못했으므로, 세 번째 축약 작업을 시작하였다.

4 (월) 맑음

「광해군 초기의 정인홍」에 대한 3차 축약작업을 마치고서 200자 원고지 150.5장 분량으로 줄여진 파일을 경북대학교 퇴계연구소의 기관지인『퇴계학과 한국문화』제41호에 기고하고서, 그것을 제자인 김경수 군에게도 함께 보냈다.

5 (화) 맑음

『남명집』의 발췌번역 수정보완 작업을 마치고서, 詩 이외의 장르에도 각각 작품의 원제목을 추가하고, 그것이 반영된 '차례'를 작성하기 시작했다. 총 419.5장의 분량이었다.

7 (목) 맑음

새벽부터「順天之道」「天地之行」「威德所生」「如天之爲」「天地陰陽」「天道施」편을 읽어 마침내『春秋繁露』를 독파하였다.

오후에는『남명집』의 편역 작업을 계속하여 오후 3시 43분에 마침내 박영출출판사의 담당자에게로 원고 파일과 더불어 거기에 들어가야 할「神明舍圖」의 디지털 사진 한 장도 첨부하여 이메일로 발송했다. 그런 다음 퇴근 시간까지 보낸 원고의 내용을 다시 한 번 읽어보았다. 원고 매수는 총 428.7장이었다.

8 (금) 맑음

한국학술진흥재단 인문학지원팀으로부터 2007년도 신진교수연구지원사업 신규신청과제의 4단계 심사 가운데서 두 번째 단계인 온라인 전문심사 요청이 왔으므로 승인하는 회신을 보냈다. 나는 그동안 학진의 심사는 대부분 사절하여 왔었는데, 이번 것은 온라인으로 하는 것이라 서울까지 갈 필요가 없고, 게다가 계속 사절하는 것이 모양새도 좋지 않을 것 같아 부득이 수락한 것이다.

11 (월) 맑음

학술진흥재단 인문학지원팀으로부터 신진교수연구지원사업(인문학분야)의 온라인 심사 대상인 「일본실학의 이론적 토대로서의 유학적 사유에 관한 연구」 연구계획서를 첨부한 '신규과제 온라인 심사 안내'가 이메일로 부쳐져 왔다. 신진교수연구지원사업이란 '최초 전임강사 이상의 직위로 임용된 지 5년 이내인 국내대학 소속 교원'에 대해 단독연구의 경우 연간 1,500만 원 이내로 1년에서 3년까지의 기간을 지원하는 것이다. 내가 심사를 맡은 것은 2년 과제로서 1년에 1,499만 원씩을 신청한 것인데, 연구계획서가 A4용지로 23매에 달하는 긴 것이었다. 이 정도면 한 편의 논문 정도 분량에 해당하거나 오히려 더 많다고 해야 할 것이다.

李晩采가 편찬한 『闢衛編』과 『河濱先生全集』에 수록된 「遯窩西學辨」의 목차와 내용을 훑어보았다. 전자의 권1 끄트머리에 수록된 「愼遯窩西學辨」은 후자의 내용을 대폭 축약한 것임을 짐작할 수 있었다. 구내 서점에 다시 전화하여 김시준 씨가 번역한 『벽위편』이 입수될 수 있는지를 물었더니, 예상했던 대로 이미 절판이라는 대답이었다. 다음 학기의 학부 수업에서 『벽위편』과 「서학변」 중 어느 쪽을 다룰지는 아직 미정이지만, 처음으로 번역본이 입수될 수 없는 한문 원전을 택한다는 위험부담은 마찬가지이다.

12 (화) 맑음

『벽위편』과 『하빈선생전서』에 수록된 「둔와서학변」을 좀 더 자세히 대조해 보았다. 종합적으로 고려하여, 다음 학기의 학부 교재는 일제시기에 석판인쇄로 간행된 『벽위편』으로 하고, 그 목차 중에서 철학적 비중이 높은 일부 문헌들을 추출하여 다루기로 작정하였다.

13 (수) 흐리고 부슬비

정인홍에 관한 세 번째 논문 「全恩과 討逆의 논리—대북정권 시기의 정인홍—」에 착수하여 머리말 부분을 마쳤다. 일단 『韓國思想史學』의 투고안내에 따라 작성하기로 마음먹었는데, 이 학회지는 원고분량을 '200자 원고지 기준으로 논문은 150매'를 원칙으로 한다고 정해두고 있다. 그러나 목차 및 국문과 영문의 초록과 주제어 그리고 참고문헌 등을 첨부하도록 되어 있으므로, 사실상 본문의 분량은 120매 전후로 작성하는 것이 적당할 듯한데, 내 경우에는 첫날인 오늘로써 이미 17.2장의 분량에 이르렀다. 그것은 후에 「광해군 초기의 정인홍」으로 제목이 변경된 두 번째 논문 「전은과 토역의 논리」에 머리말로서 작성해 두었던 글의 일부를 발췌 수정하여 이번 논문의 머리말과 맺음말에다 삽입했기 때문이다. 『광해군일기』 4년 조에 나타난 정인홍 관계 기사들을 검토하기 시작하여 4월 16일(경진) 조에까지 나아갔다.

14 (목) 대체로 부슬비

논문 작업을 계속하기 위해 오후에 독서카드 정리를 새로 했다. 『광해군일기』 4년 조 및 『燃藜室記述』의 기록들을 검토하여 金直哉의 逆獄과 관련된 내용을 추가해 17.8장까지 나아갔다.

15 (금) 흐림

논문 입력을 계속했는데, 도중에 실수로 컴퓨터의 전원을 끊어 버려 오늘 작업한 내용을 모두 잃었다. 새로 입력하여 20.1장의 분량까지 나아갔다.

18 (월) 맑음

내가 회원이 아닌 범한철학회로부터 이메일을 통해 『범한철학』 45집(2007년 여름호)에 투고한 논문의 심사 의뢰가 왔다. 『논어』에 관한 주제인데, 읽어보니 좀 문제점이 있어 '게재불가'로 판정하여 보냈다. 평소 다른 사람의 논문 심사는 귀찮아서 하고 싶지도 않지만, 더군다나 이런 글은 정말 쓰고 싶지 않다.

19 (화) 맑음

「전은과 토역의 논리」 논문 작성을 계속하여 20.7장까지 나아갔다.

20 (수) 무더위

논문 작업을 계속하여 22.9장까지 나아갔다.

21 (목) 맑음

논문 작업을 계속하여 25장의 분량까지 나아갔다.

22 (금) 비

종일 논문 작업을 계속하여 27.5장까지 나아갔다.

오후 6시부터 동방호텔 다이아몬드 룸에서 정병훈 교수 아들의 결혼식 피로연이 있었다. 진주교육대학 총장으로 선출된 윤리과의 정보주 교수를 거기서 만났고, 지난번에 이어 두 번째로 본교 총장 선거에 출마할 예정인 의대 외과전문의 하우송 교수와 더불어 주로 하 교수 집안의 先代 일에 관해 대화를 나누었다.

23 (토) 흐리다가 낮부터 비

아내와 함께 오전 9시 무렵에 집을 나서 외송리로 갔다.

귀로에는 대평 쪽으로 빠져 진양 댐 승상공사로 말미암아 드넓어진 호숫가의 드라이브 코스를 따라오다가 예전에 수몰지구 안에 위치해 있었다가 지금은 그 근처의 산위로 옮겨진 포은 정몽주의 후손 學圃 鄭暄의 孤山亭과 그 위쪽에 있는 延日鄭氏의 재실 景慕齋를 둘러보았다. 예전에는 섬처럼 물로 둘러싸인 조그만 언덕에 정자 하나만 달랑 서 있었으나, 이제는 그 정자를 옮겨 세워 강당으로 삼고서 앞뒤로 새 건물들을 여러 개 지어 서원 형식의 건물 배치를 이루고 있었다.

24 (일) 오전에 비 온 후 개임

정병훈 교수의 아들 결혼식 피로연 자리에서 본교 총장후보로 나선 의대 하우송 교수와 더불어 한 테이블에 앉아서 그의 문중에 관한 화제로 대화를 나누다가, 그것과 관련하여 내가 쓴 글들을 보내주겠다며 그의 이메일 주소를 메모해 받은 바 있었다. 오늘 새벽에 한국국학진흥원 편 『한국유학사상대계 2』 철학사상 편에 실린 글과 「『남명집』 중간본의 성립」 파일을 첨부하여 하 교수에게로 보냈다.

26 (화) 흐림

종일 논문 작업을 계속하여 32장의 분량까지 나아갔다.

27 (수) 흐림

종일 논문 작업을 계속하여 36.6장의 분량까지 나아갔다.

28 (목) 흐리고 때때로 부슬비

논문 작업을 계속하여 39.6 장까지 나아갔다.

29 (금) 흐림

어제는 이동 칩을 가지고서 논문 작업을 했었는데, 간밤에 구자익 군이 필요한 파일들을 새 컴퓨터에다 옮겨주었으므로 오늘부터는 다시 하드디스크로 작업을 하였다. 그러나 논문 중 어제 오후에 작업한 부분은 내 실수였는지 잃어버렸으므로, 어제 부분 이후를 새로 작업하기 시작하여 39장까지 나아갔다.

7월

2 (월) 대체로 흐림

논문 작업을 계속하여 43.2장까지 나아갔다.

3 (화) 대체로 흐림

논문 작업은 49.4장의 분량까지 나아갔다.

4 (수) 부슬비 내린 후 오후에 개임

논문은 52.6장의 분량까지 나아갔다.

5 (목) 맑음

논문 작업을 계속하여 58.6장의 분량까지 나아갔다.

9 (월) 비

경북대학교 퇴계연구소로부터 원고접수가 마감되었다면서 첨부파일에다 연구자 인적사항을 기록하여 늦어도 7월 15일까지 보내달라는 이메일이 도착해 있었다. 즉시 작성하여 보냈다.

10 (화) 대체로 부슬비

논문 작업을 계속하여 65.8장의 분량까지 나아갔다.

11 (수) 맑음

가상강의 계절 학기에서 과제물로서 주교재인 내 저서 『동아시아의 사상』과 부교재인 내 역서 狩野直喜의 『중국철학사』 중 하나를 읽고서 서평을 쓰라고 했더니, 후자를 택한 학생은 한 명도 없었다. 그것은 무엇보다도 을유문화사로부터 출판된 이 책이 절판된 지가 이미 10년이 넘기 때문에 책을 구하고자 해도 구할 방법이 없었기 때문일 것이다. 얼마 전에 『河濱全書』 구입 관계로 나와 전화로 두어 차례 대화한 바 있었던 아세아문화사의 영업부 과장 엄승진 씨에게 다시 전화 연락하여 아세아문화사로부터 그 책의 재판을 낼 수 있을 지 타진해 보았다. 엄 씨의 대답은 먼저 을유문화사 측과의 계약 관계가 완전히 해소되어야 하고, 예전에 냈던 그대로가 아니라 상당한 수정이 가해져야 한다는 것이었다. 7월 20일에서 말일 사이에 그쪽에서 내게로 연락을 주겠다고 했다.

을유문화사로 전화를 걸어 판권 담당자와 그 문제를 상의하였다. 1983년 5월에 체결된 그 회사와의 출판계약서 제12조에 의하면, "본 계약의 유효기간은 계약체결일로부터 10년으로 한다. 단 계약만료일로부터 3개월 이내까지 갑·을 간에 아무런 의사 표시가 없거나 중판이 계속 출판되었을 때에는 최초의 계약기간이 다시 연장되는 것으로 인정한다."고 되어 있다. 이것은 결국 계약만료일인 1993년 5월 및 2003년 5월로부터 3개월 이내에 나나 출판사 측으로부터 계약 해지에 관한 의사표시가 없으면, 10년씩의 계약 기간이 자동적으로 연장된다는 뜻이라고 한다. 그렇다면 그 다음은 2013년 5월부터 7월말까지 사이에만 계약 해지가 가능해지는 셈이다. 나와 통화한 을유문화사 측의 담당자는 자기 회사는 이 책을 절판하지 않았으며, 다만 예전에 비해 수요가 줄었으므로 당분간 쉬고 있을 따름이라는 것이었다. 회사 측과 상의하여 7월 20일 이전에 을유문화사 측의 의사를 내게 통지해 주기로 했다.

논문 작업을 계속하여 72.6장의 분량까지 나아갔다.

12 (목) 흐림

논문은 73.2장까지 나아갔다.

18 (수) 맑음

논문 작업을 계속하여 76.2장의 분량까지 나아갔다.

19 (목) 흐림

논문은 82.1장까지 나아갔다.

본교 남명학연구소의 기관지 『남명학연구』 제23집(2007.6)이 배부되어져 왔으므로 그 내용을 훑어보았다. 총 630쪽의 두터운 분량인데, H교수의 고향인 함안에서 있었던 '晩醒 朴致馥의 학문과 사상' 학술대회에서 발표된 논문 7편(그 중 본교 한문학과 교수의 것 3편)이 모두 수록되었고, 일반논문으로는 본교 한문학과의 이상필 교수 및 본교 한문학과 출신 姜貞和 씨의 것 외에는 남명학과 무관한 논문 다섯 편이 실렸으며, 본교 한문학과 출신자 및 재학생 세 명이 포함된 네 명의 문집 해제가 수록되었다. 소장과 사무국장 외에 운영위원 5명 중 4명도 본교 한문학과 소속이다.

20 (금) 대체로 흐림

논문은 84.1장까지 나아갔다.

23 (월) 맑음

논문을 수정 보완하여 84.7매까지 나아갔다.

24 (화) 맑으나 무더움

논문은 85.3장까지 나아갔다.

25 (수) 맑으나 무더워

오전 중 을유문화사로 전화하여 여자 직원이 지난번에 나와 통화했었던 권오상 편집부장으로부터 확인했다는 내가 번역한 狩野直喜 著 『중국철학사』에 대한 결정 사항을 전해 들었다. 권 부장은 지금 휴가 중인데,

을유문화사 측의 회의에서 내가 번역한 책은 더 이상 찍지 않는 것으로 확인되었으므로, 내가 다른 출판사를 통해 재판을 낼 수 있도록 조만간 조처를 취해 줄 것이라고 한다.

논문은 88.3장까지 나아갔다.

26 (목) 맑고 무더우나 오후에 부슬비

논문은 90.6장까지 나아갔다.

27 (금) 폭염

논문은 95.8장까지 나아갔다.

28 (토) 폭염

풀을 깎기 위해 지난달에 사 둔 예취기와 갈고리, 긴 가위 등을 가지고서 등산 배낭에다 점심을 싸서 외송리로 향했다. 외송 마을에 도착한 다음, 먼저 새암터골의 1759년에 세워진 묘비가 있는 曺植 문인 李晁의 둘째 아들 梧岡 李惟訥(1562~1625)의 묘소를 찾아 나섰다. 이 무덤에 관해서는 지난번 본교 박물관의 유창환 학예사로부터 기증받은 『문화유적분포지도—산청군—』(2006, 산청군·경상대학교 박물관) 058로서 실린 1:10000 지형도를 통해 알게 되었다. 무겁고 큰 그 책을 가져가지 않았던 까닭에 막상 도착하고 보니 찾을 수가 없고 물어볼 사람도 만나기 어려웠다. 별수 없어 오늘은 일단 포기하였다.

30 (월) 흐림

아세아문화사의 엄승진 과장과도 통화하여 을유문화사 출판부장이 내가 번역한 狩野直喜 著『중국철학사』를 다른 출판사를 통해 재판할 경우 자기네 출판사의 판권 폐기에 동의해 줄 의사를 밝혔다는 점을 전하고, 아울러 내가 1987년 정월 초하루부터 적기 시작하여 20년 7개월째 하루도 빠짐없이 기록해 오고 있는 방대한 분량의 내 일기를 출판해 줄 의사가 있는지 타진해 보았다. 회사 측과 협의해 보고서 8월 17~18일 무렵에 그 결과를 통지해 주겠노라고 했다.

8월

6 (월) 맑음

경북대학교 퇴계연구소로부터 『퇴계학과 한국문화』 제41호에 기고한 내 논문이 '게재가(수정조건만족)'로 결정되었다는 이메일 통지를 받았다. 투고논문은 역락출판사로 넘겼으며, 초교편집본이 8일 수요일에 역락으로부터 내 메일로 바로 들어올 예정이라고 한다. 본교 남명학연구소와 서울대 철학사상연구소로부터 거부된 내 논문 「광해군 초기의 정인홍」이 우여곡절 끝에 마침내 경북대 측으로부터 수락된 것이다.

7 (화) 종일 많은 비

오전 11시 30분에 남명학관 106호실에서 남명학연구소 연구원총회가 있었으나, 나는 깜박 잊고서 참석하지 않았다. 안건은 한국학술진흥재단에서 공고한 인문한국사업을 8월 21일에 신청하기 위한 연구소규정 개정 및 관련규정 제정 및 개정이었다. 구체적으로는 (1) 『남명학연구』 윤리규정 제정(안), (2) 남명학연구소 공간관리규정 제정(안), (3) '남명학연구소 규정' 개정(안)이었다. 연구소 규정 개정(안)은 임원의 임기를 2년에서 3년으로 늘이고, 논문 게재 순서에 있어서 심사를 통과한 논문일지라도 편수가 과다하여 해당 호에 모두 실을 수 없을 경우에는 기획발표논문을 우선 게재하며 일반투고논문은 점수가 높은 순으로 적절한 편수를 게재하고 나머지는 다음 호로 넘긴다는 것, 그리고 한국학술진흥재단의 학술지평가에 대비하기 위해 경남·부산·울산 지역 소속 연구자의 일반투고논문은 심사를 통과하였더라도 게재 편수를 제한할 수 있다는 것 등이다.

「남명학연구소 연구윤리 규정」의 제5조 '편집위원의 윤리 규정'에 "편집위원은 투고된 논문을 선입견이나 사적 친분과 무관하게 오로지 논문의 질적 수준과 투고규정에 입각하여 공평하게 취급하여야 한다."는 조항이 들어 있다. 그리고 최근호인 『남명학연구』 제23집(2007. 6) 부록에 「남명학연구소 공간관리규정」이 이미 수록되어져 있고, 그 부칙에 "이 규정은 2007년 4월 26일부터 제정하여 시행한다."고 되어 있는데, 이를 새삼스럽게 총회에 부의하여 추인을 받고자 하는 이유를 알 수 없다.

이 제23집에 수록된 논문 중 탈락 없이 전부 게재되는 기획논문은 총 7편으로서 그 중 본교 한문학과 전임교수의 것이 3편, 일반논문 총 7편 가운데는 본교 한문학과 교수나 출신자의 것이 2편, 문집해제 총 4편 가운데는 본교 한문학과 출신자의 것이 3편을 차지하고 있다. 게다가 「『남명학연구』 논문투고에 관한 규정」에 의하면, "원고분량은 200자 원고지 150매를 기준으로 하되, 50매를 초과하지 않도록 한다. 50매를 초과한 경우, 투고자에게 인쇄비 일부를 부담하게 할 수 있다."고 되어 있다. 그런데 제23집에 실린 기획논문 중 본교 한문학과 H 교수의 것은 인쇄하여 59장, 일반논문 중 본교 한문학과 출신 강정화 씨의 것은 56매, 연세대 국문과 교수 허경진 씨의 것은 62매로서 각각 다른 논문들의 2배 분량을 넘는다.

나는 여기에 기고한 논문이 규정된 분량을 초과할 형편이므로 부득이 두 편으로 나누어 그 전편을 싣고자 했지만 미완성이라 하여 거부되었는데, 본교 한문학과 관련자들은 관계 규정의 적용을 받지 않고 있을 뿐 아니라 물론 초과분의 인쇄비를 부담한 것도 아닐 것이다. 게다가 권두에 실린 H 교수의 글 「咸安의 학문적 전통과 晩醒 朴致馥의 역할」은 H 교수가 자신의 출신지인 함안 지방의 후세에 이름을 남긴 학자들에 관해 지방지 등에 수록된 내용을 장황하게 나열한 것으로서, 전혀 논문의 성격을 갖추고 있지 못한 것이다. 이러한 사실들이 과연 한국학술진흥재단에서 요구하고 있는 연구윤리규정의 취지에 합당한 것인가?

현재 본교 남명학연구소의 임원은 총 9명인데, 그 중 한문학과 교수 및 출신자가 6명을 차지하고 있다. 명목뿐인 감사 2명을 제외하면, 소장과 사무국장을 포함하여 한 명을 제외한 나머지는 모두 본교 한문학과 소속이다. 본교 한문학과의 전임은 현재 6명인데, 그 중 남명학 관계의 글을 전혀 발표한 적이 없는 황의열 교수 한 명을 제외한 나머지 다섯 명 중 네 명이 임원에 참여하고 있으며 또한 이번 호에 글을 싣고 있다. 설립 이래로 집행부의 견제기구라 할 수 있는 평의원회가 있었으나, 1년에 한두 번 소장 및 운영위원들과 합석하여 사업설명을 듣고 식사를 함께 하는 정도로서 유명무실한 것이었는데, 그나마도 내가 미국에 체재하고 있던 기간 중에 폐지되어 버렸다. 임원의 임기에는 제한이 있으나 '연임할 수 있다'고 되어 있으므로 사실상 한문학과 교수들이 무기한으로 임원의 거의 전부를 차지하고 있으며, 본교 한문학과의 대부 격인 H 교수는 소장을 5회 연임하고서 같은 과의 최석기 교수에게 물려준 바 있다. 이제는 그나마 임원의 임기를 2년에서 3년으로 연장하여 거추장스런 연임 추인절차를 줄이고자 하는 것이다.

대북정권 시기의 정인홍에 관한 나 자신의 논문 입력을 계속하여 96.4장의 분량에까지 이르렀다.

8 (수) 많은 비

경북대학교 퇴계연구소로부터 오전 11시 41분에 내 논문「광해군 초기의 정인홍」교정쇄가 이메일로 보내져 왔으므로, 한 차례 교정을 마치고서 매수 관계로 지난번에 빼버렸던 참고문헌도 퇴계연구소 측의 요청에 따라 도로 첨부하여 오후 3시 25분에 반송하였다. 이어서「全恩과 討逆의 논리—대북 정권 시기의 정인홍—」입력을 계속하여 97.6장까지 나아갔다.

9 (목) 대체로 맑으나 때때로 부슬비

박영률출판사로부터 '지식을만드는지식' 총서 출간 준비와 관련하여 내가 집필한 『남명집』에 관한 서지정보와 나에 대한 필자정보를 요청해 왔으므로, 첨부해 보내온 서식에다 작성해서 보냈다. 뒤이어 내 책의 출간 일정에 관해 물어보아서 지난번 내 연구실을 방문하여 계약서를 전해 준 바 있었던 박영률출판사 편집주간 최정엽 씨로부터 회답을 들었다. 길면 3달, 짧으면 2달 후부터 지난 7월 31일 1차 계약을 완료한 1,500개 타이틀에 관한 첫 출간이 시작될 것이라고 했다.

한국학술진흥재단으로부터 지난번에 내가 참여했던 상반기 신진교수 연구지원사업 1차 온라인 전문가심사와 관련한 앙케이트 설문조사서가 이메일로 보내져 왔으므로 작성해 주었다.

논문 작업은 99.6장까지 나아갔다.

13 (월) 흐리고 정오 무렵부터 비

논문 작성을 계속하던 중에 천안문서점으로부터 예약해 두었던 책들이 부쳐져 와 퇴근 무렵까지 그 내용을 읽어보았다.

14 (화) 흐리고 때때로 부슬비

논문 작업을 계속하여 103.2장까지 나아갔다.

16 (목) 대체로 맑음

서울 아세아문화사의 엄승진 영업부 과장에게로 전화를 걸어 내 일기의 출판 건에 관한 출판사 측의 결정 내용에 대해 문의해 보았다. 엄 씨는 이 달 13·14일 사이에 내게로 전화하여 출판사 측의 회의 결과를 알려주겠다고 했었는데, 그로부터 이틀이 지난 오늘까지 연락이 없으므로 이미 틀린 것이 아닌가 싶어 망설이던 끝에 내 쪽에서 전화를 걸어보기로 한 것이다. 때마침 엄 과장도 내게 전화를 걸고 있었으나, 계속 통화 중이었다고 한다. 엄 과장은 나 쪽에서 출판비의 일부를 보조하거나 혹은 출판된 책의 일부를 구입하는 조건으로 출판이 가능하겠으나, 우선 그 샘플을 보내달라고 했다. 나로서는 출판사 측의 위험 부담을 이해하나, 자신이 출판 비용을 분담한다기보다는 구체적인 부담 정도를 알려주면 사단법인 남명학연구원 측에다 출판비 지원을 얻을 수 있을지 문의해 보겠노라고 했다. 조옥환 사장과 상의해 볼 것을 염두에 둔 것이다.

나로서는 이미 일기가 20년 8개월 동안 단 하루도 빠트리지 않고 매일 적어와 꽤 방대한 분량에 달해 있는데다, 이 일기가 자신의 사후에도 후세에 남겨질 수 있을지 의문이고, 게다가 장래에 출판된다 할지라도 타인에 의해 그 내용이 변질될 우려가 없지 않으므로, 지금 정도의 시점에서 자신의 손으로 일단 출판해 두는 것이 좋겠다고 판단한 것이다. 출판사 측에서는 다섯 권 정도로 예상하고 있다는 엄 과장의 말로 미루어 보아, 수익성을 고려하여 전체가 아니라 그 중 독자의 흥미를 끌만한 부분들을 발췌할 생각이 아닌가 싶다. 우선 집에서는 시간이 부족하여 학교로까지 가져가서 입력하느라고 연구실 컴퓨터 속에 산만하게 남아 있는 일기 파일들 가운데서 가장 마지막 것인 2003년 8월의 일기를 읽어본 후, 13시 36분에 그것을 엄 과장에게 이메일 첨부파일로서 보내 두었다.

논문은 104.1장까지 나아갔다.

17 (금) 맑음

이 달 일기를 다시 읽은 후 어제까지의 일기가 입력된 이 최근의 파일을 아세아문화사의 엄승진 과장에게 이메일 첨부 파일로 송부하였고, 출근하여서는 구내 우체국에 들러 1987년도 일기가 적힌 최초의 노트를 택배로 엄 과장에게 송부하였다. 토·일요일이 휴일이므로 월요일 무렵에 도착할 것이라고 한다.

오전 중 연구실에서 논문 작업을 계속하다가, 11시 40분 무렵에 나와 교직원식당에서 점심을 든 다음, 승용차를 몰아 한국동양철학회 2007년 제53차 하계학술대회가 열리는 함양 용추 자연휴양림을 향해 출발하였다. 등록 시작 시간인 오후 1시 반 무렵에 도착하였다. 지난 2월의 겨울 모임에 이어, 한국동양철학회가 주최하고 김윤수 씨가 이사장으로 있는 사단법인 인산한의학연구원이 주관하는 형태로 같은 장소에서 개최하게 된 것이다. 김 씨가 재정적으로 후원하는 관계로 대회 주제는 '동양철학과 정신건강'으로 잡았다.

오후 2시 반 무렵부터 동국대 김연재 씨의 사회로 대전대 송인창 회장의 인사 및 김윤수 씨의 환영사로 개회를 했다. 주제발표 시간에는 고려대 이승환 교수의 「朱子는 왜 未發體認에 실패하였는가?」 및 신라대 권상우 씨의 논평, 학회 총무인 건양대 김문준 교수의 「웰빙시대의 매슬로우 심리학과 이황 심학의 의의」 및 대전대 박태옥 강사의 논평, 군산대 신진식 씨의 「몸과 마음의 통일—道教 內丹學의 '性命雙修' 사상의 현대적 의의—」 및 충남대 이종성 교수의 논평, 김윤수 인산의학원 원장의 「仁山醫哲學과 정신건강」 및 영산대 신원봉 씨의 논평이 있었고, 종합토론을 끝으로 첫째 날 행사를 모두 마쳤다.

20 (월) 맑음

사단법인 남명학연구원의 사무국장인 조구호 군으로부터 전화 연락을 받았다. 어제 상임연구위원회의가 열려 10월 둘째 주에 있을 연구발표 모임의 주제와 발표자를 협의하였는데, 내게 철학분야의 「남명학 연구 성과와 향후 과제」라는 주제를 위촉하기로 결정되었다는 것이었다. 그런 주제라면 나는 이미 예문서원이 발행하는 계간지 『오늘의 동양철학』 및 『한국의 사상가 10인』 총서 남명 조식 편의 서론으로서 「남명학은 어떻게 연구되어 왔는가」라는 주제의 글을 발표한 바 있고, 이와 유사한 주제로는 연구원 자체의 연구위원 세미나에서도 다른 사람들이 몇 차례 발표하여 그 글이 『남명학연구논총』에 수록된 바 있었으므로 새삼스럽게 더 언급할 것은 없으며, 내암 정인홍을 주제로 하는 최근의 연구로써 발표하라면 응할 용의가 있노라고 대답했다. 내 의견에 대해서는 다른 상임연구위원들과 상의한 다음 다시 연락해 주겠다고 했다.

지난번에 조구호 국장이 내 휴대폰으로 문자메시지를 보내어 7월 14일에 긴급상임연구위원회의가 있으니 참석해 달라고 요청해 온 바가 있었으나, 나는 대답을 하지 않았다. 그 때 무슨 일로 긴급회의를 열었느냐고 물어보았더니, 김충렬 원장의 사임 건이라는 것이었다. 그 때까지도 김 원장의 사의는 공식적으로 수리되지 않고 있었던 모양인데, 근자에 수리하기로 결정되어 후임으로는 국사편찬위원회의 이성무 씨와 국민대학교 국사학과의 정만조 씨 가운데서 한 사람을 택하기로 예정되어 있다는 것이었다. 나는 이번 동양철학회 모임에서 고려대 철학과의 이승환 교수로부터 근자에 김충렬 교수가 자신이 발족 이래 수십 년 동안이나 원장으로 있었던 사단법인 남명학연구원을 비판하는 글을 쓴 바 있었는데, 출판사 측의 연락에 의해 그 글은 싣지 않기로 결정되었다고 들었다. 아마도 『오늘의 동양사상』에 기고했던 것이 아니었을까 싶다.

21 (화) 맑으나 무더위

아세아문화사 엄승진 과장이 어제 오후 6시에 보낸 이메일을 읽었다. 내가 보낸 일기 파일과 노트를 잘 받았으며, 주중에 편집회의를 거쳐서 내게 연락을 주겠다는 내용이었다.

22 (수) 대체로 맑으나 오후 한때 소나기와 천둥 번개

8월 21일부터 30일까지가 한국학술진흥재단의 2007년도 기초연구과제지원사업(인문사회분야) 단독연구 및 우수논문사후지원 신청 기간이므로, 연간 700만 원의 단독연구 정액지원 연구계획서를 입력했다. 재작년에 간행된 「선조 시기의 정인홍」을 가지고서 우수논문사후지원에 신청해 볼까 생각해보기도 하였으나, 이는 연구년 기간 중의 연구실적물로서 이미 본교에 제출한 바이기 때문에 교내외 및 국내외에서 지원을 받은 실적물은 안 된다는 학진의 지원 원칙에 어긋나는 듯하여 그만두기로 했다. 당시 연구년 기간의 연구주제는 「전은과 토역의 논리」였었는데, 결국 이 주제와 직접적인 관련이 없는 선조 시기까지만을 다루게 되었던 것이다. 현재 작성하고 있는 논문 또한 그 연구의 연장인데, 같은 이유로 제목 「전은과 토역의 논리—대북 정권 시기의 정인홍—」 가운데서 '전은과 토역의 논리' 부분도 일단 삭제하였다.

조구호 남명학연구원 사무국장으로부터 전화가 왔다. 금년에는 예정

된 주제를 가지고서 학술대회를 개최하고, 내가 제의한 정인홍에 관한 주제의 발표는 내년 이후의 기회로 미루는 편이 좋겠다고 다른 연구위원들이 말하더라는 것이었다.

23 (목) 맑음

오전 중 웰빙 하우징의 박점규 대표로부터 전화를 받았다. 진주교 건너편의 사무실을 폐쇄한 것은 주차 공간이 불편하였기 때문으로, 약 20일 전에 평거동의 구세군교회 맞은편에 30평 정도 되는 사무실을 마련하여 옮겼다고 한다. 그의 처가 내 아내의 제자인데다 철학과의 안명진 군과도 잘 아는 사이이니, 자신을 믿고서 외송리 산장 건축을 맡겨달라고 했다.

2007년도 기초연구과제 인문사회분야 단독과제의 연구계획서 작성을 일단 마치고서 학진 홈페이지에 접속하여 온라인 신청절차를 진행했다. 연구계획서는 A4용지 15매 전후를 한도로 한다고 되어 있으나, 나는 불필요한 내용으로 부풀리고 싶지 않아 10매로 작성을 마쳤다. 그러나 온라인 신청 및 연구계획서 파일 탑재 절차를 시작해 보니, 거기에다 다시 온라인으로 연구의 목표·효과·요지 및 한글과 영문 키워드 등을 작성해 올리도록 되어 있어 번거롭기 짝이 없었다. 일단 연구계획서 상에 기재된 내용을 그 제목들과 일치하지 않는다 할지라도 올려두었지만, 요지 같은 것은 연구가 거의 완료된 시점에 가서야 작성할 수 있는 것이 아닌가 한다.

24 (금) 맑으나 무더워

연구계획서 작성을 완료하여 온라인으로 한국학술진흥재단에 제출하고서 접수번호 1000430을 받았다. 조교를 통해 '지원신청 기본 정보'와 '연구계획서' 각 한 부씩을 출력하여 본교의 연구비중앙관리부서인 연구지원과로 전달하게 했다.

이어서 제목이 「全恩과 討逆의 논리—대북정권 시기의 鄭仁弘—」에서

「대북정권 시기의 鄭仁弘」으로 길이가 축소된 논문의 입력을 계속하여 110.7장까지 나아갔다.

27 (월) 대체로 맑으나 오후 한때 소나기

사단법인 남명학연구원으로부터 우송되어져 온 박병련·곽진·이헌창·이영춘 공저 『潛谷 金堉 연구』(파주, 태학사, 2007)의 내용을 훑어보았다.

아세아문화사의 엄승진 과장으로부터 전화를 받았다. 회의해 본 결과, 내 일기의 출판은 맡지 못하게 되었다는 것이었다. 그 이유는 아무래도 개인적인 내용이 주를 이루며, 분량이 많아 편집에도 어려움이 있기 때문이라는 것이었다. 일기를 계속 입력하다가 정년퇴임 이후 자서전 식으로 간행하면 좋겠다면서, 狩野直喜 著 『중국철학사』 개정판은 내용을 수정하여 꼭 간행을 실현할 수 있도록 하겠다고 했다. 10월경 출장 오는 길에 한 번 방문하겠노라고 했다. 나로서도 자신의 사생활을 공개하는 데다 타인의 프라이버시까지 침해할 우려가 있으므로, 생전에 일기를 출판하는 데 대해서는 적지 않은 부담감을 느끼고 있었던 터라 좀 안심이 되기도 했다.

논문의 입력을 계속하여 118장까지 나아갔다.

28 (화) 흐리고 때때로 비

논문은 120.1장의 분량까지 나아갔다.

29 (수) 종일 많은 비

사단법인 남명학연구원으로부터 『선비문화』 제12호(2007년 가을)가 우송되어져 왔으므로, 그 내용을 훑어보았다. 『선비문화』는 금년 봄에 제11호가 간행된 이래 여름 호는 건너뛰고서 가을 호가 나왔으므로, 부정기적으로 간행되고 있음을 알 수 있다. 거기에 조여항이 특별기고한 「故 鄭琪哲 선생을 회고하며」 라는 글이 실렸는데, 조여항이란 나의 제자

趙平來 군이 『정인홍과 광해군』(서울, 동녘, 2001)이란 책을 출판하면서 사용하기 시작한 필명이다. 그의 고향 함안에 있는 여항산을 취한 것이다.

이 글 속에 "필자가 광해군과 來庵 鄭仁弘 선생을 좋아하여 이 분들에 대해 무엇인가 한 번 써야 되겠다고 생각을 하면서 내암의 직계 후손인 선생과 만났고, 이때부터 임종 직전까지 아무리 바빠도 보름에 한 번, 짧게는 일주일에 여러 차례 전화로 안부와 자료에 대한 정보를 교환했다."고 보이고, "내가 선생을 마지막 뵌 것은 올해 3월 초 합천 본가에서였다."고 하였으며, 4월 1일에 정 씨가 대장암으로 운명한 후 그 장례식에도 참석한 모양이다. 근자에 김경수 군으로부터 조평래 군이 서울 생활을 청산하고서 함안으로 내려와 정착했다는 소식을 듣기도 했으나, 내가 십 년 쯤 전에 서울 동숭동 낙산에 있는 그의 숙소에서 한 번 자고 돌아온 후 한 번도 나를 방문하거나 연락을 준 적이 없었다. 그의 현재 직함은 아그로 탑 대표라고 되어 있는데, 이것만으로는 무슨 일을 하는지 알 수 없다.

30 (목) 흐리고 때때로 부슬비

종일 논문 작업을 계속했다. 어제 작업해 둔 것이 웬일인지 또 저장되어 있지 않으므로, 그 부분도 새로 입력했다. 본교 남명학연구소로부터 한국학중앙연구원과 공동으로 추진하는 남명학 관계 문집 해제 작업의 두 건을 맡아달라는 요청 전화가 있었지만, 다른 일로 바쁘다는 이유로 사절하였다.

31 (금) 흐리고 때때로 부슬비

논문 작업을 계속하여 126.9장까지 나아갔다.

아세아문화사에 샘플로서 보냈던 내 일기 노트 제1책이 택배로 반송되어져 왔다.

9월

1 (토) 많은 비

서울시 서초구 반포4동 577-25 문창빌딩 2층의 글누림으로부터 내 논문 「광해군 초기의 정인홍」이 실린 『퇴계학과 한국문화』 제41호(2007.8)와 별쇄 21부가 택배로 집에 배달되어져 왔다.

3 (월) 흐림

『퇴계학과 한국문화』 제41호에 실린 내 논문 「광해군 초기의 정인홍」을 한 번 읽어보았다. 한 번 밖에 교정을 보지 않았지만 별로 고칠 데가 눈에 띄지 않았다.

4 (화) 흐리고 때때로 부슬비

학부의 한국유학특강을 시작으로 2학기의 첫 수업을 실시하였다. 이 과목에서는 이번 학기에 李晩采 編 『闢衛編』을 강독하기로 되어 있다.

『퇴계학과 한국문화』 제41호에 실린 울산대 철학과 손영식 교수의 논문 「이황과 조식 사상의 쟁점 몇 가지」를 읽기 시작하였다. 손 교수는 서울대 철학과 후배인데, 평소 그의 독특한 지론들을 이 글에서 그대로 되풀이하고 있다.

5 (수) 비

손영식 교수의 새 논문에 대한 검토를 마쳤다. 이 논문의 서두에서 손 교수는 "이황과 이이, 조식의 사상에 대해서 필자와 정원재 교수가 몇 가지 새로운 이론을 제시했다. 그것에 대해서 여러 분이 비판해 주셨고, 논쟁이 벌어졌다. 현재 조선 성리학의 지형도를 바꾸는 지각 변동은 진행 중이다."고 하였고, 끄트머리에서 "필자는 이미 이황 조식 이이를 보는 새로운 도식을 제시했다. 이 글은 그 도식의 정교화라고 할 수 있다."고 했다. 손영식 씨와 서울대 철학과의 전임 정원재 씨는 둘 다 광주일고 출신으로서 학문적 콤비이기도 한데, 이 글은 그들의 이론을 요약 정리한 것이라고 볼 수 있다.

논문은 127.5장까지 나아갔다.

6 (목) 비

일반대학원의 일본사상연구와 교육대학원의 동양철학사특론 합반 수업으로 『古事記』를 다루는 첫 수업을 실시하였다. 岩波書店의 日本思想大系 제1권으로서 수록된 『古事記』(1982)를 텍스트로 삼을 예정이었으나, 오늘 아침 수업 준비를 하다가 참고서적으로서 소개한 권오엽·권정 옮김 『고사기—신화와 사실의 접속으로 구현된 고대일본의 기록』(고즈윈, 2007, 3책)에도 원문이 실려 있으므로, 그것을 가지고서 수업하기로 마음을 바꾸었다.

7 (금) 흐림

논문 작업에 계속 매달렸으나, 전날보다 원고지 한 장 정도가 더 나아간 128.6장에서 그쳤다. 읽고서 비교 검토해야 할 자료가 많기 때문이다.

11 (화) 흐림

논문은 129.1장까지 나아갔다.

12 (수) 맑음

외송리에 당분간 집을 짓지 않기로 작정했으므로, 나의 재정 계획을 땅 사기 전의 상태로 되돌리는 절차를 대충 마쳤다.

17 (월) 쾌청

논문 작업을 계속하여 134.7장까지 나아갔다.

18 (화) 흐림

논문 작업을 계속하여 137.3장까지 나아갔다.

19 (수) 맑음

논문 작업을 계속하여 139.2장까지 나아갔다.

20 (목) 맑음

오전 3시간의 대학원 수업에서는 오늘부터 번역본 대신 원래 예정했었던 텍스트인 岩波書店 日本思想大系 제1권의 『古事記』를 다루기로 했다. 논문은 142.2장까지 나아갔다.

21 (금) 맑으나 무더워

논문은 제3장 '폐모론의 추이'를 마친 다음 제4장 '明의 출병 요구와 그 이후' 하나를 더 추가하여 146.2장까지 나아갔다.

22 (토) 흐리고 저녁부터 비

아내와 더불어 외송리로 가서 과수원을 일주하는 농로의 풀을 베었다. 山椒 등을 따러 올라온 관음사 도경 스님과도 만나 대화를 나누었다. 스님은 알고 보니 남명 및 퇴계와 동갑으로서 함께 교유가 있었던 淸香堂 李源의 직계 후손이었고, 내 땅에서 개울 건너편으로 바라보이는 가까운 곳에 청향당 장남인 松堂의 묘소가 있다 한다.

27 (목) 맑음

논문 작업을 계속하여 148장까지 나아갔다.

28 (금) 흐림

논문 작업은 149.5장까지 나아갔다.

10월

1 (월) 맑음

논문 작업을 계속하여 158.7장까지 나아갔다.

2 (화) 맑음

논문 작업을 계속하여 본문을 마치고서 맺음말에 접어들었다. 매수는 155.5장으로 오히려 줄어들었다.

4 (목) 맑음

맺음말을 끝으로 논문 「대북 정권 시기의 정인홍」 본문 입력을 마쳤다. 총 163.4장이었다. 그러나 국문 및 영문 요지와 키워드, 참고문헌 등을 포함하면 앞으로 매수는 더 늘어날 것이다.

5 (금) 맑음

논문의 퇴고를 시작하였다. 지난번 논문인 「광해군 초기의 정인홍」 머리말에서 삭제했던 부분 일부를 이번 논문의 맺음말에다 집어넣었기 때문에 분량은 다시 171.2장으로 늘어났다.

8 (월) 흐리고 때때로 비

완성된 논문의 두 번째 퇴고 작업에 들어갔다. 171.6장이 되었다.

퇴근 무렵에 사학과의 윤경진 교수가 『남명학연구논총』 제8집에 실린 설석규 씨의 논문을 빌려 복사하기 위해 내 연구실로 찾아왔다. 금년에 서울대 대학원 국사학과에서 문학박사 학위를 받은 그의 부인 尹晶 씨가 본교 남명학연구소로부터 정인홍 관계 논문의 집필을 위촉받았는데, 그 참고문헌으로서 부탁을 받았다고 한다. 내가 근자에 발표한 정인홍 관계 논문 두 편의 별쇄를 윤 교수 편에 전달하였다.

9 (화) 맑음

『西學辨』의 '天主實義' 부분을 계속하여 읽고, 논문의 두 번째 퇴고 작업을 계속하였다. 총 172.3장이 되었다.

10 (수) 맑음

두 번째 퇴고를 계속하여 총 173.5장이 되었다.

저녁 무렵 정병표 목사가 연구실로 방문해 왔다. 지난 9월 28일에 실시한 일반대학원 박사과정 종합시험에서 전 과목 합격했다면서 인사차 들른 것이었다. 수년 내에 박사학위 논문도 제출해 보고 싶다고 한다.

정 목사가 진주문화원에서 발간하는 책에 실린 퇴계의 시와 최용호의 번역문을 가져와 해석을 부탁했다. 아무래도 원문에 오류가 있는 듯하여, 그가 돌아간 후 『퇴계집』을 들추어보았더니, 별집 권1에 「過靑谷寺」라는 제목으로 그것이 실려 있었다. 예상했던 대로 문자 상의 오류가 많았고, 번역문도 틀려 있었다. 그래서 내가 새로 번역하고 그 서문 및 서문의 주석도 옮겨 적어서 이메일로 정 목사에게 보냈다. 이 시는 H 교수의 글 「경남지역에 소재한 퇴계의 유적에 관한 고찰」(『경남문화연구』 18, 경상대학교 경남문화연구소, 1996)을 통해 나도 예전부터 알고 있었던 것이다. 새금산교회를 맡아 있는 정 목사의 말에 의하면, 금산의 琴湖 못 가에 서 있었던 이 詩碑는 근자에 근처의 다른 곳으로 옮겨졌는데, 기단은 제거하고서 비석만 중간에서 잘라 옮겨 세웠으며, 비문은 이미 거의 읽을 수 없는 상태라고 한다. 안타까운 일이다.

11 (목) 맑음

두 번째 퇴고를 마쳤다.

12 (금) 흐림

논문의 세 번째 퇴고를 시작하여 거의 다 마쳤다.

13 (토) 맑음

아내와 함께 외송리로 가서 오전을 보내고 점심 도시락을 든 뒤 돌아왔다. 관음사의 도경스님에게 그 선조 淸香堂 李源에 관한 언급이 들어있는 내 논문 「남명과 육왕학—지와 행의 문제를 중심으로—」 별쇄본 한 부를 전했다.

15 (월) 맑음

논문의 세 번째 퇴고를 마친 다음, 혹시 빠트린 것은 없는지 『내암집』과 독서 카드를 다시 한 번 점검해 보며 수정 보완을 가해 나가고 있다. 오늘로서 174.2장에 이르렀다.

『淸香堂實記』와 『三憂堂集』을 읽으며 청향당 李源과 그 아들, 그리고 청향당과 삼우당 文益漸의 관계를 카드화했다. 「世系」에 의하면 합천이씨인 이원에게는 두 아들 光乾·光坤이 있었으나 장남인 광건은 일찍 죽었으므로 그 후손도 없고, 묘도문자에는 대부분 아들로서 광곤 한 사람만을 기록하고 있다. 그렇다면 내 땅 건너편에 있는 이원의 장남 무덤이란 松堂 李光坤의 것이란 말인가? 이광곤은 이원의 조카인 竹閣 李光友와 더불어 모두 남명문인이며, 둘 다 오늘날 培養 마을에 있는 培山書院에 배향된 인물이다. 문익점의 증손녀가 이원의 조모이며, 그런 까닭에 부친 대에 丹城 所耳谷으로부터 培養으로 이사하여 문익점의 집터에 자리 잡았으며, 역모 사건에 연루되어 몰락한 문익점 집안을 대신하여 조모가 감사에게 청원하여 문익점의 墓祠를 중건하고 효자비각을 중건하였다. 이원과 동갑 친구인 조식이 문익점 묘사의 기문을 짓고, 이황이 효자비각의 기문을 적은 것은 모두 이원의 부탁에 의한 것이었다.

서울 마포구 용강동 494-80에 있는 인문학 전문 출판사인 새문사 및 사회과학 전문 신론사의 영업부 주임 권세광 씨가 오늘 내 연구실로 방문해 와 자기네 회사에 서적의 출판을 맡겨달라고 했다. 그래서 이미 절판된 『중국철학사』 및 『남명학파연구 上』의 재판 간행과 일기 출판 건에 대해 상의해 보았다. 회사로 돌아가 그 결과를 알려주겠다고 했는데, 일기의 경우는 분량도 방대하고 전례가 없는 것이라 어려울 것이라고 했다.

16 (화) 맑음

논문의 수정 보완을 마친 다음 필자 소개 및 목차, 참고문헌 등을 입력했다. 총 180.5장에 이르렀다.

17 (수) 맑음

논문의 국문 요지 및 주요어 작성을 마친 다음, 영문 요지 및 키워드의 작성을 진행했다.

18 (목) 맑음

영문 요지 및 키워드의 작성을 마쳤다.

19 (금) 흐리고 저녁부터 초겨울 추위

어제 입력해 둔 영문 요지 및 키워드를 다시 한 번 퇴고한 뒤, 같은 4층에 연구실이 있는 영문과의 백승진 교수에게 이메일 첨부파일로 보내어 검토를 부탁했다. 오후에는 새 논문 「일제시기의 德川書院」 및 「『德川師友淵源錄』의 성립」 작성 준비를 위해서 독서카드 정리를 시작했다. 이 두 논문을 끝으로 나는 지난 20여 년간 종사해 온 남명학 관계 연구를 모두 마치고서, 그 다음으로는 젊은 시절에 뜻을 두고서 논문도 몇 편 발표한 바 있었던 秦·漢의 신비사상에 관한 연구에 다시금 착수하여 그 과제로 여생을 보낼 예정이다.

20 (토) 맑음

날씨가 쌀쌀해져 외송리의 개울가에서 점심 도시락을 먹기에는 좀 추울 것이기 때문에 집에서 점심을 든 후 아내와 더불어 출발하였다. 오후 3시에 거기서 김경식 씨와 만나 측량 문제에 대해 상의하기로 약속이 되어 있었던 것이다.

먼저 외송리 새암터골과 매강골 사이의 야산에 위치한 남명 문인 桐谷 李晁의 둘째아들로서 계축옥사 당시 桐溪 鄭蘊을 신원하는 宜寧疏의 疏頭가 된 바 있었던 梧岡 李惟訥(1562~1625)의 무덤을 찾아보고자 했지만, 내가 위치를 물어본 농군이 그 마을 사람이 아니라 도움이 되지 못했고, 김 씨와의 약속 시간도 있어 오늘도 일단 포기했다.

내 땅에 들어간 다음으로는 개울 건너편의 도경 스님이 말한 淸香堂 李源의 장남 무덤을 찾아보았다. 절 뒤편 산 능선에 위치해 있었는데, 비석을 통해 남명 문인으로서 그 사촌인 竹閣 李光友와 더불어 培山書院에 배향된 松堂 李光坤의 무덤임을 확인하였다. 내 땅 바로 옆에 청향당의 嗣子 무덤이 있다는 것은 흥미로운 일이다.

22 (월) 맑음

오전 중『眞庵李炳憲全集』에 수록된『培山書堂經紀事實略』과『德川師友淵源錄』『山海師友淵源錄』을 통해 청향당 이원의 아들인 松堂 李光坤과 송당의 사촌동생인 竹閣 李光友에 대해 알아보았다.

서울 마포구 용강동에 있는 새문사로부터 전화 연락을 받았다. 내 저서『남명학파연구』및 번역서『중국철학사』의 再版을 맡겠다는 내용이었다. 그러나『중국철학사』의 입력 파일이 없고, 내용을 개정할 의사도 없다는 말을 듣고서 재고해 본다고 했다.

저녁 무렵 새 논문 작성을 위한 독서카드의 정리 작업을 계속하였다.

23 (화) 맑음

독서카드 정리를 마친 다음,「대북정권 시기의 정인홍」맺음말 끄트머리부분을 좀 보충하였는데, 본문만으로 총 183.1장의 분량이 되었다. 처음부터 다시 읽으며 네 번째 퇴고를 가하고 있다.

24 (수) 맑음

논문의 네 번째 수정보완을 마쳐 183.7장이 되었다.

25 (목) 흐리고 때때로 부슬비

새 논문의 작성을 위해서 예전에 수집해 둔 고문서들을 꺼내어 검토해 카드화하기 시작했다. 정인홍 신원 관계 자료들과 남명 후손인 復庵 曺垣淳이 정리해 둔 『山海淵源錄』 1책의 검토를 마쳤다.

27 (토) 맑음

집에서 혼자 점심을 차려든 후, 차를 몰아 외송리로 갔다. 먼저 외송리의 새암터골과 불매강골 사이로 뻗어 내린 야산의 212.9m 높이인 평평한 봉우리 부근에 위치한 梧齋 李惟訥(1562~1625)의 무덤을 찾아갔다. 진주시와 본교 박물관이 2006년에 공동으로 간행한 『문화유적분포지도』 산청군 편에 수록된 1:10,000 축적의 지형도를 복사해 가지고서 답사하였는데, 세 번째 시도하여 오늘 마침내 찾아내었다.

1759년에 세워진 '朝鮮忠義衛李公惟訥之墓'라는 제목의 4대손 李如珅(신)이 짓고 5대손 李孝明이 글씨를 쓴 묘비(높이 140, 너비 71, 두께 15.5cm)가 무덤 옆에 서 있고, 그 아래쪽에는 후처 丹陽禹氏의 묘가 있으며, 좀 더 아래쪽에 며느리의 묘도 있었다. 화강암으로 된 묘비의 글씨는 이미 읽기가 어렵게 되었으므로, 그 반대쪽에 번역문이 새겨진 새 비석이 세워져 있었다. 현재 대부분이 밤나무와 감나무를 심은 과수원으로 되어 있는 그 야산 일대에는 후손으로 보이는 星州李氏의 무덤들이 여기저기에 널려 있었다.

이유눌은 남명 문인인 桐谷 李晁의 세 아들 중 차남으로서 임진왜란 때 의병활동에 참여하였으며 과거에는 합격한 적이 없는데, 형은 문과 급제자이며 松亭 河受一의 妹弟인 梧月堂 李惟諴이며, 아우는 광해군 때 桐溪 鄭蘊을 伸救하는 宜寧疏의 疏頭가 된 바 있는 생원 李惟說이다. 이 세 형제에다 이유함의 장남 瑴의 「梅軒實紀」를 포함한 遺稿가 『三梧實紀合

編』으로서 간행되어져 있지만, 유눌의 경우는 부록만 수록되어져 있다.

28 (일) 흐림

집에서 평소보다 반시간 정도 이른 오전 11시 30분 무렵에 점심을 직접 차려서 든 후 외송리로 향해 출발하였다. 오후 1시에 관음사에서 셋이 만나기로 약속했었지만, 그 시각에 절에는 아무도 없었다. 뒤에 나타난 도경 스님의 말에 의하면, 도로 건설 공사장의 현장 책임자인 산청 덤프 조합의 안영식 총무는 스님을 위해 돌을 하나 실어다 준 후 하나 더 실어다 주겠다면서 다시 현장으로 올라갔다는 것이었다.

다과를 들면서 도경스님으로부터 이 절을 짓게 된 경위에 대한 설명을 들었다. 이 임야와 그 부근에 있는 600평 정도의 답은 일제가 1913년 무렵 토지조사사업을 실시했을 때 선대부터 함양군 병곡면 송평리로 이주해 살고 있는 종손 眞庵 李炳憲의 소유지로 기록되었다. 아마도 문중의 선조인 淸香堂 李源의 嗣子 松堂 李光坤의 묘소와 스님의 6(4?)대조에 해당하는 이의방(李義邦?)의 무덤이 이 산에 있기 때문에 선산을 수호하기 위한 위터로서 종손 이름으로 기록되었던 모양이다. 그러나 백부 李正華에게로 출계하여 종손이 된 진암은 함양에 살고 있어 이 무덤들을 관리할 수가 없었기 때문에 송당의 직계로서는 유일하게 단성에 살고 있는 진암의 사촌동생인 스님 조부가 실질적인 관리를 맡아 스님 집안에서 계속 선조의 묘소 수호 및 제사와 관련된 일들을 해 왔던 것이라고 한다. 그러므로 그 후손인 도경 스님이 찾아가 사정을 말하니 종손은 선선히 이곳의 문중 땅 전체를 절터로서 내주게 되었던 모양이다. 논은 아직도 이미 고인이 된지 오래인 진암의 소유로 되어 있는데, 스님이 종손 댁의 허락을 얻어 조치법 기간 중에 그 명의를 변경하는 절차를 밟을 것이라고 한다.

29 (월) 맑음

아세아문화사에서 간행된 『李炳憲全集』 하권 중에서 그 자신이 저술한

自撰年譜인 「眞菴略歷」(我歷抄)을 통해 신안(면 외송리)의 선산 관계 기록을 점검하여 카드화하였다.

30 (화) 맑음

이병헌(1870~1940)의 「眞菴略歷」에 대한 검토를 마쳤다. 이것에 의하면, 出系에 의해 합천이씨 청향당 계열의 종손이 된 이병헌의 선산으로는 단성에 있는 청향당 묘소와 신안에 있는 송당 묘소가 있다. 조부가 별세한 이후로는 숙부가 제사와 관련된 일을 攝行해 왔었는데, 1904년에 숙부가 별세한 이후부터 진암은 부친과 함께 그 역할을 이어받게 되었다.

그가 41세 되던 1910년 이후로 청향당의 모친 집안인 文益漸 후손과의 사이에 단성·신안에 있는 선산 땅의 소유권 문제를 둘러싼 분쟁이 심화되어 진암은 종종 진주와 단성을 내왕하며 평화로운 해결책을 모색하고자 했지만 결국 그렇게 되지 못했다. 1912년 10월부터 신안 선산을 둘러싼 문 씨 측과의 소송이 벌어져 처음에는 문중에서 일본인 林田重男을 변호사로 선정했었으나, 1913년 「慶南日報」의 초대 주필이었던 張志淵의 알선으로 盧興鉉이 그 일을 담당하여 11월에 당시 경남의 도청 소재지였던 진주에서의 결심 재판에서 勝訴를 하였다. 그러나 1915년에 문 씨 측이 항소를 하여 대구에서 覆審재판을 하여 9월에 다시 승소하였는데, 1916년 정월에 문 씨 측이 또다시 대법원에 상고하였으므로 진주로 가서 답변 訴狀 문제를 상의하고서 함양 본가로 돌아갔다.

단성 培養里의 培山書堂 건설도 진암이 처음부터 주도했던 것은 아니었다. 1902년에 함양 집 부근에다 청향당이 거처하던 집인 九思齋를 중건했었는데, 1918년부터 배양에 사는 竹閣 李光友의 후손들이 중심이 되어 청향당과 죽각의 본거지인 그곳에다 先堂을 건설하자는 논의가 제기되었다. 종손인 진암으로서는 신안의 산송 문제로 말미암아 심신이 피로하여 처음에는 그 사업에 찬성하지 않았으나, 그곳을 조선 孔子敎의 본부로 삼는다는 조건에 동의를 얻어내어 비로소 적극적으로 참여하게 되었다.

自撰年譜의 검토를 마친 다음, 『이병헌전집』 및 서울대 종교학과 금장태 교수의 저서 『유교개혁사상과 이병헌』(서울, 예문서원, 2003)의 내용도 다시 한 번 훑어보았다. 도경스님은 관음사 법당 뒤편에 있는 무덤을 6대조인 이의방의 것이라 하였지만, 아마도 4대조 그러니까 진암의 조부에 해당하는 聾睡軒 李秀邦의 무덤인 듯하다.

31 (수) 흐림

금장태 교수의 『유교개혁사상과 이병헌』 중에서 「眞菴略歷」의 내용을 정리한 제1장 '이병헌의 생애와 활동'을 처음부터 읽어나가기 시작했다.

11월

1 (목) 맑음

『문화유적분포지도』 산청군 편을 통해 산청군에 소재하는 오래된 무덤과 비석들에 대해 알아보았다. 그 결과 淸香堂 李源과 그 부친인 承文, 아우인 潛, 그리고 조카인 竹閣 李光友의 묘소는 山淸郡 新安里의 道川書院 부근에 三憂堂 文益漸의 묘소와 이웃하여 있음을 확인하였다. 나는 청향당의 묘소가 단성에 있다 하므로 조선시대의 단성현 縣治인 지금의 산청군 단성면 성내리 부근으로 짐작했었는데, 알고 보니 도천서원 일대도 당시의 단성현 신안 즉 지금의 산청군 신안면 신안리에 속한 것이다. 그렇다면 「眞菴略歷」에서 '丹城新安先山'이라 하여 문 씨 측과 소송의 대상이 된 것은 지금의 도천서원 일대를 있는 합천이씨의 무덤들을 의미하게 되며, 외송리의 松堂 李光坤 무덤은 이 연보의 1900년 조에서 '新安松溪'의 墓祭에 참여했다고 한 것이 그것인 듯하다.

청향당의 집안은 7대조 云皓 때 본관지인 합천으로부터 丹城 所耳谷으로 이주하였다가 부친 承文 때 조모인 南平文氏의 명으로 外先祖 문익점의 묘역과 비각을 수호하기 위해 단성 培養 마을로 이주하게 되었다. 배양은 원래 고려조의 판서인 周世侯가 살던 곳인데, 문익점이 그 사위가 되어 이 마을에 거주하게 되었고, 문익점 집안이 조선 조 초기의 역모사건에 연루되어 몰락해 배양을 떠나게 되자, 그 증손녀인 청향당 조모의 의사에 의해 합천이씨가 그리로 이주해 온 것이었다.

청향당이 선조 2년에 죽자 葛蘆山의 부친 묘소 아래에 묻혔고, 선조 11년에 그를 祭享하는 新安書院의 건립이 발의되어 선조 22년에 완공되었다. 그러나 임란 때 파괴된 이후 복구되지 못하였는데, 숙종 28년에 조카인 죽각과 더불어 삼우당을 모신 도천서원에 배향되었다. 정조 10년에 도천서원이 사액되자 다음해인 정조 11년에 培山에 이 씨의 서원을 건립하여 청향당과 죽각을 따로 제향하게 되었고, 정조 15년에 위판을 봉안하여 德淵祠라 이름 했던 것이다.

선산 문제로 문 씨 측과 분쟁이 일게 된 것은 1880년 청향당의 묘갈이 파손되어 1899년에 그 비석을 接續한 데서부터 엿볼 수 있다. 『문화유적분포지도』 산청군 편의 후미에 실린 청향당의 묘갈 사진에서 지금도 접속한 흔적을 뚜렷이 볼 수 있다.

남명 문인인 桐谷 李晁의 묘소도 도천서원에서 얼마 떨어지지 않은 신안리에 위치하고 있다.

점심 때 중문과에 2년째 외국인 교수로 근무하고 있는 靑島大學 文學院 부교수 王今暉 박사를 청하여 내 차로 함께 사천시 용현면 선진 103번지에 있는 풍어횟집으로 가서 자연산 생선 모듬회와 백합죽으로 점심을 함께 들며 대화를 나누었다. 식사를 마친 후 그 부근의 船津里倭城과 정유재란 당시의 朝明軍塚을 둘러보았다.

금장태 교수의 저서 『유교개혁사상과 이병헌』 제1장도 계속하여 읽었다.

2 (금) 맑음

『유교개혁사상과 이병헌』 제1장을 마저 읽었고, 그것을 통해 일제시기 硯山 道統祠와 培山書院의 관계에 대한 부분을 카드화하였다.

영문과 학과장 백승진 교수로부터 내가 반 달 쯤 전에 부탁했던 「대북정권 시기의 정인홍」 영문 요지의 수정본이 도착하였다. 계속 일이 밀려 백 교수가 직접 만들지는 못하고 외국인에게 부탁하여 영작문의 문법적인 면을 수정했다는 것인데, 일곱 군데에 수정이 가해져 있었다.

서울의 박영률출판사 편집주간 최정엽 여사로부터 내가 발췌 번역한 『남명집』의 내부 검토와 전문 교정교열이 완료되었다면서, 원고와 교정 체크리스트를 첨부 파일로 보내면서 혹 수정할 것이 있으면 붉은색으로 표시해 달라는 내용의 이메일이 도착하였다. 그리고 내가 디지털카메라로 촬영하여 첨부해 보낸 「神明舍圖」는 해상도를 높여 스캔해서 다시 보내달라는 것이므로, 내가 가진 『남명집』의 여러 판본 복사물들 가운데서 「신명사도」의 인쇄 상태가 가장 좋은 박영돈 본을 가지고서 구자익 군에게 당부하여 요구대로 만들어 두었다. 나의 원고는 첫 출간목록에 들어 있으며, 첫 출간은 1월 15일로 예정되어 있다고 한다.

오늘 본교 남명학관 남명홀에서 '16세기 남명학파의 정주학 수용양상'을 큰 주제로 한 2007년도 제2차 학술대회가 열렸으므로, 점심 전에 잠시 들러 사학과 윤경진 교수의 부인 윤정 박사의 논문 「내암 정인홍의 정주학 이해」 발표에 참석하였고, 오후 4시 무렵부터 한 시간 동안 종합토론에 참석하여 윤정 박사의 논문에 대한 본교 한문학과 출신 전병철 박사의 토론 및 진주교대 김낙진 교수의 논문 「藥圃 鄭琢의 정주학 수용양상」에 대한 본교 사범대학 윤리교육과 손병욱 교수의 토론에 참석하였다. 한국전통문화학교의 최영성 교수도 발표자로 왔으므로, 종합토론 때는 그와 나란히 앉아 있었다.

3 (토) 맑음

집에서 점심을 든 후, 승용차를 몰고서 아내와 더불어 출발하여 산청군 신안면 신안리에 있는 유형문화재 제237호 道川書院 및 도천서원 구내의 新安思齋 건물, 문익점과 그 부인 八溪周氏 墓域 및 그 묘소 아래에 있는 李承文, 李源, 李潛, 李光友 등의 묘역을 둘러보았다.

그 일대 葛蘆山 기슭은 원래 조선 초에 문익점의 묘역으로서 나라로부터 하사된 땅이며, 도천서원도 문익점을 제향하기 위한 목적에서 세워진 서원이지만, 오늘날 문익점의 묘소 진입로 옆에는 과거에 있었다가 없어진 南平文氏의 무덤에 사용된 석물들이 조금 진열되어져 있을 따름이며, 문익점 부부 무덤 외의 나머지 것들은 모두 합천이씨, 그 중에서도 특히 이승문의 셋째 아들인 潛과 그 장남인 光友 계열의 무덤들이었다. 일제 초기의 토지조사사업을 전후하여 남평문씨와 합천이씨 사이에 선산을 둘러싼 분쟁이 일어나게 된 배경을 이해할 수 있게 해주는 대목이며, 아울러 승문의 장남인 源의 아들 光坤과 그 후예의 묘역이 외송리 쪽에 자리 잡게 된 배경도 짐작할 수 있었다.

문익점은 당대에 八溪(草溪)周氏의 집안에 장가들어 지금의 배양 마을에 거주하게 되었는데, 합천이씨 季通에게 시집간 그 증손녀의 장남인 승문이 지금의 산청군 신등면 단계리 아래쪽에 위치한 신안면 소이리(소이곡)로부터 산청군 단성면 사월리 배양마을로 이주해 왔고, 오늘날 배양마을과 신안리의 선산 일대는 남명 문인인 竹閣 李光友의 후예가 차지하고 있는 것이다. 종손인 松堂 李光坤의 후예가 함양으로 이주하게 된 데에도 그러한 사정이 개재해 있는 것이 아닌가 싶다.

다음으로는 산청군 신안면 後川里 다리 건너편 신안리의 해발 125m 능선 지점에 위치해 있는 남명 문인 桐谷 李晁의 무덤을 찾았다. 농로를 따라 들어가니 그 길이 끝나는 지점에 星州李氏 문중에서 비교적 근자에 세운 桐谷의 재실이 있었고, 그 길을 다시 돌아 나와 완만한 경사의 능선을 따라서 동곡 묘역을 찾아 올라갔다. 그 일대의 성주이씨 선산에는 동곡의 세 아들 중 둘째인 梧齋 李惟訥의 첫째 부인을 비롯하여 그 후손들의 무덤이 밀집해 있었다. 오재의 후처 丹陽禹氏의 묘소는 외송리의 오재 묘소 아래에 있는데, 동곡의 후손 중에서는 오재의 후예가 후에 老論이 되어 沙溪의 문묘종사 및 尤庵 현창 사업 등에 적극 참여해 출세한 사람이 비교적 많았던 모양이다.

오늘 내가 금장태 저 『유교개혁사상과 이병헌』을 도경스님에게 한 권 선사하면서 관음사 바로 뒤에 있는 무덤이 스님의 6대조 이의방이 아닌

고조부 李秀邦일 거라는 의견을 말해 주었다. 스님은 항열이 같다는 점에서 나의 고조부 설에는 다소 수긍하는 눈치였지만, 이름에 대해서는 이의방이 맞음을 몇 번이나 거듭 주장하는 것이었다. 그러나 그녀의 말대로 자신의 조부 이병수가 이병헌과 사촌간이며, 절 뒤의 무덤이 그 직계 선조의 것이라면, 스님의 고조부가 곧 이수방임은 논리적으로 틀림이 있을 수 없는 것이다.

5 (월) 맑음

수정을 마친 국문 및 영문 요지와 키워드를 「대북 정권 시기의 정인홍」 본문에다 첨부하였는데, 그러고 나니 총 194매 정도의 분량이 되었다. 지난주에 박영률출판사의 최정엽 편집주간으로부터 보내져 온 『남명집』 교정쇄에 첨부하기 위해 디지털카메라 말고 스캔으로 다시 찍은 '神明舍圖'를 오늘 최 여사에게로 먼저 발송하였고, 뒤이어 교정쇄 본문과 교정 참고 파일 내용을 검토하기 시작했다.

6 (화) 흐림

『남명집』 교정쇄의 검토 작업을 계속하였다.

7 (수) 맑음

『남명집』 교정쇄의 검토 수정 작업을 마치고서 오후 4시 3분에 최정엽 여사에게로 부쳤다.

8 (목) 맑음

지난 2일에 본교에서 있었던 남명학연구소 2007년 제2차 학술대회의 발표논문집 『16세기 남명학파의 程朱學 수용양상』 내용을 검토하여 거기서 발견한 새로운 논문들을 「남명학관계기간문헌목록」에다 추가하였다.

「대북 정권 시기의 정인홍」 머리말 가운데 몇 줄을 추가하여 전체 매수는 197.1장이 되었다.

9 (금) 맑음

어제 우송되어져 온 일본 동방학회의 기관지『동방학』제114집(2007년 7월)의 내용을 훑어보았다. 내가 유학시절 수업을 들었던 聲韻學者 尾崎雄二郎 교수가 작년 12월 8일에 작고하였는데, 이번 호에 그 추도사가 실려 있었다. 동방학회 창립 60주년을 기념하는 좌담회에 池田秀三 교수도 이사로서 참석해 있었는데, 그는 1948년생이라 하니 나보다 한 살이 많다. 유학시절 나와 교분이 있었던 당시 중문과 조수이자 재일교포인 金文京 씨는 현재 京都대학 인문과학연구소 소장이 되어 있다.

오늘 오후부터 새 논문 작성을 위한 준비 작업으로서 필사본『德川師友淵源錄顚末 (秘)』乾·坤 2권 중 乾卷 부분의 카드화 작업을 시작하였다.

12 (월) 맑음

박영률출판사의 최정엽 편집주간으로부터 "책의 뒤표지에 그 작품의 밑줄 긋고 싶은 문장 하나를 뽑아 원문 그대로 실어주려고 합니다. 디자인 요소로도 사용하고 향후 그 책의 캐치프레이즈나 홍보자료 등 여러모로 쓰임새가 많을 듯합니다."고 하여 기본 글씨 크기로 2~3줄 정도의 원문과 한글 해석을 추가로 보내달라는 이메일을 받았다. 그 분량의 정확한 의미를 몰라 일단 '題德山溪亭柱'와 '與吳御史書'의 제3단락을 뽑아 보냈다.

13 (화) 맑음

『덕천사우연원록전말』의 카드화를 계속하여 1961년 4월 15일의「晋州鄕校通文」까지 나아갔다.

14 (수) 맑음

『덕천사우연원록전말』의 카드화를 계속하여 상권을 거의 다 마쳤다.

15 (목) 맑음

『덕천사우연원록전말』의 카드화를 계속하여 坤卷으로 나아갔다.

16 (금) 맑음

『덕천사우연원록전말』 坤卷의 카드화를 계속하여 「西溪書院通文」까지 나아갔다.

19 (월) 맑음

『덕천사우연원록전말』 坤卷의 카드화 작업을 계속하여 거의 다 마쳤다.

20 (화) 맑으나 쌀쌀함

『덕천사우연원록전말』의 카드화를 마치고, 이어서 『晋州通誌』의 출판과 관련하여 이를 비판하는 내용의 통문들을 모은 『伴鷗亭通文』의 카드화를 시작하였다.

21 (수) 아침 한때 부슬비 내린 후 개임

『晋州通志』의 출간을 비판하는 통문철의 카드화를 마쳤다.

22 (목) 맑음

『덕천사우연원록』의 편찬을 위해 덕천서원 측이 각 연원가로부터 받아 정리해 둔 單子들을 검토하였다. 대개 1958년 무렵에 單金과 함께 받은 것인 모양인데, 이 무렵까지도 제목은 『山海淵源錄』이라 된 것이 많았다. 일련번호를 붙여서 철해두었고, 첨삭수정을 가한 흔적이 있는 것도 많았으며, 한 문중의 인물들인 경우 일괄해서 단자를 받아두고 있었다.

26 (월) 맑음

박영률출판사의 정경애 편집장으로부터 2008년 1월에 고전천줄 시리즈의 1/4분기 첫 출간을 앞두고서 도서목록을 만들려고 한다면서 편역,

집필한 사람의 추천사를 200자 정도 분량으로 적어 보내달라는 이메일이 있었으므로 작성해 보냈다. 이 시리즈는 모두 3600종의 목록으로 구성된다고 한다.

28 (수) 맑음

고문서들의 카드화 작업을 계속하였다.『山海淵源錄』(『德川師友淵源錄』의 前身) 편찬 관계 單子들에 대한 검토를 마치고서 1976년 曺鳳祚에 의한『南冥先生文集飜譯·史蹟開發 經過報告』,『靑衿錄頒帙入金(德川書院靑衿錄出義員名帖)』및 각종 通文들에 대한 검토까지 진행했다.

29 (목) 맑음

고문서들의 카드화 작업을 계속하였다.

30 (금) 맑음

1963년에 있었던 金在華의『訂正鰲山誌』및 그『續編』관계 분규와 관련된 통문들을 카드화하였다. 鰲山은 淸道의 古名이다.

학술진흥재단으로부터 2007년도 하반기 기초연구과제지원사업(인문사회분야) 예비선정과제 공고가 있었다. 단독연구의 경우 1,958 과제가 신청하여 556 과제가 선정됨으로서 28.4%의 선정 비율을 보였는데, 내가 신청한「대북정권 시기의 정인홍」은 뽑히지 않았다. 작년과 마찬가지로, 아마도 내 신청서의 분량이 상대적으로 적었던 탓이 아닌가 싶다.

발표를 본 후, 이미 완성되어져 있는 그 논문을 이메일로 곧바로 한국사상사학회의 기관지『한국사상사학』에 투고하였다. 분량이 200자 원고지 197.1장으로서 꽤 많고, 투고안내에 "작성된 원고 2부, 그 내용을 담은 디스켓과 소정의 게재신청서를 학회에 제출한다. 이 때 E메일로도 같은 형식을 갖추어 투고해야 한다."고 되어 있으므로, 이 점에 관해 문의해 보기 위해 학회 연락처인 이화여대 사학과 이재용 교수 연구실로 전화해 보았다. 그러나 이 교수는 총장으로 부임했다 하므로, 다시 성균관대 한국철학과 과사무실로 여러 차례 전화하였지만 끝내 받는 사람이 없었다.

12월

5 (수) 맑음

『訂正 鰲山誌』 분규 관계의 고문서들을 읽으며 카드화 하는 작업을 계속하였다.

6 (목) 맑음

덕천서원 고문서의 카드화 작업을 계속하여 『訂正鰲山誌』 부분을 마치고서 다시 『덕천사우연원록』 편찬 관계 문서로 들어갔다. 이 책의 원래 예정된 제목은 『山海淵源錄』이었음을 확인하였다.

7 (금) 맑음

『덕천사우연원록』 분규 관계 簡通들의 카드화 작업을 계속하였다.

10 (월) 맑음

『덕천사우연원록』 분규 관계 통문의 카드화를 계속하였다.

오후에 한국사상사학회의 간사인 이화여대 사학과 백옥경 씨로부터 전화 연락을 받았다. 지난번 내가 투고한 「대북정권 시기의 정인홍」을 금년 12월 31일 간행될 예정인 『한국사상사학』지에 싣기 위한 심사에는 부치지 못하고 내년 6월 30일 간행 분으로 돌리겠다고 하더니, 금년 분의 심사에 회부할 수 있다는 것이었다. 아울러 내가 이 학회의 종신회원이라고 하지만, 자기로서는 그러한 사실을 확인할 수 없었다면서 언제쯤 종신회원으로 가입했는지 알려달라고 했다. 얼마 후 내가 다시 전화를 걸어 그 학회가 종신회원제를 시행한 시기의 명단을 확인해 볼 것을 당부했다. 여러 차례 회장이 바뀌면서 학회의 기금이 제대로 전달되지 않고, 종신회비를 낸 회원의 명단도 인수인계되지 않고서 흐지부지 사라져 버리고 만 듯하다.

11 (화) 맑고 포근함

종일 『덕천사우연원록』 분규 관계 고문서의 카드화 작업을 계속하였다.

12 (수) 오전에 비 온 후 흐림

종일 『덕천사우연원록』 관계 고문서들의 카드화 작업을 계속하였다.

13 (목) 흐림

고문서의 카드화 작업을 계속하였다.

14 (금) 맑음

종일 『덕천사우연원록』 및 『晋州通誌』 분규 관계 고문서의 카드화 작업을 계속하였다.

17 (월) 맑음

고문서의 카드화를 마치고서 책자로 되어 있는 필사본 『德川書院經任案』, 해방 후 덕천서원이 편찬한 『산해사우연원록』 원본 2책(從遊·門人編, 私淑編), 간본의 저본이 된 필사본 『덕천사우연원록』 2책(師友·門人編, 私淑編)의 내용을 검토하였다.

18 (화) 맑음

澹軒 河禹善의 도장이 각 페이지마다 찍혀 있는 『덕천사우연원록』 최종 清書本을 간본과 대조하여 검토하고, 아울러 德溪 문중의 吳珪煥 씨로부터 입수하여 봉투에 넣어 따로 보관해 둔 『덕천사우연원록』 분규 관계

의 고문서들을 카드화하였다.

19 (수) 맑음

박영률출판사의 최정엽 편집주간으로부터 이메일을 받았다. 편집 디자인이 끝난 『남명집』과 그 표지를 PDF 파일로 보내면서 편집상의 실수나 내용의 치명적 오류가 있는지 살펴달라는 것이었다.

21 (금) 흐리고 저녁부터 비

박영률출판사에서 보낸 『남명집』 표지 및 본문의 PDF 파일을 검토하는 작업을 시작하였다. 지만지고전천줄이라는 이름으로 간행될 예정인 이 시리즈에는 자연과학 분야를 포함한 동서양의 고전 약 3000종을 망라할 계획이라고 하는데, 내가 편역한 『남명집』은 그 중에서 0007번이며, 가격은 1만 원으로 책정되어져 있다. 본문 176쪽 중 오늘은 102쪽 「陋巷記」까지를 마쳤다.

22 (토) 아침까지 비 오고 흐리다가 개임

한국사상사학회 편집간사 송용운 씨로부터 내 논문 「대북정권 시기의 정인홍」에 대한 심사결과 통지가 있었는데, '수정 후 재심사'였다. 따라서 금년 12월에 간행되는 29집에는 게재가 어렵게 되었으며, 심사평을 참조하여 30집에 다시 원고를 보내달라는 것이었다.

24 (월) 맑음

박영률출판사에서 지난주 18일에 보내온 『남명집』 PDF 파일의 검토를 마치고서, 오후 3시 17분에 수정할 사항을 지적한 이메일 회신을 최정엽 편집주간에게로 보냈다.

26 (수) 맑음

한국사상사학회의 심사 결과에 대한 답변서를 작성했다. 결국 심사자의 지적 사항을 하나도 수용할 수 없다는 내용이다.

27 (목) 맑음

오전 중 내 논문의 심사의견에 대한 10조목에 걸친 답변서를 완성하여 11시 17분에 한국사상사학회 편집간사 송용운 씨에게 첨부 파일로 부쳤다. 그 이메일의 본문은 다음과 같다.

> 감사합니다.
>
> 심사 의견을 검토해 보았으나, 본인으로서는 수정할 필요를 느끼지 않습니다. 그 이유를 설명한 답변서를 첨부하오니 심사자들이 검토하게 해 주시고, 만약 이를 납득할 수 없어 졸고가 채택되지 못한다면 가능한 한 빠른 시일 내에 그 사실을 통보해 주시기 바랍니다.

오후에는 「대북정권 시기의 정인홍」을 다시 한 번 읽어보았다. 심혈을 기울인 훌륭한 논문으로서 수정 보완이 필요한 곳은 전혀 없었다. 세 명의 심사자들은 마치 학술회의의 지정토론자처럼 이 주제에 대해 잘 알지도 못하면서 이런저런 의견과 주문을 제시한 것이다.

28 (금) 비

다시 『덕천사우연원록』 분규 관계 고문서의 카드화 작업을 계속하여 거의 마쳤고, 마지막으로 덕천서원 측이 연활자로 간행한 『應辨辨』을 검토하기 시작했다.

31 (월) 맑으나 쌀쌀함

퇴근 때까지 『應辨辨』의 카드화를 마친 다음, 내가 과거에 의령군 慕義面의 二宜亭에 들렀을 때 입수하여 복사해 둔 『眉叟記言』 別集의 「答學者」 문제에 대한 京城儒林과 漣川 恩居堂 유림의 통문을 검토하여 카드화하였다.

2008년

1월

6 (일) 맑음

김경수 군에게 연락하여 그가 오전 11시쯤에 병실에 와서 한 시간 정도 대화를 나누었다. 그는 구자익 군보다 열 살 위인 보통나이 마흔일곱으로서 본교 철학과의 1회 졸업생인데, 박사학위 논문 준비가 어떻게 되어 가고 있는지를 물어보기 위해서였다. 북송 시대의 儒·佛·道 삼교 교섭에 관한 주제를 가지고서 입력을 시작하여 지난 여름방학 중 어느 정도 진척이 있었다가 신체적인 이상이 생겨 중단해 두었는데, 이번 겨울방학 중에는 완성하여 제출할 생각이라고 했다.

10 (목) 맑음

박영률출판사의 최정엽 편집주간으로부터 이메일을 받았다. 〈지만지 고전천줄〉 시리즈 3600종 가운데서 첫 출간되는 30종이 지금 제본소에서 멋지게 책의 모양을 갖추어 가고 있으며, 예정대로 1월 15일이면 출판계와 학계와 언론의 뜨거운 관심 속에 교보문고 전국 지점에 진열될 것이라는 내용이었다.

15 (화) 맑음

다음 학기의 학부 및 대학원 수업을 위한 강의계획서 작성에 착수하였다. 다음 학기 나는 학부에서 일반교양인 교내용 동아시아의사상

(ZF219-01) 및 교류용 동아시아의사상(ZF219-555) 그리고 학부 4학년의 중국철학특강(HP474-002)을 개설하고, 일반대학원에서는 한국예학연구와 송명이학연구를 담당하게 된다. 교류용은 시수에 포함시키지 않으므로 2시간짜리인 교양과목 하나를 포함해 총 10시간 수업을 맡게 되는 셈이다. 중국철학특강에서는 戴德의 『大戴禮記』, 한국예학연구에서는 鄭逑의 『五先生禮說分類』 및 『五服沿革圖』 그리고 송명이학연구에서는 邵雍의 『皇極經世書』를 다룰 생각이다. 그래서 우선 인터넷을 통해 관계문헌을 조사하여 출력한 다음, 구내서점을 통해 『대대례』와 『황극경세서』의 번역본을 주문해 두었다.

16 (수) 맑으나 쌀쌀함

박영률출판사 편집주간 최정엽 여사로부터 이메일을 받았는데, 지만지의 첫 책 30종이 나와 어제 파주에 있는 교보문고 물류센터로 입고되어 내일부터 교보문고 전국 지점과 인터넷서점에서 판매된다고 한다. 초판은 한정판으로 양장 300부를 출간했으며, 가격은 12,000원이다. 오늘 중 내게 증정본 10부를 발송하겠다는 것이었다.

17 (목) 흐리고 추움

한국사상사학회의 편집간사에게 '답변서에 대한 처리 결과 문의'라는 제목으로 다음과 같은 내용의 이메일을 보냈다.

송용운 님,

한국사상사학회 제29집에 기고한 제 논문의 심사결과에 대한 답변서를 지난달 27일에 보낸 바 있었습니다. 빠른 시일 내에 처리해 결과를 알려주겠다는 회신을 받은 바 있었습니다만, 아직 그 결과를 통보받지 못했습니다. 다시 한 번 처리 결과에 대한 통보를 부탁드립니다.

아울러, 저는 귀 학회가 종신회원 제도를 시행하기 시작한 무렵에 종신회비를 납부한 바 있었습니다. 그 이후 언제쯤부터인지 학회지가 정기적으로 부쳐져 오지 않고 있습니다. 지난달에 논문 투고 관계로 이화여대의 담당자에게 전화 연락해 보았더니, 제 이름이 명단에 올라 있지 않다는 것이었습니다. 아마도 여러 차례 회장이 바뀌면서 종신회원의 관리도 흐지부지되고 만 것이 아닌가 싶습니다. 그러나 이 문제는 간단치 않은데, 결국 어떻게 처리될 것인지요?

오이환 드림

18 (금) 맑음

한국사상사학회 측으로부터 다음과 같은 내용의 이메일 회신이 왔다.

오이환 선생님께.

안녕하십니까. 한국사상사학회 편집간사 송용운입니다.

메일이 늦어져 죄송합니다.

선생님께서 보내주신 표를 심사위원들께 다시 드린 결과 별다른 말씀이 없으셨습니다.

이런 경우 학회 규정상 다음 호에 다른 심사위원을 선정하여 다시 심사하게 되어 있습니다.

구체적인 일정에 대해서는 5월 편집회의 이후에 다시 연락을 드리도록 하겠습니다.

그리고 종신회원 문제는 제가 총무간사에게 연락하여 알아보게 하겠습니다.

안녕히 계십시오.

서울 마포구 연남동 568-33에 있는 커뮤니케이션북스(주)로부터 내가 번역한 『남명집』(서울, 지만지, 2008, 지만지고전천줄 0007) 10권이 택배로 집에 부쳐져 왔다.

21 (월) 비

지난 18일에 우송되어져 온 나의 편역서 지만지고전천줄『남명집』10부 중 본교와 철학과에 각각 한 부씩, 그리고 사범대학 국어교육과의 조규태, 윤리교육과의 손병욱, 사회교육학부 역사전공의 김준형, 사회과학대학 사회학과의 지승종 교수에게 각각 한 부씩 기증하였다. 출판된 형태의 이 책을 처음부터 다시 한 번 읽기 시작하여「與子强子精書」까지 나아갔다.

22 (화) 비와 눈

매일 화장실에서 조금씩 읽고 있던『古事記』를 마침내 독파하고서『闢衛編』중 지난 학기에 읽다 남은 부분을 읽기 시작했다.

한국사상사학회의 총무간사 양지하 씨로부터 이메일을 받았는데, 종신회원 관리 상 착오가 있었던 모양이라면서, 이번호부터 학회지를 다시 보내주겠으니 수령 가능한 주소를 알려주고, 아울러 받지 못한 권호도 알려주면 같이 보내겠다는 내용이었다. 이에 대해 다음과 같은 내용의 답신을 보냈다.

감사합니다.

내가 마지막으로 우송받은『한국사상사학』은 제26집(2006. 6)입니다. 그 전에도 이따금씩 밖에 오고 있지 않았습니다만, 제27집 이후 분부터 제대로 챙겨주시면 되겠습니다.

제 답변서에 대해 심사자들이 아무런 반응을 보이지 않았다는 것은 잘 납득이 가지 않습니다만, 이럴 경우 투고한 논문은 다음 5월의 심사로 넘겨진다는 학회의 규정이 있다 하니 그 때까지 기다리겠습니다. 개인적 희망으로서는, 그 때 이번 심사의 의견서와 제 답변서가 함께 첨부되어 심사에 부쳐지기를 바랍니다.

23 (수) 아침에 눈 온 후 흐림

『남명집』 번역본을 읽어 「書圭庵所贈大學冊衣下」까지 나아갔다.

24 (목) 맑음

『남명집』을 한 차례 다 읽었다.

25 (금) 맑음

논문 작성을 위한 자료의 카드화를 시작하였다.

28 (월) 아침에 첫눈 온 후 개임

진주 硯山의 道統祠 관계 고문서와 『道統祠誌』를 읽으며 카드화하였다.

29 (화) 흐림

『도통사지』의 카드화를 마치고서, 그 다음으로 『闕里誌』의 카드화에 착수했다.

30 (수) 맑음

『궐리지』의 카드화를 마치고서, 그 외에 수집 제본해 둔 남명학 관계 자료들의 내용도 검토하고 있는데, 특히 『小川書堂儒契案』 및 『小川書堂儒契文券』의 카드화를 하였다.

31 (목) 맑음

종일 弦齋 曺庸相이 친필로 정리해 둔 1920년대 중반 德山碑 파손 및 덕천서원의 제향에서 수우당 최영경을 폐출한 사건으로 말미암은 분쟁을 다룬 『德川丙戊錄』의 카드화 작업을 하였다. 어제 읽은 자료들과 마찬가지로 이것도 예전에 자세히 검토하고서 카드화한 바 있었지만, 논문 작성에 앞서 다시 한 번 읽어 머리에 그 내용을 정리해 두는 것이다.

2월

1 (금) 맑음

『덕천병무록』의 카드화를 마치고서 조용상의 간행된 문집『현재집』을 읽으며 카드화하였다. 주로 연구실 소파에 드러누워 작업을 했다.

4 (월) 맑음

『현재집』 간본 2책에 대한 카드화를 마치고서 7책이 복사 제본되어져 있는 필사본과 대조해 가며 간본에서 빠진 작품들에 대한 카드화 작업을 진행하고 있다.

5 (화) 맑음

『현재집』의 카드화를 마치고서, 수집해 둔 문헌들을 두루 뒤지며 검토하다가 曺相夏의『石庵遺稿』에 대한 카드화에 착수했다. 나는 일제 시기와 해방 이후시기에 관한 두 편의 논문을 끝으로 20여 년에 걸친 남명학 연구를 종결짓고서, 나머지 삶은 젊은 시기에 뜻을 두었던 秦漢의 신비사상에 대한 연구에 다시 착수할 생각이다. 그러므로 연구를 종결짓기 전에 남명학과 관련된 문헌들 가운데서 아직 자세히 검토해 보지 못한 자료들을 두루 훑어볼 생각인 것이다.

11 (월) 맑음

『石菴遺稿』의 카드화를 계속하였다.

12 (화) 맑으나 강추위

조상하의『석암유고』에 대한 카드화를 마치고서, 李恒茂(1732~1799)의『濟菴集』에 대한 카드화도 마쳤다.

13 (수) 맑으나 쌀쌀함

김경수 군이 박사학위청구논문 「북송 초기 유불도의 삼교통합적 성향에 대한 연구—계숭, 장백단, 그리고 장재를 중심으로—」 중 제2절에 해당하는 '契嵩의 三敎融會論과 護佛思想'을 이메일로 보내왔으므로 그 첨삭지도 작업을 시작했다. 박사논문 전체가 원고지 약 1,500매 정도의 분량이라고 하는데, 이 부분은 그 중 500매 이상을 차지하고 있다.

14 (목) 맑음

김경수 군의 학위논문에 대한 첨삭지도를 계속했다. 김 군 자신은 평소 한문 실력이 상당한 것으로 자부하고 있지만, 인용한 원문마다 誤讀이 없는 것이 드물 정도이다. 그런 점에서 박사학위를 수여하기에는 실력이 부족하다고 할 수 있다.

15 (금) 맑음

대전대학교 지산도서관 2층 르네상스 홀에서 거행된 한국동양철학회 2008년 제54차 동계학술대회에 참석하였다.

오후 1시부터 '동양철학과 현대사회'라는 대주제하에 개최된 동양철학회는 충남대 이종성 교수의 사회와 회장인 대전대 송인창 교수의 인사로 시작되어, 성균관대 이동준 명예교수가 「동방철학의 현대적 성찰-인류의 성숙과 열린 세계를 지향하며」라는 제목으로 기조강연을 행한 다음, 대주제에 따라 위촉된 동양철학의 현대적 응용이라고 해야 할 내용의 주제발표 순서로 들어갔다. 신라대 권상우, 동국대 김연재, 충남대 김방용 씨에 의해 각각 유가의 경영철학, 주역과 관리, 불교의 명상을 통한 심리치료 등 실용적 측면에 입각한 발표가 진행되는 동안 나는 한참동안 로비에 나가 서울 마포구 합정동의 도서출판 민족문화문고 대표 文龍吉 씨가 진열해 둔 서적들을 둘러보고서 그 중 약 20만 원어치를 주문했다.

주제발표가 끝난 다음 총무이사인 건양대 김문준 교수의 사회로 자유

발표가 진행되어, 서강대 정재현 교수가 「유가 윤리사상에서의 보편성의 의미」, 국제뇌교육대학원대학교 조남호 교수가 「주희의 大慧·張九成 비판—경전의 해석학적 방법과 관련하여—」라는 논문을 발표하였다.

종합토론 시간에는 고려대 이성환 교수가 좌장이 되어 성균관대 이종우, 성균관대 홍정근, 창원전문대 이덕진, 강남대 임헌규, 한림대 엄연석 씨 등이 순서대로 주제발표와 자유발표 논문들에 대한 토론을 행하였다.

오후 6시 무렵부터 진행된 정기총회에서는 편집 및 학술연구업무 보고에 이어 2006~2007년도 결산보고와 새 임원 선출이 있었다. 작년 11월의 임시총회에서 결정된 바에 따라 2년인 현재의 회장 임기를 한국철학회 등 국내 다른 철학회의 선례에 따라 1년으로 단축하고, 그 대신 차기 및 차차기 회장을 함께 선출하게 되었다. 전 회장인 동국대 명예교수 송재운, 현 회장인 송인창, 그리고 부회장인 이승환 및 성균관대 최영진 교수의 합의에 의한 추대로 현 부회장인 강릉대 박양자 교수가 차기 회장으로, 역시 부회장인 계명대 이동희 교수가 차차기 회장으로 결정되었다. 감사로는 현 감사인 경희대 이상임, 현 총무인 김문준 씨가 결정되었다.

총회가 끝난 다음, 대전대 근처인 동구 용운동 251번지에 있는 壽羅婧 식당으로 자리를 옮겨 만찬이 있었다. 나는 서울대 철학과 후배인 조남호 교수와 마주 앉아 대화를 나누다가 오후 8시 진주 행 고속버스 막차를 타기 위해 7시 반에 자리를 일어섰다. 식당 근처의 도로에서는 차량 통행이 드물어 택시가 눈에 띄지 않았으므로, 수라정 식당으로 되돌아가서 카운터의 종업원 아가씨에게 콜택시를 불러달라고 부탁하였는데, 송인창 회장이 거기에 나와 있다가 나더러 회장 할 나이가 되었다면서 우선 차기 부회장을 맡도록 추천해 두겠노라고 했다.

밤 8시에 출발하는 우등고속버스 막차를 타고서 진주로 돌아왔다.

18 (월) 맑음

종일 김경수 군의 학위청구논문에 대한 첨삭지도 작업을 계속하였다.

19 (화) 맑음

오전 10시 29분에 김경수 군에게 다음과 같은 내용의 이메일을 보냈다.

김 군,

여러 날에 걸쳐 자네 논문을 읽고 있네. 아직 다 읽지 못했지만, 인용된 원문마다 오역이 없는 경우가 거의 없어 이 정도의 한문 독해력으로는 한 사람의 학자로서 독립된 연구 활동을 수행할 수가 없다고 보네. 그러므로 중단하고 그동안 첨삭 지도한 파일을 첨부해 보내네.

학위논문을 작성하는 사람은 내가 아니고 자네이니, 지도교수인 내가 일일이 고쳐줄 필요는 없다고 보네. 그리고 번역문만 읽고서도 의미를 파악하는 데 지장이 없을 정도로 자연스런 문장이 되어야 할 것이며, 생경한 한문 투의 문장이 되어서는 곤란하네. 영문 제목에도 중국인의 이름은 당연히 중국 발음으로 적어야 할 것이며, 대문자와 소문자, 문법, 용어 등에도 더 신경을 써야 할 것이네.

오이환

20 (수) 맑음

김경수 군으로부터 어제 밤 9시 56분에 '열 번, 백 번 다시 읽고 수정하겠습니다'라는 제목으로 다음과 같은 내용의 이메일이 왔다.

선생님,

참으로 부끄럽고 참담합니다.

제 자신의 실력이 많이 부족함을 인정합니다. 게다가 저 자신도 번역을 제대로 가다듬고 수정할 수 있는 기회를 가지지 못했습니다. 다만, 초역에다가 직역을 우선으로 생각하다보니 부족함에 미흡함까지 더해졌습니다. 읽고 또 읽고, 수정하고 보완해서 제 자신이 완전히 명쾌해졌을 때 다시 보내 드리겠습니다. 완전한 초고를 한 번의 검토도 못한 채 선생님께 보내 드린 것에 대해 용서를 빌겠습니다. 열 번, 백 번 바로잡도록 하겠습니다.

부족한 제자 김경수 드림

이에 대해 나는 오늘 오후 4시 44분에 이런 회신을 보냈다.

김경수 군,

어제 메일을 보낸 이후, 자네의 글을 처음부터 새로 읽기 시작하여 방금 전체를 통독했네.

이 글 한 편의 분량이 200자 원고지 547.6장에 해당하는데, 이 정도면 한 편의 박사학위논문 분량으로서도 별로 적다고 할 수는 없겠네. 오늘날 박사학위란 연구 성과를 집성한다기보다는 이후 학자로서 자립할 수 있는 능력을 심사하는 통과의례의 성격이 강하므로 분량은 그다지 중요하지 않다고 보네. 동양철학의 경우 학문적 문제의식과 한문 독해력이 가장 중요하다고 나는 생각하고 있네.

문제의식이란 독창성의 유무가 핵심이네. 그것은 다시 말하면 문헌에 어떤 내용이 실려 있느냐는 것보다도 자신이 그것을 어떻게 해석하느냐가 중요하네. 'What'이 아니고 'Why'를 추구하는 것이 연구의 본질이라고 이미 자네에게 몇 차례 말한 적이 있는 듯하네. 독해력만 있으면 누구나 읽어서 알 수 있는 내용보다도 자신의 관점이 중요하다는 것이네. 물론 아무도 시도해 보지 않은 주제를 처음으로 다루어 보는 것도 독창성에 포함되네. 자네의 연구 주제는 북송 초기의 삼교융합적 사상을 가진 인물들을 불교·도교·유교에서 각각 한 명씩 골라 서로 비교해 보는 것이 되겠는데, 자네가 왜 그런 주제를 선택하게 되었는지는 아직 분명치 않지만, 불교 쪽의 인물을 다룬 이 부분은 결국 삼교(혹은 유불)융합뿐만이 아닌 契嵩의 사상 전반을 다룬 셈이기 때문에 하나의 독립된 논문으로 삼아도 무리가 없을 듯하네. 논문 전체의 문제의식에서 이 부분이 어떤 의미를 가지느냐가 선명히 드러나지 않는다는 것이네.

문헌을 정확하게 해독할 수 있다는 것은 연구자의 소양으로서 가장 중요한 것이네. 그것이 충분치 못하면 아직 기본이 안 된 것이네. 그러므로 오독은 쉽게 눈에 띌 뿐 아니라 치명적인 약점이 되는 것이네. 내가 첨삭 지도한 부분도 다시 읽어보니 스스로 납득이 안 가는 부분이 있었네. 이를테면 '금문' '고문' 등의 부분은 나 자신의 오독이었던가 싶네. 나로서는 자네가 쓴 글을 죽 읽어가면서 눈에 띄는 점을 지적하는 것이니까 더러 오해도 있을 수 있겠지. 자네 말마따나 '열 번 백 번 다시 읽'어도 납득이 안 되는 부분은 지도교수의 지적이라 하더라도 구태여 따를 필요는 없네. 그러나 그 이후 부분에서도 자네의 오독은 꽤 눈에 띄었는데, 이를테면 『시경』이나 『중용』의 '神之格思' 『논어』의 '習相近也' 같은 것은 유명한 구절이니만치 웬만한 사람에게는 금방 자네의 오독이 눈에 띌 것이네. 자신이 없으면 반드시 출전을 찾아 그 주석을 살펴보도록 하게.

지금은 학술논문에서도 한자를 가능한 한 노출하지 않는 것이 추세인 듯하지만, 그러나 그 때문에 의미가 불분명해져서는 안 되네. 의미의 파악에 어려움이 있거나 오해가 생길 여지가 있는 부분은 반드시 한자를 적어주는 것이 바람직하네. 특히 서명·편명·인명 같은 것이 그러하네. 원문의 띄우기에도 납득이 안 가는 것들이 있는데, 마침표 외에 쉼표도 사용하여 좀 더 자주 띄워주는 것은 어떤가?

오이환

22 (금) 맑은 봄 날씨

수집하여 복사·제본해 둔 남명학 관계 문헌들에 대한 검토를 계속하여 『蒼樹集』 권7의 「白雲精舍事實紀」를 카드화하였다.

25 (월) 맑았다가 저녁부터 비

수집해 둔 남명학 관계 자료들 중 앞으로의 내 연구에 쓰일 수 있는 것들을 점검하는 작업을 계속하여, 權憲璣의 『石帆遺稿』, 權相纘의 『于石遺稿』, 李敎宇의 『果齋集』, 필사본 『白雲精舍稧案』 및 曹庸相의 『父師遺詔錄』, 『布告域中文』 등을 카드화 하였다.

26 (화) 오전까지 비 오다가 개임

남명학 관계 자료의 검토를 계속하여 鄭濟鎔의 『溪齋集』, 필사본 『精舍雜錄』 및 『雲舍雜錄』 등을 카드화하였다.

오후 4시부터 남명학관 106호에서 경남문화연구센터 총회가 있었다. 사범대학 사회교육학부의 김덕현 교수가 임기 2년의 센터 소장을 마치고서 오늘 개정된 규정에 따라 임기 3년의 새 소장으로 연임되었다. 뒤풀이가 있었지만 나는 참석하지 않았다.

27 (수) 맑음

趙鎬來의 『霞峯集』을 카드화하였다.

28 (목) 맑고 포근함

金克永의 『信古堂遺輯』을 카드화하였다.

점심 때 교직원식당에 늦게 도착한 아내가 식사를 마칠 때까지 구내서점에서 기다리다가 서강대 이종욱 교수의 저서 『화랑』(서울, 휴머니스트, 2003 1판 1쇄)을 한 권 사서 오후부터 그것을 읽기 시작했다. 나는 이미 이 교수의 역서 『화랑세기—신라인의 신라 이야기』(서울, 소나무, 1999) 및 저서 『화랑세기로 본 신라인 이야기』(서울, 김영사, 2000)를 사서 독파한 바 있는데, 이번 것은 그 후속이다.

29 (금) 맑음

1년쯤 전에 내게 『남명 조식의 학문과 선비정신』 서평을 부탁했던 경향신문 문화부의 김진우 기자가 다시 이메일을 보내와, 그 신문 1면에 실리는 '책 읽는 경향'이라는 기획 시리즈에 나에게 의미 있었던 책을 에세이 식 원고지 4.2매의 분량으로 써 달라는 부탁을 해 왔다. 오후 1시 26분에 수락하는 회신을 보냈다.

3월

4 (화) 맑음

사단법인 남명학연구원에서 발행하는 『선비문화』 제13호(2008. 봄)가 어제 배달되어져 왔으므로 그 내용을 훑어보았고, 『화랑』을 독파하였다.

퇴근 때까지 약 반 시간 정도 ≪경향신문≫으로부터 위촉받은 '책 읽는 경향'의 칼럼 원고를 입력하기 시작했는데, 원고량은 4.2매라고 되어 있으나 그새 이미 3.3매의 분량에 이르렀다.

5 (수) 맑음

金忠烈 교수가 별세했다는 소식을 접했다. 작년에 뇌졸중으로 쓰러졌다가 다시 건강을 회복해 평소처럼 활동하신다는 소문을 들은 바 있었는데, 결국 재발했던 모양이다. 어제 오후 3시 40분경 원주기독병원에서 77세의 나이로 작고하였으며, 7일 오전 9시 고려대학교 안암동병원 장례식장에서 한국동양철학회 학회장으로 영결식을 거행한 후, 고향인 강원도 원주시 문막면에 묻히게 된다고 한다. 나와는 남명학연구원의 발족 당시부터 콤비가 되어 오랫동안 함께 일했는데, 내가 연구원을 떠난 이후부터는 서로 만날 기회가 없었다.

오전 중 이종욱의 저서 『화랑』에 대한 소개의 글을 탈고하여 ≪경향신문≫ 김진우 기자에게 이메일로 부쳤다. 약 6매의 분량이었다.

7 (금) 맑음

金應祖 編 『四禮問答』, 『寒岡先生四禮問答彙類』의 내용을 검토하고 韓愉의 『愚山集』을 카드화하였다.

≪경향신문≫ 김진우 기자로부터 지난 5일에 원고의 분량을 좀 줄여주었으면 좋겠다는 연락이 왔으므로 나로서는 더 이상 줄이기 어려우니 꼭 줄여야 한다면 알아서 하라고 답해두었는데, 오늘 자기가 줄이겠다는 이메일이 왔다.

10 (월) 맑고 포근함

『愚山集』의 카드화를 마치고서 李道復의 『厚山集』 카드화 작업을 시작하였다.

부산 문현동에 거주하는 泰安朴氏 晋州 凌虛公派 宗中의 朴源永 씨로부터 그 9대조인 朴泰茂의 『西溪先生文集』 국역본 한 질이 부쳐져 왔고, 경북대학교 퇴계연구소로부터 『퇴계학과 한국문화』 제42호(2008. 2)가 부쳐져 왔으므로, 그 내용을 훑어보았다. 『서계집』은 그 분량이 많아 비치할 공간이 없으므로 철학과로 기증하였고, 『퇴계학과 한국문화』에 수록된 남명학 관계 자료들은 「남명학관계기간문헌목록」에다 추가하였다.

11 (화) 맑고 포근함

오전 중 鄭逑 編 『五先生禮說分類』와 『五服沿革圖』의 내용을 다시금 검토하며 이번 주와 다음 주 수업에서 다룰 序·跋文들을 읽어보았다. 오후에는 李道復의 『厚山集』과 水谷面 북부 紫陽精舍에서 수집한 1928년 4월의 『見聞雜錄』 필사본을 카드화하였다.

13 (목) 맑음

『見聞雜錄』의 카드화를 계속하였다.

14 (금) 맑음

종일 『견문잡록』의 카드화 작업을 계속하였다.

17 (월) 맑음

윤리교육과 손병욱 교수로부터 점심을 함께 하자는 전화 연락이 있었다. 오전 11시 반에 인문대 뒤편에서 만나 그의 차로 내동면 부근의 한우식당으로 가서 쇠고기 전골과 맥주 한 병으로 식사를 들며 대화를 나누었다. 전 국사편찬위원장인 이성무 씨가 김충렬 교수에 이어 사단법인 남명학연구원의 새 원장이 된 이후 첫 번째 상임연구위원회의가 이 달

중에 있었는데, 나는 김경수 군이 사무국장을 그만두었을 무렵 함께 사임의 의사를 표명한 이후, 다년간 회의 등에 전혀 출석하지 않았어도 명목상으로는 여전히 상임연구위원으로 남아 있어 매달 20만 원씩의 수당도 구좌 입금되고 있었다. 그러나 이번에 나와 한상규 씨 등이 명단에서 사라지고, 그 대신 손병욱 교수 등 네 명이 새 상임연구위원으로 임명되었다고 한다.

연구실로 돌아온 이후 『견문잡록』의 카드화 작업을 계속하였다.

구자익 군이 내가 오늘 부탁했던 노트북컴퓨터의 이메일 및 가상강의 동영상의 속도가 크게 떨어진 문제를 해결했다고 컴퓨터를 돌려주면서, 그가 현재 준비하고 있는 박사학위논문의 목차를 제출하였다. 그는 혜강 최한기의 『人政』에 관한 연구로 석사학위를 받았었는데, 박사 논문은 근년에 새로 발견된 최한기의 『承順事務』에 관한 주제로 하겠다더니, 이번에 가져온 목차의 제목은 「惠岡 崔漢綺 人間論에 대한 氣社會學的 硏究」로 되어 있었다. 분량은 A4용지 150매 정도라고 한다.

18 (화) 맑음

『견문잡록』의 카드화를 마친 다음 曹義生 씨가 엮은 필사본 『備忘』의 카드화를 했다.

19 (수) 흐림

宋時烈의 본문과 宋炳璿의 後識에다 田愚의 글씨로 된 것을 목판에 새겨 白雲精舍에다 보관한 『南冥神道碑』, 필사본 『德川書院經任錄』, 『德川書院誌』에 붙어 있는 「院任錄 上」, 1934년 伴鷗亭에서 發通한 鉛活字本 『晋陽誌辨誣通文』을 카드화하였다.

20 (목) 맑음

『진양지변무통문』의 카드화 작업을 계속하였다.

21 (금) 맑음

『진양지변무통문』의 카드화를 마친 다음, 『德川書院誌』를 카드화하였다.

24 (월) 맑음

출근 직후 상평교 부근에 있는 진주스틸콘테이너의 한만수 사장에게 전화 연락하여 둘이서 함께 외송리로 가서 현장을 둘러보았다. 최근 나는 아래쪽 길이 끝나는 지점의 제일 아래 단에다 창고를 겸한 간단한 집을 지을 생각이었지만, 한 씨의 의견에 따라 원래 생각하고 있었던 제일 위 단의 개울에 가까운 지점에다 짓기로 하였다. 진주로 돌아와 한 씨의 사무실에서 설계도를 작성해 받았는데, 건축허가 절차를 거치지 않아도 될 정도의 농막으로서 가로 7m 세로 3m에 지붕이 있는 컨테이너 박스로 하고, 그 내부에는 칸막이를 질러 폭 2m 길이 3m의 창고를 설치하기로 하였다. 이중 유리창과 출입문에다 바닥에는 전기 패널을 깔고 화장실을 겸한 샤워장, 싱크대, 환풍기 등을 포함한 집값이 765만 원에다 당일의 0.6 포클레인과 인부 동원비 및 정화조 설치비 등을 포함하여 여타 비용이 약 125만 원이므로, 식비를 제외하고서 총 890만 원 정도의 견적이 나왔다. 오늘 발주해 집을 제작하기 시작하여 다음 주 화요일쯤 하루 만에 설치를 완료할 수 있다고 한다. 연구실로 돌아온 다음, 선금 400만 원을 한 씨가 지정한 농협 구좌로 송금하였다.

서울의 경향신문사에서 1면 하단에 이종욱 씨의 저서 『화랑』을 소개한 내 글이 실린 3월 19일자 신문 세 부를 우송해 왔다. 내가 써 준 글을 좀 줄인 형태였다.

25 (화) 맑음

「金榥書以呈德川書院」 및 김황의 부친 金克永의 문집인 『信古堂遺輯』 본집을 카드화하였다.

지난 2월 25일 대전대학교에서 있었던 정기총회에서 한국동양철학회 회장이 된 강릉대학교 철학과 朴洋子 교수로부터 인사말과 더불어 제14

대 임원명단을 첨부한 이메일이 왔다. 후자에 의하면 나는 이 학회의 부회장으로 되어 있다. 그 날 작별할 때 당시 회장 송인창 교수가 말했던 대로 된 셈인데, 결국 이번의 부회장직은 회장직으로 나아가는 징검다리인 셈이다.

26 (수) 흐리고 정오 무렵 빗방울

매일 화장실에서 조금씩 읽어 온 지난 학기의 교재 李晩采 편 『闢衛編』을 어제 마침내 독파하였으므로, 오늘부터는 王聘珍 撰 『大戴禮記解詁』를 읽기 시작했다.

학교에서는 1945년에 석판인쇄로 간행된 『신고당유집』 全5책을 마친 다음, 韓禹錫의 『元谷集』, 趙性家의 『月皐集』을 카드화하였다. 『월고집』 부록을 통하여 송시열 찬 남명신도비는 허목 찬 德山碑가 파괴된 후 세워진 것이 아니라 그 사건보다 꽤 앞서 세워진 것임을 알았다.

27 (목) 흐리고 낮 한때 빗방울

『월고집』의 카드화를 계속하였다.

28 (금) 맑음

출판사 예문서원으로부터 나의 저서 『동아시아의 사상』에 대한 2007년 인세계산표가 이메일로 왔다. 이에 의하면 지난 한 해 동안 142부가 팔려 누계 756부이며, 이월액 9,800원에다 지불액 99,400원, 세금 3,590원을 정산한 나머지 105,610원이 내 계좌로 입금되었다.

『월고집』을 마친 다음, 崔東翼의 『晴溪集』과 河仁壽의 『梨谷集』에 대한 카드화를 진행하였다.

31 (월) 맑음

『梨谷集』의 카드화를 계속하였다.

4월

1 (화) 맑음

『梨谷集』을 마친 다음 金麟洛의 『前川遺藁』 카드화 작업을 하였다.

2 (수) 맑음

『전천유고』의 카드화를 마쳤다.

4 (금) 맑음

종일 李道樞의 『月淵集』을 카드화하였다.

5 (토) 맑음

한국동양철학회의 새 임원진 상견례에 참석하기 위해 오전 11시 남짓에 일찌감치 점심을 들고서 정오 발 고속버스로 상경하였다. 4시간쯤 후에 서울 강남고속터미널에 도착하여, 지하철로 갈아타고서 혜화역에 도착하였다. 대학로의 南道이야기라는 식당에서 오후 5시부터 상견례가 시작되었다. 이곳은 부회장인 성균관대 최영진 교수가 자주 이용하는 곳으로서, 교통이 편리하기 때문에 이리로 정했다고 한다.

참석자는 박양자 회장과 부회장인 최영진 교수 및 나, 그리고 총무이사인 경인교육대 윤리교육과의 이장희 씨, 연구이사인 서울시립대 김미영 씨, 편집이사인 중앙대 유권종 씨, 운영이사인 성균관대 신정근 씨, 그리고 총무간사인 강릉대 이성진 씨였다.

7 (월) 맑음

李鉉德의 『晶山集』을 카드화하였다.

8 (화) 맑음

河禹植의 『澹山集』 카드화를 마치고서 河禹善의 『澹軒集』에 들어갔다.

10 (목) 흐리고 빗방울 듣다가 오후에 개임

『澹軒集』의 카드화를 계속하였다.

11 (금) 맑음

오전 7시 무렵 진주카고크레인의 한만수 사장에게 전화를 걸어보았더니, 엇그제 비로 말미암아 도중에 중단해 둔 외송리 집의 스틸콘테이너 공사를 오늘 재개한다는 것이므로, 바로 외송리로 출발하였다. 내가 현장에 도착하고서 조금 후에 한 사장이 보낸 인부들 및 산청군 단성면 강누리 소재 나산종합중기의 윤창영 씨가 작업 차량과 포클레인을 운전하여 과수원으로 내려왔다.

나는 한 사장으로부터 포클레인 작업은 오전 중에 끝낼 수 있다는 말을 들은 바 있었고, 윤 씨 자신도 엇그제 작업을 거의 마쳐두었다고 했으므로, 오늘은 아래쪽 길을 통하여 새 집까지 올라오는 길을 내고, 연못을 만들며, 아래쪽으로부터 두 번째 단의 주차장과 채소 및 각종 유실수 밭으로 예정하고 있었던 터를 터서 맨 아랫단의 땅과 합해 채소밭을 다소 크게 만들 작정이었다. 포클레인 기사인 윤 씨는 집터 작업이 곧 끝날 터이니 먼저 아래쪽 주차장과 채소밭에 심어둔 묘목들을 뽑아두라는 것이었으므로, 그것들을 모두 뽑아 그 위의 셋째 단에다 임시로 심어 두었다.

그러나 위쪽 집과 주차장 터는 진흙 성분이 많은데다가 근래의 잦은 비로 지반이 매우 약해져 있으므로, 포클레인이 푹푹 빠져 작업에 시간이 꽤 많이 걸렸다. 게다가 카고크레인에 실려 위쪽 길로 들어오던 스틸컨테이너가 좁은 길 주변의 나무들에 걸려 통과하지 못한다는 연락이 왔다. 그 위쪽의 새집 공사에 참여해 있는 김경식 씨를 불러 사정을 설명했더니, 김 씨가 엔진 톱을 가져와서 장애가 되는 큰 나무를 한 그루 잘랐다. 그랬더니 얼마 후 근처에 사는 산주 내외가 나타나 주인의 허락도 없이 함부로 나무를 베는 행위에 대해 엄중 항의해 왔다. 주인이 누군지 몰랐다는 사정을 설명하면서 거듭 사과하여 이럭저럭 해결은 되었지만, 그 때문에 또 시간이 제법 흘렀고 운반해 오던 새 집의 지붕이 좀 상했다.

국도변의 신안면 신안리에 있는 가든 석천원으로 내려가 인부들과 더불어 7명이 함께 메기탕으로 점심을 들고서 다시 올라와 운반해 온 스틸 콘테이너를 카고크레인으로 들어 올려 받침대 위에다 앉히는 작업을 했는데, 그것을 싣고 온 카고크레인 역시 중량과 크기 때문에 바퀴가 푹푹 빠지는 바람에 포클레인과 더불어 협동 작업을 하느라고 엄청 시간이 많이 들었다. 그런 까닭에 오늘 주로 포클레인 작업을 하려고 예정했던 아래 측 작업은 착수도 하지 못했다.

어느덧 저녁이 되었으므로, 오늘 작업은 집을 받침대 위에 앉히고 땅 밑에 정화조를 설치하고 수도관을 묻어 물을 사용할 수 있게 한 정도로 끝내고서 나머지는 내일과 월요일에 다시 와서 마저 하기로 했다. 나는 한만수 사장에게 휴대폰으로 전화를 걸어 이왕 착수한 김에 집 옆의 개울로 내려가는 철제 계단과 개울 숲속의 평상 설치도 추가로 주문해 두었다.

13 (일) 맑음

일본 동방학회로부터 5월 16일 東京, 5월 24일 京都에서 개최되는 제53회 국제동방학자회의에 대한 안내장이 왔다. 東京 회의는 5부의 심포지엄과 하나의 페이퍼 세션으로 이루어지는데, 그 중 심포지엄 제4부가 '兩漢에 있어서 「天」의 문화–사상사와 역사학의 연계에 의한'으로 되어 있고, 다섯 편의 주제발표와 토론으로 구성되어져 있다. 주제발표 중에는 渡邊義浩 씨의 「兩漢에 있어서 天의 제사와 六天說」, 池田秀三 씨의 「兩漢의 예학과 鄭玄의 六天說」이 포함되어져 있다. 漢代의 六天說에 관해서는 내가 아는 한 1982년 京都大學 中國哲學史硏究室이 발행하는 『중국사상사연구』 제5호에 실린 내 논문 「六天說의 배경」이 처음이며, 이 논문은 전공주임인 池田秀三 씨로부터 인정을 받아 그 자신의 논문 「鄭氏緯書學序說」의 말미에 附記하여 소개되기도 했었다. 내가 京都대학 중국철학사

전공의 역사상 5번째로 문학박사 학위를 받게 된 것은 이 논문이 결정적 뒷받침이 되었다고 생각되며, 池田 씨가 현재 동방학회의 핵심 임원 중 하나이므로 심포지엄의 주제에 이런 것이 포함되는데도 그의 영향이 있었을지 모르겠다. 나는 일본의 중국학계에서 중요한 비중을 차지하는 京都대학 출신이며 같이 공부하던 연구실의 일본 친구들이 현재 한 명의 예외도 없이 모두 교수가 되어 있으므로, 동방학회나 일본중국학회의 임원 가운데는 아는 사람이 적지 않다.

14 (월) 맑음

김경수 군이 5월 중에 박사학위논문 발표를 하겠다는 이메일을 보내왔다. "논문은 처음 계획했던 것에서 방향을 약간 바꾸어 계승과 장백단 두 사람만을 다루기로 하였"다면서 그 제목과 목차를 알려왔고, 탈고된 분량은 원고지 1,100매 정도라고 한다. 말미에는 "그동안 저는 하루에 최소한 8시간 이상씩을 논문 집필과 교정에 계속 집중하였습니다. 앞으로도 최종적으로 끝날 때까지 잠시도 방심하지 않고 노력하겠습니다."고 했다. 이제 나는 4월 23일까지 5명 이상으로 구성되는 박사학위논문 심사위원을 구성하여 추천해야 하며, 지도교수인 나는 규정상 심사위원장이 될 수 없다.

15 (화) 맑음

중국철학사 전공주임인 池田秀三 교수에게 편지를 써서 귀국한 지 얼마 되지 않은 시기인 1984년에 발표한 두 편의 논문 「秦의 六時에 對하여」(『경상대학교 논문집(인문계편)』 제23집 제1호) 및 「漢代 郊祀의 沿革—鄭玄注에 이르는 過程—」(『哲學』, 한국철학회, 제21호 봄)의 별쇄를 동봉하여 구자익 군에게 주어 부치게 하였다. 편지의 내용은 다음과 같다.

池田 선생

오랜 동안 소식 드리지 못했습니다.

선생의 소개로 회원이 된 일본중국학회 및 동방학회 등의 출판물을 통해 선생의 학회에서의 활약을 살피고 있습니다. 이번 제53회 국제동방학자회의의 심포지엄 제5부에서는 선생의 것을 포함해 六天說에 관한 논문이 두 편 발표되는 모양이군요. 그래서 옛 일이 생각났습니다.

제가 「육천설의 배경」을 발표했던 것은 귀국 직전인 1982년이었으므로, 벌써 26년 전이 됩니다. 그 사이 저는 거의 백발이 되었습니다만, 선생의 수염도 꽤 세어졌겠지요? 알고계신지 모르겠습니다만, 저는 귀국한 후 그 후속에 해당하는 2편을 발표한 적이 있으므로 여기에 동봉합니다. 5월에 東京에서 발표되는 2편도 읽어볼 수 있겠는지요?

저는 그 이후 중국사상에 관한 것은 별로 쓰고 있지 않습니다만, 얼마 후 남명학의 역사에 관한 연구도 끝날 것 같으므로, 나머지 인생은 다시금 젊은 시절에 관심을 가지고 있었던 秦漢의 신비사상으로 돌아가고 싶다고 생각합니다.

저는 금년에 여섯 명으로 구성되는 한국동양철학회의 부회장 중 한 사람이 되었습니다. 작년에 진주 교외의 차로 40분쯤 걸리는 산골에다 4천 평 정도 되는 토지를 구입하여, 최근 거기에다 자그만 오막살이를 하나 세웠습니다. 매주 한 번쯤 거기로 가서 1박하고 돌아올 생각입니다. 한국에 오시는 기회가 있으시면, 꼭 들러주십시오.

오전 11시 41분에 외송리 건축 비용의 잔금을 완납하였다. 이메일로 부쳐온 견적서에는 인건비가 2일분, 포클레인 비용이 하루 반분, 그리고 정화조 및 그 부자재 비용이 한 사장 자신이 메모해 준 것보다 10만 원 더 많은 액수로 되어 있으므로, 앞의 두 건은 날씨를 무시하고서 무리하게 공사를 진행하여 하루로 충분히 끝날 수 있는 일을 지연시킨 책임이 한 사장에게 있으므로 추가된 분을 삭감하였고, 정화조 비용도 10만 원을 깎아 총 50만 원을 삭감한 나머지인 680만 원을 송금하였다. 선불한 금액을 포함하면 공사에 든 비용 총액은 1,080만 원이며, 거기에다 전기

가설비 50만 원이 추가된 셈이다.

16 (수) 비

점심 때 가좌동 대학로의 두향에서 권오민 교수와 더불어 식사를 들면서 김경수 군의 박사학위논문 심사위원 선정에 관한 문제를 상의하였다. 내가 계획한 대로 위원장은 권오민, 위원은 지도교수인 나를 포함하여 본교 윤리과의 손병욱, 진주교대 도덕교육과의 김낙진, 경북대 철학과의 방인 교수로 하는데 대해 권 교수도 동의하였다. 손 교수로부터는 사전에 승낙을 얻었고, 연구실로 돌아온 후 방인·김낙진 교수와도 통화하여 역시 승낙을 얻었으므로, 이 다섯 사람으로 심사위원을 구성하여 추천서를 작성해 제출하였다.

본교 대학원학위수여규정에 의하면, 학생이 납부해야 할 논문 심사료는 박사학위의 경우 30만 원으로 되어 있다. 그러나 권오민 교수는 그것이 현실에 맞지 않다면서 최소한 500만 원 이상 학생에게 지출을 요구해야 한다는 것이었다. 이 문제는 예전에 김경수 군이 동석한 술자리에서도 거론된 바 있었는데, 규정대로 해야 한다는 내 입장과 현실과 관례를 존중해야 한다는 권 교수의 입장에 크게 차이가 있는 부분이다. 연구실로 돌아와 이미 박사학위자를 여러 명 배출한 영문과의 안상국, 국문과의 임규홍 교수 및 철학과의 정병훈 교수와도 전화상으로 상의해 보았다. 안·임 교수는 대체로 심사위원 1인당 30~50만 원 상당의 거마비 지불과 식사 대접의 관례를 말하였고, 정 교수는 자신이 서울대와 한국외대의 심사위원을 맡았을 때의 경험을 말하면서 외부심사위원에 대한 최소한의 거마비와 종심 후의 식사 정도에서 그치는 것이 마땅하다는 의견이었다. 그러한 의견들을 듣고 나서도 나는 사례가 학생이 제출한 심사비를 통해 학교 당국에 의해 공식적으로 지불되는 한도에서 그쳐야 하며, 식사가 필요하다면 수입이 별로 없는 학생보다는 지도교수인 내가 그 비용을 지출하겠다는 생각이다.

새로 한국사상사학회의 편집간사를 맡게 된 고호 씨가 지난 4월 11일에 이메일을 보내 금년 6월 말에 간행될 『한국사상사학』 제30집에 논문을 게재하고자 하는 이는 4월 30일까지 학회 이메일 주소로 논문을 보내달라고 하였으므로, 재심을 요청해 둔 나의 경우에도 해당하는지 전화로 문의해 보았다. 얼마 후 편집이사인 조경철 씨가 전화를 걸어왔는데, 다른 심사위원들에 의해 처음부터 새로 심사절차가 진행되므로 역시 새로 논문을 보내야 한다는 것이었다. 지난번에 '수정 후 재심사'라는 결과가 나온 주된 이유가 심사자들은 이것이 정인홍에 관한 나의 세 번째 논문이라는 점을 인식하지 못하고서 형식상의 미비 문제를 따진 데 있으므로, 「대북정권 시기의 정인홍」 머리말과 참고문헌에다 그러한 사실을 밝히는 정도로 간단히 보완하여 오후 4시 45분에 발송하였다.

그런 후 퇴근 시간까지 『澹軒集』의 카드화 작업을 계속하였다.

17 (목) 대체로 비 오고 흐림

김경수 군이 간밤에 1차 탈고된 박사학위논문을 이메일로 부쳐왔으므로, 그것을 나를 제외한 심사위원 4명에게 전달하고 아울러 김경수, 구자익군에게도 참조하게 하였다.

18 (금) 맑음

김경수 군의 박사학위청구논문 중 서론과 결론 부분을 읽고서 첨삭지도하여 반송하였다.

서울대 총동창회에서 이사용 종신회비 지로영수증을 부쳐 왔으므로, 몇 년 전에 보낸 일반회원 종신회비 20만 원에다 추가분 50만 원을 송금하여 종신이사가 되었다.

21 (월) 맑음

종일 김경수 군의 박사학위청구논문에 대한 첨삭지도를 했다.

김 군이 오전 중에 박사학위청구논문심사원을 가지고서 연구실로 방문해 왔으므로, 그와 더불어 심사위원들에 대한 사례 문제에 대해 상의하였다. 본교의 학칙 및 대학원학위수여규정에 의하면, 박사학위논문의 경우 심사료가 30만 원이며, 심사위원은 "지도교수를 포함한 전임교수(박사학위 소지자)와 그 학문분야의 교외 전문가 1인 이상을 포함한 5인 이상으로 구성"하도록 되어 있다. 심사 회수는 통상 논문발표회를 포함하여 다섯 차례 본심사를 하도록 되어 있다. 그렇다면 최소 5인의 경우 1인당 심사료가 6만 원인 셈인데, 이로써는 외부 심사위원의 차비도 되지 않으므로 현실과 크게 동떨어진 것이다.

오늘 대학원으로 전화하여 원장인 공대 세라믹 전공의 심영제 교수 및 부원장인 의대 간호학과의 정면숙 교수와 통화하여 대학원에서 현실에 맞도록 심사료를 조정할 필요가 있지 않겠느냐는 점을 상의했다. 대학원장의 대답은 대학원 차원에서는 할 수 있는 일이 아무것도 없으며, 그것은 학과 차원에서 처리할 문제라는 것이었다.

22 (화) 맑음

오전 중 김경수 군의 학위논문 중 「張伯端의 三教合一論과 內丹思想」에 대한 검토를 마치고서 수정 사항을 붉은색으로 표시하여 이메일 첨부파일로 김 군에게 반송했다.

23 (수) 비 온 후 오후 늦게 개임

김경수 군의 학위신청논문에 대한 검토를 끝냈으므로, 오후에는 『澹軒集』의 카드화를 다시 시작했다.

24 (목) 맑음

김 군의 논문지도를 위해 미뤄두었던 수업 준비를 마친 후, 『담헌집』의 카드화를 계속하였다.

25 (금) 맑음

『담헌집』의 카드화를 계속하였다.

오전 9시 30분부터 오후 6시 남짓까지 남명학관 남명홀에서 본교 남명학연구소의 2008년 제1차 학술대회가 있었다. 큰 주제는 '—남명학의 계승양상과 강우지역의 학술—滄洲 河憕 및 그 후예들의 학문과 사상'이었다. 개회식 때 가서 발표논문집을 한 부 받아와 연구실에서 읽고 있다가 마지막 종합토론 시간에 다시 참석해 보았다. 물론 발표자나 토론자의 대부분이 본교 한문학과와 연관된 사람들이었다.

첫 번째 발표자인 본교 한문학과 이상필 교수의 논문 「滄洲 河憕의 생애와 남명학파 내에서의 역할」 각주 6번은 이렇게 되어 있다.

> 오이환은 그의 저서 『南冥學派硏究』上 484쪽에서, 慶尙監司 柳永詢의 『南冥集』 간행에 대한 후원을 부정하려다가 滄洲의 『德川書院重建記』에 들어 있는, '감사 윤근수가 덕천서원 창건을 후원하였다'는 표현조차 연대가 맞지 않으므로 잘못된 기록이라 주장하고 있다. 윤근수는 1574년 10월에 부임하여 1575년 10월에 이임하였으므로, 1575년 겨울에 院役을 시작하였다는 말과 어긋나지 않는다. 오이환은, 이취임 연도가 세밀히 적혀 있는 『道先生案』이라는 확실한 근거가 있음에도 불구하고, 文景虎가 『南冥集』 기유본 발문에서 3년 전의 일을 확인도 하지 않고 잘못 기록하였다고 본 것이고, 나아가 관련시킬 수도 없는 창주의 「덕천서원중건기」를 인용하면서 감사의 재임 연도에 대한 착각의 예로 들었다. 한 걸음 더 나아가 오이환은 裵大維의 『慕亭集』 3권 소재 「新山書院記」에 보이는 잘못된 주석을 근거로 배대유조차 당대의 일을 착각하여 기록했으므로 문경호도 착각할 수 있다는 논리를 펼치고 있다. 더구나 「신산서원기」의 작은 글씨로 쓰인 姓名 3字는 식견 있는 사람이라면 누가 보아도 주석인 것을 알 수 있는 것임에도, 오이환은 '諱字를 처리하는 고인의 관례'조차 모른다고 논문의 본문에서 필자를 능멸하였다. 그러나 이는 『맹자』 「진심」하에 보이는 '諱名不諱姓'도 모르고 있음을 스스로 드러낸 것이므로, 반박하기에도 민망스럽다.

이 씨는 이 글의 본문에서 "난리에 불탄 덕천서원의 중간을 남명 문인들과 함께 주도하였다. 이러한 사실을 1622년에 글로 남겼는데, 이것이 『창주집』 소재 「덕천서원중건기」다. 그런데 『고문서집성』 25의 '德川書院誌'에서는 "天啓二年壬戌光海十五年7月上澣揭院誌"라면서 이 글을 전재하였다. 이제 창주의 이 「덕천서원중건기」를 나누어 자세히 살펴보면 다음과 같다."고 하면서 그 전반부를 인용하였다. 그런데 원문을 대조해 보니, 『고문서집성』 25에 수록된 曺義生이 필사한 『德川書院誌』 중에서 내 논거의 핵심이 된 "撤其舍卜之, 時丙子(1576, 宣祖 9년)春也. 於是" 云云이라는 12字를 이 씨는 고의적으로 누락시키고 있었다. 종합토론에서 이 점을 지적했더니, 이 씨는 자기가 참조한 『창주집』에 실린 「덕천서원중건기」에는 이 부분이 없었다고 대답했지만, 그럴 리가 없는 것이다.

그 외에도 이 씨는 이 부분에서 『德川書院誌』의 원문에 '揭院識' '河滄洲撰識曰'로 되어 있는 것을 '院誌'로 잘못 적었을 뿐 아니라, '崔守愚河覺齋河寧無成應圖孫撫松天祐柳潮溪宗智始倡立祠之議'를 '崔 守愚堂과 河 覺齋가 寧無成 河應圖, 撫松 孫天祐, 潮溪 柳宗智와 함께 처음으로 사당을 세우자는 논의를 내었다.'고 번역하였고, 진주목사 具忭과 경상감사 尹根壽는 '於是' 즉 병자년에 서원 건립공사가 시작된 후 함께 힘을 썼다고 분명히 기록되어 있는 것을 乙亥年(1575, 선조 8) 겨울 서원 터를 물색한 이후라고 잘못 해석하였을 뿐 아니라, '越明年'이라 함은 공사가 시작된 병자년의 다음해에 완공되었음을 기록한 것임에도 불구하고, 터무니없이 을해년의 다음해인 1576년으로 해석하는 등 여러 군데서 오류를 범하였다.

이 모임에 발표자로서 참석한 경북대 국문과의 鄭羽洛 교수가 토론자인 본교 국문과 장시광 교수를 안내자로 삼아 내 연구실로 방문해 왔다. 다년간 함께 사단법인 남명학연구원의 상임연구위원으로 있었으므로 인사차 찾아온 것이다. 정 교수를 통해 원장이 바뀐 이후의 연구원 정황에 대해 좀 들었다.

28 (월) 맑음

김경수 군이 5월 1일 구두로 할 박사학위청구논문 발표문을 이메일로 보내왔으므로, 종일 그것을 첨삭 지도했다.

29 (화) 맑음
어제에 이어 오전 내내 김경수 군의 발표문을 첨삭지도하다가 張伯端 부분에 이르러 중단하고서, 다음과 같은 메일과 더불어 그 때까지 검토한 파일을 첨부해 보냈다.

요지 발표문이 원고지 약 500매나 된다는 것은 난센스이네. 이틀 동안 계속 읽다가 수업 준비 등으로 더 이상의 시간적 여유가 없으므로 첨삭지도는 이 정도로서 그치네. 허용된 발표 시간에 맞추어 대폭 분량을 줄이도록 하게. 그리고 내가 계승 부분의 나머지를 첨삭지도하지 않고서 보냈지만, 그 부분을 다 읽고서 자네에게 말한 내용이 거의 전혀 반영되어 있지 않네.

오후 1시 30분부터 남명홀에서 있었던 고려대 명예교수 이동환 씨의 강연 「조선시대 선비, 그들은 누구인가」에 참석하였다. 이는 본교 남명학연구소가 한국학술진흥재단 인문한국(HK) 지원사업으로 실시하는 선비문화백고좌의 제1강이다.

30 (수) 맑음
김경수 군이 내 지도에 따라 줄인 발표문을 보내왔다. 내가 검토했던 것이 A4용지 50쪽 원고지 454장 분량이었음에 비해 이번에 줄인 것은 대부분 주석 부분일 따름으로서 29쪽 241.7장의 분량이었다. 허용된 발표 시간은 아마도 30분 정도일 텐데, 그 원고는 웬만한 논문 두 편에 해당하는 양이다.

5월

1 (목) 맑음

오후 2시부터 101동 234호 강의실에서 김경수 군의 박사학위청구논문 발표회가 있었다. 발표회를 마친 다음, 철학과 서고에서 학과 교수회의를 가졌다. 먼저 학과장인 권오민 교수로부터 인문학부로 되어 있던 학부의 철학전공과 사학전공을 각각 그 이전의 학과 체제로 되돌아가는 신청서를 제출하게 된 경위에 대한 설명이 있었다. 이명박 정부가 들어선 이래 이와 관련된 정부방침이 바뀌었으므로, 인문대 내에서 유일하게 학부 체제로 되어 있던 이 두 전공이 비로소 철학과과 사학과로 분리할 수 있는 법적 장치가 마련된 것이다.

이어서 학위청구논문 발표 자격 기준과 심사위원에 대한 보수 문제가 논의 결정되었다. 전자는 박사과정의 경우 "외국어시험과 종합시험을 통과한 자로서 학술진흥재단 등재후보 이상의 학술지에 2편 이상의 논문을 발표한 자"로 자격을 제한하기로 했다. 본교 철학과의 경우 학부뿐만 아니라 대학원의 지원자가 매우 적은 형편이므로 지원자마다 모두 입학을 허락하고 있는 실정인데, 박사과정을 수료한 자는 거의 모두가 과정 수료에서 만족하지 않고 학위취득을 희망하고 있는 상황이기 때문에 이러한 제한규정을 두게 된 것이다. 후자의 경우 합의 사항은, 철학과 교수들은 학교에서 지불하는 심사비 외의 보수를 받지 않기로 하고, 외부 심사위원에 대한 보수가 현실에 맞지 않는 것이 사실임에도 불구하고 대학원에서 그 문제를 해결해 주지 않고 있으므로, 심사 요청자가 관례에 따른 적절한 수준의 보상을 해야 한다는 것이었다.

6 (화) 맑음

남명학연구원에서 남명학연구총서2로서 편집 출판한 『남명학파 연구의 신지평』(서울, 예문서원, 2008)을 우송해 왔으므로, 그 내용을 훑어보고서 「남명학관계기간문헌목록」에 올렸다.

7 (수) 맑음

『澹軒集』을 마치고서, 河憲鎭의 『克齋集』을 카드화하였다.

9 (금) 흐림

김경수 군으로부터 '결과에 따르겠습니다'라는 제목으로 어제 오후 5시에 다음과 같은 이메일이 왔다.

선생님,

발표회가 끝난 후부터 저의 몸 컨디션이 다소 좋지 않아서 거의 아무 일도 못하고 있다가 어제부터 조금 호전되어 이제서야 메일을 드립니다. 저로서는 학과회의의 어떠한 결과에라도 전적으로 따르도록 하겠습니다.

이제 5월 26일까지의 수정 기간 동안에 최선을 다해서 부족한 부분을 보충하는데 노력하겠습니다.

발표 당일, 권 선생님께서 외부심사위원분들을 한 번 찾아뵈었느냐는 말씀을 하셨는데, 그렇게 하지 못했다고 대답 드렸더니, 한 번쯤 미리 뵙는 것이 어떻겠느냐는 말씀이었습니다. 그날 손병욱 선생님께는 조만간 한 번 찾아뵙겠다고 말씀을 직접 드렸고, 오늘 방인 교수님과 김낙진 교수님께 전화를 드려서 인사를 나누었는데, 방인 교수님은 심사가 시작되면 그 때에 만나면 되니 길도 가깝지 않은데 굳이 찾아올 필요가 없다고 하시고, 김낙진 교수님은 자기도 요즘 워낙 바빠서 시간이 없는데 자기가 시간이 나면 한 번 연락할 테니 소주나 한 잔 하지고 하십니다. 저로서는 이런 상황에 어떻게 하는 것이 예에 합당한지 정확한 판단이 서지 않습니다. 혹시라도 선생님의 의견을 들을 수 있겠습니까?

제자 김경수 드림

이에 대해 나는 오늘 오전 6시 27분에 이렇게 회답했다.

그동안 건강이 좋지 않았다고 하니 걱정되네. 한창 바쁠 때이니 아무쪼록 컨디션 조절에 유의하게.

권오민 교수의 말은 나로서는 이해가 잘 되지 않네. 심사를 받는 입장에 있는 사람이 심사자를 찾아가서 미리 인사를 하는 것이 과연 예에 합당한 것인지 어떤지 잘 판단이 서지 않으나, 남명은 회재에게 보내는 답서에서 擧子의 처지에 있는 자기가 監司를 찾아뵙는 것은 마땅치 않으니 회재가 벼슬에서 물러나 고향 땅에 내려오면 儒巾을 쓰고서 방문하겠다고 했네.

권 교수는 이번 회의 때 자기가 말한 최소한 500만 원 이상이라 함은 논문 인쇄비 등 여러 비용을 모두 포함한 액수라 했네.

마지막의 500만 원 운운은 권 교수가 김경수 군과 더불어 셋이서 함께 했던 술자리에서 논문 심사 과정에 학위신청자가 부담해야 할 금전적 부담을 언급한 것이다. 나는 당시 자신이 京都大學에서의 학위논문 試問에 응하기 위해 渡日했을 때 당시 전공 주임이었던 內山俊彦 교수가 원로에 오느라고 수고했다면서 나를 학교 근처의 레스토랑으로 데려가 점심을 대접해 주었고, 학위를 받은 후에는 현 주임인 池田秀三 교수가 내게 술을 사 주었다고 하면서, 한국의 관례가 그렇다 할지라도 심사자에게 酒食과 돈을 제공하는 행위는 향응과 뇌물에 해당하는 것이 아니냐고 했더니, 권 교수는 그런 것이 아니라 당연한 도리라고 말했던 것을 가리킨 것이다.

『克齋集』의 카드화를 마쳤다.

13 (화) 때때로 부슬비

韓若愚의 필사본 『川齋隨錄』 제2권을 카드화하였다.

14 (수) 맑음

曺秉憙의 『晦窩集』, 崔琡民의 『溪南集』을 카드화하였다.

15 (목) 맑음

李道黙의 『南川集』을 카드화하기 시작하였다.

16 (금) 맑음

『남천집』의 카드화를 계속하였다.

22 (목) 맑음

서울대학교총동창회로부터 내 이름이 인문대학 이사 명단에 포함된 2008년도 『임원명부』와 더불어 서울대학교 문장이 버클에 들어간 혁대가 하나 보내져왔고, 하우송 현 총장이 자필 붓글씨로 첫 면에 '오이환 先生 淸案下—晋陽後人 總長 河友松敬呈'이라고 적은 『선비가의 遺香—진양하씨 판윤·송정후손가—』(한국학중앙연구원, 2007) 한 권을 보내왔다. 후자는 429쪽의 호화장정으로 된 두꺼운 책인데, 하 총장은 이 가문의 후손으로서 내가 자기 집안에 대해 연구한 실적이 있음을 알고서 기증해 온 것이다. 이는 藏書閣 고문서연구실에서 편집한 것으로서, '명가의 고문서' 시리즈 제6책으로 간행된 것인데, 나는 지난 4월 25일의 본교 남명학연구소 주최 학술대회 발표논문집을 통해 2004년에 같은 기관을 통해 『선비가의 묵향—진양하씨 창주후손가—』가 이미 발간된 바 있음을 알게 되었다.

26 (월) 맑음

김경수 군이 내가 요청한 대로 수정한 부분을 붉은색으로 표시한 심사용 박사학위청구논문 파일을 이메일로 보내왔으므로, 검토한 후에 그것을 심사위원들에게로 전달하였다. 오후 4시 반쯤에 김 군이 그것을 다섯 부 출력 제본한 것을 가져왔으므로, 조교에게 주어 심사위원들에게 발송토록 하였다. 200자 원고지로 1,114.4장, A4용지로 116쪽 분량이었다.

李道黙의 『南川集』 카드화를 마치고서, 朴熙琨의 『貞山集』을 카드화하기 시작하였다.

27 (화) 맑음

김경수 군의 박사학위청구논문 심사위원들에게 전화를 걸어 첫 심사를 6월 9일(월) 오후 4시 본교 철학과 사무실(서고)에서 하기로 결정하여 그렇게 통보했다. 본교에서 정한 심사일정은 5월 26일부터 7월 7일까지 논문심사 및 구술고사를 실시하여 7월 14일까지 그 결과보고서를 제출하도록 되어 있다.

다음 학기에 내가 담당하게 될 한국실학연습과 중국근대철학연습의 텍스트를 전자는 顧炎武의 『日知錄』 혹은 李贄의 『焚書』 『續焚書』, 후자는 李瀷의 『星湖僿說』로 각각 잠정적으로 정하고서 인터넷을 통해 입수가능한 번역본을 조사해 보았다. 고염무의 경우에는 국내에 저서의 번역본이 전혀 없고, 나머지 두 사람의 것은 모두 번역본이 있으나 여러 책으로 된 것이라 부교재로서 채택하기에는 좀 적당치 못할 듯하다.

『정산집』을 마치고서 河應魯의 『尼谷集』을 카드화하였다.

28 (수) 꽤 많은 비

『공자학』 제14호(한국공자학회, 2007. 12)에 실린 김봉곤(국사편찬위원회)의 논문 「慶南地域에서의 蘆沙學派와 寒洲學派의 成立과 學說交流」 및 『李贄文集』(北京, 사회과학문헌출판사, 2000) 제1권 첫머리에 실린 張建業(首都師範大學)의 「前言」을 읽었다. 중국근대철학연습의 교재로서 『분서』 및 『속분서』를 택하기로 마음먹고서 구내서점에 전화를 걸어 김혜경이 완역한 한길사의 『분서 I』(한길그레이트북스 59, 2004) 『분서 II』(한길그레이트북스 60, 2004), 『속분서』(한길그레이트북스 89, 2007)를 주문해두었다. 『이지문집』에 실린 간체자로 된 것과 내가 臺灣 유학시절에 구입해 둔 河洛圖書出版社本 『焚書』의 번체자를 비교해서 읽도록 하면 학생들이 간체자를 익히는 데도 도움이 될 것이다.

29 (목) 맑음

박영률출판사의 최정엽 편집주간이 본교에 왔던 걸음에 인사차 내 연구실에 들렀다.

30 (금) 흐림

어제 최정엽 씨로부터 내게 종종 이메일로 지만지 시리즈에 대한 정보를 보내왔다는 말을 들었는데, 나는 『남명집』이 출판된 이후 한 번도 받은 바 없으므로, 오늘 지만지의 홈페이지에 접속하여 그동안 출판된 책들과 언론의 보도, 그리고 내 책에 대한 소개 내용을 열람해 보았다.

『尼谷集』을 마저 읽고서, 姜永祉의 『南湖集』, 韓箕錫의 필사본 『柳塢集』을 카드화하였다.

6월

2 (월) 흐리다가 정오 무렵부터 비

韓箕錫의 『柳塢集』과 그 선조인 韓修의 『柳巷集』에 대한 카드화를 마치고서, 成在祺의 『定軒遺集』을 카드화하기 시작하였다.

3 (화) 흐리다가 갬

『정헌유집』의 카드화를 마쳤다.

4 (수) 흐리다가 오후부터 비

晋陽姜氏 명인들의 문집인 『湖上趾美錄』의 마지막 책을 카드화하였다.

5 (목) 오전 중 흐렸다가 개임

모처럼 남명학관 文泉閣에 들러보았다. 이즈음은 한문학과 출신의 본교 도서관 司書 이정희 군이 홀로 거기를 지키고 있는 모양인데, 선장본 및 고문서들을 보존하고 있는 서고에 들어가 여러 기증본 문고들과 『丹城縣戶籍臺帳』을 비롯한 고문서들을 구경하였다. 이 군으로부터 장서각

국학자료연구실이 편집한 『선비가의 墨香—진양하씨 창주후손가—』(서울, 한국정신문화연구원, 2004, 명가의 고문서 1)를 한 권 얻고, 아울러 '명가의 고문서' 시리즈 제3권으로서 나온 『선비가의 학문과 지조—書香世家, 진양하씨 단지종택—』(서울, 이회문화사, 2005)도 빌려왔다. 이 군의 말에 의하면, 이 시리즈는 한국학중앙연구원(구 한국정신문화원)과 해당 문중이 각각 절반 정도씩 비용을 분담하여 간행하고 있다고 한다.

9 (월) 맑음

지난주에 문천각의 이정희 군으로부터 빌려온 『선비가의 학문과 지조—書香世家, 진양하씨 단지종택—』를 검토한 후 돌려주고서, 새로 이 군으로부터 본교 남명학연구소 남명학연구총서로서 간행된 책자 네 권을 빌려와 그 자료들을 「남명학관계기간문헌목록」에다 추가하였다. 후자는 남명학연구소가 개최한 학술회의 발표논문들을 단행본으로서 출판한 것들이며, 본교 한문학과 출신의 前 사단법인 남명학연구원 사무국장 양기석 씨가 진주에서 경영하는 도서출판 술이에서 간행된 것이었다.

오후 4시부터 철학과 서고에서 김경수 군의 박사학위청구논문 구두심사를 하였다. 본교 철학과의 권오민 교수와 나 및 본교 윤리과의 손병욱, 진주교대 도덕교육과의 김낙진, 경북대 철학과의 방인 교수로 구성된 심사위원 전원이 참여하였다.

심사를 마친 후 주약동의 한정식점 고궁으로 가서 내가 저녁 식사를 샀고(215,000원), 식사를 마친 후 권오민·김낙진 교수 및 김경수 군과 더불어 신안동의 카페 베를린으로 옮겨가 자정 남짓까지 독일로부터 수입된 '맥주의 여왕(Eine Koenigin unter den Bieren)'이라는 상표의 금속제 통에 든 맥주를 들었다. 2차는 권 교수가 샀다.

10 (화) 대체로 맑음

지난주 목요일에 이정희 군으로부터 얻은 『선비가의 墨香—진양하씨 창주후손가—』(서울, 한국정신문화연구원, 2004, 명가의 고문서 1) 내용을 한 번 훑어보았다. 흥미를 느껴 다시 처음부터 읽기 시작한 참에 한국사상사학회로부터 전화 연락을 받았다. 용건은 내가 기고한 논문 「대북정권 시기의 鄭仁弘」에 대한 심사가 끝나 『한국사상사학』 제30집에 게재가 결정되었으며, 한글요지가 빠져 있으니 이번 주 토요일까지 보내달라는 것이었다. 7월 초에 간행될 것이라고 했다. 그래서 읽던 책을 중단하고서 송부했던 파일을 검토해 보았더니, 빠져 있다는 국문요약이 파일 첫머리에 들어 있었다. 오후 2시 54분에 그 파일을 새로 첨부하여 한국사상사학회로 이메일을 보냈다.

작년 12월 21일에 이 학회의 편집간사 송용운 씨로부터 29집에 기고한 내 논문이 '수정 후 재심사'로 결정되었다는 이메일 통지를 받은 이후 꽤 마음고생이 있었는데, 이제야 그 문제가 결착을 본 것이다. 12월 27일에 "심사의견을 검토해 보았으나, 본인으로서는 수정할 필요를 느끼지 않습니다. 그 이유를 설명한 답변서를 첨부하오니 심사자들이 검토하게 해 주시고, 만약 이를 납득할 수 없어 졸고가 채택되지 못한다면 가능한 한 빠른 시일 내에 그 사실을 통보해 주시기 바랍니다."라는 내용의 회신과 더불어 10개 조목으로 된 답변을 보낸 바 있었다. 금년 1월 17일에 회답을 독촉하는 이메일을 보냈더니, 심사자들이 아무런 반응을 보이지 않았으므로 다음 호에 다른 심사위원을 선정하여 다시 심사해야 된다는 연락을 받았고, 4월 16일에 다시 기고한 결과를 오늘 통보받은 것이다. 30집에 기고한 논문에서는 그 첫머리의 한 구절을 보완하여 "본고는 來庵 정인홍에 관한 두 편의 졸고에 이어 광해군 시기 대북정권의 성립 및 집권기간에 있어서 정인홍의 정치적 동향을 고찰하고자 하는 마지막 연구이다. 구체적으로는 광해군 4년(1612)부터 15년(1623) 3월에 있었던 인조반정까지를 다룬다. 연구사에 대한 검토는 선행 논문에 이미 언급되었으므로 거듭하지 않는다." 라고 한 것 외에는 아무런 수정도 가하지 않았다.

11 (수) 흐림

어제에 이어 「대북정권 시기의 정인홍」을 다 읽었고, 이어서 『선비가의 墨香—진양하씨 창주후손가—』에 대한 카드화를 하였다.

12 (목) 구름 한 점 없이 맑음

어제에 이어 『선비가의 墨香—진양하씨 창주후손가—』에 대한 카드화 작업을 계속하였다.

13 (금) 맑음

『선비가의 墨香—진양하씨 창주후손가—』를 마치고서, 하우송 총장이 보내온 『선비가의 遺香—진양하씨 판윤·송정후손가』의 내용도 다시 한 번 검토하였다. 이는 각각 장서각 국학자료연구실이 편찬하는 '명가의 고문서' 시리즈 제1권과 제6권으로서 간행된 것인데, 한국정신문화연구원 전문위원인 김학수 씨가 해제를 쓴 전자는 고문서 중심인데 비해 본교 한문학과 이상필 교수가 해제를 쓴 후자는 고문서보다는 서책 중심이었다.

이 시리즈 제3권으로서 나온 진양하씨 丹池宗宅篇을 구내서점을 통해 주문했지만, 절판이라고 하므로, 직접 한국학중앙연구원 매점으로 전화를 걸어 『고문서집성61—진주 단목 진양하씨 단지종택편—』(城南, 한국정신문화연구원, 2002)을 한 권 주문해 두었다. 전자는 후자의 내용을 대중적으로 요약 소개하기 위한 圖錄인 셈이다.

17 (화) 흐리다가 오후부터 비

『선비가의 遺香—진양하씨 판윤·송정후손가』 말미에 실린 이상필 교수의 해제 논문 「晋陽河氏 判尹公派의 가계와 학문전통」에 대한 카드화를 마쳤다. 이상필 교수는 이 글에서 조선조 말까지 남명학파가 존재했음을 계속 주장하고 있으며, 실명을 들지는 않았지만 나의 해석을 비판한 대목도 보였다.

점심 때 조규태 교수와 더불어 하프 코스를 산책하다가 일본 국보로 지정되어 있는 진주 蓮池寺 銅鐘에 대한 이야기를 듣고서, 연구실로 돌아와『한국민족문화사대백과사전』에 실린 '연지사동종' 및 '진주성' 條,『朝鮮金石總覽』상권 26의 진주 蓮池寺鐘記,『세종실록지리지』『신증동국여지승람』『진양지』에 실린 菁州 및 佛舍 관계 기록을 조사해 보았다. 이 동종은 銘文 첫머리에 '太和七年三月日菁州蓮池寺鐘成內節' 운운이라 보이므로 신라 興德王 8년(833) 진주에서 조성된 것임을 확인할 수 있는데, 소재지는 일본 福井縣 敦賀郡 松原村 常宮神社이며, 높이 111cm, 입지름 66cm이고, 일본에 전해진 범종 가운데서는 가장 연대가 오래된 것이다. 조 교수가 연지사는 예전의 진주 MBC 자리에 있던 절이라고 하므로, 진주성 外城 바깥에 있던 大寺池와 유관한 명칭이 아닐까 추측해 보았으나, 矗石城 바깥 북쪽에 3개의 못을 판 것은 조선 세종 19년(1437)이고, 외성을 쌓은 것은 선조 41년(1608)이라고 되어 있으니, 연대가 맞지 않았다.

18 (수) 비

엊그제 우송되어져 온『고문서집성 60—晋州 晋陽河氏 丹池宗宅篇—』(성남, 한국정신문화연구원, 2002)의 내용 중 許昌武·安承俊이 쓴 해제「진주 丹牧 진양하씨의 사회적 지위와 家傳 고문서에 대한 고찰」의 카드화를 마쳤다. 단목골 진양하씨에 대해서는 내가 1990년에 발표한「南冥集板本考(2)—滄洲刊本을 중심으로—」(『동양철학』 1, 한국동양철학회)에서 처음으로 본격적으로 다루었고, 1993년에 발표한「『남명집』壬戌本의 毁板」(『남명학연구』 3, 경상대학교 남명학연구소), 1995년에 발표한「『남명집』釐正本의 성립」(『남명학연구논총』 3, 남명학연구원)은 모두 단목골 하씨 창주가문에 전해오는 고문서를 가지고 쓴 것이며, 그 후 단지종택에 전해오는 고문서의 존재를 알고서 2000년에 출판된『南冥集四種』(진주, 남명학연구원출판부)에 붙인 해제에서 다시 그 내용을 소개한 바 있다.

2000년에 『고문서집성』 47·48—진주 단목 진양하씨 滄洲後孫家篇—』을 출판하고, 또한 2002년에 위의 책을 출판한 한국정신문화연구원 측에서는 나의 이러한 연구 성과를 몰랐을 리 없겠지만, 이 해제를 실제로 집필했을 안승준 씨는 글 속에서 단 한 마디도 그것들에 대한 언급은 없고, 머리말부터 1999년 11월 이래 본교 이상필 교수의 도움을 받아 단지종택의 고문서를 조사한 사실과 李 교수의 박사학위논문에 대해서만 여러 차례 언급하고 있다. 『고문서집성 60』은 내가 『남명집사종』에서 언급한 바 있는 河貞根에 의해 4책으로 成冊된 『先蹟類編』 중 제 1·2책의 내용을 정리한 것이다. 이상필 교수는 정문연에서 석사학위를 받았고, 그 밖의 본교 한문학과 교수들도 대부분 정문연 출신이다.

나는 한국사상사학회 제6차 정기발표회에서 「남명집판본고」를 구두로 발표했던 1986년에 서울대 국사학과 崔炳憲 교수의 소개로 서울에서 정문연의 鄭求福 교수를 면담한 바 있었으나, 그는 고문서 외의 다른 필사본 문헌에 대해서는 흥미를 보이지 않았다. 그 후 정문연 출신인 본교 윤리교육과 손병욱 교수의 소개로 정문연의 丁淳佑·朴炳鍊 교수 등을 알게 되었고, 이후 그들을 포함한 許昌武·安承俊 씨 등과 더불어 경남 지역의 남명학 관계 고문서 소장처를 역방한 바 있었다. 『고문서집성 25—德川書院篇—』(1995), 『仝 29·30—龍淵書院篇—』(1996), 『동 31—합천향교편—』(1996) 등은 그 성과라고 할 수 있다. 그러나 그들은 나를 공동연구자로서 포함시키기로 한 당초의 합의를 저버리고서 출판된 책에서는 나의 존재에 대해 전혀 언급이 없었으므로, 내가 당시 그 사업의 실무책임자였던 정순우 교수에게 전화를 걸어 그 문제를 지적한 바 있었는데, 그 후 간행된 책의 해제 첫머리에서 나로부터 도움을 받은 사실에 대한 한 마디 언급을 하고서 이후 다른 연락은 없었던 것이다.

20 (금) 부슬비 내리다가 오후에 개임

『고문서집성 60』의 검토를 끝낸 다음, 蔣華植의 『復庵集』에 대한 카드화를 시작했다.

25 (수) 대체로 맑음

한국사상사학회로부터 내 논문 「대북정권 시기의 정인홍」 교정쇄가 이메일로 보내져 왔으므로, 한 차례 검토를 마친 후 오후 3시 반쯤에 반송하였다.

오늘도 재단법인 씨ᄋᆞᆯ의 홈페이지에 들어가 그 콘텐츠를 훑어보았다. 박재순 군의 「내가 만난 함석헌 선생님」에 의하면, 그가 함 선생을 처음 본 것은 대학 신입생이었던 1970년 당시 서울대학교 교양과정부가 있었던 공릉동의 서울공대 교회에서였다고 한다. 그 교회의 담임 목사는 함 선생의 글 「하나님 발길에 채여」를 영어로 번역했던 데이비드 로스였는데, 그 해 봄에 서울공대 교회에서 함 선생 초청강연회를 열어 박 군도 그 강연회에 참석했었다고 한다. 그 교회는 1973년에 내가 거주하던 동네의 하숙집 근처에 있었다.

그 후 박 군은 그가 4학년 때인 1973년 봄에 원효로의 자택으로 함 선생을 방문하여 외국상품 불매운동 건을 상의한 적이 있었고, 그 해 가을부터 함 선생의 강의를 듣기 시작하였으며, 1974년 3월에 긴급조치 4호 위반으로 구속되어 4~5개월 서대문 구치소에 수감되어 있다가 8월에 나왔다. 1974년 가을부터 서울대 철학과 후배들과 한신대 학생들 20여 명을 조직하여 긴급조치 위반의 원인이 되었던 간디사상연구회의 뒤를 이어 신촌 봉원동의 퀘이커 모임집에서 함 선생과 함께 힌두교 문헌 『바가바드기타』를 읽는 모임을 열었는데, 그 때 "이규성·이정호·이병창·오이환 등이 참석하였고, 함 선생님의 외손자로서 동국대학교에 다니던 최웅일이 참여하였다."고 한다. 그 모임은 1975년 봄 학기까지만 계속되었는데, 모임 도중에 서울대 철학과의 다른 친구들은 참석을 중단한 경우가 많았다.

그 무렵 박 군은 "10명 정도의 젊은 사람들과 함께 함 선생님을 모시고 천안 모산에 있는 구화고등공민학교 교정에서 며칠간 수련회를 가졌"는데, 이 수련회에는 "최민화·오이환·주한광·정호진 등이 참석한 것으로 기억된다."고 했다.

오늘 씨올재단의 홈페이지에서 읽은 박 군의 115회 다석 탄신 기념강연 「다석의 생애와 사상」에 의하면, "1975년 쯤 어느 봄날 퀘이커 예배모임이 끝나고 뜻하지 않게 세검정 너머 다석 선생님의 구기동 자택을 찾아가게 되었다."고 하였다. 당시 내가 동행하고 있었던지 어떤지는 분명치 않으나, 나도 그 무렵 퀘이커 예배모임이 끝난 후 모임 친구들과 함께 구기동으로 유영모 선생을 한 번 방문한 적이 있었다. 그러나 방안 좀 멀찌감치 앉아 있었던 탓도 있겠지만, 나는 그 때 유 선생이 무슨 말을 했던지 전혀 기억하고 있지 못한데, 박 군은 유 선생의 말씀 내용을 꽤 자세히 적고 있다.

유영모 선생과의 직접적인 만남은 나로서는 그것이 처음이자 마지막이었지만, 내가 대학 2학년생이었던 1974년에 박 군과의 인연으로 말미암아 함석헌 선생의 『바가바드기타』 모임에 참석하게 된 이래 일본 유학기간을 포함하여 나는 1989년에 함 선생이 별세하실 때까지 계속 관계를 가지고 있었고, 같은 기간에 장기려 선생의 부산 모임에서도 함 선생을 종종 뵈었다. 그러므로 적어도 서울대 철학과 출신자 중에서는 함 선생을 중심으로 하는 각종 모임에 나만큼 오랜 동안 그리고 꾸준히 참석하고 있었던 사람은 없다고 할 수 있다. 오늘날 재단법인 씨올이나 사단법인 함석헌기념사업회에 관여하고 있는 사람들 중에는 당시 내가 전혀 알지 못했던 이들이 많다.

26 (목) 맑음

김경수 군이 어제 이메일로 2차 심사용 수정 논문을 보내온 데 이어, 오늘 오전에는 그것을 제본한 것을 가지고서 연구실로 찾아왔다. 전체 논문 분량이 12페이지 정도 늘어났다고 한다. 종일 그것을 검토하였다.

어제 지만지로부터 출간된 고전 천 줄 시리즈를 100종 단위로 묶은 해설서 『고전zip』를 출간코자 하는데, 그것에 내가 집필했던 『남명집』의 해설, 지은이 소개, 옮긴이 소개를 전재하는 데 대한 인세로서 출간된 책 3권을 보내주겠다고 하므로 수락하는 내용의 답신을 보냈다.

27 (금) 대체로 흐림

蔣華植의 『復庵集』 및 『贅翁續稿』, 安彦浩의 『禮岡集』을 카드화하였다.

30 (월) 흐림

趙貞奎의 『西川集』, 趙昺奎의 『一山集』, 朴致馥의 『晩醒集』에 대한 카드화를 하였다.

오후 4시부터 철학과 서고에서 김경수 군의 박사학위논문에 대한 2차 심사가 있었다.

심사를 한 시간 남짓 앞두고서 권오민 교수로부터 전화가 걸려왔는데, 오늘 심사하러 오는 외부 교수들에 대한 교통비 조의 사례금과 식사를 어떻게 할 것이냐는 것이었다. 지난번 6월 9일에 있었던 1차 심사 때는 지도교수인 내가 주약동의 한정식집 고궁에서 있었던 저녁 회식비 215,000원을 지불했었고, 권 교수가 신안동의 수입 맥주집 베를린에서 2차를 샀는데, 그것도 10만 원 남짓 든 모양이었다. 학과장이자 심사위원장인 권 교수의 견해로는 그러한 비용은 심사를 받는 김경수 군이 부담하는 것이 당연하며, 그것은 향응이나 뇌물로 간주될 이유가 전혀 없다는 것이었다. 그러나 내 생각으로는 심사자가 피심사자로부터 심사과정에서 돈이나 음식을 대접받는다는 것은 떳떳하지 않으며 전임의 직장을 갖지 못한 피심사자는 경제적으로도 약자이기 때문에 그런 사람에게 물질적인 부담을 지운다는 것도 마음 편치 못하다는 것이다.

내가 2층의 권 교수 연구실로 내려가서 좀 더 대화를 나누었다. 나는 지난 5월 1일에 있었던 학과회의에서 그 문제에 대한 본교 철학과의 원칙이 정해졌다고 보고, 그 날 김경수 군에게 '학과회의 결과'라는 제목으로 "철학과 교수들은 학교에서 지불하는 심사비 외의 보수를 받지 않기로 하고, 외부 심사위원에 대한 보수가 현실에 맞지 않는 것이 사실임에도 불구하고 대학원에서 그 문제를 해결해 주지 않고 있으므로, 심사요청자가 관례에 따른 적절한 수준의 보상을 해야 한다"는 내용을 이메일로 통지해 주었으며, 김 군으로부터도 '결과에 따르겠습니다' 라는 제목의 회신을 받았던 것이다. 그러나 권오민 교수는 그 날의 회의록을 보여주며, "박사학위 심사에 참석한 학과교수는 별도의 심사비를 받지 않는다."는 점 외에 외부 심사위원에 대해서는 어떠한 결정도 내려진 바가 없다는 것이었다.

김 군과 휴대폰으로 두 차례 통화한 결과, 교통비는 심사 때마다 지불하지 않고 종심 때 한꺼번에 지불하며, 오늘의 저녁 식사 장소는 칠암동 고속터미널 부근의 남해바다횟집으로 정하여 김 군이 사전에 예약해 두고, 그 비용도 김 군이 부담하도록 했다. 심사가 끝나고서 그곳에서 저녁 식사를 하고 헤어진 후, 나는 진주교대의 김낙진 교수 및 김경수 군과 더불어 주약동 럭키아파트 입구의 맥주집 백두대간으로 가서 생맥주와 흑맥주로 2차를 샀다.

7월

1 (화) 흐리다가 저녁부터 부슬비

『晩醒集』 카드화를 마친 다음, 李準九의 『信菴集』, 南廷瑀의 『立巖集』, 『金海邑誌』(1929)의 카드화 작업을 계속하였다.

2 (수) 종일 많은 비

어제에 이어 許愈의 『后山集』 및 그 속집, 許景胤의 『竹庵集』, 曹禧奎의 『菖窩集』을 카드화하였다.

3 (목) 맑음

『二宜亭扶成錄』과 許巑의 『素窩集』을 끝으로 약 20년 전에 수집 제본해 둔 문헌들의 카드화 작업을 모두 마쳤다. 내가 이런 일을 계속해 온 것은, 일제 시기와 해방 이후 부분을 끝으로 머지않아 남명학의 역사에 관한 연구를 모두 매듭짓고서, 이후의 여생은 젊은 시절에 뜻을 두고 있었던 중국 秦漢시대의 신비사상에 관한 연구로 전환할 생각을 갖고 있기 때문에, 그 전에 수집해 둔 남명학 관계 자료를 남김없이 검토하여 남은 연구에 활용하기 위해서이다. 지금까지 언급한 문헌들은 카드화 한 것에 한하며, 그 외에 그냥 검토하기만 한 문헌들이 훨씬 더 많다.

지만지 고전 천 줄 팀으로부터 내가 출간한 『남명집』의 인세에 관한 안내 이메일이 왔다. 이에 의하면, 이 시리즈는 계약 기간 10년으로 판매부수의 10%에 해당하는 인세를 출간된 지 6개월 후부터 6개월 단위로 정산하는데, 판매부수라고 함은 몇 부를 찍었던 지와는 상관없이 실제로 독자에게 팔린 부수를 말하므로, 출고된 책 300부 가운데서 15%의 파본과 반품 분을 제외한 250부에 대한 인세 30만 원을 7월 15일에서 30일 사이에 지급한다는 것이다.

4 (금) 흐림

새 논문 「일제시기의 덕천서원」 집필을 위해 독서카드를 정리하고, 그 바로 앞 시대를 다룬 논문 「『남명집』 중간본의 성립」(『철학논총』 제32집 제2권, 새한철학회, 2003. 4)의 내용을 훑어보았다.

10월 중에 본교에서 열릴 개교 60주년 기념 인문학연구소 주최 국제학술대회에서 「일제시기의 덕천서원」이란 주제를 가지고서 발표하기로 약정되어 있으나, 본교 인문학연구소는 기관지가 따로 없고 학술대회 발표논문 등으로 인문학연구총서라는 단행본 시리즈를 발간하고 있는데, 그러한 책자는 한국학술진흥재단이 선정한 등재지의 요건을 충족시킬 수 없으므로, 현임 소장인 중문과의 권호종 교수와 통화하여 10월 발표에서는 『한국사상사학』에 게재될 나의 최근 논문 「대북정권 시기의 정인홍」을 가지고 하기로 했다.

새 논문은 금년 10월 10일에 원고를 마감하여 12월 31일에 간행될 예정인 한국학중앙연구원의 기관지 『정신문화연구』 2007년 겨울호(통권 109호)에 기고하기로 마음먹고서 그 담당자와 통화하고서 집필요령도 읽어두었다. 한국학중앙연구원 홈페이지를 통해 이 연구원의 출간도서 중 남명학과 관련된 『고문서집성』 4종을 더 찾아내어 「남명학관계기간문헌목록」에다 추가하였다.

7 (월) 酷暑

오늘부터 새 논문 「일제 시기의 덕천서원」 입력에 들어가, 200자 원고지 5.1장의 분량까지 나아갔다.

8 (화) 맑음

논문 작업을 계속하여 11.9장의 분량까지 나아갔다.

9 (수) 불볕더위

종일 논문 작업을 하여 제1절을 마쳤는데, 원고지 23.5장의 분량이었다.

10 (목) 酷暑

종일 논문 작업을 계속하여 30장 분량까지 나아갔다. 제1절 '덕천서원의 재건과 배향 문제'에 이어 제2절 '德山碑 시비'로 들어갔다.

김경수 군이 3차로 수정 제본한 학위논문을 가져왔다.

11 (금) 무더위

논문은 35.6장까지 나아갔다.

14 (월) 무더위

오늘 있을 김경수 군의 박사학위논문 3차 심사에 대비하여 엊그제 김군이 새로 수정해 갖다 준 논문을 읽었다. 심사위원 중 한 사람인 진주교대의 김낙진 교수는 喪事에 가 볼 일이 있다면서 오전 중 내 연구실로 찾아와 미리 심사보고서에 서명 날인해 주었다. 김낙진 교수가 고려대학교 초대총장 『幾堂玄相允全集』(파주, 나남, 2008)을 한 질 갖다 주었으므로, 그 내용을 훑어보았다.

오후 4시부터 철학과 서고에서 김경수 군의 박사학위논문 3차 심사가 있었다. 본교 철학과 1호 박사가 탄생하였다. 심사를 마친 후 도동의 법원 뒤에 있는 왕돌짬 횟집에서 저녁 회식이 있었다. 회식이 끝난 후 경북대학교 철학과의 방인 교수와 본교 윤리교육과의 손병욱 교수는 하동군의 쌍계사 부근 단천에 있는 손 교수의 산장으로 떠나고, 나는 권오민 교수 및 김경수 군과 더불어 우리 집 부근의 포장마차 집으로 와서 2차를 한 후 취하여 귀가하였다.

15 (화) 무더위

논문 작업을 계속하여 38.2장의 분량까지 나아갔다.

본교 남명학연구소의 기관지『남명학연구』제25집(2008. 6)이 배부되어져 왔다. 지난 4월 25일에 있었던 2008년 제1차 학술대회에서 발표된 논문들이 전재되어 있었다. 한문학과의 이상필 교수는 주석 6 하나를 추가하여 본문 속 滄洲 河憕의「덕천서원중건기」인용문의 원문을 제시하였으나, 본문에서는 여전히 내 논거의 핵심이 되는 '撤其舍卜之, 是丙子春也. 於是'라는 12자에 대한 해석을 빠트렸다. 주석 7에서는 발표논문집에 "오이환은 '諱字를 처리하는 고인의 관례'조차 모른다고 논문의 본문에서 필자를 능멸하였다. 그러나 이는『맹자』「진심」하에 보이는 '諱名不諱姓'도 모르고 있음을 스스로 드러낸 것이므로, 반박하기에도 민망스럽다."고 되어 있었던 부분을 제25집에서는 '필자를 능멸하였다'를 '필자의 무식함을 드러내려 하였다'로, '스스로 드러낸' 이하 부분은 '스스로 고백한 것에 불과하다'로 고쳤다.

16 (수) 맑음

오전 중 연구실에서 논문의 수정보완 작업을 하다가, 교직원식당에서 점심을 든 후 외송리로 향했다.

17 (목) 맑음

지만지에서 『남명집』의 인세 306,000원을 입금해 준다는 이메일 연락이 있었다.

논문의 수정보완 작업도 조금 하여 39.4장의 분량까지 나아갔다.

21 (월) 오전 중 흐린 후 개임

논문 작업을 계속하여 42.6장의 분량까지 나아갔다.

22 (화) 맑음

논문은 48장까지 나아갔다.

23 (수) 맑음

오후 내내 논문 작업을 하였다. 50.3장까지 나아갔다.

24 (목) 맑음

오전 중 서울대 철학과와 京都대학 중국철학사 전공 및 京都대학의 홈페이지에 접속하여 최근 동향을 살펴보았다. 서울대 철학과 교수들은 대부분이 외국에 유학하여 박사학위를 취득하였고, 개중에는 외국(주로 미국) 대학에서 재직하던 사람도 제법 있으나, 京都대학의 경우에는 거의 다 본교출신으로서 해외유학파가 전혀 없다시피 하고, 석사학위 소지자가 많고 박사학위는 드물다. 내 문학박사 학위논문의 심사위원 세 명 중에 포함된 현임 중국철학사 전공 주임 池田秀三 교수의 경우는 1948년 9월생이며, 京大 출신의 문학석사로서 연구업적은 23건(개중에 단독저서 2)이며, 동양사 전공의 夫馬進 교수는 1948년 4월생이며, 역시 京大 출신으로서 나와 같은 날 문학박사 학위를 받았고, 연구업적은 24건(단독저서 4)이었다. 中哲의 宇佐美文理 準교수는 京大에서 나와 같은 시기에 함께 공부한 후배인데, 문학석사이며 연구실적은 20건(단독저서 0)이었다. 이러한 조건을 두고 보면 그들도 나보다 별로 나은 점이 없는 것이다.

오늘부터 이 달 말까지가 한국학술진흥재단의 2008년 하반기 기초연구과제(단독, 인문사회) 온라인 신청기간이므로, 우선 작년 8월에 발표된 「광해군 초기의 정인홍」으로써 우수논문사후지원(7백만 원)을 신청해 두었다.

25 (금) 흐리고 때때로 비

김경수 군이 완성하여 제본한 철학박사 학위논문과 하동에서 생산되는 지리산 녹차 한 통을 갖고서 내 연구실로 방문해 왔다.

학진이 새로 개발한 시스템과 연결된 본교의 사이트에 접속하여 나의 개인 이력서를 최신 것으로 업데이트하였다. 이에 의하면 나의 연구실적은 단행본이 총 13건(개중에 단독 6)이고 논문은 총 35건이다. 업데이트를 마친 후 개중에서 2003년 1월 1일 이후의 대표실적 3건을 고른 후, 학진의 2008년 하반기 기초연구과제(단독, 인문사회) 온라인 신청서를 작성하기 시작했다.

28 (월) 맑음

학진의 연구계획서 작성 작업을 계속했다.

29 (화) 맑으나 무더워

지만지로부터 어제 『남명집』의 인세 306,000원 가운데서 소득세와 주민세를 제한 차감액 295,910원이 내 구좌로 입금되었다.

오늘도 학진의 연구계획서 작성을 계속했다.

30 (수) 대체로 맑으나 오후 한때 비

2008년도 하반기 기초연구과제(단독)의 연구계획서 작성을 완료하여 한국학술진흥재단 홈페이지에 탑재하였다. 2006년도에 한 번 지원했던 바 있는 것과 같은 「일제 시기의 덕천서원」이라는 제목이다. 며칠 전에 「광해군 초기의 정인홍」으로써 우수논문사후지원을 신청해 둔 바 있었으므로, 올해는 두 건을 신청하는 셈이다.

한국사상사학회의 총무이사인 이화여대 백옥경 교수에게 전화를 걸어 내 논문 「대북정권 시기의 정인홍」이 실린 『한국사상사학』 제30호가 한 주 전에 출간되었음을 확인하였다. 그런 후 김경수 군을 통해 조평래 군과 연락하여 통화하였는데, 「선조 시기의 정인홍」을 포함한 나의 정인홍 관계 논문 세 편 파일을 조평래 군의 이메일 주소로 첨부해 보내면서 김경수·구자익 군에게도 참조하게 하고, 아울러 권오민·김낙진·방인·손병욱·조남호 교수에게도 숨은 참조자로서 함께 보냈다.

조평래 군은 본교 영문과를 졸업한 후 교육대학원 철학교육전공 석사과정에 진학했던 내 제자로서, 졸업 후 조여항이라는 필명으로 『정인홍과 광해군』(서울, 동녘, 2001)이라는 제목의 단행본을 출판한 적이 있었고, 내암의 후손인 정기철 씨와는 정 씨가 작고할 때까지 계속 교류를 가지고 있었다. 재작년에 서울 생활을 접고서 고향인 함안으로 내려와 있으며, 현재는 농촌진흥청의 무슨 연구비를 받아 농업에 종사하고 있는 모양이다. 나이가 아마도 50 정도는 되었을 터인데, 아직 독신이라 한다.

31 (목) 대체로 맑음

어제까지 입력해 둔 두 건의 학진 연구비 신청서를 다시 한 번 검토하여 일부 내용을 수정해 두었다. 나의 남명학 관계 연구를 조만간에 종결짓고서 『남명학파연구』 상·하권의 출판 이후 발표한 논문들을 모아 또 다시 단행본으로 출판해 볼 계획을 갖고 있으므로, 학진 홈페이지에 접속하여 인문저술지원사업에 대해서도 알아보았는데, 3년 동안 매년 일천만 원씩 지원한다고 하지만, 기발표 내용이 30% 이상 포함된 저술계획은 제외한다고 되어 있으므로 신청을 포기하였다.

어제 조평래 군 등에게 보낸 정인홍 관계 논문들을 다시 한 번 읽어보기 시작하여, 「선조 시기의 정인홍」을 마치고서 「광해군 초기의 정인홍」 머리말까지를 읽었다.

8월

1 (금) 맑음

「광해군 초기의 정인홍」「대북 정권 시기의 정인홍」을 다 읽었다. 이어서 학진의 2008년도 우수학자지원사업(인문사회분야)에 대해서도 좀 알아본 다음, 2008년도 강의교재개발 작업을 대충 마무리 지어두었다.

『지만지 고전천줄—고전zip①』(서울, 지만지, 2008) 세 권이 택배로 우송되어져 왔다. 이는 〈지만지 고전천줄〉을 100종씩 설명하는 해설집인데, 이 출판사에서는 앞으로 전세계 고전 3,600종을 출간할 계획이므로 100종 단위로 총 36권이 출간될 예정이다. 내가 번역한 『남명집』은 이 중 0007에 해당하며, 각 책의 해설과 지은이 소개, 옮긴이 소개 그리고 필자가 가장 중요하게 생각하는 책 속 한 문장이 포함된 본문 1쪽 등이 포함되어져 있다.

5 (화) 맑음

배부되어져 온 『남명학 관련 문집 해제(II)—남명 문인 일부 및 사숙인 일부—』(경상대학교 남명학연구소, 2008)를 검토한 후, 이미 입력해 둔 「일제시기의 덕천서원」을 수정 보완하는 작업을 계속했다.

6 (수) 맑음

논문 중 이미 입력해 둔 부분의 수정 보완 작업을 마쳤다. 이미 200자 원고지 52.8장의 분량으로서 일반적인 논문 한 편의 절반에 가까운 분량에 이르렀으니, 「일제시기의 덕천서원」이라는 제목으로 원래 예정했었던 내용을 나누어 두 편으로 만드는 것이 어떨까 하는 생각도 들었다.

평소 집에서 화장실 변기에 걸터앉아 조금씩 읽어온 『性理大全』本 『皇極經世書』를 오늘 마저 읽었다. 지난 학기 수업에서 다룬 「觀物內篇」 전부와 「觀物外篇」의 일부를 제외하고서, 끄트머리에 '外書'로서 첨부된 「漁樵問對」 「無名公傳」 및 「附錄」과 권두의 「纂圖指要」 上·下까지를 다 읽은 것이다. 이제부터는 李贄의 『焚書』 본문을 읽어나갈 생각이다.

일본으로부터 『東方學會報』 No.94가 우송되어져 왔으므로 그 내용을 훑어보았다. 京都大學의 池田秀三 교수에게 금년 5월 16일 東京에서 열린 제53회 국제동방학자회의(ICES: International Conference of Eastern Studies) 중 그를 포함한 다섯 명의 발표자가 참여한 심포지엄 제4부 「兩漢에 있어서 天의 문화—사상사와 역사학의 연계에 의해」 중 大東文化大學 渡邊義浩 교수의 제3 報告 「兩漢에 있어서 天의 제사와 六天說」 및 池田秀三의 제4 보고 「禮學에 있어서 鄭玄 六天說의 의의」 두 편을 보내줄 것을 부탁한 바 있었으나 아무 회답이 없었다. 이번 소식지에 이 심포지엄의 제2 보고 및 심포지엄 사회를 맡아본 大東文化大學(前 東京大學) 池田知久 교수의 보고서가 실려 있으므로 그 대체적인 내용을 알 수 있었다.

7 (금) 맑음

논문의 수정 보완 작업을 좀 더 계속하여 54.1장의 분량에 이르렀다.

18 (월) 맑음

한국사상사학회로부터 내 논문 「대북정권 시기의 鄭仁弘」이 수록된 『한국사상사학』 제30집(2008. 6) 3책과 논문 별쇄본 21부를 받고서 게재료 15만 원을 송금하였다.

19 (화) 맑음

오늘 오후 1시부터 내일 오후 1시까지에 걸쳐 충남 논산군 連山面 林里의 遯巖書院에서 개최되는 2008년도 한국동양철학회 하계학술발표대회에 참가하기 위해 승용차를 몰아 그리로 향했다.

23 (금) 종일 많은 비

한국사상사학회로부터 내가 부탁했던 게재료 15만 원의 영수증이 부쳐져 왔으므로, 그것을 가지고서 본교에다 게재료를 청구해 두었다. 한국동양철학회 부회장으로서 차기 회장으로 내정되어져 있는 계명대학교 철학과의 이동희 교수에게 내가 근년에 발표한 내암 정인홍 관계 논문 3편을 이메일 첨부파일로 부쳤다.

27 (수) 맑음

서울의 천안문서점으로부터 어제 우송되어져 온 劉學智·高康玉 主編『關學, 南冥學與東亞文明』(北京, 사회과학문헌출판사, 2007)의 내용을 훑어보았다.

본교 인문학연구소의 총무인 국문과 장시광 교수가 내 연구실로 찾아와 10월 중에 본교 개교 60주년을 기념하여 러시아의 치타 대학과 공동으로 개최될 학술회의에서 내가 발표할 논문을 달라고 하므로, 「대북정권 시기의 정인홍」을 이메일 첨부파일로서 보내주었다. 이는 인문학연구소장인 권호종 교수의 요청에 따라 내가 수락해 두었던 것인데, 원래는 지금 준비 중인 논문 「일제 시기의 덕천서원」을 가지고서 발표할 예정이었으나, 학진의 등재지 기준 문제 때문에 가장 최근에 발표했던 논문으로 바꾼 것이다. 이 학술회의에서는 엊그제 있었던 후기졸업식에서 박사학위를 취득했을 김경수 군의 학위논문 일부도 발표될 예정이다.

28 (목) 맑음

『한국사상사학』 제30집에 실린 「대북정권 시기의 鄭仁弘」을 검토해 보았다. 지난번 학회 측에서 이메일로 교정쇄를 부쳐왔을 때 내가 각주의 필사본 『來庵疏箚』와 간본 『來庵集』을 비교하여 전자의 인용문에다 후자의 쪽수를 괄호에 넣어 표시했던 것을 학회 측에서 일방적으로 괄호를 벗겨 마치 필사본의 쪽수인 듯이 만들어 두었으므로, 해당 개소들을 모두 붉은색으로 표시하여 그것들이 잘못되었음을 지적해 두었다. 그런데 이번에 인쇄된 것을 보면, 그러한 오류가 처음으로 나타난 주6에다 내가 괄호에 넣어 "주5에서 명시한 바와 같이 본고 주석의 쪽수는 필사본 『내암소차』의 쪽수가 아니라 간본인 『내암집』의 쪽수이므로, 본인이 입력한 파일의 원형대로 모두 괄호 속에 넣을 것. 이하 같음"이라고 표시했던 교정 내용을 그대로 인쇄하고서 쪽수들은 하나도 괄호에 넣지 않고서 그대로 두었다. 내가 이 논문을 다시 읽어본 것은 바로 이 부분들이 어떻게 처리되었는지를 염려했기 때문인 것이다. 결과적으로 편집인은 아무런 수정을 가하지 않고서 필자가 교정 사항을 표시해 보낸 파일을 그대로 인쇄에 부친 셈인데, 태만하고 무책임하기 짝이 없는 짓이다.

29 (금) 맑음

어제 검토한 책들에 보이는 새 자료들을 「남명학관계기간문헌목록」에다 추가하였다. 2007년 10월에 간행된 『關學·南冥學與東亞文明』은 2005년 10월초에 西安市 남쪽 교외에 있는 長安大學에서 개최된 같은 주제의 국제학술회의에서 발표된 논문들을 출판한 것이다. 2000년 6월 서안에서 趙吉惠 씨를 회장으로 하는 국제남명학연구회가 창건되어 그 해에 陝西師範大學에서 曹南冥學術思想研討會가 열렸고, 2003년 7월에는 西安交通大學과 翠華山莊에서 張載與曹南冥學術思想國際研討會가 열린 바 있으며, 2005년의 모임은 그 세 번째에 해당한다. 첫 번째 모임에서 발표된 논문들은 내게 그 발표요지가 입수된 바 있었고, 두 번째와 세 번째 국제학술회의에서 발표된 논문들은 中韓文化交流叢書로서 北京에 있는 사회과학문헌출판사를 통해 차례로 출판되었다. 이번 책에 수록된 남명학관계 논문의 중국인 집필자들은 대부분 이전의 논문집에서도 보이는 사람들이다.

이들 학술회의에서 발표된 남명학 관계 논문들은 모두 내가 편찬하고 해제를 쓴 『南冥集四種』을 텍스트로 삼고 있으며, 나는 국제남명학연구회의 성립에 핵심적인 역할을 한 부산 부경대학의 高康玉 교수나 작고한 趙吉惠 씨에 이어 현재 이 모임의 회장이 되어 있는 劉學智, 중한문화교류총서 편집위원회의 부주임이자 국제남명학연구회 학술고문이기도 한 葛榮晋 씨와도 서로 아는 사이이다. 물론 격년으로 개최함을 원칙으로 하는 이러한 모임들과 그 출판에 드는 비용의 대부분은 중한문화교류총서 편집위원회 부주임 중 한 사람으로 되어 있는 부산교통의 曹玉煥 사장이 부담해 왔을 것이다. 그러므로 금년에 별세한 김충렬 교수와 거의 비슷한 연배인 조옥환 사장이 작고한 이후에는 이러한 학술행사가 더 이상 계속될 가망이 없을 터이다.

중국 西安에서 국제남명학연구회가 결성된 취지는 섬서성 출신의 北宋 사상가 張横渠와 조선 중기의 거유인 曹南冥 사이에 밀접한 사상적 영향 관계가 있다는 데서 출발한 것이지만, 그 근거는 남명의 학기도 중에 횡거로부터 유래하는 '心統性情圖'가 들어 있다는 데에 있다. 이는 서울대 철학과에서 학부를 졸업하고 고려대 대학원에 진학하여 김충렬 교수의 지도로 『通書』를 주제로 한 박사학위논문을 썼던 고강옥 씨의 착안에서 비롯하였겠지만, '心統性情'이란 中和論爭의 과정에서 나온 주자 40대 定論의 핵심 명제이며, 이 그림의 내용도 이른바 '理氣互發'을 설명한 것이니만치, 이를 주기론자인 장횡거의 사상과 연관시킴은 황당한 것이라 하겠다.

오후에는 모처럼 다시 「일제시기의 덕천서원」에 대한 퇴고 작업을 시작하여 원고지 54.4장의 분량이 되었다.

9월

1 (월) 흐림

최근에 배달된 사단법인 남명학연구원의 『선비문화』 2008년 가을 제14호를 읽어보았다. 경북대 국문과 교수가 된 남명학연구원 상임연구위원 정우락 씨가 경남 하동군 옥종면 궁항리 346번지의 지리산 五臺寺를 방문한 남명문학 현장 답사기가 실려 있고, 내가 발견한 『孤臺日錄』의 번역작업이 2004년부터 추진되어 현재 마무리되어 교정 작업이 진행되고 있는데, 그것이 완료되면 최종적인 검토 작업을 하여 금년 12월까지 출판할 예정이라는 소식이 실려 있었다.

2 (화) 맑으나 여름 더위

논문 작업을 계속하여 55.3장까지 나아갔다.

3 (수) 맑음

논문 작업을 계속하여 55.5장까지 나아갔다.

5 (금) 맑음

논문 작업을 계속하여 59.6장의 분량까지 나아갔다.

8 (월) 맑음

논문 작업을 계속하여 61.6장까지 나아갔다.

오후 2시부터 남명학관 남명홀에서 열린 본교 경남문화연구원이 주관하는 인문한국(HK) 지원사업 선비문화백고좌 제2강에 참석하였다. 국민대학 국사학과 鄭萬祚 교수 초청특강 '조선시대의 서원과 서원교육론'이었다. 정 교수는 김충렬 교수 이후 사단법인 남명학연구원의 새 원장 물망에 올랐던 사람인데, 진주 출신으로서 5세 이후 부산·서울로 이주했다 한다.

9 (화) 맑음

논문 작업을 하여 64.8장까지 나아갔다.

10 (수) 맑음

논문은 67.1장까지 나아갔다.

11 (목) 맑음

논문 작업을 계속하여 68.4장까지 나아갔다.

12 (금) 맑음

『퇴계학과 한국문화』 제43호(경북대 퇴계연구소, 2008. 8)에 실린 경북대 국문학과 정우락 교수의 「江岸學과 高靈 儒學에 대한 試論」을 훑어보았다. 사단법인 남명학연구원 상임연구위원이기도 한 정 교수는 성주 출신으로서 한강 정구의 후손인데, 이 글에서 좌도의 퇴계학파와 우도의 남명학파에 어깨를 견주는 영남 중부 낙동강 연안의 한강·여헌학파를 정립하고자 시도하고 있다.

논문 작업을 계속하여 70.9장까지 나아갔다.

22 (월) 맑음

논문 작업을 계속하여 73.2장까지 나아갔다.

23 (화) 흐리고 오후에 비

논문은 74.4장까지 나아갔다.

24 (수) 아침에 비 온 후 개임

철학과의 2008년도 추계답사에 인솔교수로서 참여하여 오늘부터 26일까지 사흘간 충청북도 일원을 둘러보게 되었다.

28 (일) 흐림

10월 1일에 개최될 본교 인문학연구소가 주관하는 개교 60주년 기념 국제학술회의 스케줄과 그 때 발표할 내 논문에 대한 윤리교육과 손병욱 교수의 논평문을 이메일로 받았다. 학술회의는 '동북아문화의 과거와 현재'라는 大주제하에 세 개의 분과로 나뉘어 본교 국제어학원 2층에서 개최되는데, 나는 그 중 개회식이 진행될 7동 201호실에서 동북아 1분과의 첫 번째 순서로 오전 10시부터 「대북정권 시기의 정인홍」이라는 제목으로 발표하게 된다.

30 (화) 맑음

퇴근 무렵 손병욱 교수의 논평문을 다시 검토하였고, 인문학연구소 간사인 국문과 장시광 교수로부터 내일 있을 국제학술회의의 발표논문집을 한 권 받아, 거기에 실린 내 논문 중의 읽을 부분들을 표시해 두었다.

10월

1 (수) 맑음

종일 본교 개교 60주년 기념 국제학술회의에 참석하였다. 인문학연구소 주관으로 '동북아문화의 과거와 현재'라는 大주제하에 국제어학원 7동 201, 204, 304호실에서 진행된 국제학술회의에서 나는 201호실의 동북아 1분과에서 오전 10시부터 시작된 제1부의 첫 번째 순서로서 「대북정권 시기의 鄭仁弘」을 발표하였고, 본교 사범대학 윤리교육과의 손병욱 교수가 토론을 하였다. 내 지도학생인 구자익 군은 304호실에서 진행된 3분과에서 제1부 첫 번째 발표의 토론을 맡았고, 김경수 군은 3분과의 제3부에서 「張伯端 內丹思想의 由來와 意義」라는 주제를 발표하고 이에 대해 영남대 철학과의 최재목 교수가 토론을 맡았다.

2 (목) 맑음

논문 작업을 다시 시작하여 74.2장이 되었다.

6 (월) 맑음

엊그제 김경수 군이 경북대 국문과의 정우락 교수가 교정과 윤문을 진행 중인 鄭慶雲의 『孤臺日錄』 번역본 원고를 이메일 첨부파일로 보내왔으므로 종일 그 내용을 읽어보았다. A4용지로 총 518쪽 분량인데, 사단법인 남명학연구원의 상임연구위원인 설석규·정우락·박병련·신병주·한명기 교수가 분담하여 다년간 공동 번역한 것으로서 이제야 탈고되었다. 이 문헌은 내가 발견한 것이다. 번역본의 해제로는 김경수 군의 논문 「임진왜란 관련 민간일기 정경운의 『고대일록』 연구」(『국사관논총』 92, 국사편찬위원회, 2000)를 요약 정리하여 실을 예정이라고 들었다. 오늘은 경북대 사학과 설석규 교수가 번역한 임진·계사년 일기를 다 읽고서 정우락 교수가 번역한 갑오년 일기 11월 17일 분까지를 읽었다.

개중에 갑오년 10월 18일 임술 조에 "나는 尙州牧使 鄭起龍을 만났다. 정기룡은 나와 同姓 8촌이다. 한 번 보았는데도 친구같이 정의가 두터웠다. (德州 鄭可願의 同母弟인 某의 派이다)" 라는 구절이 있어 눈이 번쩍 띄었다. 『고대일록』은 본교 남명학연구소의 기관지 『남명학연구』 제2·3집(1992·1993)에 두 차례에 걸쳐 나누어 영인 수록되었고, 국립진주박물관의 『임진왜란사료총서』 2차 시리즈 역사 편(2002)에도 영인된 바 있다. 그 원문을 찾아보니 "十八日壬戌. 余見尙牧鄭起龍, 〻於余同姓八寸也. 一見如舊, 情甚厚焉. (鄭德州可願同母弟某之派也)"라고 되어 있었다.

지난 9월 30일 본교 남명관에서 본교 경남문화연구원이 정기룡 장군의 출신지인 하동군의 위촉을 받아 정기룡을 현창하기 위한 학술회의를 연 바 있었다. 그 때 종합토론의 사회를 맡았던 사범대학 국어교육과의 조규태 교수로부터 정기룡의 본관이 불분명하며 현재 昆陽鄭氏의 시조로 되어 있다는 말을 들은 바 있었다. 그러나 『咸陽鄕案』에 의하면 정경운의 본관은 晋陽이니, 『고대일록』의 기록에 따르자면 그의 8촌인 정기룡 역시 진양정씨일 수밖에 없는 것이다. 조규태 교수에게 두 차례 전화를 걸어 그 사실을 알려 주고, 아울러 영인본의 존재도 일러주었다.

7 (화) 맑음

『고대일록』 공동번역본 중 정우락 교수의 갑오·을미·병신·정유년 분을 다 읽고서 한국학중앙연구원 박병련 교수가 번역한 정유년 5월 13일부터 7월 5일분까지를 읽었다.

8 (수) 맑음

『고대일록』을 계속 읽어 박병련 교수가 번역한 정유·무술 일기를 거쳐 기해년 5월 30일 분까지 나아갔다.

9 (목) 맑음

『고대일록』을 계속 읽어 박병련 교수가 담당한 기해·경자·신축년 부분을 마치고서 건국대 사학과의 신병주 교수가 담당한 신축년 2월부터 임인년 부분까지를 읽었다.

10 (금) 흐림

한국학술진흥재단의 인문한국(HK)지원사업인 10년 예정 아젠다 '지리산권문화연구' 제1차년도 국제학술회의로서 본교 경남문화연구원 주관으로 남명학관 남명홀에서 개최된 '동아시아의 명산과 명산문화'에 참석하여 臺灣 中央硏究院 歷史語言硏究所 王明珂 박사의 「山神與神山—靑藏高原東緣的山嶽信仰」 발표를 들었다.

『고대일록』을 계속 읽어 신병주 교수가 역주한 계묘·갑진년 2월까지 부분에 이어 명지대 사학과의 한명기 교수가 번역한 갑진·을사년까지를 읽었다. 퇴근 전인 저녁 5시 3분에 지난 4일 김경수 군이 보내온 이메일에 대한 회신으로서 다음과 같은 글을 적어 보냈다.

자네로부터 파일을 받은 이후 틈틈이 읽어 지금 을사년 부분까지 나아갔네. A4용지로 518쪽이니, 분량이 많아 다섯 사람이 분담했다 할지라도 퍽 수고했을 것으로 생각되네.

군데군데 오역이 눈에 띄지만, 그것은 정 교수가 수정할 것이고, 가장 큰 문제는 字나 관직(이를테면 盧禮山·盧益山)으로 적힌 사람들의 본명을 확인하는 것이네. 자로 적힌 사람들은 대부분 내암 문인이거나 함양 및 그 인근지역에 사는 벗들인데, 그들에 대해서는 예전에 내가 자네 등과 함께 수집하여 복사 제본해 둔 남명학 관계 자료들 가운데서 함양 쪽 문헌을 살펴보면 대부분 파악될 수 있을 것이라고 보네. 특히 『咸陽鄕案』과 『灆溪書院尊衛錄』 『豊川盧氏世稿』 『感樹齋集』 권5에 수록된 「天嶺孝烈錄」 등이 도움이 될 것이네. 盧院長이라 함은 『弘窩實紀』의 주인인 盧士豫를 가리키는 것일 터이네. 아세아문화사의 『내암집』에 딸려 있는 「門人錄」은 매우 엉성한데, 내가 예전에 그 중에서 찾아낼 수 있었던 인물들의 호와 자를 적어서 메모해 둔 것이 있으므로, 내 연구실로 와서 받아가 정우락 교수에게 우송해 주게.

내 생각으로는 번역본의 말미에다 파악된 인물들의 자와 호 등 인적사항을 표로 만들어 첨부해 두면 도움이 될 것이라고 보네.

이 메일을 정 교수에게 전해주게.

13 (월) 맑음

『고대일록』 병오·정미·무신년 분을 거쳐 기유년 10월 27일 끝까지를 다 읽었다. 이 일기는 임진왜란이 발발한 임진년 4월 20일부터 광해군 초년까지 18년간의 것이다. 순찰사 유영순이 병오년(1606, 선조 39) 8월 14일에 함양을 출발하여 山陰(산청)으로 향했음과 무신년(1608, 선조 41) 2월 9일 조의 일기를 통해 내암이 유영경 탄핵 상소로 말미암아 유배가게 된 곳은 평안도 定州였음을 확인하였다.

14 (화) 맑음

김경수 군이 오전 중 연구실로 찾아와서 경북대 국문과의 정우락 교수에게 우송할 내암 「문인록」에 대한 나의 메모 복사물을 받아갔다. 『고대일록』 번역본의 수정 윤문을 맡아 있는 정우락 교수는 내가 이 책의 해제를 맡아 주었으면 한다는 것이었지만, 나는 모든 작업이 끝난 후 최종적인 검토를 하는 감수 정도의 역할을 위촉해 온다면 맡을 의사가 있다는 뜻을 표시했다.

17 (금) 맑음

모처럼 논문 작업을 다시 계속하여 원고지 75.4장 분량까지 나아갔다.

24 (금) 대체로 맑으나 오전 한때 부슬비

오늘 오후 4시부터 6시 50분까지 성균관대학교 퇴계인문관 5층 첨단 강의실에서 개최되는 한국동양철학회 제138차 정례학술회의에 1시간 앞서 오후 3시 성균관대학교 교수식당 찻자리에서 동양철학회 운영이사회 간담회를 갖는다고 참석해 달라는 박양자 회장의 이메일을 받은 바 있었다. 시험이 끝난 후 퇴근하여 집으로 돌아왔다가 오전 11시에 출발하는 동양고속 편으로 상경하였다. 신탄진 휴게소에서 냄비우동으로 점심을 때우고서 오후 3시 무렵 서울 강남고속터미널에 도착하여 지하철로 갈아타 4호선 혜화역 1번 출구로 빠져나온 다음, 마을버스를 타고 성대후문에서 내려 3시 45분쯤에 성대 교수회관에 닿았다. 마침 임원회의가 끝나고서 회장과 부회장들이 나오는 중이었으므로, 늦게 도착한 부회장인 나도 그들과 함께 학술회의장으로 옮겨갔다. 임원회의에서는 금년도 동계합동학술회의를 회장이 재직하는 강원대학교에서 개최하는 문제 등에 관한 협의가 있었다고 한다.

정례학술회의에서는 김미영 서울시립대 교수의 사회로 서강대 정재현 교수가 「夷之는 二本인가? -『맹자』「등문공 상」 5장을 중심으로」라는 주제의 논문 발표와 이에 대한 국제뇌교육대학원 조남호 교수의 토론이 있었고, 이어서 북경대학 철학박사인 고려대학교 연구교수 주광호 씨가 「'心學' 논의의 두 국면: 陽明의 良知와 退溪의 敬」을 발표하고 이에 대해 한국국학진흥원의 김종석 씨가 토론하였다. 종합토론의 마지막 순서로 내가 발언하여 근자에 동양철학계에서 많이 논의되고 있는 퇴계의 心學에 대해 이를 코미디라고 비판하였다.

29 (수) 맑음

내가 상경했었던 지난주 금요일에 서울역사박물관에서 사단법인 남명학연구원 주최로 선비문화에 관한 국제학술회의가 있었는데, 거기에 와서 발표했던 중국인민대학의 葛榮晋 교수가 통역을 맡았던 본교 중문과 졸업생 편에 그 자신이 主編한 『韓國實學思想史』(北京, 首都師範大學出版社, 2002) 한 권을 내게 보내왔다. 퇴근 무렵 중문과의 한상덕 교수가 내 연구실로 방문해 와 그것을 전달해 주었다.

31 (금) 맑음

한국학술진흥재단의 2008년도 하반기 기초연구과제지원사업(인문사회분야) 예비선정과제 공고가 났다. 나는 단독연구로서 신청한 「일제 시기의 덕천서원」이 채택되어 1년 동안 700만 원의 연구비를 받게 되었고, 우수논문사후지원사업으로 신청한 「광해군 초기의 덕천서원」은 채택되지 않았다. 11월 1일이 연구개시일이다.

11월

3 (월) 흐림

점심 때 조규태 교수와 함께 미디엄 코스를 산책하면서 지난 주말 그와의 대화 이후 한문학과 홈페이지를 통해 확인한 바 있는 H 교수의 학력 문제에 대해 의견을 나누었다. 본교의 개교 60주년을 기념하여 조 교수가 속해 있는 사범대학 국어교육과의 려증동 명예교수가 총장 표창을 받은 사람들 중에 포함되었으므로, 그 학과에서는 축하하는 뜻으로 주약동의 한정식점 고궁에서 려 교수를 초대하여 학과 교수들이 회식을 가졌다고 한다. 그 자리에서 려 교수는 자신의 회고록 조로 자신이 평생 만난 사람들 중의 좋은 사람과 나쁜 사람들에 관한 인물평을 써서 책으로 출판할 계획을 밝혔는데, 그 중 나쁜 사람의 첫 번째로는 한문학과 H 교수를 들었고, H 교수에 관한 글 부분은 이미 인쇄하여 여러 사람들에게 배포하였다는 것이다.

려 교수는 H 교수를 조선 시대의 대표적 간신인 유자광보다도 더 나쁜 놈이라고 평한다는데, 그 이유는 본교 국어교육과를 졸업하고서 한국정신문화연구원에서 석사, 성균관대학교에서 박사학위를 취득하였으며, 줄곧 모교에 재직해 온 H 교수가 려 교수가 동석한 자리에서 어떤 외부 사람(퇴계 후손인 전 연암공전의 李源綱 사무국장)이 자신의 출신대학을 묻자 성균관대학교라고 대답했다는 것이 그 첫 번째 이유이고, 두 번째로는 려 교수의 주례로 성주이씨와 결혼했던 H 교수가 딸 하나를 둔 상태에서 첫 부인과 이혼하고서 본교 정좌용 명예교수의 딸과 재혼한 점을 들었다고 한다.

조 교수는 려증동 교수가 그 자리에서 자기도 나쁜 사람 중의 하나로서 비판했을 정도로 평소 두 사람 사이가 좋지 않지만, H 교수에 대한 논평만은 실로 틀린 점이 없다고 하면서 내게 들려준 바로는, 한문학과 홈페이지에도 H 교수가 교수진 소개에 첫 번째로 올라 있고, 학력에 대해서는 '성균관대학교 졸업'이라고 되어 있다는 것이었다. 그 말을 듣고 난 후 지난 주말에 나 자신이 직접 한문학과 홈페이지에 접속해 보았더니 과연 들은 바 대로였다. 그 학과 홈페이지에 소개된 다른 교수들의 학력을 차례대로 살펴보면, 최석기 교수는 '성균관대학교, 대학원 졸업', 윤호진 교수 역시 '성균관대학교 대학원 졸업', 장원철 교수는 '고려대학교 졸업', 황의열 교수는 '성균관대학교, 대학원 졸업', 이상필 교수는 '고려대학교 대학원'이라고 되어 있다.

7 (금) 흐리고 저녁 무렵 약간의 부슬비

오전의 학부 수업을 마친 후 남명홀에서 열리는 남명학연구소 주최 2006년 제2차 학술대회장으로 가서 그 발표논문집 『남명학의 계승양상과 강우지역의 학술—玉洞 文益成 및 그 후예들의 학문과 문학』을 한 부 받아와 내용을 훑어보았다.

10 (월) 맑음

본교 연구지원과로부터 내가 학진에 신청한 기초연구지원인문사회(단독연구) 과제 「일제 시기의 덕천서원」 선정이 확정되었으니, 내일까지 학진 홈페이지에 접속하여 협약서를 체결해 달라고 하므로, 학진의 My KRF를 통해 협약서에 몇 가지 내용을 입력하고서 동의 버튼을 클릭해 두었다.

20 (목) 맑음

수업을 마치고서 연구실로 돌아오니, 사회학과의 박재흥 교수가 전화기에다 연락해 달라는 음성 메모를 남겨두었다. 교직원식당에서 박 교수 등이 앉은 테이블로 가 합석했다. 그의 말에 의하면, 근자에 서울대 동문인 인문대학 독문과의 이영석 교수로부터 서울대에서 발행하는 ≪대학신문≫ 백넘버의 CD를 빌렸는데, 거기서 내가 쓴 시를 발견했다는 것이었다. 식사 후 사회대 2층의 교수휴게실로 따라가 박 교수로부터 프린트한 그 작품을 전달받았다. ≪대학신문≫ 제876호(1973년 6월 4일) 6면에 벌어진 석류의 삽화와 함께 실린 것으로서, 이런 내용이다.

에튀드

文理大 哲學科 吳二煥

석 잔의 술
베개를 보듬고
아까부터 나는 조용하였다.

유월은, 소나무
푸른 그늘에서
자꾸만 나를 손짓하였다.

그가 나직이 하모니카 불면
오후는
석류꽃도 벌게 하였다.

23 (일) 맑음

화장실에 비치해 두고서 조금씩 읽어 온 김혜경 번역본 『續焚書』를 다 읽었다.

26 (수) 아침에 짙은 안개 후 흐림

『분서』 권3 「王龍谿先生告文」을 끝으로 대학원의 중국근대철학연습 수업을 종강했다.

서울 장충동에 있는 아세아문화사의 엄승진 과장이 모처럼 연구실로 방문해 왔다. 그는 전에도 내가 부재중에 한 번 들렀다가 명함을 남겨두고 간 적이 있었다. 『남명학파연구』와 『중국철학사』의 재판 및 『남명학의 새 연구』, 나의 일기인 『圓徹日錄』의 출판 건에 대해 상의하였다. 1년쯤 전에 그가 다녀간 후 狩野直喜 著 『중국철학사』는 과거에 을유문화사를 통해 출판했던 것을 대폭 새로운 형태로 고친다는 조건에서 출판을 수락하였고, 내 일기는 수락하지 못한다는 회사 측의 결정 내용을 통보해 왔었다. 그러나 오늘은 그것들에 대해서도 계속 검토 중이라면서 회사의 방침이 바뀔 수 있는 가능성을 열어둔 채, 위의 네 가지 출판물 모두에 대해 긍정적인 입장을 표시하면서 상경하여 상의해 본 후 통보해 주겠노라고 했다. 엄 씨로부터 20여 년 전에 나와 몇 차례 만나 '南冥學資料叢刊'의 간행을 협의한 바 있었던 前 국립중앙도서관장이자 이 출판사의 창업주인 李昌世 사장이 작년에 별세하셨다는 소식을 들었다.

27 (목) 짙은 안개와 비

본교 경남문화연구원이 한국학술진흥재단의 지원을 받아 2003년 12월부터 3년간 수행해 온 연구과제의 결과물 『경남 서부지방 고문헌』(가

람출판사, 2008) 3책과 그 자료영인본 발췌를 CD에다 수록한 것 하나를 훑어보았다.

본교 연구산학지원과로부터 학진의 연구비 사용 방법에 대한 설명서와 함께 기초연구지원인문사회(단독연구) 과제인 「일제 시기의 덕천서원」 협약서 한 부가 보내져 왔다.

12월

1 (월) 맑음

다음 학기는 학부 4학년의 중국철학특강에서 顧炎武의 『日知錄集釋』, 대학원의 한국철학연구에서 최재우와 동학사상을 다루어보려고 예정하고 있다. 후자의 경우, 내가 젊은 시절 구입해 둔 『동학사상자료집』 3책(서울, 아세아문화사, 1979, 한국근대사상총서)이 아무리 찾아봐도 집에 없으므로 과거 몇 차례 본교 중앙도서관에 장서를 기증했을 때 묻혀 들어갔을 거라고 거의 포기하고 있었는데, 오늘 학교 연구실의 서가에서 마침내 그것을 찾아내었다.

2 (화) 맑음

금년도 교수연구활성화장려금 지급신청서를 작성하여 관계 자료와 함께 조교에게 주어 제출하게 했다. 금년도의 내 연구실적은 『한국사상사학』에 발표한 논문 「대북정권 시기의 鄭仁弘」과 지만지를 통해 출판한 번역서 『남명집』의 두 건으로서, 업적평가기준표에 의한 환산 점수는 200점이며, 150점 이상에 해당하는 1등급으로서 200만 원의 장려금을 받게 될 것으로 예상된다.

4 (목) 흐림

본교 연구비 관리자로부터 11월 20일자로 나의 연구비 8,540,000원이 학진으로부터 입금되었다는 이메일 통지를 받았다. 과제 번호는 03-2008-0471이며, 어제 날짜로 보낸 것이었다.

6 (토) 강추위

3주 만에 모처럼 아내와 함께 외송리로 갔다. 집에서 마련해 간 도시락과 냉장고의 반찬으로 점심을 든 후, 어천 마을과 청계리를 경유하는 산마루를 넘어서 덕산으로 가서 남명기념관 옆의 단골집에 들러 덕산곶감을 사고, 읍내의 술도가로 가서 덕산막걸리와 동동주도 큰 통으로 각각 하나씩 사서 차에 실었다. 山天齋 입구에 새로 세운 宣祖 賜祭文碑도 둘러보았다.

8 (월) 흐렸다가 개임

연구지원실로 전화를 걸어 신청한 후 한 주쯤 후에 나온다던 법인카드가 왜 아직 도착하지 않는지 물었더니, 무슨 사무착오가 있었던지 아직 신청하지 않았다면서 그것이 발급될 때까지 당분간 개인 신용카드로 사용하라는 것이었다. 얼마 후 연구지원실의 다른 여직원으로부터 다시 전화가 걸려와 법인카드로써 결제하는 직접성경비의 사용에 대해 아느냐고 물으므로, 나로서는 이 연구를 위해 별로 비용이 필요치 않으며 법인카드를 발급해 주면서 그 사용처를 일일이 체크할 줄 알았다면 처음부터 정액연구비를 신청하지도 않았을 것이라고 하면서, 그 돈이 없어도 별로 지장은 없으니 은행 구좌로 매달 나누어 입금된다는 300만 원의 연구활동비를 제외한 나머지 400만 원의 직접성경비는 반환 조치해 달라고 대답했다. 그녀는 마지막 정산 때 반환하면 된다고 하므로 알았다고 응답해 두었다. 나로서는 거짓 예산을 작성하기가 싫어 예산서를 요구하지 않는 정액연구비만을 신청했던 것이므로, 연구비를 받은 후 기한 내에 수준 있는 연구성과물을 제출하기만 하면 되리라고 생각했던 것이다. 얼마 되지도 않는 돈을 주면서 소속기관에다 간접경비라는 명목의 관리비를 주어 연구비 사용처를 일일이 감시 감독하도록 조처해 놓고서 연구자를 얽어매려는 관료근성에 실로 구역질이 난다.

15 (월) 맑음

오후 5시에 학과 회의가 있었는데, 순서에 따라 내가 다음 학년도 1년간의 철학과장으로 결정되었다.

23 (화) 맑음

이메일을 열어 보니 학과 조교가 오늘 중 금년도 성과급연구보조비와 강의교재개발비가 입금될 것이라고 공지하였으므로, 인터넷뱅킹으로 입출금 거래내역을 조회해 보았다. 그랬더니 나의 성과급은 뜻밖에도 정교수 C등급에 해당하는 1,804,000원이 입금되어 있었다. 나는 12월 3일자로 적어 낸 '교수연구활성화장려금 지급신청서'에다 금년도 연구실적으로서 논문 한 편과 역서 한 권을 포함하여 업적환산평가표에 의한 1등급을 적어 낸 바 있으므로, 너무 뜻밖이어서 연구지원과로 전화를 걸어 그 이유를 물어보았다. 담당자는 인문대 측에서 보낸 자료에 의거했다고 하므로 다시 인문대행정실의 담당자 강둘연 씨에게 전화를 걸어 문의했다.

그녀의 설명에 의하면 이는 연구활성화장려금과는 별개의 것으로서, 2007년도의 성과에 의한 것인데, 나는 그 해에 「광해군 초기의 정인홍」이라는 논문 한 편을 전국 규모의 학술지에 발표하여 30점을 취득하였으나, 인문대 교수 중에는 360점을 받은 사람도 있다는 것이었다. 그러고 보니 이는 교육부 측이 본교에 대한 금년도 연구비 예산을 대폭 삭감해 압박을 가해 옴으로 말미암아 어쩔 수 없이 얼마 전에 개정한 규정에 따라 금년부터 새롭게 시행되는 방식으로서, S(400%: 정교수 4,124천원) A(325%: 3,351) B(250%: 2,578) C(175%: 1,804) D(100%: 1,031)의 5등급으로 크게 차등을 두어 지급한 것인데, 나는 작년도에 강의 외에는 학진등재지에 실린 논문 한 편의 실적이 전부이므로 그 중 네 번째 등급으로 평가된 것이었다. 그러나 이 평가방식은 교수가 학생에게 부여하는 성적과 마찬가지로 네 등급이지만, F가 없는 대신 S가 있으며, 연구 실적이 하나도 없어도 D는 받으므로, 대학의 성적평가 방식에 준한다면 사실상 D에 해당하는 것이라고 하겠다.

나로서는 평소 양보다 질이라고 생각하여 나 스스로 납득할 수 있는 수준의 연구가 아니면 발표하지 않는 주의이며, 그 성과도 내 박사학위 논문을 심사했던 京都대학 교수들의 업적물 수보다 적지는 않은 것인데, 나보다 훨씬 많은 수의 업적물을 발표한 사람들이 있으므로 상대평가의 결과 이렇게 된 것이다. 360점이란 학진 등재지에 한 해 동안 인문학 분야의 논문 12편을 실은 것에 해당하는 실적인데, 그러한 연구 성과가 과연 어느 정도 가치를 지닌 것이겠는가? 京都대학중국철학사연구실의 주임교수인 湯淺幸孫 씨는 1977년도에 창간된 그 연구실의 논문집『중국사상사연구』창간호에 부친 서문의 말미에서 이렇게 언급하고 있다.

> 최근 취직이나 승진에 즈음하여, 본인의 업적을 考課하는 것이 정착되어 가고 있는 듯하다. 이 방법은 인사가 대학이나 학계의 정치꾼 풍 보스에 의해 좌우되는 것을 방지한다는 의미에서 매우 합리적이지만, 이 때문에 또 한편으로는 일부 사람들을 졸속주의로 몰아세워, 걸핏하면 되지못한 논문이 量産된다는 것도 사실이다. 低품위의 화폐가 나돌면 품위가 높은 良貨는 退藏된다. 이처럼 그레셤의 법칙은 정치의 세계나 학계까지도 지배하고 있으며, 널리 볼 수 있는 현상이다. '악화가 양화를 구축'하는 일이 없기를 절실히 바란다.

24 (수) 맑음

점심 때 교직원식당에서 내암 정인홍 문인 嶧陽 文景虎의 종손인 교육학과 文善模 교수와 같은 식탁에 앉게 되었다. 이전에 몇 번 언급했었던 바와 같이 그의 합천군 야로면 본댁에 소장된『역양집』목판을 본교에 기증했느냐고 물었더니, 그는 아직 그렇게 하지 못했으나 곧 기증할 생각이라고 하므로, 옆 테이블에 앉아 있던 文泉閣의 司書인 본교 한문학과 출신 이정희 군을 불러 인수절차를 도우도록 주선했다. 문 교수는 인쇄된 『역양집』의 완질도 함께 기증할 뜻을 표했다. 본교의 선장본과 고문서 도서관인 문천각에는 현재 산질 두 책만이 소장되어 있다고 한다. 내가 근년에 발표한 내암 관계 논문 3편에 대해 언급했더니 문 교수는 그것들을 보고 싶다고 하므로, 식탁에 함께 있었던 조규태 교수와 더불어 산책을 마치고서 연구실로 돌아간 후 학과 조교를 통해 전달하게 했다.

26 (금) 맑음

나는 매사에 있어 새로운 것에 도전하기를 좋아하여, 본교에 부임한 이래 학기마다 강의의 텍스트들을 바꿔 왔으며, 연구도 물론 미개척의 분야가 아니면 손대지 않는 것을 원칙으로 삼고 있다. 게다가 평소에 시간을 정확히 구분하여 평일 업무 시간 중에만 직업과 관련된 일을 하고 나머지 시간은 자신이 충족감을 느낄 수 있으면서 간접적으로 연구의 밑바탕이 되어 주기도 할 교양에 속하는 취미활동에 할애해 왔다. 그러므로 원래 多作이라고 할 수 없는데다가 강의준비에 많은 시간이 소비되기 때문에 집필에 투입할 시간은 그만큼 더 적어지는 것이다.

2009년

1월

2 (금) 맑고 포근함

한국동양철학회로부터 나를 2008년 3월부터 2009년 2월까지 제14대 부회장으로 임명한다는 내용의 2008년 3월자 위촉장이 이제야 도착하였다.

6 (화) 맑음

몇 달 전에 내가 사단법인 남명학연구원의 상임연구위원 직에서 제외되고부터 실질적으로 이미 여러 해 동안 회의에 출석한 적이 없었음에도 불구하고 매 달 내 구좌로 송금되어져 오던 월 20만 원의 상임연구위원 수당이 끊어졌는데, 새해 벽두인 오늘 다시 남명학연구원으로부터 20만 원이 입금되어져 왔다. 사무 상의 착오인지 조옥환 사장의 특별한 배려에 의한 것인지 아직 확인하지 못했다.

9 (금) 맑음

식사를 마친 후 본교 연구지원과의 여자직원으로부터 전화를 받았는데, 내가 법인카드로써 승용차의 기름 값을 지불한 것은 부당하므로 그 부분의 금액을 반환하고 직접성경비의 예산서도 제출하라는 것이었다. 학진에서 요구하지 않은 예산서를 본교 연구지원과 측이 요구하는 것도 이해하기 어려운 일이지만, 얼마 되지 않는 돈 때문에 이렇게 감시 감독을 받아야 할 줄을 알았더라면 차라리 신청하지 않았을 것이다. 나로서는 정액연구비는 700만 원으로 고정되어져 있으며 예산서 같은 것도 요구하지 않으므로, 기한 내에 실적물만 제출하면 되리라고 생각하였고 이러한 부자유가 있으리라고는 예상치 못했던 것이다.

20 (화) 맑음

연구지원실의 구좌로 내가 연구비에서 지출한 승용차 기름 값을 반환하고, 사단법인 남명학연구원으로부터 지난달에 잘못 입금되어져 온 상임연구위원 수당도 반환하였다. 조옥환 사장으로부터는 설날 선물로서 이번에도 사과 한 상자가 택배로 우송되어져 왔다.

23 (금) 맑음

지중해 여행에서 돌아온 후 평소의 생활 리듬이 깨어져 계속 오전 8시경에 기상하여 10시 무렵에 출근해 왔는데, 오늘은 새벽에 여행 일기 전체를 다시 읽으며 퇴고를 가하고 또한 아내의 디지털 카메라로 찍은 사진들을 훑어보느라고 집에서 점심을 들고서야 출근했다.

함지고등학교의 권충현 교장으로부터 참가자 전원의 이름과 이메일 주소가 정리된 이메일을 받았다. "글을 쓰고 있는데 오이환 교수님께서 보내주신 사진이 도착했네요. 감사합니다. 오이환 교수님. 그 빡빡한 일정에도 꼬박꼬박 정리하신 여행기 우리들도 읽으며 여행의 의미를 되새김질 할 수 있도록 기회를 주시면 감사하겠습니다."는 말이 들어 있다.

어제 배부되어져 온 『남명학연구』 제26집(2008. 12)의 내용을 검토하고서, 그 중 고려대학교 민족문화연구소 HK 연구교수 계승범 씨가 쓴 논문 「계해정변(인조반정)의 명분과 그 인식의 변화」를 읽어보았다. 인조반정에 대한 시각이 「대북정권 시기의 정인홍」에 개진된 내 생각과 별로 다르지 않았다.

24 (토) 맑음

어제의 권충현 교장 이메일에 대한 전체답신 형태로 새벽 5시 17분에 여행 참가자 전원에게 내가 작성한 원고지 98장 분량의 「지중해 일기」를 첨부해 보냈더니, 오전 10시 50분에 권 선생으로부터 '감동적인 유럽 여행기'라는 제목의 답신이 돌아왔다.

28 (수) 맑음

『남명학연구』 제26집에 실린 전남대 역사교육과 윤희면 교수의 논문 「경상도 함양의 灆溪書院 연구」 및 서울대 국어국문학과 李鍾默 교수의 「尋眞洞 長水寺와 玉溪 盧禛」을 훑어본 후, 이 책에서 발견된 새 자료들을 「남명학관계기간문헌목록」에다 추가하였다.

29 (목) 흐리고 저녁부터 비

오늘 입수된 『한국사상사학』 제31집(한국사상사학회, 2008. 12)에 실린 건국대 사학과 申炳周 교수의 논문 「16세기 南冥 曺植의 사상 형성과 현실 대응」을 읽었다. 남명학연구원 상임연구위원이기도 한 신 씨의 글은 이미 알려진 내용을 되풀이한 수준을 넘지 못했다.

2월

2 (월) 포근한 봄 날씨

서울대 철학사상연구소의 기관지인 『철학사상』 지에 투고된 논문 「『가의신서』에서 나타난 새로운 제국 질서의 사상적 기초—德 중심의 우주관과 윤리관—」에 대한 심사 요청이 왔으므로, 그 논문을 읽어나가 결론 부분만 남겨두고서 다 마쳤다.

3 (화) 흐리고 때때로 부슬비

철학사상연구회의 논문심사를 마친 후 '수정 후 개재'의 의견을 적어 반송하였다. 어제 후배들로부터 들은 바로는 漢代 사상을 연구하는 동문으로는 성균관대의 신정근 군 외에 김한규라는 사람이 하나 더 있다는데, 아마도 후자의 글이 아닌가 싶다.

심사표와 논문 중 문제 있는 부분을 붉은 색깔로 표시한 첨부 파일을 이메일로 보낸 후, 「지중해일기」를 다시 한 번 읽어보았다. 읽는 중 문득 이것을 철학문화연구소에서 발간하는 『계간 철학과 현실』 2009년 봄 호에 기고해 볼까 하는 생각이 들어, 읽기를 마친 후 철학문화연구소의 이메일 주소를 찾아 그리로 발송했다. 제목과 내 소개에 관한 기록을 첨부하니, 105.2장의 분량이 되었다.

4 (수) 대체로 흐림

『철학과 현실』 편집장인 탁은희 씨로부터 회답 이메일이 왔는데, 내가 기고한 봄 호는 이미 마감되었고, 2월 말경에 여름 호 편집회의가 있을 예정이므로 그 후에 게재여부를 알려주겠다는 내용이었다.

5 (목) 맑음

梁啓超의 『中國近三百年學術史』 가운데서 고염무의 인격과 학술의 핵심을 설명한 대목을 카드화해 두었다. 이 양자가 모두 남명과 매우 흡사하다고 생각했기 때문이다.

6 (금) 맑음

내가 금년도 자산취득비로 구입한 7권의 도서들이 학과 조교를 통해 돌아왔다. 모두 본교 도서관 장서로서 도장들이 찍히고, 도서번호와 바코드도 첨부되어져 있었다.

8 (일) 대체로 맑음

아내와 함께 본교 총동문회에 속한 개척산악회를 따라 산청군 시천면과 하동군 청암면의 경계에 있는 主山(831.3m)에 다녀왔다. 개척산악회는 이 산을 母山으로 삼아 매년 始山祭를 지내오는 모양인데, 오늘이 마침 시산제 날이었다.

정상에서 시산제를 올린 후 우리 내외는 교수들 자리에 어울려 주최측이 마련한 음식물로 술과 점심을 들었다. 본교 총동창회장 출신인 도의원 강길중 씨도 산신제를 지낼 무렵에 뒤늦게 올라왔다. 하산 길은 하동군 쪽을 취해 사람 키보다도 높은 산죽 밭 속으로 두텁게 쌓인 낙엽을 밟으면서 한참 내려왔더니, 청암면 궁항리 오대마을의 五臺寺 터에 닿았다. 이 절은 고려시대에 水精社라는 최초의 불교결사가 이루어졌던 곳임을 『東文選』에 실린 비문을 통해서 알 수 있고, 조선시대에 들어와서는 오대사라는 명칭으로 金馹孫의 「續頭流錄」과 曺植의 『南冥集』 등에 보이므로, 내가 일찍이 외공·내공 마을과 갈치재를 거쳐서 여기까지 혼자 찾아와 답사해 본 적이 있었다. 몇 년 전에는 본교 음대의 신윤식 교수 소개로 이탈리아대사관에서 근무하며 고려 法相宗 연구로 서울대 국사학과에서 박사학위를 받은 푸지오니 씨 부부를 안내하여 와 본 적도 있었다. 그 때는 절터가 國仙道 도장으로 되어 있었는데, 지금도 그 건물은 남아 있으나 국선도는 이미 철수하고서 열쇠가 채워진 빈 집으로 되어 있었다. 입구에 백궁선원이라는 간판이 보이지만 아무도 살고 있지 않은 듯했다.

9 (월) 흐리고 낮 한때 부슬비

錢穆의 『중국근삼백년학술사』 중에서 고염무 부분을 다 읽고서, 『亭林文集』 권3 첫머리의 「與友人論學書」를 카드화하였다. 이 글은 특히 『남명집』의 서신에 보이는 내용과 거의 완전히 일치하고 있다.

며칠 전 연구지원과로부터 무슨 이메일이 보내져 왔었는데, 나는 자신에게 해당사항이 없다고 생각하여 지워버렸었다. 그런데 오늘 다시 학과 조교로부터 "연구보조인력사업결과물 미제출로 이번 연구활성화지원금이 지원되지 않을 것이라고 합니다."라는 내용의 이메일이 왔다. 조교에게 무슨 내용인지를 물었더니, 연구지원과의 허남린 씨에게 문의해 보라는 것이었다. 전화를 걸어 물어보았더니, 2005학년도에 「전은과 토역의 논리」라는 주제로 연구보조인력 지원을 받았었는데, 그 결과물이 제출되지 않았다는 것이었다. 담당자인 허남린 씨와 통화해 본 후, 그 주제라면 후에 정인홍 관계 세 편의 논문으로 계획이 변경되어 그 첫 성과물인 「선조시기의 정인홍」은 2006년 6월에 간행된 『남명학연구』 제21집에 실려 이미 간행되었으므로, 조교를 통해 그 성과물을 연구지원과로 보냈다.

11 (수) 맑음

오후 3시부터 5시까지 남명학관 세미나실에서 열린 경남문화연구원 주최 최문석 남명학연구원이사장 초청 세미나 '경남 固城 鶴洞의 역사와 문화'에 참석하였다.

15 (일) 흐림

'지식을만드는지식'으로부터 인세 관계 이메일이 왔다. 2008년 한 해 동안 311종의 〈고전선집〉을 출간했는데, 내가 번역한 『남명집』은 초판 300부가 아직 다 팔리지 않아 출간 6개월 후 한 차례 인세를 지급한 이후 다시 6개월이 지난 이번에는 재판발행에 따른 인세가 발생하지 않았다는 내용이었다. 그리고 2009년부터는 유통방식이 달라져 이전처럼 교보문고와의 독점계약으로 보급하는 것이 아니라 전국의 모든 서점에 출시하게 되었으므로, 시장 확장에 따라 이후 출판되는 책에 대해서는 초판을 500부로 늘리게 되었다는 것이다.

17 (화) 맑으나 추움

계속하여 『정림문집』과 『정림여집』을 읽었다. 문집 권6의 「答友人論學書」도 全文을 카드화하였는데, 지난번에 카드화한 권3의 「與友人論學書」

와 마찬가지로 고염무의 학문관을 잘 나타내고 있기 때문이다. 실로 그는 남명과 더불어 학문관이 거의 같을 뿐 아니라 기질이나 인격의 면에서도 매우 상통하는 면이 있다.

18 (수) 맑음

『정림시문집』과 『정림여집』에 대한 검토를 마치고서, 다시금 『日知錄集釋』에 대한 검토로 들어갔다. 『정림문집』 권6의 「下學指南序」도 어제 카드화한 「答友人論學書」와 밀접한 관계가 있으므로 全文을 카드화해 두었다.

19 (목) 흐림

19·20 이틀에 걸쳐 한국동양철학회 주최로 강릉대학교 인문관 242호실에서 개최되는 '동양철학의 수양론—선험적 자아와 순수의식을 찾아서—'를 대주제로 삼은 2009년 동양철학연합학술대회에 참석하기 위해 오전 8시에 집을 출발하였다. 승용차를 운전하여 대진·경부·중부·영동·동해고속도로를 경유하여 강릉에 인접한 평창휴게소에서 튀김우동으로 점심을 때운 다음, 오후 1시 반쯤에 강릉시 강릉대학로에 위치한 대회장에 도착하였다.

오후 6시 30분에 학술대회를 끝낸 다음, 경포호 부근 바닷가의 강문동에 있는 동해횟집으로 자리를 옮겨 정기총회를 겸한 만찬을 가졌다. 총회에서는 경과보고와 감사보고가 있은 다음, 2010년도 차기회장 및 2009년도 감사선출이 있었는데, 나는 부회장의 한 사람으로서 다른 임원 몇 명과 더불어 옆방으로 가 차기회장 선출을 위한 회의에 참여하였다. 2009년도의 회장은 계명대학교 철학과의 이동희 교수로 이미 결정되어져 있고, 2010년도 회장은 지난번 청천회 모임이 있어 내가 상경하지 못한 가운데 서울에서 열린 임원회의에서 부회장 중 한 사람인 연세대학교 철학과의 이광호 교수로, 그리고 2011년도 회장은 나로 내정되었다는 소식을 학술회의장 로비에서 현 회장인 강릉대학교 철학과의 박양자 교수로부터 이미 들은 바 있었다. 그러므로 회장 선출을 위한 총회는 정해진 각본에 따른 요식행위일 따름이었다. 오늘 대회의 참가자는 60여 명 정도 되는 모양이다.

21 (토) 맑음

이틀 만에 이메일을 열어보니, 김경수 군으로부터 『고대일록』 번역본 원고의 교정이 사단법인 남명학연구원 차원에서는 마무리되어 곧 출판하기 위해 서울의 출판인쇄사 측과 협의를 가질 것인데, 내가 최종 감수를 맡아줄 수 있는지 문의해 달라는 요청이 있었다는 연락이 있었다. 후자의 경우, 금전적인 보수는 없으나 출판되는 책에 내 이름을 감수자로서 표시해 주겠다는 조건이었다고 한다.

22 (일) 비

김경수 군에게 번역본 『고대일록』의 감수를 수락한다는 내용의 답신을 보냈다.

23 (월) 맑음

출근해보니 연구실 등의 명패가 영문을 병기한 새것으로 모두 바뀌었고, 내 방 문 위에는 이미 '철학과장' 팻말이 걸려 있었다. 철학과 교수 전원의 수속이 새 학기부터 인문학부 철학전공에서 인문대학 철학과로 바뀐다는 이메일 공문도 보았다.

강릉에서 있은 한국동양철학회 모임에서 김윤수 씨로부터 한 부 받아온 그의 한시집 『咸陽九景』(서울, 도서출판 다운샘, 2008)의 내용을 훑어보았다. 그는 과거에도 자기 이름의 한자 표기를 바꾼 적이 있었는데, 이번에는 또 필명을 金侖嵩, 호를 中岳山人이라 하고, 이 책을 그의 부친인 '仁山 金一勳 先生 誕辰 100周年 紀念 論叢'의 하나로 삼았다. 그의 둘째 형과 갈등을 빚으면서 부친의 유업을 계승한 사업가로 변신한 김 씨는 몇 년 전부터 한국동양철학회에 대해 매년 학술대회 때마다 상당한 재정적 지원을 해 오고 있는데, 이번에는 자신이 도교학회 회장이 되었다면서 그 학회를 한국동양철학회의 연합학술대회에 참가시켜 달라고 요청해 왔다. 그러나 이미 도가철학회가 이에 참가해 있으므로, 한국동양철학회 측으로서는 아직 이렇다 할 응답을 하지 않았다.

본교 남명학연구소로부터 배부되어져 온『南冥學 關聯 文集 解題(III)—南冥 私淑人 一部—』(진주, 도서출판 述而, 2008)의 내용을 훑어보았다.

24 (화) 맑음

어제부터 시작한『고대일록』번역본의 감수 작업을 계속하여 총 539쪽 원고지 3,443.5장 가운데서 6쪽의 분량까지 나아갔다.

25 (수) 간밤에 비 온 후 개임

『철학과 현실』편집장 탁은희 씨로부터 이메일을 받았다. 이번 여름호에 내가 기고한 글을 싣기로 하였으나, 현재의 105매를 50매로 줄여주고 제목은 '일기 쓰기와 철학하기'로 하면 더 좋을 것 같으니, 3월 20일까지 수정한 원고를 보내달라는 내용이었다. 그러나 오전 중 탁 씨에게서 연구실로 다시 전화가 걸려왔는데, 자기가 편집회의의 결정을 잘못 전달하였고, 이 잡지에는 일기를 게재한 적이 없었으므로 그것 대신 '일기 쓰기와 철학하기'에 관련된 내용으로 새 원고를 써 달라는 것이 결정된 내용이라는 것이었다. 그 글을 쓸 시간적 여유가 없을 것 같다고 대답했다.

어제에 이어『고대일록』의 감수 작업을 계속했는데, 9쪽까지 밖에 나아가지 못했다. 첫 부분의 번역은 경북대학교 사학과의 설석규 교수가 맡았는데, 오역과 매끄럽지 못한 표현이 너무 많았다. 감수를 수락한 이상 내 명예를 위해서도 면밀히 검토하고 출전 등을 찾아보아 정확성을 기하지 않을 수 없는 것이다. 처음에는 한 주 정도면 마칠 수 있지 않을까 라고 가볍게 생각했었다.

사단법인 남명학연구원으로부터『남명학파 의병활동 조사·연구 (1)』

(진주, 2008)이라는 제목의 책이 한 권 부쳐져 왔는데, 그 속에 김경수 군이 쓴 「孤臺 鄭慶雲의 『孤臺日錄』과 義兵活動」이라는 논문도 수록되어져 있으므로 읽어보았다. 내 논문 「남명집판본고 (1)」에 포함된 내용이 많이 사용되어져 있고, 『고대일록』과 나와의 관계에 대한 언급도 있었다. 원래 이 책의 해제는 김 군을 통해 내게로 요청되어온 바 있었으나 내가 그것을 사양하는 대신 완성된 원고의 감수라면 맡을 의사가 있다고 전해 두었던 것인데, 나 대신 김 군의 글로써 해제를 삼으려 하는지도 모르겠다.

27 (금) 간밤에 비 온 후 개임

한문학과가 발행한 『경상대학교 한문학과 20년사』가 배부되어져 왔으므로, 그 내용을 훑어보고서 한문학과 교수 및 학생들이 쓴 남명학 관계 논문들을 「남명학관계기간문헌목록」에다 추가하였다. 감수 작업은 17쪽까지 나아갔다.

3월

2 (월) 흐림

금년도 1학기가 시작되었다. 교양과목과 학부 3학년의 한국철학사 및 4학년의 중국철학특강 첫 수업을 실시하였는데, 가상강의 동아시아의사상 수강생은 50명, 한국철학사는 29명, 『日知錄集釋』을 다루는 중국철학특강은 7명이었다. 오늘부터 정식으로 철학과장의 보직을 맡게 되었다. 내 정년이 앞으로 6년 정도 밖에 남지 않았으므로, 이번으로 마지막 학과장의 역할이 될 것이다.

오전 중 수업 이외의 시간은 『일지록』 초간본에 대한 고염무의 自序와 대학원 수업에서 다룰 최재우 관련 문헌 중 『東經大全』의 첫머리인 「布德文」을 읽어보았다.

3 (화) 정오 무렵까지 비 온 후 흐림

남명학연구원이 발행하는 『선비문화』 제15호(2009년 봄)가 우송되어져 왔으므로 그 내용을 훑어보았고, 『동경대전』을 계속하여 읽었다. 『고대일록』 감수는 23쪽까지 나아갔다.

대학원 동양철학전공 석사과정에 갓 입학한 부산의 김동연 씨가 연구실로 찾아왔다. 내 저서 『남명학파연구』 상권을 한 번 다 읽고서 두 번째로 읽는다고 하기에, 내가 번역한 『남명집』과 편집한 『한국의 사상가 10인—남명 조식』도 소개해 주었다.

4 (수) 맑음

마침 강의를 위해 본교에 온 김경수 군이 내 연구실에 들렀다가 내가 『고대일록』의 번역을 감수하고 있는 것을 보고서, 이 작업과 관련한 최근의 소식을 들려주었다. 그의 말에 의하면, 사단법인 남명학연구원으로서는 이 작업에 이미 4천만 원의 비용을 들였는데, 한국학중앙연구원이 뒤늦게 이 사업에 공동으로 참여할 의사를 표시하여 비용 중 절반이 약간 넘는 2,600만 원을 연구원 측에 주고서 그렇게 하기로 양측이 합의하였으며, 번역된 책은 두 권으로 하고 김경수 군이 근자에 함양으로 가서 소장자였던 鄭性河 노인의 아들로부터 새롭게 빌려온 원본으로써 영인본 한 권을 만들어 첨부하여 총 3권으로서 출판할 계획이라는 것이었다. 원본의 여기저기에 붓으로 '「' 혹은 '」'로 표시되어 있는 것은 예전에 누가 그 책을 빌려가 읽고서는 내용상 삭제할 필요가 있는 부분들을 표시한 것이라고 한다.

산책 후와 퇴근 무렵의 두 차례에 걸쳐 내가 지난주 월요일부터 시작하여 오늘 현재까지 감수한 『고대일록』 파일을 김경수 군에게 첨부해 보내, 작업이 애초에 예상했던 것보다는 훨씬 많은 시간을 요한다는 사정을 주지시켰다.

감수 작업은 28쪽까지 나아갔다.

5 (목) 흐리고 오후부터 비

『고대일록』 감수는 32쪽까지 나아갔다.

6 (금) 맑으나 쌀쌀함

오후 3시쯤에 김경수 군으로부터 전화를 받았다. 한국학중앙연구원에다 본교 윤리교육과의 손병욱 교수가 책임연구자, 김 박사 및 진주교육대학의 김낙진 교수, 한국국제대학교의 신상화 씨가 공동연구원으로 되어 '강우지역 남명학파 문중 소장 고문헌 자료조사 및 정리연구'라는 주제로 한 해 1억5천만 원씩 3년 과제의 프로젝트를 신청한 바 있었는데, 그 중 신상화 씨의 연구실적물이 등재지 기준에 미달한다고 하여 급히 공동연구원 한 명을 교체할 필요가 발생하였으므로, 내가 그 대신으로 참여해 줄 수 없겠느냐는 것이었다. 나로서는 학진 단독연구 프로젝트도 괜히 신청했다는 생각이 없지 않고, 최근에 맡게 된 『고대일록』의 감수 작업도 간단치 않은 일인데, 또다시 새로운 과제에 참가한다는 것은 매우 부담스럽다. 그러나 시간이 촉박한데다 지금으로서는 다른 대책이 없으니, 가능하면 오늘 중에 김 군이 이메일로 보내 온 연구실적서 양식을 입력하여 보내주면 좋겠다고 하므로, 받아들일 수밖에 없었다. 오후 4시 44분에 작성된 연구실적서를 첨부해 보냈다.

7 (토) 맑음

김경수·류창환 박사와 함께 외송리에 다녀왔다.

사 간 묘목들을 다 심은 다음, 아내가 준비해 준 쇠고기·돼지고기와 야채·딸기 및 양념류를 가지고서 바깥 수도 가의 의자 딸린 나무탁자에 둘러 앉아 버너와 프라이팬에다 불고기를 구워 술과 함께 점심을 들었다. 그 자리에서 김경수 군으로부터 한국학중앙연구원에 연구비를 신청하게 된 경과에 대한 설명을 좀 들었다. 그의 말에 의하면, 김 군은 공동연구원이 아니라 책임연구원의 자격으로 참여하게 되며, 이 일은 사단법인 남명학연구원이 중심이 되어 추진하는 것인데, 구자익·사재명·조구호 군 등 여러 명의 젊은 연구자들이 공동으로 참여할 계획이라고 한다. 이들 젊은 연구자들에게는 꽤 많은 돈이 지불되지만, 대학에 전임의 직을 가지고 있는 중견 연구자들에게는 월 25만 원 정도의 연구활동비만 지불되는 모양이다.

진주로 돌아온 후, 김 군의 아파트 주차장에서 본교에 강의하러 가는 류창환 박사와 작별하였고, 김 군은 내가 이번 한국학중앙연구원의 연구비 심사에 최근의 연구 성과로서 등록한 정인홍 관계 논문 세 편의 별쇄본을 달라고 하므로, 우리 집과 연구실로 함께 가서 그것들을 찾아 건네주었고, 그를 봉곡동의 남명학연구원 사무실 앞까지 태워다 주었다. 김 군은 거기서 사재명·조구호 군과 합류하여 빌려온 『고대일록』 원본을 소장자에게 돌려주기 위해 함께 함양으로 가는 모양이었다.

9 (월) 맑음

감수 작업은 38쪽까지 나아갔다.

10 (화) 맑음

지난주 토요일 외송에 함께 갔을 때 김경수 군이 한국동양철학회의 회원으로 가입하고 싶은데, 정회원 두 사람의 추천이 필요하다는 말을 한 바 있었다. 그래서 오늘 이 문제로 그와 통화한 다음, 이 학회의 현임 회장인 계명대학교 철학과의 이동희 교수 및 신임 총무간사인 추제협 씨와 연락하여 부회장 자격으로 제자인 김경수·구자익 군을 새 회원으로 추천하였다. 또 한 명의 추천인은 이동희 회장으로 해 달라고 했다.

한국동양철학회로부터 새 회장의 인사말과 15대 임원진 명단, 그리고 금년 7월 24일부터 27일까지에 걸쳐 중국 길림성의 연변대학에서 열리는 유·불·도와 동아시아 문화 국제학술대회 참가 안내 공문이 이메일로 왔으므로, 이번 여름방학에는 거기에 참가할 가능성이 있다 하여 그 메일을 아내와 회옥이에게도 전달하였다.

감수 작업을 계속하여 42쪽까지 나아갔다.

오후 5시부터 한 시간 정도 남명학관 106호 세미나실에서 열린 2009 학년도 남명학연구소 총회에 참석하였다. 회의 후 가좌동에서 회식이 있다지만, 나는 이 연구소를 주도하는 한문학과 교수들과 불편한 관계이므로 참석하지 않았다.

11 (수) 맑음

『퇴계학과 한국문화』 제44호(경북대학교 퇴계연구소, 2009.2)가 우송되어져 왔는데, 거기에 이 대학 국문과 교수이며 사단법인 남명학연구소의 상임연구위원이기도 한 정우락 교수가 「『고대일록』에 나타난 서술의식과 위기의 일상」이라는 제목의 논문을 실었으므로 읽어보았다. 이 논문은 2005년 한국학술진흥재단의 지원을 받은 것이었다. 머리말에서 "『고대일록』에 대한 그동안의 연구는 이 책에 대한 해제적 성격을 띤 연구, 정경운의 전쟁체험을 다룬 연구, 함양지역 재지사족의 동향을 살피기 위해 『고대일록』을 단편적으로 활용한 연구 등으로 나누어진다." 고 하여, 그 각주와 말미의 참고문헌에서 각각 종류 별로 소개하고 있는데, 이 문헌을 처음으로 학계에 소개한 나의 논문 「남명집판본고 (1)—내암 간본을 중심으로—」에 대한 언급은 없었다. 얼마 전에 나온 김경수 군의 논문과는 크게 대조되는 점이다.

감수 작업을 계속하여 48쪽까지 나아갔다.

12 (목) 맑음

감수 작업을 계속하여 58쪽까지 나아갔다.

13 (금) 흐리고 때때로 부슬비

『고대일록』 번역에 대한 감수 작업을 계속하여 61쪽까지 나아갔다.

16 (월) 맑음

감수 작업은 70쪽까지 나아갔다.

17 (화) 맑으나 황사

감수 작업을 계속하여 75쪽까지 나아갔다.

감수 작업을 하고 있는 중에 지난번 지중해 여행을 함께 했었던 대구의 함지고등학교 권충현 교장으로부터 연구실로 전화가 걸려왔다. 그는 함양군 수동면 출신이어서 자기 고장의 문헌인 『孤臺日錄』에 관심을 가지고 있으며, 내가 남명학 관계 연구에 종사해 왔다는 사실도 안다는 것이었다. 봉화여중고의 교장을 하다가 정년퇴임하여 경주에 살고 있는 문인채라는 사람이 지난 4년 동안 그 문헌의 번역작업에 종사하여 이미 탈고하고서 출판을 준비하고 있는데, 본교 남명학연구소인가에서도 이미 수년 전부터 그 문헌의 번역작업을 하고 있다고 들었다면서 그 진척 상황을 묻는 것이었다. 그래서 이쪽의 사단법인 남명학연구원과 서울의 한국학중앙연구원에서 공동으로 그 책을 번역 출판할 계획이며, 그 문헌을 학계에 처음 소개한 사람이 나이고, 내가 지금 연구원의 위촉을 받아 최종고에 대한 감수 작업을 하고 있다는 소식도 일러주었다.

권 교장과의 통화를 마친 후, 김경수 군에게 전화를 걸어 방금 들어온 정보를 전해주었다. 권 교장은 함양군수가 이 책이 출간되면 구입해 배포하기 위해 작년에 500만 원의 예산을 책정해 두었다가 책이 나오지 않아 일단 삭감되었으나, 조만간 출간된다면 추경예산을 편성해서 구입할 수 있다고 말하더라는 소식도 전해 주었다. 김 군의 말에 의하면 함양군의원으로서 현재 본교 국문과의 석사과정에 재학 중인 권갑점 여사로부터 그 자신이 직접 들은 바로는 함양군에서 이 책 구입을 위해 800만 원의 예산을 편성해 있다는 것이었다.

18 (수) 맑음

감수는 전체 A4용지 543쪽 중 78쪽까지 나아갔다.

금년 7월 25일 중국 연변대학에서 연변대학이 주관하고 중화일본철학회, 중국실학연구회, 한국양명학회, 한국동양철학회, 한국유교학회가 공동 주최하여 열리는 '2009 연변대학 유·불·도와 동아시아 문화 학술대회'에 한국동양철학회의 임원으로서 참가하는 문제에 대해 상의하기 위해 현재 이 학회의 회장인 계명대학교 철학과의 이동희 교수에게 전화를 걸어보았다. 이 교수의 의견은 임원이라 할지라도 발표를 하는 것이 바람직할 것이며, 회장인 자기도 논문 한 편을 발표할 예정이라는 것이었다. 그래서 추제협 총무간사에게 이메일을 보내 현재 준비 중인 주제인 「일제시기의 덕천서원」이라는 주제로 나도 한 편 발표할 것을 신청하고, 아울러 아내와 딸을 대동할 경우의 사무적인 문제도 정보가 입수되는 대로 알려달라고 일러두었다. 이동희 회장이 오후 4시 무렵에 연변대학 측의 방호범 교수가 보내온 가족 동반 문제에 대한 답신을 전달해 주었는데, 이에 의하면 호텔과 여행은 자부담하는 조건으로 가족 동반도 가능하다는 것이었다.

퇴근 후 오후 6시 반에 평거동 756-7번지 들말의 한성갈비촌에서 남명학연구원의 조구호 사무국장이 나를 초청하여 석식을 대접하였다. 김경수·사재명 박사도 합석하였다. 2차로는 그 근처의 조개구이 집에 들렀다가 밤 10시 남짓에 귀가하였다. 그들이 근자에 나를 포함시켜 한국학중앙연구원에다 신청했던 연구과제는 결국 선정되지 못했으며, 『고대일록』을 사단법인 남명학연구원과 한국학중앙연구원의 공동사업으로서 번역 간행하는 건도 성사되지 않고 종전과 마찬가지로 연구원의 단독출판 형태가 될 것이며, 감수에는 나 외에 이성무 연구원장이 참여하되 내게도 200만 원의 보수를 지급하기로 했다는 정보를 얻었다. 얼마 전에 읽었던 경북대 정우락 교수가 쓴 『고대일록』에 관한 논문은 이 번역서의 해제로서 집필한 것인 모양이다.

19 (목) 오전 중 약간의 빗방울, 완연한 봄 날씨

감수는 84쪽까지 나아갔다.

오후에 김경수 군이 연구실로 방문해 와 내가 번역한 『남명집』이 포함된 지만지의 고전 시리즈 해설집 한 권을 받아갔다. 학과 서고에 비치된 그 『남명집』과 함께 가져가서 참고하고, 아울러 조구호 사무국장에게 전달하여 연구원에서 필요한 만큼의 분량을 구입해 두었다가 홍보용으로서 판매 혹은 배포하면 나쁠 것이 없으리라고 말해 두었다. 이번 여름방학에는 김 군 등과 함께 중국의 실크로드를 여행할 예정이었으나, 연변대학에서 열리는 국제학술대회 참가 건으로 말미암아 그렇게 하기 어렵게 되었음도 미리 알려두었다. 나는 현재까지 학진의 정액연구비를 지원받아 준비 중인 논문 「일제시기의 덕천서원」을 한국학중앙연구원이 간행하는 『정신문화연구』에 기고할 생각으로 그쪽의 집필요령에 따라 원고를 작성해 왔었는데, 이 주제를 가지고서 한국동양철학회가 참여하는 국제학술회의에서 발표하게 된다면 이왕이면 학회의 기관지인 『동양철학』에다 발표하는 편이 낫겠다고 판단하게 되었다.

20 (금) 대체로 맑음

아침부터 작업하여 오후 4시 무렵에 경북대 사학과 설석규 교수가 번역한 『고대일록』 권1 부분의 감수를 마치고서, 남명학연구원의 사무국과 김경수 군에게 이메일 첨부파일로서 보냈다. 믿기 어려울 정도로 오역이 많아 내가 새로 번역하는 것과 다름이 없을 정도였다. 그래서 이 한 권을 감수하는데 거의 한 달이 걸렸다. 오늘까지 작업한 것은 모두 93쪽이었다.

서울대학교 철학사상연구소로부터 내가 심사한 이연승 씨의 논문 「『賈誼新書』에 나타난 새로운 제국 질서의 사상적 기초: 德 중심의 우주관과 윤리관」이 실린 기관지 『철학사상』 제31호가 우송되어져 왔다.

23 (월) 맑음

『고대일록』은 경북대 국문과의 鄭羽洛 교수가 번역을 맡은 권2 부분의 감수로 들어가 100쪽까지 나아갔다. 권1의 경우보다는 오역이 적어 비교적 빠른 속도로 나가가게 된 것이다.

교육과학기술부에서 2010년도 국립대 교원정원 확보를 위해 분야별 증원요구 현황을 조사한다는 3월 19일자 본교 교무과의 공문이 있었으므로, 20일자로 조교에게 지시하여 작성한 '2010년도 교육공무원 소요 정원 요구서' 시안을 토대로 오늘 내가 보완을 가하여 도가철학분야 1명의 증원을 요구하는 공문을 작성해 조교로 하여금 제출하도록 했다. 이러한 공문이 매년 오는 것인지 어떤지는 모르지만, 1980년대 후반 무렵부터 몇 차례 동양철학 분야의 증원요구서를 올렸다가 번번이 무위로 끝나고 말았으므로, 그 이후 오랫동안 학과에서는 증원요구서를 올리지 않았다.

어제 본교 남명학관 남명홀에서 본교 남명학연구소와 퇴계 급문제자의 후손들이 중심이 된 陶雲會가 공동으로 주관하는 '퇴계와 남명의 사상과 문학' 학술대회가 있었다.

24 (화) 맑음

감수는 104쪽까지 나아갔다.

점심 때 중문과의 한상덕 교수를 통해 중국인 魏韶華 교수를 초청하여 셋이서 함께 내 차를 타고서 사천시 용현면 선진리 103에 있는 풍어횟집으로 가서 소주 한 병을 곁들인 생선회와 백합죽을 들고서 학교로 돌아왔다. 횟집을 나온 후 근처에 있는 임진왜란 당시의 朝·明軍 무덤에도 들러보았다. 魏 교수는 그의 전임이었던 王今暉 씨와 마찬가지로 靑島대학 중문과 소속인데, 학과장이기도 하다. 올해 45세로서 산동성 聊城 출신이며, 감숙성 蘭州에서 대학을 마치고 그 대학에서 30세까지 교원으로 근무하다가 靑島에 온지 15년 되었으며, 그 대학 文學院의 자료실에 근무하는 아내와 대학 2학년에 다니는 딸 하나가 있으며, 올해 8월까지 1년간 본교에서 근무한다고 한다.

25 (수) 맑으나 매서운 봄추위

감수는 108쪽까지 나아갔다.

26 (목) 맑으나 찬바람

감수는 115쪽까지 나아갔다.

27 (금) 다소 풀린 추위

오전 중 『일지록』 권7 ‘性與天道’ 부분을 읽으며 다음 주 수업 준비를 하였고, 오후에는 감수 작업을 계속하여 123쪽까지 나아갔다.

점심 때 조규태 교수와 함께 晋州市 井村面 魚藪里의 수궁어탕으로 가서 메기탕으로 점심을 든 후, 조 씨가 창녕조씨 문중으로부터 무상으로 기증받아 자기 가족 무덤으로 만들려고 생각하고 있는 그 근처 정촌면 耳谷里의 100평 정도 되는 땅을 둘러본 후, 어수리에 있는 조 교수의 방계 선조인 慶州府尹 曺淑沂 墓碑 및 議政府左參贊 曺潤孫 墓碑도 둘러보았다. 전자는 木溪 姜渾이 짓고 觀圃 魚得江이 글씨를 썼는데, 日本 京都大學에 그 탁본이 보관되어 있고, 후자는 어득강이 짓고 명필로 이름난 黃耆老가 글씨를 쓴 것으로서, 둘 다 현재 문화재로 신청해 놓고 있는 모양이다.

30 (월) 맑음

감수는 130쪽까지 나아갔다.

31 (화) 맑음

감수 작업을 계속하여 141쪽까지 나아갔다.

4월

1 (수) 대체로 흐림

감수는 146쪽까지 나아갔다.

3 (금) 맑음

한국동양철학회의 임원회의에 참석하기 위해 12시 30분 발 서울 행 고속버스를 타고서 오후 4시 20분 무렵 강남고속터미널에 도착한 다음, 지하철로 갈아타고서 모임 시간인 오후 5시 무렵 종로구 명륜동 2가 26번지 혜화전철 4번 출구 앞에 있는 중국집 進雅春의 2층 방에 도착하였다. 화교가 경영하는 이 점포는 내가 대학에 다닐 무렵 이미 학림다방과 더불어 대학로의 명물로서 80년 전통을 지닌 곳인데, 지금은 위치가 바뀌고 다소 초라한 모습으로 변해 있었다. 참석자는 계명대의 이동희 회장과 차기 회장으로 정해져 있는 연세대의 이광호 교수, 원광대의 김학권 교수와 나 등 세 명의 부회장, 그리고 연구이사인 성균관대 유교문화연구소의 이문주 선임연구원, 총무인 성균관대 유학동양학부의 陳晟秀 연구기획부장 등 다섯 명 뿐이었다.

식사를 들면서 여름의 연변대 국제학술회의 및 겨울 연합학술발표 건 등을 토의한 후, 근처의 커피숍에 들렀다가, 이동희 회장 및 이광호 부회장과는 내가 지하철을 갈아타는 충무로역 전철 안에서 작별하였다.

6 (월) 맑음

감수 작업은 151쪽까지 나아갔다.

7 (화) 맑음

감수는 159쪽 乙未年(1595, 선조 28) 부분까지 마쳤다.

8 (수) 맑음

회옥이가 여름방학 중 중국 연변에서 열리는 국제학술회의에는 동행하지 않고서 대학원 진학을 위한 GRE를 준비하겠다고 한다면서 아내도 한국에 남을 뜻을 표했으므로, 한국동양철학회의 이동희 회장에게 이메일을 보내어 가족 동반은 하지 않을 것임을 전했다.

오후 3시에 101-124호 교수세미나실에서 성과급연구보조비지급지침 개정안을 다루는 제110차 인문대학 교수회 임시회의가 열렸는데, 나는 잠시 참석하여 성원만 채워주고서 회의 중간에 연구실로 돌아와 감수 작업을 계속하였다. 감수는 169쪽까지 나아갔다.

9 (목) 맑음
감수는 182쪽까지 나아갔다.

10 (금) 맑음
아침부터 종일 작업하여 경북대 국문과 정우락 교수의 번역분인 정유년(1597) 5월 12일까지 부분에 대한 감수를 끝내고서 오후 6시 11분 남명학연구원에 이메일로 부쳤다. 그 파일 말미에다 정우락 교수는 내가 『고대일록』을 발굴하여 언론과 학계에 소개한 장본인임을 모르지 않을 것임에도 불구하고 번역본의 해제로서 집필한 것으로 추측되는 『퇴계학과 한국문화』 제44집에 실은 자신의 논문 「『고대일록』에 나타난 서술의식과 위기의 일상」에서 기존연구를 소개한 머리말이나 말미의 참고문헌 등에 이에 대한 언급이 일체 없는 것은 어찌된 일이냐고 묻는 내용의 글을 덧붙였다. 분량은 200쪽까지 나아갔다.

남명학연구원으로부터 집으로 『남명학연구논총』을 복간한 『남명학』 제14집과 4월 20일 함양군청 대회의실에서 열리는 '2009년 인산 김일훈 선생 탄신 100주년 기념 함양학 학술대회'의 안내문이 우송되어져 왔다. 전자는 2008년 10월 24일에 서울역사박물관에서 열린 '선비와 선비정신'이라는 주제의 남명학국제학술대회에서 발표된 논문들을 모은 것인데, 이성무 남명학연구원장이 쓴 머리말에 "오이환 교수가 2000년 8월에 본원 출판부에서 『남명집 4종』이라는 판본집을 영인·출간한 적은 있으나, 판본 대조를 통한 『신편 남명집』을 내는 데까지는 이르지 못했다"는 언급이 보인다.

13 (월) 맑으나 밤에 비

남명학연구원 부원장이자 한국학중앙연구원 교수인 朴炳鍊 씨의 번역본에 대한 감수를 시작하여 204쪽까지 나아갔다.

15 (수) 짙은 황사

감수 작업은 207쪽까지 나아갔다. 京都대학에 유학하고 있던 시절 익히 들었던 말은 원문 해석의 정확성이 가장 중요하다는 것이었는데, 다섯 명의 번역자 중 지금까지 검토한 세 명은 모두 이 점에서 크게 미흡하다.

16 (목) 흐림

감수는 209쪽까지 나아갔다.

17 (금) 맑음

감수 작업은 211쪽까지 나아갔다.

20 (월) 꽤 많은 비

『孤臺日錄』 권2의 한국학중앙연구원 박병련 교수 번역분에 대한 감수를 마치고서 오후 6시 59분에 남명학연구원과 김경수 군 앞으로 이메일 첨부파일로서 발송하였다. 총 222장까지 나가 전체의 절반 정도를 마친 셈이다.

21 (화) 맑음

단국대학교 사학과의 申炳周 교수가 번역을 맡은 『고대일록』 권3의 감수에 들어가 233쪽까지 나아갔다. 시기로는 무술년(1598, 선조 31) 4월 8일까지이다. 당초 한 주 쯤 읽어 지난 겨울방학 중에 마치려 했던 작업이 새 학기의 중간고사 기간인 지금까지 절반 정도의 분량밖에 진척되지 못했으므로, 이번 주인 시험 기간 중에 진도를 내기 위해 오전 시간부터 퇴근 때까지 계속 읽어나갔다.

22 (수) 맑음

모레 있을 본교 남명학연구소 2009년도 제1차 학술대회 '—남명학의 계승양상과 강우지역의 학술-俛宇 郭鍾錫의 學問과 思想(1)'에서 내가 토론을 맡게 된 계명대 철학과 홍원식 교수의 논문 「면우 곽종석의 성리설—한주 성리설의 계승을 중심으로—」 원고가 오늘 오전 10시 18분에야 남명학연구소로부터 내게 이메일로 보내져 왔다. 진행하고 있던 감수 작업을 일단 중단하고서 그 글을 두 번 읽은 다음 토론문을 작성하여 오후 5시 17분에 연구소로 보냈다.

23 (목) 맑음

내일 토론할 홍원식 교수의 논문을 다시 한 번 읽었다.

감수는 239쪽까지 나아갔다.

24 (금) 흐리다가 저녁부터 비

남명학관 남명홀에서 열린 학술대회 발표논문집을 검토한 후 종합토론에 참여하였다.

학술대회를 마친 후 오후 6시부터 본교 정문 앞 얼치기냉면에서 있은 리셉션에 참가하여 발표자인 계명대 철학과의 홍원식 교수, 한국전통문화학교 문화재관리학과의 최영성 교수, 토론자인 진주교대의 김낙진 교수 및 김경수 군 등 동양철학전공자들과 어울려 대화를 나누었다. 리셉션이 끝나고서 홍원식 교수는 통영에 사는 숙모를 뵈러 떠나고, 나머지 동양철학 팀은 남명학연구소장인 한문학과의 최석기 교수를 따라 근처의 곱창집으로 가서 2차를 하였으며, 최영성 교수가 떠난 다음 몇 명은 다시 근처의 맥주 집으로 가서 3차를 하고서 자정이 넘어 집으로 돌아갔다.

27 (월) 흐리고 낮 한때 부슬비

감수 작업은 243쪽까지 나아갔다.

28 (화) 맑음
감수는 251쪽까지 나아갔다.

29 (수) 맑음
감수는 260쪽까지 나아갔다.

30 (목) 맑음
감수는 268쪽까지 나아갔다.

5월

1 (금) 맑음
감수 작업은 274쪽까지 나아갔다.

4 (월) 맑음
모처럼 김병택·조규태 교수와 더불어 미디엄 코스를 산책했다. 평소보다 꽤 늦게 식당에 도착한 조 교수가 식사를 마치기까지 기다리기 위해 학생회관 지하 1층의 서점에 들렀다가, 지난번에 내가 서울대 철학사상연구소의 요청에 따라 賈誼『新書』에 관한 그녀의 논문을 심사한 바 있는 이연승 씨가 조남호 군이 편집위원으로 있는 파주 태학사의 '중국철학 해석과 비판' 시리즈의 하나로서 출판한『揚雄: 어느 漢代 지식인의 고민』(2007)이 눈에 띄기에 한 권 샀다. 이 책의 저자 소개에 의하면, 그녀는 서울대학교 종교학과에서 학부 및 대학원 석사과정을 졸업하고, 국립대만대학교 철학연구소에서 董仲舒에 대한 연구로 박사학위를 받았다. 서울대 출신으로서 중국 한대사상사를 연구하는 학자로는 그녀 외에도 성균관대학교 유학대학 동양철학과에 근무하는 신정근 군이 있다. 나도 서울대 종교학과에서 학부 1학년, 대만대 철학연구소에서 석사 1

학년을 수료한 바 있고, 한대 사상에 관심이 있어 그 연구로 만년을 보내고자 하므로 이 씨와는 여러모로 닮은 점이 있다.

감수는 278쪽까지 나아갔다.

7 (목) 맑음

감수 작업은 286쪽까지 나아갔다.

8 (금) 맑으나 초여름의 더위

감수 작업을 계속하여 292쪽까지 나아갔다.

9 (토) 맑음

어제 오후 1시 11분에 한국동양철학회장 이동희 씨로부터 연변대 국제학술회의 참가자들에게 보내는 이메일이 도착하였다. 이에 의하면, 동양철학회 팀은 같이 참가하는 한국의 유교학회 측과 의논하여 24, 25일 공식 일정 이외에 가고 오는 길에 연길 이외 지역의 열차여행을 계획하고 있으며, 개인별 발표시간은 10분 정도라고 한다. 그가 첨부한 연변대 방호범 교수의 제2차 통지문에 의하면, 7월 24일에 대회 도착 및 환영 만찬이 있고, 25일 하루 동안에 오전 9시부터 오후 6시까지 학술회의를 하는데, 정식으로 참가 의사를 통보한 중국 측 학자는 60여 명, 국외학자는 30명 가까이 된다고 한다. 오늘 오후 4시 12분에 방호범 씨로부터 내 앞으로 이메일 초청장이 보내져 왔다.

11 (월) 맑음

감수는 301쪽까지 나아갔다.

12 (화) 비 온 후 흐림

감수는 307쪽까지 나아갔다.

13 (수) 맑음

감수는 310쪽까지 나아갔다.

김경수 군이 한국국학진흥원 기초학문육성사업단이 펴낸 『경남지역의 목판자료(1)』(안동, 한국국학진흥원, 2008)을 한 권 갖다 주었으므로 그 내용을 훑어보았다. 이는 '경남권 목판자료에 대한 조사 및 정리'라는 명칭의 과제로서 2007년 정부재원으로 한국학술진흥재단의 지원을 받아 수행된 것인데, 내가 아는 박경환 씨가 연구책임자이고, 남명학연구원의 조구호 사무국장이 공동연구원, 당시 박사과정에 재학하고 있었던 김경수 군 등이 연구보조원으로 참여한 것이다.

14 (목) 맑음

감수는 오늘 현재 전체 550쪽(원고지 3591.5장) 중 312쪽까지 나아갔다.

15 (금) 맑음

오늘 구내서점을 통해 입수한 한명기 저 『정묘·병자호란과 동아시아』(서울, 푸른역사, 2009)의 내용을 훑어보았다. 사단법인 남명학연구원의 상임연구위원이기도 한 한 씨는 서울대 국사학과를 졸업했고 현재 명지대학교 사학과 교수인데, 1962년생이니 나보다 13세 연하이다.

감수는 320쪽까지 나아갔다.

18 (월) 맑음

감수는 326쪽까지 나아갔다.

19 (화) 맑음

감수는 335쪽까지 나아갔다.

20 (수) 맑음

경북대 국문과의 鄭羽洛 교수로부터 그가 최근에 출판한 저술인 『남명학파의 문학적 상상력』(서울, 역락, 2009)과 함께 편지가 동봉되어져 왔다.

> 『고대일록』 교감하시느라 고생이 많으십니다. 원고가 험하여 재번역 수준이어서 더욱 노고가 많으시리라 생각이 됩니다. 저의 『고대일록』 번역분 마지막에 선생님께서 지적해 주신 논저 인용 건은 앞부분을 생략하고 실어 그렇게 되었습니다. 지금 보내드리는 책에 실려 있는 『고대일록』 논고가 총합원본이니 혜량하시기 바랍니다. 보내드리는 책은 선생님의 연구에 많이 빚지고 있습니다. 그리고 부록으로 지난날 썼던 선생님의 연구서에 대한 서평도 실었습니다.

운운의 내용으로 되어 있었다. 이 책은 정 교수가 남명학에 관해 발표한 기왕의 논문들을 정리하여 출판한 것인데, 그 제3부 7장에 「鄭慶雲의 『孤臺日錄』과 전쟁체험기 위기의 일상」, 그리고 부록의 '남명학파 관련 서평' 첫 번째에 「남명학 연구의 바탕 만들기—오이환, 『남명학파연구』(남명학연구원출판부, 2000)가 실려 있다. 전자는 경북대 퇴계연구소의 기관지인 『퇴계학과 한국문화』 제44호(2009.2)에 그가 기고한 논문 「『고대일록』에 나타난 서술의식과 위기의 일상」과는 제목이 다르나, 사실은 같은 글이다. 후자는 원고 매수 제한 때문인지 전자에서 약간의 단락을 삭제했을 따름인 것이다. 삭제된 머리말의 세 단락 중 셋째 단락 끝에 "10대손 鄭性河 대에 이르러 혼인관계를 맺고 있던 정인홍의 방손 정이상이 6부를 복사하였으며, 1986년에 경상대 오이환 교수가 이를 발굴하여 세상에 널리 알렸다."는 내용이 있고, 그 각주에 "『孤臺日錄』의 의미에 대해서는 吳二煥, 『南冥學派硏究』 上, 남명학연구원출판부, 2000, 121~137쪽을 참조할 수 있다."고 되어 있다.

본교 남명학연구소로부터 지난번 학술대회에서 내가 토론했던 계명대 홍원식 교수의 논문에 대한 심사결과서를 위촉해 왔으므로, 퇴근 때까지 작성하여 이메일 첨부파일로 보냈다.

21 (목) 저녁 무렵까지 많은 비

정우락 교수가 어제 우송해 온 책 가운데서 부록의 「남명학파 연구논저 목록」에 실린 논문과 단행본 가운데서 내가 작성해 온 「남명학관계기간문헌목록」에 실려 있지 않은 자료들을 골라 보완 입력하는 작업을 했다.

22 (금) 맑음

정우락 씨의 책에 실린 「남명학파 연구논저 목록」 가운데서 내 목록에 없는 것들을 골라 보충하는 작업을 계속했고, 부록의 「남명학파 관련 서평」 세 편도 모두 읽었다.

25 (월) 맑음

감수는 342쪽까지 나아갔다.

26 (화) 흐림

감수는 350쪽까지 나아갔다. 현재의 『孤臺日錄』은 모두 4권으로 되어 있는데, 오늘 비로소 제4권 癸卯(1603, 宣祖 31) 정월 27일까지 작업을 마쳤다.

27 (수) 맑음

감수는 353쪽까지 나아갔다.

28 (목) 맑음

감수는 354쪽까지 나아갔다.

『고대일록』 계묘년 2월 4일에 이어 계묘년 3월 10일 조에도 '刊役'에 관한 기사가 있는데, 이는 그 무렵의 다른 여러 조에 보이는 '董役'과 사실상 같은 뜻임을 확인하였다.

29 (금) 맑음

감수는 361쪽까지 나아갔다.

6월

1 (월) 맑음

감수 작업은 364쪽까지 나아갔다.

금년도 교원성과급이 입금되었는데, 나는 정교수 B등급으로서 3,577,000원을 받았다. 작년보다는 한 등급이 오른 셈이다. 성과급은 S(400%) A(325%) B(250%) C(175%) D(100%)의 다섯 등급이 있다.

2 (화) 흐림

『용담유사』를 다 읽고서, 『道源記書』의 최제우가 투옥된 대목까지를 읽었다. 감수는 371쪽까지 나아갔다.

3 (수) 흐림

감수는 374쪽까지 나아갔다.

지난번에 한국동양철학회의 이동희 회장이 7월 하순의 중국 여행 때 예정 코스를 A, B 두 개로 제시하면서 희망하는 쪽을 선택하라고 하므로, 나는 연변 및 백두산 쪽인 A 코스보다는 기차로 통과만 했을 뿐 아직 자세히 둘러보지 못한 심양·장춘 등이 포함되는 B코스를 선택한 바 있었다. 그러나 5월 31일에 이동희 씨로부터 다시 메일이 와 B코스는 유교학회 측의 성균관대 최영진 교수와 그 제자들이 주축이 된 것인데, 한국동양철학회 측에서 그것을 선택한 사람은 나뿐이고, 배낭여행이라 내게는 적절하지 못할 듯하다는 것이었다. 그래서 다음날 회신을 보내, 그렇다면 우리 학회 일행들과 같은 코스로 해 달라고 통지한 바 있었다. 그러나 6월 2일자로 이동희 씨가 연변 학술대회 참가자 일동에서 보낸 이메일에 의하면, 백두산 관광은 옵션 비용이 12~15만 원이나 된다는 것이므로, 나로서는 이미 가 본 곳을 그런 비싼 비용을 지불하면서 참가하는 것보다는 역시 유교학회 팀에 합류하는 것이 낫겠다는 생각이 들었다.

그래서 오늘 이동희·최영진 교수와 전화로 연락하고, 또한 이 씨와 마찬가지로 계명대 철학과에 근무하는 홍원식 교수와도 연락한 후, 최 교수 팀에 동참하기로 최종적으로 결정하여, 여권 사본을 팩스로 보냈다. 최 교수의 말에 의하면, 유교학회 팀 중 일부는 7월 24일 연변 도착 이전에 요녕성의 심양, 길림성의 장춘·길림을 둘러보며 2박을 할 예정이고, 백두산 옵션 날에도 따로 일정을 잡을 모양이었다. 트렁크는 숙박하는 호텔에 맡기고서 돌아다닐 것이기 때문에 배낭여행은 아니라고 했다. 홍원식 교수는 지난달 본교에서 열린 남명학연구소의 학술회의에 발표자로서 참석했을 때 조만간 산서성 북쪽의 청량산 등지로 여행할 계획을 말하면서 나더러도 원한다면 동참하라고 말한 바 있었기 때문에 연락해 본 것인데, 이번 연변 학술대회 때는 출·입국 모두 독자적으로 수속하여 군대를 제대하는 아들 및 제자 한두 명과 더불어 학술대회가 끝난 후 흑룡강성 쪽을 둘러볼 생각이라는 것이었다.

8 (월) 흐림

감수 작업을 계속하여 381쪽까지 나아갔다.

9 (화) 흐리다가 저녁부터 비

종일 감수 작업을 하여 394쪽까지 나아갔다.

10 (수) 오전까지 비 오다가 오후에 개임

『孤臺日錄』 중 단국대학교 사학과 신병주 교수의 번역분에 대한 감수를 마치고서 오전 9시 59분에 남명학연구원 사무국과 김경수 군에게 이메일로 보냈고, 이어서 마지막 순서로 국민대학교 사학과 한명기 교수의 번역분인 甲辰年(1604, 선조 37) 9월분부터 작업을 계속하여 406쪽의 분량까지 나아갔다.

11 (목) 맑음

종일 작업했지만, 감수 작업은 408쪽까지 밖에 나아가지 못했다. 번역을 분담한 대학교수들의 한문 실력이 믿기지 않을 정도로 부족해서 감수자인 내가 관계문헌들을 뒤져가며 사실상 다시 번역하는 수준이기 때문인데, 지금 검토하고 있는 韓明基 씨는 그런대로 다른 사람들보다는 나은 편이다.

12 (금) 흐림

종일 작업하여 417쪽까지 나아갔다. 한명기 씨의 한문 실력도 앞부분을 번역한 네 사람과 별로 다름이 없는 듯하다. 내가 京都대학에 유학하고 있었을 때 거기서는 전공분야의 학문적 능력에 대한 평가에서 한문의 정확한 독해력을 가장 강조하고 있었으며, 학위논문에서 원문을 잘못 이해한 사례가 드러나면 불합격의 중요 요인이 되는 것으로 알고 있다. 그런데 이 다섯 명의 학자는 모두 박사일 뿐 아니라, 학계에 그런대로 이름이 알려져 있고, 각자 여러 권의 저서를 출판하기도 하였는데, 한문 실력이 이 정도라고 하는 것은 역시 한글전용 정책의 소산이라고 보아야 할까?

본교 연구지원실로부터 전화가 걸려와, 내가 노래방에서 지불한 5만 원은 연구비 집행 규칙에 어긋나니 도로 입금해 달라고 요구하므로, 그렇게 했다.

15 (월) 맑음

종일 작업하여 425쪽까지 나아갔다.

16 (화) 맑음

종일 작업하여 429쪽까지 나아갔다.

구내서점을 통해 주문해 둔 남명학연구원장 李成茂 박사의 최신 저서 『조선시대사상사연구 1·2』(파주, 지식산업사, 2009)가 배달되었으므로 그 내용을 훑어보았고, 특히 1권에 실린 「남명 조식의 생애와 사상」을 대충 훑어보았다. 이 글은 이 씨가 남명에 대해 쓴 유일한 논문으로서, 2001년도에 남명학회가 개최한 학술회의의 발표논문집 『남명 조식선생의 생애와 사상』에 처음 실린 이후 몇 차례 가필 전재되어 왔다. 제목 그대로 남명의 생애와 사상 전반에 대해 서술한 것으로서 계몽적인 내용이다. 그 외에 이 씨는 2006년 남명학회 춘계학술회의에서 「조선선비와 남명정신」이란 제목의 발표를 한 적이 있다.

17 (수) 맑음

종일 작업하여 439쪽까지 나아갔다.

18 (목) 맑음

감수는 446쪽까지 나아갔다.

오후 7시에 평거동 LG마트 주차장 옆에 있는 한바다횟집에서 남명학연구원의 조구호 사무국장 및 이전에 다년간 같은 사무국장의 직을 맡은 바 있었던 김경수 군과 어울려 민물장어를 썬 하모회를 안주로 회식하였다. 내가 『고대일록』 감수 일로 수고하고 있으므로 감사하는 뜻으로 연구원 측이 두 번째로 이런 자리를 마련한 것이다. 거기서 조 국장으로부터 들은 바에 의하면, 이 문헌의 번역에는 200자 원고지 1매 당 8,500원씩의 고료를 지불하였고, 원고가 다 된 후 이미 경북에 사는 竹牖 吳澐의 후손 되는 어느 교수로부터 한 차례 교정을 받은 적도 있다는 것이었다. 같은 평거동의 옛날 김경수 군이 남명학연구원 사무국장을 맡고 있었던 시절 자주 들렀던 카페 '산책' 근처의 어느 술집에 들러 맥주로 2차를 하고서 헤어졌다.

19 (금) 맑음

종일 작업하여 446쪽까지 나아갔다.

오후 1시 30분에 소회의실에서 2009학년도 제8차 인문대학 교학위원회 및 인사위원회가 열렸다. 교학위원회에서는 학생 5명의 재입학 허가 심의를 다루었고, 인사위원회에서는 교수 2명의 승진 심사와 금년 8월로 정년퇴임하는 국문과 신경득 교수의 후임 선발에 관한 문제를 다루었다. 국문과에서 이번에 전임을 모집하는 분야는 현대소설론인데, 무려 24명이 지원하였다. 그 중에서 국문과 측이 세미나 참가 대상자로서 예비 선발한 사람은 3명인데, 서울대 국문과 출신자가 2명, 그리고 본교 국문과 출신인 남명학연구원 사무국장 曺丘鎬 박사였다. 서울대 출신자는 각각 진주 혹은 합천 출신이었고, 1973년 이후에 출생한 자로서 비교적 젊었으며, 조 박사는 그 중 가장 나이가 많고 종합평점도 낮았다.

21 (일) 대체로 맑음

유교학회로부터 7월 하순에 중국 연변대학에서 열릴 "儒釋道與東亞文化" 國際學術會議 日程按排表와 한국어 안내문이 첨부된 이메일을 받았다. 학술회의의 상세 일정이 담긴 전자에 의하면 나는 네 개로 나눠진 小組 중 제1소조에 속하여 「日本帝國主義時期的德川書院」이라는 제목으로 발표하는 것으로 되어 있다.

22 (월) 많은 비 내린 후 저녁 무렵 그침

종일 작업하여 464쪽까지 나아갔다.

한국유교학회 김현수 씨의 우리은행 구좌로 중국여행 경비 총 60만원을 송금하였다. 그 중 항공료가 355,500원을 차지하는 모양이다.

23 (화) 맑음

종일 작업하여 481쪽까지 나아갔다.

24 (수) 맑음

종일 작업했지만 486쪽까지 밖에 나가지 못했다. 5명 모두의 번역이 실로 엉망이어서 이런 상태로는 도무지 출판할 수 없다고 판단되므로, 사실상 내가 거의 전체를 새로 번역하는 셈이다. 번역자들에 비해서 보수는 훨씬 적고, 연구실적에도 포함되지 않으며, 학진 연구비를 받아 수행하는 과제나 중국에서의 발표문을 준비할 시간에도 지장을 주고 있으므로, 나로서는 손해막심인 셈이다. 그러나 이 문헌은 내가 발굴한 것이며, 남명학 등의 연구에 실로 귀중한 자료이기 때문에 이해관계를 따지지 않고서 최선을 다하기로 작정한 것이다.

유교학회 측의 성균관대 최영진 교수와 성대 유교문화연구소의 김현수 씨로부터 중국여행일정을 통보받았고, 한국동양철학회의 이동희 회장으로부터는 연변대 방호범 교수가 보낸 학술대회 초청장을 등기속달로 전달해 받았다. 출국은 7월 23일 09시 40분 인천에서 아시아나항공 303편으로 떠나 2시간 15분이 소요되어 10시 55분에 長春에 도착할 예정이고, 입국은 7월 29일 12시 아시아나항공 304편으로 장춘을 출발하여 2시간 5분이 소요되어 15시 5분 인천에 도착하는 것으로 되어 있다. 당초 언급되었던 瀋陽에는 성수기의 항공편 요금이 많이 인상된 관계로 가지 않을 것이라고 한다.

25 (목) 맑음

492쪽까지 나아갔다. 『고대일록』 정묘년(1607, 선조 40) 2월 9일의 기록에서도 내암 정인홍의 귀양지는 定遠(定州의 별칭)임을 확인했다.

조교에게 지시하여 여권을 포함한 중국단수비자 신청서류들을 성균관대학교 유교문화연구소의 김현수 씨에게 등기우송하게 하고, 7월 하순 중국에서의 국제학술회의 관계 문건들 파일과 초청장을 전달하여 본교의 교수 학술활동 경비 40만 원을 신청하며, 모자라는 부분 20만 원은 학진 연구비에서 지출할 수 있도록 알아보게 했다.

26 (금) 맑음

종일 작업했지만 498쪽까지 밖에 나아가지 못했다.

29 (월) 비

내가 작성하다 중단해 둔지 오래인 「일제시기의 덕천서원」 파일을 모처럼 다시 검토해 보았더니, 원고지 75.4장 A4용지 8쪽의 분량이었다. 전체 논문의 절반 정도에 해당하는 분량이지만, 대체로 중국에서 열리는 국제학술회의에서 요구하는 분량과 일치하며, 또한 내용상으로도 재건된 덕천서원의 배향 문제와 덕산비 사건에 대해서는 어느 정도 매듭지어진 것이므로 그대로 학술회의에 제출하기로 마음먹고, 그 내용을 축약하여 요지를 만든 다음, 키워드를 뽑고 요지를 중국어로 번역하는 작업에 들어갔다.

30 (화) 비

오전 중에 논문 요지를 중국어로 번역하는 작업을 마쳤고, 철학과 강사 유재한 군의 도움을 받아 한글 파일을 중국 연변대학의 학술회의 집행부 측이 요구하는 MS워드 파일로 전환할 경우에 발생하는 문장부호 '『』' '「」'가 깨지는 문제를 일단 해결했다. 그러나 이 부호들 앞뒤로 간격이 너무 벌어지고, 사이점이 보이지 않는가 하면, 각주 번호의 괄호가 아래로 쳐지는 등의 문제는 아직 해결하지 못했다. 현재까지 작성되어져 있는 논문 전체를 다시 한 번 읽어보고서, 그것을 중국에서 발표할 때 허용될 시간인 10~15분에 맞추어 A4용지 두 장 분량으로 줄여 두었다. 번역한 요지는 중문과의 韓相德 교수 및 중국인 魏韶華 교수에게 이메일로 보내어 검토 수정해 줄 것과 번체자로 입력한 것을 중국에서 현재 사용하고 있는 簡化字로 고쳐줄 것을 아울러 당부해 두었다. 한 교수는 본교 중문과에서 학부 및 석사 코스를 마치고서 중국 武漢大學 중문과에 유학하여 박사학위를 취득했고, 魏 교수는 蘭州大學 중문과에서 학부와 석사를 마치고서 상해 復旦大學 중문과에서 박사학위를 취득했으며, 둘다 현대문학을 전공한다.

7월

1 (수) 오전 중 비 오다가 개임

중국에서의 발표문 작성 중 내가 할 수 있는 부분은 일단 마쳤으므로, 다시 『고대일록』의 감수 작업에 착수하였다. 종일 계속했지만 503쪽까지 밖에 나아가지 못했다.

2 (목) 맑았다가 오후에 빗방울

중문과의 한상덕 교수로부터 내가 보낸 요지의 중국어 번역문을 고쳐서 簡化字로 입력한 다음 중국인 魏韶華 씨로부터 다시 한 번 교정을 받은 것이 보내져 왔으므로, 내가 다시 군데군데 내 뜻과 다른 부분에 대해 다소 수정을 가해 완성했다.

구자익 군에게 한국어로 된 발표논문을 보내어 훈글 파일을 MS워드로 전환하는 과정에서 발생하는 문제점들에 대한 해결을 부탁해 두었더니, 정오 무렵에 수정된 파일이 부쳐져 왔다. 오후 1시 41분에 한국동양철학회장과 연변대학 측으로 발표 논문과 그 요지 파일을 이메일로 부쳤는데, 웬일인지 요지만 가고 본문은 보내지지 않았으므로, 본문에 대해 다시 한 차례 수정을 가한 다음 오후 2시 41분에 최종적으로 한국동양철학회장 이동희 교수에게로 부쳤다.

『고대일록』의 감수 작업을 계속하여 507쪽까지 나아갔다.

3 (금) 대체로 맑음

518쪽까지 나아갔다.

4 (토) 맑으나 밤에 비

어제부로 발행된 교무과의 내 공무국외여행 허가 통보를 조교가 이메일로 보내 주었다.

6 (월) 맑음

『고대일록』 번역본 최종고에 대한 감수를 끝내고서, 오후 3시 25분에 '한명기 교수 번역분'이라는 제목으로 남명학연구원과 김경수 군에게 이메일로 보냈다. 말미의 인명록은 전체를 읽지 않고 건성으로 훑어보고서 약간의 교정 의견을 덧붙였을 뿐인데, 그것 외에 따로 『고대일록』 속에 字로 언급된 인물들에 대해서는 名과 대조하는 표를 첨가하는 것이 좋겠다는 내 의견을 적어 번역자 전원에게 전달해 달라고 했다. 역문 부분의 원고는 A4용지 525쪽, 머리말 등 부록을 포함하면 총 562쪽, 원고지로는 3,739.4장의 분량이었다.

7 (화) 기록적인 豪雨

한국동양철학회장 이동희 교수로부터 중국 학술회의 3차 안내 관련 이메일이 왔는데, 내가 지난주에 보낸 원고들은 아직 중국으로 발송하지 않았고, 13일까지 기다렸다가 다른 사람들의 것과 함께 보낼 것이라는 내용이 들어 있었다. 중국 측의 원고 최종 수납은 7월 15일까지로 되어 있으므로, 그 무렵까지 계속 기다려볼 셈인 것이다. 그래서 오늘 출근 직후에 내 논문과 그 요지 파일들은 내가 직접 중국 측 사무처로 보냈고, 당일의 허용된 발표시간에 맞추어 요약된 발표문도 한 부 출력해 두었다. 오전 8시 46분에 국제학술회의 사무처로부터 중국어로 된 자동회답 메시지가 왔고, 오전 10시 20분에도 무슨 간단한 내용을 담은 이메일이 왔으나 후자는 글자가 깨어져 읽을 수가 없었다.

오전 중에 「일제시기의 덕천서원」 제1절을 다시 한 번 정독하였다.

8 (수) 흐림

구내서점을 통해 주문해 둔 사단법인 남명학연구원 이사장 崔文錫 著, 『崔文錫의 수필—쓰면서 비우고 읽으면서 담는다—』(정은출판, 2009)가 배달되어져 왔기에 거기에 실린 작고한 나의 친척 자형에 관한 글 「김토근 선생님」을 읽어보았다.

9 (목) 흐림

오전 중 구자익 군과 조교에게 부탁하여 중국 연변대학 측이 보내 온 학술회의 이후의 현지 여행사가 주관하는 일정표들이 열리지 않는 문제를 해결하였다. 유교학회 측의 성균관대학 최영진 교수로부터도 내가 부탁했던 파일들이 열 수 있는 압축파일 상태로 보내져 왔다. 나와 최 교수는 백두산 관광을 하지 않겠다고 중국 측에 통보했다는 언급이 있었다.

조교를 통해 본교 연구지원실로 문의하여 학술회의 참가를 위해 공무 국외여행을 할 경우 학진 연구비를 집행하는 방법에 대해 알아 두었다.

오늘 입수된 『남명학연구』 제27집(경상대학교 남명학연구소, 2009.6) 가운데서 경북대 한문학과 黃渭周 교수의 논문 「華軒과 秋帆의 〈天嶺樂府〉」 가운데서 추범 權道溶(1877~1963)의 생애에 관한 부분을 두 번 읽었다.

10 (금) 맑음

중국의 여행사 및 대회준비위원회 측에 7월 26일의 백두산 여행과 27일의 圖們·防川 여행에 참가하겠다는 回執單을 이메일 첨부파일로 보냈다.

14 (수) 개임, 初伏

오후에는 학진의 2009년 기초연구과제지원사업(인문사회분야, 단독과제)의 연구계획서 입력을 시작했다. 별로 내키지는 않는 일이지만, 안내 이메일이 왔으니 또 한 번 시도해 보는 것이다. 내일이 마감이라 시간이 촉박하므로, 작년 것을 참조하여 수정하는 방식으로 하고 있다. 연구주제는 「『德川師友淵源錄』의 성립」으로 정했다.

15 (水) 부슬비

중국 학술대회 참가 경비로서 7월 9일자로 본교로부터 40만 원의 지원금이 내 구좌로 입금되었고, 연구지원과로부터는 7월 13일자로 1,265,434원이 2008년도 나의 학진 연구비로부터 역시 내 은행 구좌에 계좌이체되었다. 그러므로 이번 여행에 소요되는 경비는 모두 공금으로 지출하는 셈이다.

어제에 이어 2009년도 학진 기초연구과제 연구계획서 및 온라인 입력내용을 작성하여 마감 10분 전인 5시 50분경 학진 홈페이지에 탑재하였다. 시간이 없어 작년에 작성했던 것을 참조하여 그대로 사용할 수 있는 것은 복사해 와서 수정하여 쓰고, 그렇지 못한 부분만 새로 작성하였다.

성균관대의 김현수 씨와 최영진 교수로부터 중국 여행의 상세일정과 유의사항 등이 이메일로 보내져 왔다.

16 (목) 오전까지 폭우 후 오후는 흐림

어제 사단법인 남명학연구원의 조구호 사무국장으로부터 전화가 걸려와, 금년 10월 23일 오후 1시부터 서울 새문안교회 부근의 역사박물관에서 개최되는 『고대일록』 번역본 출판을 기념하는 학술회의에 기조발표를 맡아달라고 청탁했지만, 학진 과제 때문에 시간적 여유가 없다고 사절하면서 토론이나 종합토론의 사회 정도라면 준비에 많은 시간이 들지 않으므로 맡을 수 있겠다고 여운을 둔 바 있었다. 오늘 조 국장이 다시 전화를 걸어와 종합토론의 좌장을 맡아달라고 하므로 수락하였다.

17 (금) 오전에 부슬비 내린 후 흐림

다음 학기 대학원의 중국고대철학연습에서는 『荀子』를 읽으려 하는데, 인터넷을 통해 한국에서 출판된 그 번역서들에 대해 미리 조사해 두었다.

학진의 온라인 입력내용을 검토해 보노라니, 그 끝 란의 연구비신청서란에 B형인 정액연구과제는 700만 원 전액이 연구수당으로 되어 있었다. 본교 연구지원실의 학진 연구비 담당자인 이선 씨에게 전화를 걸어, 나도 원래 그런 줄 알고서 정액연구비를 신청하였고, 학진의 서류에도 그렇게 되어 있는데, 왜 까다롭게 사용처를 체크하느냐고 물어보았다. 얼마 후 이 씨가 조사해 보고서 내게로 전화를 걸어 왔는데, 그녀의 말에 의하면 작년의 경우에는 정액연구비 전체가 연구활동비로 되어 있었다가 금년에 이름만 조금 바뀌었다면서, 그럼에도 불구하고 교육부의 감사 때는 다른 일반 연구비와 다름없이 취급하므로 자기들도 어쩔 수 없다는 것이었다. 뒤에 신청요강을 다시 읽어보니, 정액연구비는 "연구비 정산 관련 증빙서류(영수증 등)를 신청기관 연구비 중앙관리부서에서 보관하시되, 재단에는 별도 보고하지 않으셔도 무방합니다. 다만 재단의 별도 요구가 있을 경우에는 해당 기관 연구비 중앙관리부서에서 보관 중인 증빙서류를 제출하시거나 열람할 수 있도록 조치하셔야 합니다."라고 되어 있었다.

정액연구비는 매달 내 구좌로 25만 원씩 입금되는 연구활동비(총 300만 원) 외에 법인카드로써 지출하는 직접성경비(400만 원)와 연구지원과에서 가져가는 간접성경비(154만 원)로 구분되는데, 직접성경비의 경우에는 지난 7월 13일에 중국 여비로 1,265,434원이 한꺼번에 입금됨으로 말미암아, 아직 제출하지 않은 카드 사용 영수증 384,000원을 합하여 계산하면 이미 31,634원이 초과 지출되었음을 확인하였다.

2008년도 학진 연구비 지원 논문 「일제시기의 덕천서원」 중 이미 입력된 부분에 대한 검토를 마쳤다. 2009년도에는 작년에 발표된 논문 「대북정권 시기의 鄭仁弘」을 가지고 학진의 우수논문사후지원을 신청해 볼 수도 있었지만, 경황이 없어 그렇게 하지 못했다.

20 (월) 맑음

조교를 통해 그동안에 사용해 온 학진 연구비 직접성경비 지출용 법인카드를 법인카드 영수증과 함께 본부 연구지원과로 반납하였다. 이미 직접성 경비의 지출이 배정된 예산을 초과하였기 때문이다.

21 (화) 부슬비

모처럼 「일제시기의 덕천서원」 입력을 다시 시작하여 81.3장까지 나아갔다. 제2절은 거의 마친 셈이다.

본부 연구지원과(연구산학협력본부)로부터 전화가 걸려왔는데, 내가 반납한 법인카드의 사용가능 금액이 아직 183,366원 남아 있다면서 도로 받아가서 쓰라는 것이었다. 내가 이번에 제출한 영수증들 가운데는 연구지원과를 통해 이미 결제된 것이 있었던 모양이다.

23 (목) 맑음

인천국제공항으로 출발하였다. 오전 7시 50분 무렵에 L카운터 앞에서 성균관대학교 한국철학전공의 최영진 교수 및 그 제자 다섯 명과 합류하여 체크인 한 후, 9시 40분발 長春 행 아시아나항공 303편을 타고서 중국으로 향하였다.

24 (금) 흐리고 때때로 부슬비

오전 5시 50분 남짓 되어 연변조선족자치주의 중심이자 길림성에서 세 번째로 큰 도시인 延吉市에 도착하였다. 연길 역을 나서니 연변대학 인문사회과학학원 부원장인 方浩範 교수 등이 마중을 나와 있었다. 부슬비 내리는 가운데 방 교수의 중국제 Buick 승용차를 타고서 우리들의 숙소인 연길시 公園路 62號의 延邊民航大廈 翔宇大飯店에 도착하였다. 연길에는 두 번째로 와 보는데, 그새 몰라볼 정도로 깨끗해지고 현대도시의 면모를 갖추고 있었다. 나는 서울대 철학과 후배인 김해 仁濟대학교 인간환경미래연구원의 金永友 조교수와 같은 방인 511호실을 배정받았다.

오후 6시부터 호텔 4층에서 연변대학 측이 개교 60주년 기념 국제학술대회에 참가한 학자들을 위해 베푸는 환영 만찬이 있었다. 연변대학 사회과학기초부의 李紅軍 박사, 이번 학술회의를 주관하는 연변대학 인문사회과학학원 동방철학연구소 소장인 金哲洙 박사 등과 처음 인사를 나누었다.

만찬이 끝난 다음, 나는 한국동양철학회장인 계명대의 이동희, 부회장인 연세대 이광호, 유교학회장인 성균관대 최영진, 동양철학 전문출판사인 예문서원의 사장이기도 한 계명대 홍원식 교수와 더불어 연변대 김철수 교수를 따라 호텔에서 차도 건너편인 公園路 58번지의 羅京飯店이라는 호텔 빌딩 3층의 평양장수관으로 가서 2차를 하였다. 곳곳에 북한 국기가 보이고 북한에서 특수 훈련을 받고서 파견되어 와 집단생활을 하면서 2년 정도씩 근무하다 돌아간다는 복무원 아가씨들이 술을 따라주고 노래도 부르며 악기도 연주하였다. 아가씨들은 '아침 이슬' '감격시대' 등 한국 노래도 곧잘 불렀다. 연길시에는 이처럼 북한 측이 경영하는 식당 겸 술집이 세 곳 있다고 한다. 얼마 후 이번 학술대회의 준비를 총괄하는 연변대학의 方浩範 교수와 상해 復旦대학에서 일본과의 비교철학 연구로 박사학위를 받았다는 人文學院 여교수 潘暢和 씨도 와서 합석하였다.

25 (토) 대체로 맑음

조식을 마친 후 같은 방을 쓰는 김영우 교수와 함께 근처에 있는 연변대학 구내를 산책하였다. 중국 내의 유일한 조선족 고등교육기관인 연변대학은 2007년부터 서쪽에 새 캠퍼스를 건설하기 시작하여 현재의 배 정도 되는 규모로 확장하는 공사를 진행 중인데, 올해인 2009년까지 완공할 계획인 모양이다. 종합대학인 연변대학은 최근에 연길시의 기타 고등교육기관들을 흡수 통합하여 중국 정부가 선정하는 100대 대학에 들어가게 되었다고 한다. 그러므로 개교 60주년을 맞은 지금은 이 대학의 역사에 있어서 큰 전환기인 셈이며, 철학을 주제로 한 대규모의 국제학술회의를 개최한 것도 이번이 처음이라고 한다. 중국에는 현재 2,000개 정도의 대학이 있는 모양이다.

일단 호텔로 돌아왔다가 곧 다시 연변대학으로 이동하여 오늘 하루 동안에 거행되는 '儒釋道與東亞文化' 국제학술회의에 참석하였다. 먼저 대학본부에 해당하는 綜合樓 앞 계단에서 기념촬영을 한 후, 오전 9시 20분부터 본관 꼭대기인 7층 세미나실에서 열린 대회개막식에 참석하였다. 반창화 씨의 사회로 姜龍範 인문사회과학학원 원장이 개회사를 하고, 연변대학 부교장 朴永浩 씨가 환영사를 한 다음, 중국대표인 北京대학의 劉金才, 한국대표인 연세대학교 이광호, 臺灣 대표인 대만 高雄市 義守大學 方俊吉, 일본대표인 金澤大學의 李慶 교수가 각각 축사를 하였다.

이어서 오전 10시부터 12시까지 나와는 구면인 陝西師範大學 劉學智 교수의 사회로 대회 주제발언을 하였는데, 四川대학의 黃玉順, 한국 계명대학의 李東熙, 인민대학의 張踐, 한국 성균관대학의 최영진, 연변대학의 방호범 교수가 각각 준비한 논문을 발표하였다.

12시부터 오후 1시 30분까지 상우반점 2층 식당에서 점심을 들었다. 나는 구면인 中國人民大學의 葛榮晋, 섬서사범대학의 劉學智 교수와 오랜만에 만나 서로 반갑게 인사를 나누었고, 국제남명학연구소의 중요 멤버인 섬서사범대학의 林樂昌 교수와도 합석하여 인사를 나누었다. 劉學智 교수로부터 내가 과거에 조사해 보았으나 결국 찾지 못했던 明代의 朱子 본적지 출신 학자인 林隱 程復心의 '四書章圖'가 『四書輯釋』이라는 제목으로 영인출판 되어져 있다는 소식을 듣고서 한 부 복사하여 보내줄 것을 부탁하였다.

오후 1시 30분부터 5시까지는 다섯 개의 조로 나뉘어 상우반점 4층 회의실에서 분조 발표를 하였다. 나는 제4조에 속하였는데, 연길에서 태어나 연변대학을 졸업하고서 지금은 남편과 더불어 大連大學 교수로 근무하고 있는 韓英 씨의 사회로 오후 3시 10분까지 이어진 제4조의 제1차 회의에서는 대련대학의 한영, 한국 계명대학의 홍원식, 중국석유대학 산동 캠퍼스의 張榮華, 한국 청주대학의 宋在國, 山東사회과학원의 李軍 교수가 발표를 하였다. 10분 동안 휴식을 취한 다음 속개된 제2차 회의에서는 나와 산동사회과학원의 張進, 한국 인제대학의 김영우, 北京대학 외국어학원 日本語言文化系의 劉金才, 深圳대학 국학연구소의 王立新 교수가 각각 발표를 하였다. 같은 조에 속한 山東사회과학원의 두 교수로부터 나와는 예전에 山東省 鄒城에서 열린 韓中국제학술회의 때 만나 이후 약간의 교류가 있었던 劉宗賢 교수 내외가 이미 정년퇴직하여 현재는 자식이 있는 미국으로 가 있으며, 조만간에 귀국하면 앞으로는 주로 北京에서 살게 될 것이라는 소식을 들었다.

분조발표가 끝난 다음, 오후 5시 10분부터 50분까지 상우반점 5층 대회의실에서 종합토론과 폐회식이 있었다. 김철수 연변대학 동방철학연구소장의 사회로 각조의 조장들이 단상에 나가 분조 회의의 내용을 소개하였고, 시간 관계로 토론은 생략하고서, 중국인민대학 교수이며, 중국실학회 회장인 葛榮晋 교수가 폐회사를 하였다.

오후 6시부터 상우반점 2층 레스토랑에서 폐막 만찬이 있었다. 나는 劉學智 교수 및 중국인민대학의 向世陵 교수와 합석하였다.

31 (목) 맑음

지식을만드는지식으로부터 2009년 1월 이후의 『남명집』 인세가 입금되어져 왔다. 초판 300부 외의 순출고 분 46권에 대한 인세 55,200원 가운데서 소득세와 주민세를 차감한 53,390원이었다.

8월

2 (일) 흐림

중문과의 한상덕 교수가 중국 인민대학의 葛榮晋 교수로부터 온 이메일과 백두산에서 천지를 배경으로 나와 함께 찍은 사진 두 장을 전달해 주었다. 그러므로 한 교수에게는 魏韶華 교수가 아직 중국으로 돌아가지 않았으면 다음 주 화요일쯤에 함께 점심을 들고서 내 농장을 둘러보고 돌아오자는 뜻을 전했고, 葛 교수에게는 감사의 뜻을 표하는 이메일 답장을 썼다.

3 (월) 흐림

葛榮晋 교수로부터 회답 메일이 왔는데, 갈 교수 글과 내 글 모두 중간의 많은 글자들이 빠져서 제대로 읽을 수가 없었다. 다만 금년 10월 30일부터 31일까지 학술 모임에 참가하기 위해 한국에 온다는 정도의 뜻으로 짐작할 수밖에 없었다.

『대동철학』 제47집(대동철학회, 2009.6)에 실린 울산대 손영식 교수의 논문 「性理學과 心氣學—신유학에서 리 개념의 연구—」를 읽었다.

4 (화) 맑음

손영식 교수의 논문을 마저 읽은 다음, 역시 서울대 철학과 후배인 趙南浩 교수의 이에 대한 토론 논문 「지각설, 경험론 그리고 철학사—〈성리학과 심기학〉에 대한 논평」도 읽었다. 서울대 철학과 정원재 교수가 지금까지 발표한 논문은 그의 박사학위논문인 「지각설에 입각한 李珥 철학의 해석」 외에는 나의 검토를 거쳐 발표된 남명에 관한 것이 한 편 있을 따름인데, 이 학위논문은 율곡을 주자학 계열의 성리학자가 아니라 주자가 비판했던 湖湘學 계열의 학자로 규정하고 있기 때문에 학계에 큰 논란을 불러 일으켰다. 지금까지 정 씨의 논문을 적극적으로 옹호한 사람은 같은 광주일고 출신인 손영식 씨 한 사람이 있을 따름인데, 이번 논문을 통해 정 씨의 설이 사실상 손 씨에게서 유래한 것임이 더욱 분명해졌다. 조남호 씨는 일찍이 손 씨와 더불어 남명 철학에 관한 단행본을 공저로 출판한 적도 있었으나, 2004년 4월 17일자 ≪교수신문≫에 '율곡 철학, 〈주리론〉의 틀에서 이해되어야 한다'라는 글을 발표하여 정원재·손영식 설을 분명하게 비판하는 입장을 표명하였고, 2009년 5월 22일 대진대학교에서 개최된 대동철학회 춘계학술대회에서 두 사람은 각각

이 논문들을 발표하여 다시 한 번 이론적 대결 자세를 천명한 것이다. 손 씨는 이 논문에서 신유학의 학파는 맹자의 성선설을 계승한 정호·정이·주희·이황 계열의 심리기학과 육구연·왕수인·조식 계열의 심리학이 있고, 순자의 성악설을 계승한 것이 장재·호남(상)학·나흠순·이이 계열의 심기학이라고 하여 크게 세 학파로 분류하고서 모든 주장을 이 틀에 끼워 맞추고 있다.

5 (수) 맑음

논문 작업을 계속하여 84쪽까지 나아갔다.

사단법인 남명학연구원이 『고대일록』에 대한 나의 '교감' 보수로 200만 원을 입금해 왔다. 이 금액은 다섯 명 번역자의 원고료에 비하면 실로 미미한 것이다. 그러나 나로서는 돈보다도 연구원 측이 조구호 사무국장을 통해 내게 '감수'를 위촉해 두고서 이제 와서는 주로 '교감'이라는 용어를 사용하고 있는 점이 마음에 걸린다.

6 (목) 오전에 부슬비

정원재 씨의 서울대 철학박사 학위논문을 읽기 시작하였다. 나와 정 씨의 개인적 관계는 좋았지만, 그가 너무나 엉뚱한 내용의 학위논문을 써 학계에 물의를 일으킨 것을 보고서 그를 비판하는 입장을 취해 왔었다. 막상 그 논문을 읽어보니 자료의 섭렵도 충분하고 생각했던 것보다는 훌륭한 내용이었다. 현재 한국 동양철학계에는 퇴계가 주자학자가 아니고 주자학과 양명학에 대칭되는 독특한 한국적 심학을 수립했다고 주장하는 사람들이 있는데, 이제 정원재·손영식은 율곡 역시 주자학과 양명학에 대립되는 지각론을 중심으로 하는 새로운 이론 체계를 완성하여 '율곡학'을 정립했다고 주장하고 있다. 그러니 퇴계·율곡의 출현 이후 그 학파가 주도해 온 조선 유학계에 주자학자는 한 사람도 없었던 셈이 된다. 그러나 나로서는 이미 너무나도 잘 알려진 주제를 가지고서 자료를 자신이 가지고 있는 이론적 틀에 맞추어 주관적으로 해석해 이처럼 세상을 놀라게 하는 결론을 이끌어 내기보다는 아무도 다루지 않은 미개척의 분야를 찾아 거기에 승부를 걸겠다.

7 (금) 많은 비

논문 작업을 계속하여 86.2장까지 나아갔다.

며칠 전에 울산의 ≪경상일보≫ 문화사업국장인 정명숙 씨가 전화를 걸어와 남명에 관한 강사로 누구를 위촉했으면 좋겠느냐고 묻기에, 경북대 국문과의 정우락 교수를 추천한 바 있었다. 그런데 오늘 다시 몇 차례 전화를 걸어오고 이메일로도 연락해 와, 정 교수는 지금 많이 편찮아서 병원에 입원 중이니 거리가 멀더라도 내가 좀 맡아 달라는 것이었다. 지난 5~7월에 10강좌로 인문학 특강—동양고전을 했었는데, 기대 이상으로 반응이 좋아서 다시 2차로 한국고전을 하려는 것이며, 강의 일정은 10월 15일이고, 강사료는 30만 원이라는 것이었다. 그러나 나로서는 거리가 멀기도 하지만 대중을 상대로 하는 강의에는 별로 경험도 없어 경북대 사학과의 설석규 교수를 새로 추천했다. 그랬더니 설 교수도 과거에 이미 접촉해 보았는데, 역시 남명학의 본거지인 진주에서 해야 한다는 의견을 피력했었다면서 내가 좀 맡아 달라는 것이었다. 그러나 설 교수에게 내가 추천하더라고 하여 다시 청해 보라고 말하고서 통화를 마쳤다.

정우락 교수는 지난번에 내게 보내준 그의 저서 『남명학파의 문학적 상상력』(서울, 도서출판 역락, 2009)의 서문 끝머리에서 간 기능에 문제가 생겨 극도의 피로감을 느끼므로 술을 끊고서 간기능 개선제를 투여하고 있는데, 서문을 쓰는 3월 현재에는 다시 예전의 상태를 거의 회복했으므로 "약은 끊었고 성성주는 곧 재개할 생각이다."라고 적었으나, 그 병이 재발한 모양이다. 과연 다시 회복할 수 있을지 염려스럽다.

10 (월) 맑음

점심 때 강남동 동성상가아파트 2층의 삼성패밀리뷔페레스토랑에서 우리 가족 전원 및 장모와 황 서방 내외가 함께 모여 식사를 하였다. 식사비 66,000원을 내 법인카드로 결제하였는데, 이제 학진 연구비의 남은 액수는 59,066원 뿐이다.

연구실로 돌아와 논문 작업을 계속하였다.

11 (화) 종일 많은 비

어제에 이어 과거 白雲精舍에서 내가 발견한 1928년에 필사된『見聞雜錄』의 독서카드를 읽으며, 특히 백운정사에 관해 내가 기왕에 발표한 내용과 대조해 보았다.

점심 때 김병택 교수와 더불어 풀코스를 역방향으로 걸었다. 그와 대화를 나누며, 내가 퇴직하기 1년 전부터 외송에다 2층으로 된 가칭 '圓徹學舍'를 세워, 그 2층은 내 서재·서고 및 우리 부부의 침실, 1층은 거실을 중심으로 부엌 화장실 침실을 넣어, 학자들에게 공개할 계획에 대해 상의해 보았다. 우리 내외가 장차 정년퇴직해 그리로 이주하게 되면, 부산과 진주에 있는 집은 세를 놓을 생각이다. 圓徹은 대학생 시절에 지금은 작고한 통도사 鏡峰스님으로부터 받은 내 法名인데, 그 중 圓자는 일본에 있는 아들 '世圓'의 이름에 붙였고, 徹자는 미국 조카 동환이의 장차 태어날 아들 '奎徹'에게 붙였다. 나는 이 법명을 장차 雅號로 사용할 생각이다.

12 (수) 많은 비

논문의 제2절을 일단 마치고서 제3절로 들어갔는데, 87.3장의 분량이 되었다.

14 (금) 맑고 무더움

독서카드의 정리를 마치고서, 제2절의 보완 작업을 하여 90.2장까지 나아갔다.

17 (월) 맑음

논문 제3절의 입력을 계속하여 97.1장까지 나아갔다.

18 (화) 맑음

'派譜의 성립과 산해정의 중건' 입력을 계속하여 101장까지 나아갔다.

19 (수) 맑음

논문은 102.7장까지 나아갔다.

20 (목) 맑음

조규태 교수와의 이메일을 통해 그 선조인 莊湖公 曺潤孫의 서자로서 南平曺氏와 결혼한 義山은 족보에 義碩이라고 기재되어져 있고, 후손으로 이어지는 아들은 그 한 사람 밖에 없음을 확인하였다.

진주교대 도덕과의 金洛眞 교수가 전화를 걸어와, 12월 중에 진주에서 율곡학회 모임을 개최하게 되는데, 내가 율곡에 관한 논문을 하나 발표해 줄 수 없겠느냐고 물었다. 평소 율곡을 주제로 한 논문을 발표한 적은 없었으므로, 발표보다는 토론 참가가 낫겠다고 대답했다.

7월에 중국으로 공무여행을 다녀온 후, 이미 연구지원과와 본교에 각각 보고서를 제출한 바 있었는데, 이제 또 국무총리 특별지시 사항이라면서 온라인으로 행정안전부의 국외출장연수정보시스템에 접속하여 국외출장 보고사항을 등록하라는 것이다. 어제 일단 접속했다가 에러도 나고 해서 그만두고서 조교에게는 안 하겠다고 말해두었었는데, 오늘 다시 접속하여 일단 인적사항을 등록하기는 했으나, 하루가 지난 후 그 승인이 나고서야 보고서를 등록할 수 있는 모양이다.

논문은 104.2장까지 나아갔다.

21 (금) 오전에 가랑비 내린 후 개임

논문 작업은 종일 자료를 읽기만 하고 입력은 별로 진척되지 못했다.

25 (화) 맑음

덕산의 남명기념관에서 문화유산해설사로 근무하는 남명 후손 조종명 씨가 연구실로 전화를 걸어와 남명의 아들 漆原公 曺次磨에 대한 A4용지 다섯 장 정도 분량의 글을 부탁했으나, 지금 하고 있는 작업 때문에 수락하기 어렵다는 이유로 사절하였다. 오후에는 그에게 정인홍에 관한 내 논문 세 편을 이메일 첨부파일로 송부하였다.

26 (수) 맑음

점심 때 김병택 교수와 풀코스를 산책하면서 외송에 세울 圓徹學舍에 관한 계획을 상의하였다. 그의 말에 따라 금년 가을쯤에 외송 땅의 경지정리를 단행하기로 마음을 거의 정하고서, 퇴근 후 산청군 하정리에 있는 지리산중기의 굴삭기 기사 황정호 씨에게 전화를 걸어 이번 주나 다음 주 토요일 오전에 외송에서 만나 공사에 앞선 계획들을 상의하기로 했다.

27 (목) 흐리고 때때로 부슬비

연변대학 인문사회과학학원의 반창화 교수로부터 내가 우송한 책『동아시아의 사상』및 논문「일본 철학의 훈고적 전통과 사변적 전통」에 대해 감사하는 이메일과 더불어 그녀가 재작년에 발표한 논문「日本文化的發生學特點」이 첨부되어져 왔다. 그녀는 연변대학에 본부가 두어져 있는 중화일본철학회의 실무책임자인데, “문화대혁명이란 특수한 역사시대를 만나 26에 대학공부를 하고 45에 박사공부를 하였”다고 한다. 내가 보낸 논문을 부록으로 하여『동아시아의 사상』중국어판을 내 보는 것이 어떻겠느냐는 의견을 말하고, 아울러 7월의 길림성 여행을 정리한 일기 파일도 첨부해 보냈다.

아침에 내가 외송에다 장차 지하 1층 지상 2층의 ‘圓徹學舍’라는 건물을 지어 그 지하실은 서고, 2층은 나와 내 가족의 사적 공간으로 하고, 1층은 인문학 분야의 학자와 후진들에게 공개하며, 차후 외송 땅에 속한 모든 재산을 사회로 환원하여 내 사후에도 그런 목적으로 사용되게 할 생각임을 말했더니, 아내가 반대했다.

오늘 반창화 교수가 보내온 논문을 읽어보았으며, 그런 다음 내 논문 작업을 다시 계속하여 106.7장까지 나아갔다.

28 (금) 맑음

중국 섬서사범대학의 종교연구중심 도교연구소장이자 국제남명학연구소장인 劉學智 교수가 언급한 『四書輯釋』이 본교 도서관에 소장된 『續修四庫全書』 160에 수록되어 있음을 찾아내어, 그것을 대출해 와 종일 검토해 보았다. 그러나 그 중에 포함된 程復心의 『四書章圖』는 원형이 아니고 후대에 편집된 것임을 알았다. 그리고 이를 통해 『학기유편』 丁巳本의 범례 제1조에 보이는 學記圖에 관한 설명에도 오류가 있음을 확인하였다.

29 (토) 맑음

劉學智 교수에게 이메일을 보내어, 내가 그 자료를 입수했고, 章圖가 程復心의 원형이 아니라 후대에 편집된 것임을 알렸다.

31 (월) 맑음

오전 중 續修四庫全書 160에 실린 『四書輯釋』에 대한 검토를 계속했다. 남명의 『학기유편』 舊本에 실린 24개의 學記圖 중 林隱 程復心의 것은 제7 '太極圖與通書表裡', 제11 '心統性情' 중 上圖, 제19 '心'의 세 개인데, 이 책에는 그 중 제19도만 보이고, 제7은 없으며, 제11은 제목만 유사하고 전혀 다른 그림이다. 그 대신 범례에 남명 자신이 그린 것으로 되어 있는 그림들 중 제15 '忠恕', 제20 '博約', 제21 '不動心'은 이 책에 보이므로, 사실상 정복심의 『四書章圖』로부터 가져온 것은 모두 여섯 개인 셈이다.

오후에는 『조선문과방목』에 실린 南平曹氏에 대해 다시금 조사하여 그들이 급제자 3명, 급제자의 처부 혹은 외조가 9명으로서 총 12명이며,

태조 5년(1396)부터 인조 2년(1624)까지의 문과에 한정되어 있고, 그 이후는 전혀 없음을 다시 한 번 확인하였다. 이를 바탕으로 논문을 수정 보완하여 108.1장까지 나아갔다.

9월

1 (화) 맑음

이 달 19일에 창원의 풀만호텔 2층 아모리스 홀에서 있을 조덕제 씨의 차남 결혼식을 위한 주례사 초고를 작성하였다. 6.7장의 분량이었다.

2 (수) 맑음

결혼식 주례사를 퇴고하여 완성하였다. 총 8.6매가 되었다. 회옥이와 조카인 창환·동환이, 그리고 아내와 누이들에게 읽어보라고 이메일 첨부 파일로 하여 보냈다. 아내와 경자누나로부터 잘 썼다는 회답이 왔다.

오후에는 논문 작업을 계속하여 111.6장까지 나아갔다.

영문과의 안상국 교수가 복도에서 자기에게 중국어로 질문을 하는데, 무슨 말인지 모르겠다면서 어떤 중국인을 내 연구실로 데리고 왔다. 알고 보니 魏韶華 교수의 후임으로 중문과에 새로 부임한 외국인 교수로서, 같은 4층에 있는 중문과 사무실을 찾고 있는 것이었다. 물어보니 西北大學에서 왔으며 이름은 孫尙勇이라고 했다. 유학생이냐고 물어보았을 정도로 젊어보였다.

3 (목) 맑음

연변대학의 반창화 교수로부터 이메일이 왔다. 나의 책 『동아시아의 사상』을 "중국어판으로 출판하자면 번역비·출판비 같은 것들이 엄청 수요되므로 저로서는 엄두내기 힘듭니다."라고 하였다.

일반대학원 중국고대철학연습의 첫 수업을 실시하였다. 『순자』를 다루는데, 四部叢刊本을 텍스트로 채택하였다.

김병택·조규태 교수와 더불어 풀코스를 산책하였다. 경험이 많은 그들의 말로는 주례사의 서두에 자기가 주례를 맡게 된 사연과 신랑 신부에 대한 소개의 말이 들어가야 한다는 것이었으므로, 그런 내용을 추가하고 보니 11.7장의 분량이 되었다.

주례사의 내용을 보완한 다음 논문 작성을 계속하였는데, 112.7장이 되었다.

4 (금) 맑음

논문 작업을 계속하여 114장까지 나아갔다.

『선비문화』 제16호(2009·가을, 사단법인 남명학연구원)를 훑어보았다.

학진 연구비가 지출 완료되었으므로, 기업카드를 본교 연구지원과로 반납하였다. 40,934원이 초과 지출되었으므로 반납해 달라는 것이었다.

7 (월) 맑으나 더움

논문 작업을 계속하여 117.1장까지 나아갔다.

8 (화) 맑음

논문 작업을 계속하여 121.8장까지 나아갔다. 제3절 '派譜의 성립과 山海亭의 重修'를 마치고서 제4절 '孔子教 운동과 『晋陽誌』의 출판'에 들어갔다.

9 (수) 맑음

논문 작업을 계속하여 125.3장까지 나아갔다.

10 (목) 맑음

논문은 128.4장까지 나아갔다.

14 (월) 맑고 서늘함

논문은 130.2장까지 나아갔다.

15 (화) 맑음

논문은 133.1장까지 나아갔다.

16 (수) 맑고 서늘함

논문은 134.4장까지 나아갔다.

17 (목) 맑음

논문 작업을 계속하였지만, 134.7장까지 나아갔을 따름이다.

18 (금) 맑음

남명학관으로 가서 오후 1시부터 개최되는 남명학연구원과 경남발전연구원 공동 주최 2009년 학술대회 '선비정신과 공직자의 윤리' 개회식에 참석했다가 그 발표논문집을 한 부 얻어 연구실로 돌아왔다.

연구실에서 발표논문집의 내용을 훑어본 다음, 오후 4시 무렵에 다시 남명학관으로 가서 종합토론을 경청하였다. 오후 6시부터 학교 앞의 진남정에서 있은 만찬에도 참석하여, 남명학연구원장인 이성무 씨와 첫 인사를 나누었고, 구면인 최문석 이사장 및 박병련·손병욱·설석규·권인호·송준식·한명기·김학수·사재명 씨 등과 어울렸다. 오늘 사회를 맡아 본 강구율 동양대 교수와도 처음 인사를 나누었다.

21 (월) 흐리고 저녁 무렵 부슬비

지난주 금요일 남명학연구원의 학술대회 논문집 및 남명학연구원이 엮은 남명학연구총서 3『덕계 오건과 수우당 최영경』(서울, 예문서원, 2009)의 내용을 훑어보고서, 거기에 보이는 새 자료들을「남명학관계기간문헌목록」에다 추가하였다.

22 (화) 맑음

논문은 136.3장까지 나아갔다.

23 (수) 비 오다가 오후에 갬

논문은 138.4장까지 나아갔다.

24 (목) 맑음

논문 작업을 계속하여 원고지 142.5매의 분량까지 나아갔다. 이미 원고 분량이 논문 한 편에 해당하는 150매에 육박하므로, 제3절에서 함께 다룰 예정이었던 『晋陽誌』의 출판 문제는 제외해야 할 듯하다.

25 (금) 흐리고 저녁 무렵 부슬비

『李炳憲全集』과 서울대 금장태 교수의 이병헌에 관한 연구서를 검토한 다음, 논문을 입력하여 144.4장까지 나아갔다.

28 (월) 흐림

논문은 148.1장까지 나아갔다.

29 (화) 맑음

논문은 150.9장까지 나아갔다.

30 (수) 맑음

새벽에 아내가 평소와 다름없이 주방에서 조식을 준비하고 있다가 갑자기 쓰러졌다. 그 때 나는 거실 소파에 앉아서 비디오테이프를 시청하고 있었는데, '어웅, 어웅' 하는 신음소리에 놀라 일어나 보니 아내가 얼굴을 천장으로 향한 채 거실 대리석 바닥에 드러누워 있었다. 팬츠와 반소매 차림에다 머리에는 퍼머용 말이를 여러 개 꽂은 채였다. 작년 2월 무렵에 자기 방에서 실내용 운동기구로 상체를 거꾸로 한 채 운동한 후 화장실에서 대변을 보다가 이처럼 쓰러진 적이 있었는데, 그 때와 마찬가지로 곧 119에 연락하여 본교 대학병원 응급실로 옮겼다. 앰뷸런스를 타고서 병원으로 향하는 도중 장모에게 전화로 연락해 두었더니 머지않아 장모도 응급실로 왔다.

아내는 오른쪽 팔이 마비되어 쓰지 못하고 전혀 말을 못하는 상태가 되었다. CT 촬영 등을 한 후 응급실의 신경과 의사가 보호자인 나를 불러 상태를 설명해 주었다. 간호사들이 아내의 지병을 묻기에 평소 부정맥이 있다는 말을 들은 바 있다고 하였고 그 외에는 별다른 병을 알지 못한다고 설명한 바 있었는데(그 때는 기억하지 못했지만, 실은 아내는 저혈압이 있다는 말도 한 바 있다), 왼쪽 뇌의 끝부분에 있는 가는 혈관이 부정맥으로 인해 생긴 血栓에 의해 막힌 까닭으로 발생한 중풍이라는 것이었다. 혈전을 제거하기 위해 피를 묽게 하는 독한 약을 써도 된다는 서류에 서명하여 응급실에서 그러한 처치를 하였다.

금년에는 꽤 방대한 분량의 『고대일록』 번역본 파일들을 감수하느라고 여러 달을 소비하였으므로, 아직 발표한 논문 실적이 없다. 얼마 전 한국동양철학회로부터 원고 투고 안내가 있었는데, 회장인 계명대 철학과의 이동희 교수에게 이메일을 보내 지난여름 연변대 국제학술회의에서 발표했던 내 논문 「일제시기의 덕천서원」이 거의 탈고 단계에 접어들었으므로, 원고마감과 기관지인 『동양철학』 다음 호의 발간시기를 다시 한 번 알려달라고 했다.

10월

1 (목) 흐리고 저녁 무렵 부슬비

내가 지금 작성하고 있는 논문을 당초 기고할 예정이었던 한국학중앙연구원의 기관지 『정신문화연구』 2009년 겨울호(통권 117호)의 원고마감일은 10월 12일(월), 최종게재여부 통보일은 11월 말경, 발간일은 12

월 31일이며, 한국동양철학회의 『동양철학』 원고마감일은 10월말로 정해 놓았지만 11월 초순까지 내면 되며, 12월말 간행이라고 한다.

2 (금) 새벽까지 비 온 후 개임

학과·회옥이·이동희 동양철학회장에게 각각 이메일을 보내 아내의 상황을 설명하고 학과 업무, 가상강의 운영, 논문 출판 등과 관련한 필요한 조치들을 취하였다.

나는 간호와 방문객을 상대하는 시간 외에는 침대에 드러누워 금장태 교수의 저서 『유교개혁사상과 이병헌』 제1장 '이병헌의 생애와 활동' 부분을 읽었다.

3 (토) 맑음

추석에다 개천절이다. 이번 추석에는 조옥환 사장으로부터 평소처럼 사과 한 상자, 대학원생 김경자 양으로부터 멜론 한 상자, 그리고 삼성증권 진주지점의 강정숙 과장으로부터 도라지로 빚은 진주의 술 珍酒 한 세트를 선물로 받았다.

4 (일) 맑음

이동희 한국동양철학회장으로부터 온 답신을 보고서, 현재 마무리 단계에 접어들어 있는 내 논문 「일제시기의 덕천서원」을 처음 예정했던 한국학중앙연구원의 『정신문화연구』가 아닌 『동양철학』에 기고하기로 마음먹었다. 전자의 원고마감은 10월 12일이라 현재의 내 사정으로 보아서는 시간이 너무 촉박하기 때문이다. 아내의 상태가 좋으니 어쩌면 대구한의대에서 10월 24일에 열릴 한국동양철학회 기획발표에 제자들과 함께 참석할 수 있을지도 모르겠다고 회신하고서, 김경수·구자익 군에서 참가 의사를 묻는 이메일을 보냈다.

7 (수) 맑으나 강한 바람

아내가 이제 혼자서 움직일 수 있으므로 오전 중 병실에 남겨두고서 집에 다녀왔고, 오후 2시에는 제12차 인문대 교학위원회에도 참석하였다. 병실에 있는 중에도 틈틈이 수업준비와 논문작업을 계속하여 논문은 161.1장까지 나아갔다.

9 (금) 맑음

논문 작업은 165.4장까지 나아갔다.

10 (토) 맑음

논문 작업을 계속하여 일단 본문의 작성은 마쳤다. 170.2장의 분량이 되었다.

11 (일) 맑음

내 침대 위에 노트북 컴퓨터와 책들을 펼쳐두고서 종일 논문의 퇴고 및 보완작업을 하여 172.4장의 분량이 되었다.

12 (월) 맑음

정오 무렵에 대학병원을 퇴원하여 집으로 돌아왔다. 아내의 진주여고 동기동창인 의류학과의 추미선 교수가 오전 중 병실로 찾아와서 함께 있다가 자기 차로 집까지 태워다 주었다. 나는 병실에서와 집에서 완성된 논문의 퇴고 작업을 계속하였다.

13 (화) 맑음

논문의 퇴고를 한 차례 마쳤다. 어제로써 원래 기고할 예정이었던 한국학중앙연구원의 『정신문화연구』 2009년 겨울 호 원고마감일이 지났으므로, 한국동양철학회의 『동양철학』 지에 이 글을 싣기 위해 그 체제에 맞추어 각주의 체제를 바꾸고 참고문헌을 작성하기 시작했다.

17 (토) 맑음

논문의 한글 요약과 주제어 작성을 마쳤다.

18 (일) 맑음

논문의 영문 요지 첫 단락을 작성했다.

21 (수) 맑음

영문 요지 및 키워드 작성을 마친 후 영문과의 박창현 교수에게 보여 조금 수정을 받은 다음, 국문 및 영문 요지와 키워드를 본 논문에 실어 오후 5시 30분에 이메일로 한국동양철학회에 보냈고, 아울러 이를 구자익·김경수 군 및 회옥이에게도 참조하게 했다. 요지와 키워드를 추가하였더니 200자 원고지로는 총 211.6매의 분량으로서 규정된 최대 매수인 200매를 초과하게 되었다.

22 (목) 맑음

아내와 함께 아침 7시 40분 발 중앙고속 우등버스를 타고서 서울로 향했다.

신촌로터리에서 세브란스 병원의 셔틀버스를 타고서 병원까지 이동한 다음, 김소선 학장을 통해 미리 예약해 둔 알렌관 306호실에 들었다.

23 (금) 맑음

치료를 마친 후 병원 본관 2층 식당에서 아내는 녹두죽으로 조식을, 나는 커피를 사서 들고, 알렌관을 체크아웃 하여 셔틀버스로 신촌로터리까지 나온 후, 지하철로 서울 강북의 중심가 쪽으로 나와 나는 충정로에서 먼저 내려 다른 전철로 갈아타고서 광화문으로 향하고, 아내는 을지로 3가에서 갈아타 고속터미널로 향했다.

광화문 주변의 최근에 새 단장을 마쳐 공원화된 거리의 모습을 둘러보았고, 걸어서 세종문화회관 뒤편 서울지방검찰청 맞은편의 본교가 마련해 둔 오피스텔 형 숙소가 그 817호실에 있는 '경희궁의 아침' 빌딩까지 걸어가 보았다. 오늘 오후에 '『고대일록』과 임진왜란'을 대주제로 한 남명학연구원 주최 2009년 학술대회가 열리는 서울역사박물관까지 걸어가 그 위치를 확인한 후, 부근의 종로구 신문로 1가 58-18 구세군회관 뒤에 있는 황우촌별채라는 식당에 들어가 갈비탕으로 점심을 들었다.

서울역사박물관은 구 경희궁 자리에 위치한 서울의 역사 전문박물관인데, 나로서는 처음 가 본 것이다. 동양대 강구율 교수의 사회로 1층 강당에서 오후 1시부터 학술회의가 시작되어, 개회식에서는 이성무 남명학연구원장과 최문석 이사장이 각각 개회사와 축사를 하였고, 1시 반부터 시작된 주제발표에서는 경북대 설석규 교수가 「鄭慶雲의 현실인식과 『孤臺日錄』의 성격」, 박병련 한국학중앙연구원 교수가 「『고대일록』에 나타난 정치사회적 상황과 의병활동의 실상」, 오용원 경북대학교 교수가 「16세기 후반 咸陽 鄕村士族의 가사경영과 사회생활」, 신병주 건국대 교수가 「『고대일록』을 통해서 본 정경운의 영원한 스승, 정인홍」, 한명기 명지대 교수가 「『고대일록』에 나타난 明軍」을 발표하였다.

4시 30분부터 시작된 종합토론에서는 내가 좌장이 되어 김문택 서울역사박물관 연구위원, 권오영 한국학중앙연구원 교수, 이경구 한림대 교수, 김학수 한국학중앙연구원 자료조사실장, 노영구 국방대학원 교수가 각각 토론에 참가하였다. 오후 5시 55분쯤에 학술회의의 모든 일정을 마쳤다. 학술회의장 부근의 1층 접수처에는 갓 출간된 『고대일록』 번역본 3권 1질이 판매되고 있었는데, 이성무 원장과 내가 공동 교열을 한 것으로 인쇄되어져 있었다. 조구호 사무국장에게 물어보았더니, 이성무 원장이 따로 교열을 본 것은 아니라고 했다.

나는 부산교통에서 제공한 대절차량을 타고서 진주로 돌아오고자 했는데, 사재명 군이 학술회의의 발표자와 토론자들이 지금 회식장소에 모여 있으니, 나도 함께 참여했다가 자기랑 같이 진주로 돌아가자고 권유하므로, 근처의 신문로 2가 1-152의 광화문 구세군회관 뒤에 위치한 한우전문점 남촌으로 갔다. 나는 이성무 원장 옆 자리에 앉았는데, 거기에는 발표 및 토론에 참가하지는 않았지만 남명학연구원의 상임연구위원인 이종묵 서울대 국문과 교수와 정우락 경북대 국문과 교수, 권인호 대진대 철학과 교수 등도 와 있었다.

회식을 마친 후 조구호·사재명 군 및 또 한 사람과 함께 택시를 타고서 서초동의 남부시외버스터미널까지 이동하여, 밤 8시 40분에 출발하는 영화여객 시외버스를 타고서 산청의 원지에서 한 번 정거한 후 자정이 조금 넘은 시각에 진주에 도착했다.

24 (토) 맑음

아침에 고려병원 내과2의 박순서 의사에게로 가서 진찰을 받았다. 신종플루는 아닌 것 같다면서, 항생제를 포함한 주사 두 대와 다섯 종류의 복용 약들을 처방해 주었다. 진찰 순서를 기다리는 동안 어제 받아온 학술대회 발표논문집 중 정우락 교수가 번역본의 해제로서 고쳐 쓴 것인 듯한 글 「『고대일록』에 대하여」를 절반 정도까지 읽어보았다.

26 (월) 맑음

모처럼 연구실에 나가 엊그제 읽다만 정우락 교수의 글을 마저 읽었고, 『일본중국학회보』 제61집(2009년)의 내용을 훑어보았다. 후자에 실린 「學界展望」 철학 난을 통해 池田秀三 교수의 「鄭玄의 六天說과 兩漢의 禮學」 등 漢代의 天 사상 관계 논문이 실린 『兩漢 儒敎의 新硏究』가 작년에 출판되었음을 알았다.

조구호 남명학연구원 사무국장이 이메일을 보내와 지난주에 있었던 학술대회의 발표비와 토론비, 그리고 사회비의 계좌입금에 대해 통지해 왔으므로, 그것에 대한 전체 답신 형태로 이성무 원장을 비롯한 전원에게 글을 보내 孤臺 鄭慶雲의 종매부이자 친우인 感樹齋 朴汝樑의 친필일기 『感齋日記』 2책이 2006년 본교 경남문화연구원에 의해 발굴되었음을 알리고서 그 脫草 인쇄와 역주본 출판이 필요하다는 의견을 말했다. 학술대회 발표논문들은 「남명학관계기간문헌목록」에다 올렸다.

28 (수) 맑음

지난주 학술대회의 발표논문들에 보이는 새로운 자료들을 「남명학관계기간문헌목록」에다 추가하는 일을 마친 후, 「일제시기의 덕천서원」 본문을 다시 읽어보았다.

29 (목) 맑음

아내와 함께 오전 7시 40분발 중앙고속버스를 타고서 상경하였다. 11시 20분쯤에 강남고속터미널에 도착하여 지하철로 갈아타고서 대림역에 도착하여 아내는 갈아타고서 신촌으로 향하고, 나는 종점인 온수까지 가서 인천까지 가는 1호선으로 갈아탄 다음 송내역에서 내렸다. 거기서 도보로 5분쯤 걸리는 지점에 있는 경기도 부천시 원미구 상동 401-1 부건프라자 3층의 최병욱정형외과로 찾아갔다.

최 씨의 말로는 내가 두 차례에 걸쳐 진주의 바른병원에서 오른쪽 새끼손가락을 수술했던 것은 모두 재발하였으며, 이미 수술한 바가 있어 완치를 장담할 수는 없지만, 성공할 확률은 반반이라는 것이었다. 오후 2시 남짓에 오른팔 전체를 마취하고서 수술에 들어갔는데, 그런대로 수술은 잘 되었다고 한다. 나로서는 금년 5월 31일에 오른손 새끼손가락의 망치수지 현상을 처음 발견한 이후, 6월 1일에 바른병원에 들러 기브스를 하고, 6월 4일에는 기브스를 풀고서 바늘을 꽂아 지지하는 수술을 받았으며, 7월 30일에 다시 봉합수술을 받았지만, 결과적으로 아직도 처음 상태와 별로 다름이 없이 40도 정도 손가락 끝마디가 구부러져 있는 것이다.

목 뒤로 두른 걸대로써 깁스한 오른팔을 지지한 채로 걸어서 세브란스병원과 연세대학교 구내를 산책하고, 구내서점에 들러 철학·역사 분야의 서적들도 살펴본 다음, 알렌관으로 돌아와 아내와 함께 병원본관 2층에 있는 식당에서 햄버거와 녹두죽으로 저녁을 들었다.

밤에는 「일제시기의 덕천서원」을 마저 읽어본 다음 취침하였다.

11월

2 (월) 맑으나 쌀쌀함

모처럼 출근해 보니, 내 연구실에 새 사무용 의자가 들어와 있었고, 남명학연구원의 조구호 사무국장이 맡겨둔 『譯註 孤臺日錄』도 책상 위에 놓여 있으므로 그 내용을 훑어보았다. 오후에는 새 논문 「『남명집』 초간본의 간행연대」의 입력을 시작하여 6.7장의 분량까지 나아갔다.

3 (화) 맑음

학술진흥재단과 과학재단이 통합된 한국연구재단의 2009년도 인문사회분야 기초연구과제지원사업(단독연구) 신청 과제에 대한 예비선정과제가 지난 10월 30일부터 오늘까지 공고되었다. 오늘 새벽 그 홈페이지에 접속해 보니 내가 신청한 「『德川師友淵源錄』의 성립」이 선정되어 있었다. 과제번호는 A00169이며, 1년간 정액연구비 700만 원이 지급되는 것이다. 11월 6일에 최종선정이 공고될 예정이며, 15일 이전에 협약체결 및 지원비가 지급되고, 연구개시일은 11월 1일부터라고 한다.

논문 작업을 계속하여 10.5장까지 나아갔다.

6 (금) 맑음

권오민 교수를 포함한 대학원생들이 김경자 양의 학원 봉고차를 타고서 오전 10시 10분 무렵에 우리 집 앞으로 와서 나를 태워 함께 판문동 현대아파트 부근으로 가서 김경수·안명진 군 및 조구호 남명학연구원 사무국장과 합류하여, 안 군이 모는 승용차 한 대와 더불어 함양으로 향하였다.

진주에 도착한 다음 남명학연구원 사무실 부근인 인사동 5-1 박형수한의원 옆의 수동어탕에 들러 메기찜과 소주, 그리고 어탕국수로 조 국장이 저녁을 샀다. 그 자리에는 마산여고 일어 교사인 사재명 군도 퇴근 후에 와서 함께 어울렸는데, 3차를 가자는 권유를 사양하고서 밤 7시 남짓에 귀가하였다. 오늘 조 국장으로부터 들었는데, 부산교통의 조옥환 사장이 내가 젊었던 시절부터 지금까지 매년 설과 추석 명절 때마다 보내주는 사과 한 상자는 나 외에 달리 보내는 사람은 없다는 것이었다. 또한 작고한 조의생 씨의 아들이 덕산에 남아 있던 허미수가 지은 남명신도비문을 새긴 덕산비의 남은 龜趺와 螭首까지 철거했다는 소식도 들었다.

9 (월) 맑음

오래 전에 졸업자격인증제 독서분야 도서 추천을 요청하는 공문을 받은 바 있었으므로, 내가 발췌 번역한 『남명집』을 추천했었는데, 그 후 운영위원회라는 곳에서 나를 출제위원의 한 사람으로 포함시켜 독서인증제 평가를 위한 도서해제와 각종 평가문제 50개, 핵심단어 100개를 추출하여 12월 11일까지 G-CBRT 프로그램에 입력하라는 공문이 왔다. 이런 귀찮은 일이 부과될 것이라고는 전혀 예상하지 못했던 터이므로, 오늘 담당자에게 전화를 걸어 내가 그런 일을 할 시간이 없으니 추천했던 도서는 졸업자격인정제에서 빼달라고 당부해 두었다.

10 (화) 부슬비

김병택 교수와 더불어 조규태 교수의 승용차에 동승하여 진주시 文山邑 耳谷里 301-1에 있는 생선구이 전문식당 藝사랑에 들러 점심을 든 다음, 그 이웃 魚藪里에 있는 조규태 교수의 방계 선조인 慶州府尹 曺淑沂와 그 아들인 議政府左參贊 曺潤孫 및 그 일족의 묘소를 둘러보았다. 조 교수는 조숙기 막내 숙부의 후손에 해당한다고 한다. 조 교수가 중심이 되어 문중에서 금년에 몇 차례에 걸쳐 아랫부분의 축대 일대를 수리하였기 때문에 그 성과를 둘러보고자 한 것이다. 그곳의 묘들은 사대부 집안의 것으로서는 유달리 큰 것이었는데, 조숙기와 그 初娶부인 晋陽鄭氏, 조윤손과 그 부인 晋陽姜氏, 그리고 조숙기의 후처 安氏 및 조윤손의 막내딸과 그 남편 鄭沆, 그리고 조윤손의 서자인 義山(義碩)의 묘소가 있고, 조숙기의 무덤 옆에는 몸종을 순장한 것이라고 구전되어 오는 비석 없는 무덤 모양의 조그만 봉분도 하나 있었다.

莊胡公 조윤손이 개울가에 溟鴻亭을 짓고서 만 권 장서를 비치하고 만년을 보냈다는 저택이 있었던 곳을 찾아가 보았지만, 金谷面 亭子里 鴻亭 마을 앞의 도로를 차로 오고가면서도 조 교수가 그 진입로를 기억하지 못해 현장을 확인하지는 못했다. 지금은 강을 낀 논으로 되어 있는 이곡리와 정자리 일대의 들판은 과거에는 커다란 늪지대로 되어 있었다 하며, 魚藪나 溟鴻 등의 명칭도 거기에서 유래하는 모양이다.

11 (수) 흐리고 쌀쌀함

觀圃 魚得江이 짓고 명필인 黃耆老가 글씨를 쓴 조윤손 묘비 「正憲大夫議政府左參贊兼五衛都總府都總管知訓鍊院事曺公墓碑」의 원문을 본교 한문학과 H·이상필 교수가 번역한 것과 대조해 읽으며 번역상 오류나 문제가 있는 부분들을 붉은색으로 표시하여 수정 입력하기 시작했다.

12 (목) 흐림

어제에 이어 조윤손의 비문을 번역문과 대조하여 면밀히 읽으며 번역의 오류를 수정하고 있다. 오늘 조규태 교수와 더불어 교직원식당에서 점심을 든 후 쇼트코스를 산책하였는데, 그로부터 이 글은 H 교수가 번역한 것을 가지고서 이상필 교수가 수정 보완한 것이며, 조숙기의 비문은 누군가가 번역하여 인쇄된 것이 이미 있었는데, 이상필 교수가 그것에 다시 가필한 것이라고 들었다.

13 (금) 부슬비

조윤손 묘비의 번역문에 대한 교감과 윤문을 마치고서 오전 11시 15분에 조규태 교수에게 이메일 첨부파일로 보냈다.

본교 연구지원센터의 이선 씨로부터 전화가 걸려와, 한국연구재단의 내 과제가 최종선정 되었으므로, 재단 홈페이지에 접속하여 계약을 체결하라는 것이었다. 접속해 보니 11월 12일자로 최종선정 공고가 나 있었다.

16 (월) 맑으나 매운 추위

조규태 교수의 방선조인 조윤손의 부친 조숙기의 비문에 대한 검토를 끝내고서 오후 4시 59분에 조 교수에게 이메일 첨부파일로 부쳤다.

17 (화) 맑으나 추움

진주교육대학 도덕교육과의 김낙진 교수로부터 전화를 받았는데, 12월 4일 오후 1시 무렵부터 교대 교사교육센터에서 개최될 율곡학회 학술회의에서 종합토론의 좌장을 맡아달라는 내용이었다. 전에 김 교수가 내게 전화를 걸어와 이 학술회의에서 논문을 하나 발표해 달라고 하므로 토론 정도라면 수락할 수 있다는 의견을 말한 바 있었는데, 이번에는 토론보다 좌장이 내 격에 어울린다는 것이므로 일단 수락해 두었다.

조숙기 비문을 다시 검토하여 銘과 서문 부분에 대해 각각 추가적인 수정을 가해 조규태 교수에게 이메일로 보내고 제자인 김경수·구자익 군에게도 참조하도록 했다.

지식을만드는지식 출판사의 편집자 강희영 씨로부터 이메일이 왔는데, 내가 발췌 번역한 『남명집』의 초판이 소진되어 보급판으로 재판을 진행하게 되었으므로, 수정사항이 있으면 알려달라는 내용이었다. 문의해 보니 초판은 하드커버, 재판은 소프트커버로 제작하고 있으며 pod로 소량씩 제작하고 있다는 것이었다. 초판은 300부였었는데 재판으로 얼마나 찍을 지는 아직 미정인 모양이다.

18 (수) 맑음

연구지원과 이선 씨의 안내에 따라 교내 시스템인 ERP에 접속하여 한국연구재단 기초연구지원 인문사회과제에 과제신청을 하고 그 결과물을 출력하여 조교에게 주어 보내서 연구비 카드를 발급 받았다. 작년 과제 때 썼던 내 농협법인카드를 그대로 다시 사용하게 되었다. 간접연구비를 제외하면 1년간 총 700만 원인데, 그 중 매달 내 통장으로 분할 입금되는 연구활동비 300만 원을 제외한 400만 원이 직접성경비로서,

내가 이후 법인카드로써 결제하게 되는 것이다.

23 (월) 맑음

지난주 조규태 교수와 더불어 산책할 때 들은 바 있는 昌寧曺氏侍中公派(南平曺氏)에 속하는 조인환이라는 사람이 오늘 내 연구실 전화기에 음성 녹음을 남겨두었다. 들은 바와 같이, 역시 眉叟 許穆이 지은 「德山碑」가 「南冥先生神道碑」로 불리게 된 이유에 대한 질문이었다. 그래서 오후 2시 1분에 내가 1995년 『남명학연구논총』 제3집에 발표한 「『남명집』 이정본의 성립」 제4절 '신도비의 재건과 당론의 동향'에 그 문제가 언급되었다고 설명하고서 200자 원고지 418.5매의 분량에 달하는 그 장편 논문의 파일을 첨부하여 조 교수에게 보내 조인환 씨에게 전달해 달라고 했다.

24 (화) 맑음

아침에 조인환 씨로부터 연구실로 다시 전화가 걸려왔다. 그는 신문기자 출신인데, 규장각 사서인 이상은 씨나 남명학연구원 사무국장을 지낸 김경수 군 등을 통해 내 이름을 익히 들어 왔다고 한다.

서울 종로구에 있는 法仁문화사의 金璀中 사장이 실로 10여 년 만에 연구실로 방문해 왔다. 그는 나보다 두 살 연상인데, 옛날 모습이 크게 달라지지 않았다. 예전에 四部叢刊, 正統道藏, 退溪學資料叢書 등 굵직굵직한 국내외의 영인본 서적들을 출판했었는데, 근년에는 주로 한의학 관계 서적과 사상사 관계의 일반 서적들을 출판해 온 모양이다. 내게 정가가 18만 원인 『新對譯 東醫寶鑑』(초판 2007, 증보판 2009) 및 蔡尙德 지음, 이광호 옮김 『中國禮敎思想史』(2000) 각 한 권을 선물하였다. 그런데 그는 나의 권유로 사부총간을 출판하게 되었던 사실을 기억하지 못하고 있었다. 당시 나는 일본 유학에서 입수한 사부총간 正編·廣編의 목록 및 해설서 한 권을 그에게 주고서 출판을 권유한 바 있었고, 그는 이후 그 목록의 간행처였을 京都의 중국도서 수입상 朋友書店을 방문하여 그 주인 土江澄男 씨로부터 사부총간 중고본 한 질을 구입해 와 한국에서 다시 영인 출판했던 것이다. 그런데 그는 나의 권유에 의해 그 책을 출판하게 된 것이 아니라 같은 京都대학 출신인 동국대학교 사학과의 정태섭 씨 등 그 출판을 권한 사람이 몇 명 더 있었고, 나도 그 중 한 사람이었을 것이라고 말하고 있었다. 집으로 돌아와 그 책의 출판 연도를 확인해 보니 1989년이었다. 하기야 이미 20년 전의 일이니 그가 당시의 일을 기억하지 못하는 것도 무리는 아니라고 하겠다.

26 (목) 맑음

다음 학기 일반대학원의 중국고대철학연구에서는 『墨子』를 다루어 보기로 마음먹고서, 인터넷을 통해 한글로 된 관계서적들을 조사한 다음, 구내서점에 전화를 걸어 그 중 부교재로 쓸 김학주 지음 『新完譯 墨子』 상·하(명문당, 2003, 新選明文堂東洋古典大系 22·23)를 주문해 두었다. 아울러 내가 소장하고 있는 臺灣 世界書局 印行 『新編諸子集成 六』에 수록된 孫詒讓 撰 『墨子閒詁』, 北京 中華書局 『新編諸子集成 第一輯』에 수록된 孫詒讓 著, 孫以楷 點校 『墨子閒詁』 및 岑仲勉 撰 『墨子城守各篇簡注』를 검토하여, 그 중 후자의 저자 「自序」부터 읽기 시작했다.

12월

1 (화) 맑음

율곡학회로부터 12월 4일 오후 1시부터 진주교육대학교 교사교육센터에서 열릴 사단법인 율곡학회의 국제학술대회 '동아시아의 理學과 율곡 성리학' 초청장이 이메일로 왔는데, 내가 오후 5시부터 시작되는 종합토론의 사회로 되어 있다.

2 (수) 맑음

평소 스팸메일 박스는 열어보지도 않은 채 삭제해 버리는데, 오늘 아침은 우연히 한 번 열어 보았더니 거기에 율곡학회 학술이사인 연세대학교 철학과 리기용 교수가 보낸 이번 주 금요일 진주교대에서의 학술대회보 파일이 들어 있었다. 강릉시의 원영출판사에서 만들어 보낸 것으로서, 원고지 905.9장의 분량이었다. 그 중에서 내가 사회를 맡아볼 종합토론의 대상인 주제발표 논문들부터 읽기 시작하여 경북대 박균섭 씨의 「隱屛精舍 연구: 학문과 학풍」을 다 읽고, 다음으로 김경수 군의 「南冥과 栗谷의 道佛觀」을 읽기 시작했다.

동양철학회장인 계명대학교 철학과 이동희 교수 및 그 총무 추제협 씨에게 이메일을 보내어 내가 지난번에 한 차례 수정하여 보낸 기고 논문 이후에 다시 두 군데 수정을 가한 파일을 첨부하고, 아울러 이 교수가 언급한 협찬금에 대해서도 문의해 보았다.

3 (목) 맑음

김경수 군의 논문을 마저 읽었고, 이어서 연변대 인문사회과학원 方浩範 교수의 「宋明理學在韓·日的特色及栗谷的學術地位」를 읽은 다음, 연세대 李基鏞 교수의 「사칠리기논변의 연원과 전개」를 읽어나갔다. 리 씨는 1995년에 연세대학교에서 「율곡 이이의 인심도심론 연구」로 박사학위를 받았고 현재 연세대학교 원주캠퍼스 철학과의 전임으로 있는 사람인데, "이 논문은 최근 학술지를 통해 발표되었던 필자의 논문들을 축약 정리하여 퇴계와 고봉, 우계와 율곡의 논변의 쟁점들과 그 구조적 轉變을 시각적으로 드러내기 위해 종합 정리한 발표문"이라고 한다. 그래서 꽤 길었다.

한국동양철학회의 우리은행 구좌로 내 논문 게재료 33만 원과 기부금 50만 원을 합한 금액을 입금하였다. 오후 4시 42분에 이동희 회장으로부터 감사의 말과 함께 송영배 회장 이래 역대 회장 재임기간 동안의 기부금 내역에 대해 구체적으로 설명하는 내용의 이메일이 보내져 왔다.

오후에 도서관장인 불문과의 김남향 교수로부터 전화를 받았다. 도서관 독서인증제 간사인 강홍구 씨에게 독서인증평가의 문제를 출제할 의

사가 없으므로 내가 추천했던 도서인 내 번역서 『남명집』의 추천을 취소한다는 뜻을 이미 두 차례에 걸쳐 전화와 이메일로 피력했음에도 불구하고 다시 한 번 출제해 달라는 요청을 해 온 것이었다. 그럴 의사가 없음을 또 한 번 말했는데, 내가 추천했던 도서에 대한 문제 출제를 한문학과의 이상필 교수에게 의뢰했더니 그는 이 책이 완역본이 아니라는 이유로 사절하더라고 하므로, 그렇다면 본교 남명학연구소에서 간행한 완역본 『남명집』으로 출제하면 될 것이 아니냐고 응답했다. 그래도 좋겠느냐고 물으므로 물론이라고 응답했다.

4 (금) 맑음

12월 2일자로 한국과학재단의 내 연구과제 「『덕천사우연원록』의 성립」(과제번호: 03-2009-0532)에 대한 연구비 8,750,000원이 입금되었다는 본교 연구비관리자로부터의 이메일 연락을 받았다.

오전 중 연구실에서 리기용 교수의 논문을 마저 읽었고, 이어서 율곡학술상 기념강연인 프랑스 사람 필립 띠에보의 「근본적 지혜의 필요성 : 李珥 栗谷의 완성의 사상을 중심으로」를 읽은 다음, 율곡학회 회장인 숭실대 철학과 곽신환 교수의 기조발표 논문 「우암의 율곡 이해와 전승—그 持守와 變通—」을 대충 훑어보았다.

교직원식당에서 점심을 든 다음, 일단 집으로 돌아왔다가 승용차는 차고에 세워두고서 택시를 타고 진주교육대학교로 갔다. 그 대학 정문 근처의 교사교육센터 5층에서 오후 1시부터 사단법인 율곡학회의 국제학술대회 '동아시아 이학과 율곡 성리학'이 열렸다. 진주교대 도덕교육과 김낙진 교수의 사회로 곽신환 율곡학회 회장의 개회사와 사단법인 율곡학회 측의 축사가 있은 다음, 곽신환 교수의 기조발표와 필립 띠에보 씨의 율곡학술상 기념강연이 이어졌다.

중간 휴식이 있은 다음, 경북대 교육학과 박균섭 교수의 발표와 경상대 손병욱 교수의 논평, 경상대 김경수 박사의 발표와 현 국사편찬위원장 정옥자 교수의 장남인 연세대 유연석 박사의 논평, 연변대학 인문사회과학학원 부원장인 방호범 교수의 발표와 진주에 있는 한국국제대학교 손흥철 교수의 논평이 있었다. 마지막으로 내가 사회를 맡아 발표자들에게 논평 내용에 대한 답변을 할 기회를 주었고, 시간 관계상 오늘 논문을 발표하지 않은 리기용 교수의 논문에 대한 충북대 철학과 정세근 교수의 논평을 듣고서 오후 5시 50분 무렵에 종합토론을 마쳤다.

평거동 774-6에 있는 자연산 활어회 전문 통발횟집으로 장소를 옮겨 연회를 가졌다. 나는 곽신환 회장과 나란히 앉았고, 내 앞에는 연변대학의 방호범 씨가 앉았다. 곽 회장의 말에 의하면, 사단법인 율곡학회는 강원도와 강릉시로부터 매년 두 차례 국제학술회의와 한 차례 국내학술대회를 개최할 수 있는 예산의 지원을 받고 있으므로 재정적 기반이 튼튼하다고 한다. 방호범 씨는 금년 여름 연변대학 개교 60주년 기념 국제학술회의에서 우리를 만난 다음, 北京에서 열린 국제유교학회 모임에서 다시 성균관대의 최영진, 연세대의 이광호 교수 및 계명대의 이동희 교수와 회동하였고, 일본 교수로부터 초청을 받아 東京의 學習院大學 동양문화연구소에 50일간 가 있다가 한 주 전에 연변으로 돌아왔으며, 곽신환 회장과 교분이 있어 오늘 다시 이 모임에 참석하게 된 것이라고 한다. 오랜만에 동양철학계의 지인들을 제법 많이 만났다. 걸어서 대화를 나누며 그들의 숙소까지 따라갔다가, 밤 11시 무렵에 귀가했다.

9 (수) 맑음

이동희 한국동양철학회장으로부터 내 원고가 212매로서 게재한도인 200매를 초과하였으니 199매 이하로 줄여달라는 이메일이 왔으므로, 종일 작업하여 주석의 인용문을 대폭 줄이고 본문의 여백을 줄여 194.7매로 만들어서 퇴근 무렵에 발송하였다.

10 (목) 비

어제 줄여서 한국동양철학회로 보낸 논문 파일을 다시 한 번 읽고서 몇 군데 오타를 수정한 다음 오후 2시 28분에 총무인 추제협 씨에게로 새로 보냈다.

도서출판 지만지로부터 새로 平裝 커버로 인쇄한 내 번역본 『남명집』이 두 책 우송되어져 왔다. 그 말미에 붙은 고전선집 출간 도서목록에 의하면, 이 시리즈는 현재 475책까지 출간되어져 있다.

12 (토) 맑음

한국동양철학회장 이동희 교수로부터 내 원고의 분량 초과에 따른 비용문제를 언급한 이메일이 왔기에 내가 기왕에 보낸 원고료와 기부금 중 초과 원고료를 제한 금액을 기부금으로 처리해 달라고 회답하였다.

15 (화) 맑으나 쌀쌀함

새 논문의 제목을 「『남명집』 초간본의 간행연대」에서 「『南冥集』 諸板本의 刊行年代」로 바꾸고, 본교 남명학연구소의 원고 집필요강에 따라 형식을 바꾸었으며, 기왕에 입력해 둔 내용도 다소 수정하여 머리말을 마쳤다. 12.8장까지 나아갔다.

16 (수) 맑으나 쌀쌀함

종일 논문 작업을 하여 26.6장까지 나아갔다.

22 (화) 맑음

이 달 말 이전까지 게재증명서 및 게재료납부증명서 보내달라고 요청한 데 대해, 한국동양철학회의 총무인 추제협 씨로부터 심사를 의뢰한 세 사람 중 두 사람으로부터 심사서가 도착했는데 서로 상반된 의견이었으므로 나머지 한 사람의 심사서가 도착하기를 기다리고 있다는 회답이 왔다. 이에 대해 "회장님께서 직접 심사에 개입하여 게재하겠다고 사전에 약속하신 바 있습니다. 제가 이해한 바가 번번이 달라지니 당혹스럽습니다."라는 회답을 보냈더니, 총무와 이동희 회장으로부터 총무는 사정을 잘 모르고 있었다면서 오늘 중 빠른우편으로 보내겠다는 회답이 왔다.

23 (수) 맑음

한국동양철학회로부터 게재예정증명서와 게재료납부증명서가 속달 등기로 부쳐져 왔으므로, 조교에게 주어 그것들로 본교의 연구활성화장려금 및 게재료지원금을 신청하고, 게재료지원금 중 부족액은 금년도 한국연구재단의 연구비로 충당하게 했다. 연구활성화장려금 신청을 위한 2009년도 연구실적으로는 「일제시기의 덕천서원」 논문 한 편 100점과 8인의 공동 작업에 의한 『譯註 孤臺日錄』 단행본을 적어 냈는데, 조교가 연구지원과에 문의해 본 결과 교감은 연구실적에 반영되지 않는다 하므로, 그 실적물 제출은 단념하였다. 그러므로 몇 개월에 걸친 수고가 考課에서 전혀 보답을 받지 못하는 셈이다.

24 (목) 맑음

점심 때 魏韶華 교수에 이어 본교 중문과에 금년 2학기부터 새로 부임한 중국인 孫尙勇 교수를 청하여 내 승용차로 함께 사천시 용현면 선진리 103에 있는 풍어횟집에 가서 생선회와 백합죽으로 점심을 들고, 그 근처의 船津里 倭城와 임진왜란 당시 朝·明軍 耳塚을 둘러보았다. 孫 씨는 安徽省 合肥市 부근의 향촌 출신으로서 甘肅省 蘭州와 四川省 成都에서 대학 및 대학원을 다녔는데, 고향의 관청에서 공무원으로 5년간 근무하다가 3년 전부터 현재의 직장인 陝西省 西安에 있는 西北大學 중문과에 근무하게 된 것이라고 한다. 올해 만40세로서 나보다 20세 연하인데, 부인도 같은 대학 중문과에 근무하며, 슬하에 자녀는 없다고 한다. 전공은 漢·唐代의 樂府文學이라고 했다.

논문 작업을 다시 시작하여 31.5장의 분량까지 나아갔다.

29 (화) 맑음

구내서점에 전화를 걸어 다석학회 엮음 『다석강의』(현암사, 2006)와 이정호 저 『원문대조 국역주해 정역』(아세아문화사, 1996)을 주문하였고, 한국고전번역원으로부터 한국문집총간 속편 권11에서 권70까지 60

책의 구입에 필요한 서류들이 도착했지만, 조교로부터 이 도서들을 연구비로써 구입하면 장차 구입된 도서들을 본교에 기부 채납해야 한다는 말을 듣고서 구입을 포기하였다. 내 연구비 중 연구수당 300만 원을 제외한 직접성경비 400만 원 가운데서 144만 원을 들여 구입하려던 것인데, 내게 꼭 필요치 않고 비치할 공간도 마땅치 않으나 연구비의 취지에 합당하게 쓴다는 뜻에서 부족분을 마저 채워두려고 했었던 것이다. 그러나 그것이 연구비의 상당부분을 포기하는 것과 마찬가지라면 구태여 구입할 필요가 없는 것이다. 본교 연구지원과는 간접경비라는 명목으로 한국연구재단으로부터 내 연구비 집행의 감시 감독에 해당하는 보수 175만 원을 추가로 지급받고 있다.

30 (수) 흐리고 곳에 따라 약간의 눈

『동양철학』 다음호의 편집을 맡은 관악사로부터 이메일 첨부파일로서 내 교정쇄가 부쳐져 와 12월 31일 오전까지 반송해 달라고 하므로, 연구실에 나가 그 작업을 마치고서 오후 1시 28분에 발송했다.

그런 다음 집에 차를 갖다 두고서, 오후 2시에 출발하는 중앙고속버스를 타고 서울로 향했다. 오후 3시부터 강남구 대치동 선릉역에서 10분 정도 거리인 한림대학교 국제대학원대학교 1관에서 열린 김명석 후배의 학위논문 발표와 토론회에는 참석하지 못하고, 오후 6시부터 거기서 50m 정도 떨어진 위치의 茉莉香이라는 중국집에서 열린 망년회에는 10분쯤 늦게 도착할 수 있었다.

31 (목) 맑으나 강추위

본교 연구지원과에서 내가 근자에 연구비로써 구내서점을 통해 구입한 서적들인 김학주 역 『묵자』 상·하권과 박재순 지음 『다석 유영모』를 철학과 조교를 시켜 가져가더니 본교 도서관의 장서 처리를 하여 내게로 반환해 왔다. 지난번에 내가 학과의 자산취득비 중 내게 배정된 금액으로 산 도서들과 마찬가지로, 내가 재직 중에는 연구실에 두고서 사용할 수 있지만 장차 퇴직할 때 학교로 반환해야 한다는 것이다. 작년에는 별 말이 없더니 이번 경우에는 국정감사의 지적사항이라면서 연구비로 구입한 소소한 도서에 이르기까지 이처럼 기부채납 조치를 취하는 것이다. '감사 지적사항'이란 직원이 교수를 견제할 때 상투적으로 쓰는 말인데, 그 사실 여부는 확인할 수 없다. 그러므로 나는 앞으로 도서를 구입할 때는 법인카드가 아닌 개인 신용카드로써 결제하고, 법인카드로는 외식비 등의 소모성 경비만 지출할 생각이다. 그리고 작년의 경우에는 직접성 경비의 결제 내역을 영수증을 전달하면 그들이 컴퓨터 시스템에 입력하였지만, 금년부터는 교수 본인이나 학과 조교가 직접 입력한 다음, 그 출력물과 관계 영수증들을 가져오라고 한다.

내가 대학에 취직한 당시에는 교수들이 직원을 사용인 정도로 간주하여 왔었는데, 이제는 처지가 거꾸로 되어 이처럼 사사건건 직원이 칼자루를 쥐고서 교수들의 공무집행을 감시·감독하는 상태가 된 것이다. 그들은 정부의 지시를 구실로 내세우지만, 이처럼 학내의 권력 관계가 공공연히 역전되는 현상은 몇 년 전 직원들이 단합하여 총장선거와 학내의 의사결정에 참여할 권리를 요구하며 집단행동에 나선 이후부터라고 할 수 있다. 당시 그들의 폭력적인 언동은 실로 용납되기 어려운 수준이었지만, 교육부는 끝내 이를 묵과하고서 자기네의 대학 통제 수단인 그들의 편을 들었던 것이다.

오늘 교재개발비라는 명목으로 200만 원 정도의 돈이 각 교수들의 구좌로 입금되었는데, 엊그제 인사위원회에 참여한 교수들로부터 들은 바에 의하면, 사실상 교수의 실질 임금 인상을 위한 방편으로서 작년부터 실시되고 있는 이러한 수당에도 직원이 다른 명목을 붙여 자기네 몫을 챙기고 있다 한다. 그러므로 교수와 직원은 실질 소득의 면에 있어서 별 차이가 없고, 오히려 직원의 수입이 더 높은 경우도 적지 않은 모양이다.

2010년

1월

1 (금) 맑음

庚寅年 새해가 되었다. 나는 보통나이 62세에 작년 12월 21일로 만 60세가 되었고, 아내는 보통나이 57세가 되었다.

東京의 武本民子 여사가 작년 크리스마스 무렵에 쓴 편지를 읽었다. 그녀는 지난여름에 건강상태가 좋지 못해 9월부터 일도 그만두었는데, 한방 요법으로 건강을 회복했다고 한다. 근자에 뇌의 MRI를 찍었으나 별 문제는 없었다고 한다.

얼마 전에 武藤陽一씨 내외가 長野縣 小布施에 있는 그녀의 별장을 방문해 와 묵으면서 근처에 사는 窪寺 수녀도 불러와 함께 즐거운 한때를 보냈다고 한다. 그 전에 武藤 씨가 內坂 씨와 더불어 서울의 曺亨均 씨를 문병하였다. 조 씨는 재작년 말 무렵부터 건강이 좋지 않으며, 認知症이 진행되고 있는 듯한데, 문제는 조 씨가 다년간 수록하여 가지고 있는 함석헌 선생의 녹음테이프라고 한다. 조 선생은 그것을 활자화하여 출판하는 것을 자신의 필생 사업이라고 늘 말해 왔으며 지금도 그렇게 말하고 있으나, 객관적으로 볼 때 그 가능성은 없어 보이므로, 武藤 씨와 더불어 그 일을 내가 맡아주었으면 좋겠다는 생각을 했다는 것이었다.

장기려 박사가 운영한 청십자병원의 사무를 맡았던 金瑞民 씨도 부산 모임에서 함석헌 선생이 매달 계속했던 강화를 수록한 녹음테이프를 그 모임이 해산될 때 누군가에게 전부 맡겼었는데, 흐지부지 되어 지금은 어떻게 되었는지 알 수 없는 상태라고 한다. 녹음테이프는 세월이 갈수록 劣化하므로 그것을 CD에라도 넣어두면 좋을 텐데, 라고 걱정하고 있다는 것이다. 1970~80년대에 함 선생 모임을 통해 만난 사람들이 이제는 모두 노령화해 가고 있으므로, "한국의 귀중한 재산이 계승될 수 있기를 빕니다. 부디 이 점에 대해 고려해 주시기를. 무슨 좋은 방법이 없을까 걱정할 따름입니다."라고 하였다.

2 (토) 흐렸다가 오후에 개임

일본의 『東方學會報』 No.97(2009.12.25)이 우편으로 배달되었는데, 그 35쪽에 내가 역주본 『고대일록』의 출판 및 그것을 기념하는 '『고대일록』과 임진왜란' 학술대회에 관여한 소식이 실려 있다.

4 (월) 흐리고 눈 내리다 오후에 개임

구내서점에 들러 근자에 구입한 도서들을 법인카드가 아닌 개인 신용카드로써 결제하고 새 책 다카시로 고이치 지음 『일본의 이중권력, 쇼군과 천황』(파주, 살림출판사, 2006 초판, 2007 2쇄)을 한 권 구입했으며, 인터넷으로도 사토 히로오 외 지음, 최재목 등 옮김 『일본사상사』(서울, 논형, 2009)를 한 권 주문했다. 인문학 분야에 있어서 연구비를 비교적 연구목적에 맞게 집행할 수 있는 곳은 도서 구입 정도일 터인데, 연구비가 있음에도 불구하고 그것을 사용하지 않고서 개인 비용으로 책을 구입한다는 것은 아이러니가 아닐 수 없다.

6 (수) 강추위

武本民子 여사에게 답장을 써서 퇴근 때 우체국에 들러 부쳤다. 아직 그 작업을 수락한다고 말할 수 있는 단계는 아니지만, 20여 년에 걸쳐 종사해 온 연구 주제가 금년 말 무렵이면 마쳐질 듯하므로, 새 연구주제를 당분간 보류해 두던지 아니면 그것과 병행하여 함석헌 선생의 녹음된 말을 문자화 하여 출판하는 작업에 착수할 것을 고려해 보고 있으니,

만약 내가 그 일에 적임자라고 생각한다면 가능한 한 빠른 시일 안에 조형균 씨가 보관해 있는 녹음테이프를 전달해 주고, 김서민 씨가 다른 사람에게 맡겨 행방불명이 된 부산모임에서의 함 선생 녹음테이프도 다시 한 번 물색해 보는 것이 좋겠다는 뜻을 전했다.

다케모토 여사

크리스마스 무렵에 보내신 편지를 정월 초하루에 읽었습니다. 작년 여름 건강에 문제가 있어 하시던 일을 그만두셨다니 걱정됩니다. 근자에도 뇌의 MRI를 찍으셨다니 더욱 그렇습니다. 실은 제 아내도 작년 9월 말에 뇌경색에 의한 뇌졸중이 와서 2주 정도 본교 대학병원에 입원하였고, 한 달 정도 서울의 세브란스병원에 다니면서 치료를 받았습니다. 다행히 증세는 가벼웠고 빨리 대처하여 몸의 마비와 언어장애는 대부분 풀렸는데, 지난 학기 수업을 중단하고서 지금까지도 한방과 양방을 겸한 여러 가지 약물 및 물리요법과 재활치료를 받고 있습니다.

말씀하신 조형균 선생의 테이프 문제에 대해 생각해 보고 있습니다. 아직 그 일을 제가 맡을 수 있겠다는 대답을 드릴 정도는 아닙니다만, 금년 말 무렵이면 1980년대부터 지금까지 20여 년에 걸쳐 수행해온 연구 주제에 관한 작업이 거의 끝날 것 같아, 그 이후에 새로 시작해 보려던 과제는 일단 보류해 두거나 혹은 그것과 병행하여 함석헌 선생의 녹음된 말씀을 정리 출판하는 작업에 착수할 수 있을 것 같기도 합니다. 다만 테이프의 분량이 어느 정도인지, 그 보존 상태 즉 劣化의 정도가 어떠한지, 그리고 조 선생의 의사는 어떠한지 모두 알지 못합니다. 다행히 보존상태가 좋다고 할지라도, 만약 분량이 퍽 많다면 보조 인력이 필요할 것이므로 그것을 위한 재원도 마련해야 할 것이며, 출판을 맡아줄 회사도 물색해 보아야 할 것이므로, 간단한 일은 아닐 것입니다. 그렇지 않다면 이를 필생의 과제로 삼아 온 조 선생께서 아직까지 착수하지 못하셨을 리가 없을 테지요. 조 선생과 상의하셔서, 만약 제가 그런 일을 하는데 적임자라고 생각하신다면 가능한 한 빠른 시일 안에 그 테이프를 전달해 주시기 바랍니다. 그것을 검토해 본 후에 한국연구재단 같은 곳에다 그 정리 및 출판을 위한 비용 지원을 신청해 볼까 합니다. 김서민 선생이 타인에게 맡기신 부산모임 녹음테이프의 소재에 대해서도 좀 더 알아볼 필요가 있지 않을까요?

2005년에 함석헌 선생의 스승인 다석 유영모(多夕 柳永模, 1890~1981) 선생을 기념하는 다석학회라는 것이 생겨, 유영모 선생이 서울 YMCA의 연경반(硏經班)에서 1956년 10월 17일부터 1957년 9월 13일까지 1년 동안 강의한 내용의 속기록을 모아 『다석강의』(서울, 현암사, 2006, 975쪽)라는 제목의 책 한 권으로 출판하였습니다. 그 비용은 유영모·함석헌의 사상을 연구하는 단체인 재단법인 씨알의 이사장 유원호 씨가 댔으며, 여러 사람이 공동 작업을 한 모양입니다. 유 씨는 서울대 철학과 출신의 특허법인 사업가인데, 2007년 이래로 이 씨알재단이 설립 운영되어 온 데에는 같은 서울대 철학과 출신으로서 저를 함석헌 선생 모임으로 처음 인도했던 사람이며, 근자에 『다석 유영모』(현암사, 2008)라는 책을 출판하기도 한 박재순 군이 중심적 역할을 해 왔습니다. 제 힘만으로 부족하다고 생각될 경우에는 박재순 박사와 이 문제를 상의해 보겠습니다.

현재 한국에서 함석헌 사상을 연구하는 단체로는 『씨ᄋᆞᆯ의 소리』를 발간하는 사단법인 함석헌기념사업회와 재단법인 씨알이 있는 셈인데, 최근에는 『씨ᄋᆞᆯ의 소리』 전 주간이었던 인하대학교 철학과 명예교수 김영호 씨가 중심이 되어 금년 초에 함석헌학회라는 이름으로 또 하나의 새로운 단체를 창립하여 봄부터 『함석헌연구』라는 학술지를 발간할 예정이라고 합니다. 『교수신문』 1월 1일자에 실린 그 광고를 동봉합니다. 그러나 보시는 바와 같이 그 발기인이라는 사람들은 하나같이 다케모토 씨나 저에게는 생소한 인물들입니다.

2010년 1월 6일

드림

7 (목) 강추위

새 논문 「『남명집』 諸板本의 간행시기」를 처음부터 다시 읽으며 약간 수정을 가하였다.

8 (금) 맑음

인터넷으로 본교 도서관 文泉閣에 소장된 裵大維(1563~1632)의 문집 『慕亭集』(1907, 목활자본, 5권2책)과 그 책 권3에 수록된 「新山書院記」를 전자복사 하여 따로 제본한 것을 검토하였다. 종일 작업하여 논문은 39.3장의 분량까지 나아갔다.

11 (월) 흐림

서울대학교 철학사상연구소에서 간밤에 『철학사상』에 기고된 논문 심사를 의뢰해 왔는데, 오늘 퇴근 시간 전까지 검토를 마쳐 심사표를 반송하였다. 200자 원고지 200.3장의 분량인 「한국철학계의 동향과 특성」이라는 제목의 것이었는데, 참고문헌에 의해 서울대 철학과 후배일 金鍾明 군의 것으로 짐작되었다. 내용은 한국철학사 전체에서 대표적인 논쟁들을 열거하여 그 내용을 소개하고 문제점을 지적하며, 전통철학에서의 문제점들이 현대 한국의 철학계에서도 거의 그대로 재연되고 있다고 설명하면서, 이러한 연결고리를 끊고서 한국철학이 새롭게 발전할 수 있는 방안을 제시하고 있었다. 이른바 거대담론이지만, 대체로 알려져 있는 상식적인 내용들을 개론적 수준에서 언급한 데 지나지 않는 것으로 판단되었으므로, 게재불가의 의견을 적어 반송하였다. 이런 평가서는 정말 쓰고 싶지 않으나 의뢰해 온 이상 불가피한 일이다.

12 (화) 맑음

본교 연구지원실에서 연구비의 집행과 관련하여 갖가지로 감시감독을 하므로, 오늘 대전에 있는 한국연구재단의 사업종합관리 인문학 분야 담당자인 김금용 씨에게 전화를 걸어 그 문제를 문의해 보았다. 그도 정액연구비는 다른 연구비와는 달리 교수들을 편하게 해주는 것이 목적이라고 하면서, 자기가 직접 설명하겠으니 담당자와 통화할 수 있게 해 달라는 것이었다. 그래서 연구지원과로 전화를 걸어보니 담당자인 이선 씨는 휴직 중이고 설혜지 씨가 그 업무를 대신 맡고 있다 하므로, 그녀와 통화하여 김금용 씨에게 전화를 걸어보라고 말했다. 얼마 후 연구지원과의 내 담당자라고 하는 강한숙 씨가 전화를 걸어 왔고, 김금용 씨와 재차 통화한 후에 다시 연락하겠다고 하더니, 퇴근 후에 내 휴대폰으로 전화를 걸어왔다. 결론적으로 강한숙 씨가 하는 말은 자기네는 관련 규정에 따라 처리하는 것이므로 업무상의 실수는 없었으며, 다만 내 편의를 고려하여 앞으로는 집행한 직접성경비의 영수증만 전달해주면 나머지는 자기네가 알아서 처리하겠다는 것이었다. 결국 아무 것도 달라진 것은 없고, 학과로 넘겼던 일부 업무를 작년처럼 다시 자기네가 맡아서 처리해 주겠다는 정도의 반응에 불과하였다. 나로서는 얼마 되지 않는 돈 때문에 양심을 속이고 간섭을 받아가면서 공문서위조를 하기는 싫으므로, 지난해에 이어 다시금 연구비를 반납하겠다는 의사를 밝혔더니, 그것은 자기네의 소관사항이 아니라는 대답이 돌아왔다.

13 (수) 강추위

아침에 한국연구재단의 김금용 씨와 꽤 오랫동안 통화하였다. 그의 말에 위하면, 원래 정액연구비는 연구자들에게 간편하게 그냥 지급하는 것이 취지였는데, 지금은 신청하는 사람들이 꽤 많아지고 보니 다른 연구비와의 형평성을 고려하여 그렇게도 할 수 없게 되었다는 것이었다. 결국 본교 연구지원과의 직원이 처리하는 방식은 관련 규정에 따른 것이므로, 받아들이는 수밖에 별 방도가 없다는 것이다. 그 후 조교에게 전화를 걸어 연구지원과에서 내 연구비와 관련하여 무어라고 연락이 왔던지 물었더니, 앞으로 직접성경비의 영수증은 따로 제출할 필요가 없고, ERP에 올라 있는 집행내역을 조교가 출력하여 날인해 제출하면 자기네가 알아서 처리하겠다고 말했다 한다. 결과적으로 내 요구가 대체로 받아들여진 것이다.

15 (금) 맑음

『남명학연구』 제28집(경상대 남명학연구소, 2009.12)의 내용을 훑어보았다.

18 (월) 맑음

『남명학연구』 제28집을 검토하여 거기에 실린 새 문헌들을 「남명학관계기간문헌목록」에다 추가하였다.

『哲學論究』 제37집(서울대학교 철학과, 2009)의 내용을 검토하고서 그 중 권혁우 군의 논문 「전기 묵가의 철학 체계와 문제점에 관한 연구」를 읽어보았다. 권 군은 물리학부 학생으로서, 이 글은 그의 2009년 2월 복수전공 학부 졸업논문 「전기 묵가 체계의 모순점에 대한 연구」를 수정한 것이다. 논문 전체에서 한자는 단 한 글자도 사용하지 않았고, 참고문헌에도 한문이나 다른 외국어로 된 서적이나 논문은 하나도 보이지 않는다.

19 (화) 맑음

논문 작업을 다시 계속하여 46.1장의 분량까지 나아갔다. 제2절은 대충 마친 셈이다.

20 (수) 비와 안개

논문 작업을 계속하여 49.2장까지 나아갔다.

21 (목) 맑음

논문 작업을 계속하여 제2절 '초간본과 재간본'을 마치고서 제3절 '『孤臺日錄』의 증거'에 들어갔고, 56.1장의 분량이 되었다. 서울 관악구 봉천7

동에 있는 도서출판 관악사로부터 내 논문 「일제시기의 덕천서원」이 실린 『동양철학』 제32집(한국동양철학회, 2009.12) 한 부와 그 별쇄본 15부가 부쳐져 왔다.

22 (금) 맑으나 강추위

조교에게 어제 도착한 논문 별쇄본을 주어 본교 연구지원과에 제출하라고 했더니, "2008년도에 종료된 일제시기의 덕천서원 연구결과보고서가 제출되지 않았다고 합니다. 보내드리는 서식을 다운 받으셔서 학술진흥재단 홈페이지에 탑재하시면 된다고 합니다."라는 이메일 연락이 왔다. 그 서식을 다운 받아보니 무려 A4용지 15페이지 전후의 분량으로 쓰라는 것이었다. 많은 부분이 연구계획서에 작성했던 항목과 유사하므로, 연구계획서의 일부 내용을 복사해 오기도 하여 A4 11쪽 원고지 52.8장 분량의 연구결과보고서를 작성했다.

그것을 탑재하기 위해 오후에 한국연구재단의 홈페이지에 접속해 보았더니, 그 파일만 탑재하면 되는 것이 아니고 또다시 대동소이한 내용의 여러 가지 항목을 입력하도록 되어 있었다. 게다가 이 과제는 2008년 기초연구지원인문사회 단독연구로서 1년 과제인데, 연구재단 홈페이지에는 3년 과제 중 2차 연도의 주제로 되어 있는 등, 이해 못할 점이 많았다. 본교 연구지원과의 담당자인 설해지 씨는 출장 중이고, 과거에 나와 몇 차례 통화한 바 있었던 강한숙 씨는 연구비 집행 담당이라 자기는 그런 일에 대해서 잘 모른다고 하며, 대전의 한국연구재단 인문사회 담당자에게 여러 차례 전화를 걸어보았으나 신호는 가도 계속 응답이 없었다. 결국 오늘 하루가 다 걸려도 이 일을 마치지는 못했다.

서울 마포구 연남동 571-17 청원빌딩 3층에 있는 커뮤니케이션북즈 CRM팀장 박지영 씨로부터 지만지(지식을만드는지식) 인세보고가 왔다. 내가 번역한 『남명집』 350권의 2009년 7월 15일부터 2010년 1월 15일까지 순출고 분 13부의 인세 15,600원과 그 보급판 20권의 2009년 12월 1일부터 2010년 1월 15일까지 순출고 분 9권의 인세 8,550원에 대한 정산서였다. 2008년 1월 15일에 초판 1쇄 300부를 찍은 후, 그것이 매진되었으므로 보급판을 좀 더 찍은 줄로 알고 있었는데, 초판과 같은 책의 2쇄도 찍은 모양이었다. 인세 지급은 나의 보고서 확인이 완료되면 29일에 입금한다고 한다.

25(월) 맑음

한국연구재단과 교내의 연구지원실로 다시 전화 연락하여 지난주에 해결하지 못한 문제들에 대해 상의해 보았다. 연구지원실의 담당자인 설해지 씨의 말로는 나의 연구결과보고서는 탑재되었음을 확인하였고, 자기네가 그 사실을 확인해 준 후에야 최종 결과물을 탑재할 수 있다고 하며, 연구재단의 말로는 내 작년도 과제는 다년과제가 아니라 1년 과제로 입력되어져 있다는 것이었다. 그러나 내가 출력해 둔 과제기본정보항에는 분명히 3연차 다년도 과제로 입력되어져 있다.

지만지의 박지영 씨로부터 회답 이메일이 왔는데, "보급판만 찍은 것이 맞습니다. 한정판 350부는 다시 찍은 것이 아니라 초판에 찍은 350부가 계속 판매된 것입니다. 반품 들어온 것이 있어서 재생작업을 거쳐 다시 출고되었습니다. 현재 한정판 재고는 모두 소진되었고, 보급판만 판매되고 있습니다."라고 되어 있다.

26 (화) 맑음

논문 작업을 계속 하여 57.6장이 되었다.

27 (수) 흐리고 오후에 비

논문 작업은 63.3장까지 나아갔다.

우봉이 전화를 걸어와 자기가 머지않아 시집을 내는데 나더러도 거기에 실을 글을 하나 써 달라고 하므로, 예전에 강우차회의 『화백다론』에 청탁을 받아 써 준 바 있었던 「다솔사의 추억」을 좀 수정하여 원고지 23.3장의 분량으로 만들었다. 퇴근하여 우봉의 명함을 찾아 거기에 적힌 이메일 주소로 보냈더니, 그 주소는 폐지된 것이라는 메시지와 함께 되돌아왔다.

28 (목) 아침에 짙은 안개 후 개임

우봉에게 전화를 걸어 어제 보낸 이메일이 되돌아왔다고 했더니 부인 김나영 여사의 이메일 주소를 알려주었다. 그리로 다시 부쳤더니 한참 후에 김 여사로부터 전화가 걸려와 원고 파일이 열리지 않는다면서 다시 한 번 부쳐달라고 하므로 새로 부쳤다.

논문은 63.3장까지 나아갔다. 『고대일록』에 자주 나오는 盧禮山이라는 인물에 대해 어제부터 이런저런 문헌들을 들치며 찾아보았는데, 오늘 마침내 『豊川盧氏世稿』 권5에서 그의 문집인 『習悅堂遺稿』를 찾아냈다. 그는 玉溪 盧禛의 차남인 盧士誨(字 啓時, 1545~1604)로서 1596년에 예산 현감이 되었고, 1602년에는 형조정랑을 거쳐 익산군수로 되었으므로, 『고대일록』에 盧益山이란 이름으로 자주 보이는 인물과 동일인이었다.

29 (금) 맑음

조규태 교수가 자신이 새로 정리한 조숙기 및 조윤손 비문을 이메일로 보내왔다. 내가 이 두 사람의 비문을 잘 다듬어 주어서 내용에 대해서는 이제 더 수정할 곳이 없는 듯하며, 다만 표현이 우리 말 답지 않은 곳이 몇 군데 있어 조금 고쳐보았다면서, 혹시 또 고쳤으면 하는 곳이 있으면 말해 달라는 것이었다. 검토해 보았더니 조 교수가 손을 댄 부분이 꽤 많았으며, 표현을 고쳤다기보다는 이 글을 처음 번역한 한문학과 H·이상필 교수의 것과 내가 수정한 것을 절충한 내용이 대부분이었다. 내가 적지 않은 시간을 들여 심혈을 기울여 손봐 준 것을 한문을 모르는 조 교수가 함부로 고친 것이 불쾌하였으나, 퇴근 시간까지 두 차례 검토하여 새로 수정한 파일을 첨부해 보냈다.

지식을만드는지식의 박지영 씨로부터 인세 24,150원을 내 구좌로 입금했다는 이메일을 받았다.

2월

1 (월) 흐리고 낮 한때 부슬비

논문 작업을 계속하여 75.3장의 분량까지 나아갔다.

들말의 국제대 부속유치원 뒤편에 있는 한성갈비로 가서 진주교대 도덕과의 김낙진 교수 및 김경수 군과 어울려 술을 들었다. 김경수 군은 그가 사업에 참여해 있는 한국국학진흥원의 목판조사팀과 어울려 근자에 5박 6일 일정으로 중국 山西省의 大同·恒山·太原·平遙 일대와 북경 근처의 周口店에 다녀왔으므로, 그 여행 이야기를 들었다. 그 근처의 평거동 770-5 1층에 있는 시안이라는 맥주집에 들러 2차를 하고서 밤 11시 무렵 귀가하였다.

오늘 술자리에서 들은 바에 의하면, 진주교대에서는 전 총장인 권정호 씨 때 부산교통의 조옥환 사장으로부터 남명학 연구 명목으로 2억5천만 원의 지원금을 받아 기금을 조성해 두어 1년에 1,500만 원 정도의 이자 수입이 있는데, 한문을 읽을 수 있는 연구 인력은 김낙진 교수 한 사람밖에 없으므로 학생들과 더불어 매년 답사 여행을 다니는 정도이며, 사단법인 남명학연구원에서도 상임연구위원들의 남명학 관계 연구 활동은 거의 없는 형편이라고 한다.

2 (화) 맑으나 다소 쌀쌀함

종일 작업하여 83.6장까지 나아갔다.

점심 때 교직원식당에서 구자익 군과 한 테이블에 앉았다. 그는 남명학연구원이 도교육청으로부터 발주 받은 인성교육 관련 사업에 작년부터 참여하여 그 책임자인 본교 윤리교육과의 손병욱 교수를 돕고 있으며, 노량에서 초등학생에게 매주 한 번씩 논술을 가르치는 일도 하고 있다. 오늘 그로부터 들은 바에 의하면, 부산교통의 조옥환 사장은 머지않아 선비문화교육원 설립을 위해 10억 원을 더 출연한 후 남명학 관계 사업으로부터 손을 뗄 생각을 하고 있으며, 물주인 그의 속내를 연구원 사람들도 다 짐작하고 있는 모양이라고 한다. 작년에 출간된 『고대일록』 역주본에 대해서도 조 사장은 투입한 돈에 비해 그 책 속에 자기 선조인 남명에 관한 언급이 거의 없으므로, 실망스러워 하는 모양이라고 했다. 그러니 그 후속 사업으로서 내가 연구원 측에 추천한 感樹齋 朴汝樑 친필 『感齋日記』의 脫草 및 譯註 사업에 그가 돈을 댈 리도 없을 터이다.

3 (수) 어제보다 더 추움

출근해 보니 연구실 전화기에 경기도 성남에 산다는 조인환 씨로부터 어제 걸려온 음성 메시지가 녹음되어 있었다. 오늘 중에 내 연구실을 방문하고 싶다는 내용이었다. 오전 중에 다시 전화를 걸어왔으므로 오후 2시 이후에 오라고 하였다. 그는 이전에 조규태 교수를 통해 미수 허목이 지은 德山碑에 대해 문의해 온 바 있었으므로, 내가 과거에 그 문제에 대해 언급한 논문 「『남명집』 이정본의 출판」 파일을 전달해 달라고 조 교수에게 이메일로 보내준 바 있었는데, 그것을 읽어보고서 나를 만나고자 하는 것이었다.

김병택 교수와 더불어 미디엄 코스를 산책하고서 연구실로 돌아와 논문 작업을 계속하고 있으니 그가 찾아왔다. 그가 건네준 명함에는 '竹山 曺奉岩先生名譽回復汎民族推進委員會 運營委員長 曺仁煥'이라고 인쇄되어져 있었고, 선물로 준 창녕조씨 소식지 『一源』 제9호(2008.7) 제10호(2009.8)에는 주간으로 인쇄되어져 있기도 했다. 이 잡지는 2005년부터 그가 실무를 맡아 간행해 온 모양이다. 예전에 ≪한국일보≫ 기자로 근무한 사람으로서, 남명학연구원에도 출입이 잦아 그 사무국장을 지낸 김경수 군도 잘 알고 있는 사람이었다. 그는 지금은 昌寧曺氏侍中公派로 칭하고 있는 舊 南平曺氏의 후예로서, 일제시기의 남명 후예 문중에서 가장 영향력 있는 인물이었던 弦齋 曺庸相이 자기네를 중국에서 들어온 성씨라고 하여 창녕조씨대동보에서 배제하고자 한 데 대해 큰 유감을 품고서, 그것에 보복하는 뜻으로 허미수의 「덕산비」를 원형대로 번역하여 창녕조씨 소식지에다 싣고, 덕산 문중에서 간행한 『창녕조씨파보』 중의 자기네 문중과 관련된 내용도 번역하여 실을 계획을 가지고 있었다. 그러나 남평조씨가 조선 초기부터 17세기 초의 인조 연간까지 창녕조씨와 본관을 달리하고 있었고, 두 문중 간에 서로 혼인한 사례도 많았다는 사실은 인정하고 있었다. 나는 그에게 그 문제에 대해 다룬 최근에 발표한 자신의 논문 「일제시기의 덕천서원」 별쇄본 한 부를 주었다.

논문은 85.1장까지 나아갔다. 함양 灆溪書院의 초기 원임들을 기록한 盧士豫의 선조 12년(1579) 서문이 있는 필사본 『經任案』 복사물을 오늘 비로소 찾아냈다.

4 (목) 맑음

인터넷을 통해 『國朝文科榜目』 중의 曺彦卿 항목을 조회해 보고서, 어제 조인환 씨가 말한 바와 같이 조언경의 선계 및 처·외가가 남명 집안과 같지 않음을 확인하였다. 이어서 『조선왕조실록』 중의 조언경 항목을 조회해 보았더니, 『중종실록』 기묘사화 이전에 11개의 관련 기사가 있는데, 개중에는 史臣 평에 그 형이 曺彦亨이라고 언급된 것도 있어, 어쩌면 남명의 숙부와 동명이인이 아닌 동일인이 아닐까 싶기도 하였다.

그러는 중에 성남의 자택으로 돌아가 있는 조인환 씨로부터 전화가 걸려 왔다. 그의 말에 의하면 어제 받아간 내 논문 중에도 문제되는 부분이 있다는 것이었다. 조용상을 가리켜 "조씨 문중의 지도자"라고 한 부분과 종전의 南平曺氏가 선조 29년(1596)에 편찬된 창녕조씨의 첫 족보인 丙申譜에는 없었다가 숙종 19년(1693)에 편찬된 두 번째 족보 癸酉譜에서부터 "창녕조씨시중공파라 칭하며 대동보에 참여하게" 되었다고 설명된 부분을 가리킨 것이었다. 그리고 첫 족보의 간행 연대도 맞지 않는다고 했다. 내가 조씨 문중이라 한 것은 논문의 본문을 읽으면 덕산의 남명 후손 가문을 한정하여 말한 것임이 분명하다고 설명했지만, 그것조차도 좀처럼 수긍하지 않는 것이었다.

그의 설명에 의하면, '侍中公派'라 함은 『고려사』 충렬왕 조에 精通이라는 사람에 대한 언급은 있으나, 그가 시중의 벼슬을 받았다든지 南平의

古名인 '鐵冶君'에 봉해졌다는 기록은 없으며, 이러한 설은 전남 진도에 있는 五龍 집안에서 펴낸 어느 족보의 설명을 김해의 일족이 그대로 옮겨 실은 것으로서 허황된 것이고, 그들이 자기네를 右台公宗門이라 칭하는 것도 전혀 타당성이 없다는 것이었다. 조인환 씨 자신은 그들과 연을 끊고 지낸다고 한다. 내가 참조한 것은 1975년에 이어 두 번째로 간행된 1985년도의 『창녕조씨시중공파보』이며, 그 이전 1948, 1968년도에 두 차례 간행된 족보에는 김해 쪽 계파를 '창녕조씨監務公派'라 칭하였는데, 이는 『조선문과방목』에 태조 5년의 문과 급제자로서 오른 인물인 남평조씨 由仁의 증조부인 信義가 받은 관명으로서, 이것이 오늘날 확인할 수 있는 최초의 선조이므로 그러한 호칭이 타당하다는 것이었다. 인환 씨는 그 17대 후손이라고 한다.

그는 이후에도 몇 차례 더 전화를 걸어와 나와 오랫동안 대화를 하였다.

5 (금) 맑음

조규태 교수가 또다시 부윤공비문과 장호공비문을 교열한 것을 보내와 검토해 달라고 했으므로, 새벽부터 두어 시간 그 작업을 하느라고 출근이 꽤 늦어졌다. 그는 이번에는 내가 수정한 내용을 상당히 수용했지만, 여전히 자기 생각을 고집하는 부분도 있다.

6 (토) 맑음

집으로 돌아왔더니, 조옥환 사장이 설날 선물로 예의 사과 한 상자를 어제 택배로 보내온 것이 도착해 있었다.

조규태 교수가 또다시 수정해 보내온 비문을 검토한 다음, 오후 5시 57분에 이메일 첨부 파일로 보냈다. 파일 중에 그가 한문의 전문가도 아니면서 나의 교정 내용을 수용하지 않고서 계속 고집을 부리고 있는 점에 대해서도 지적했다.

7 (일) 맑음

오전 11시 50분에 조규태 교수로부터 "감사하기 그지없습니다."라는 내용의 회답이 왔다.

지난주에 한국연구재단의 2010년도 인문사회 연구지원사업 시행계획 공지를 보았다. 내가 작년과 재작년의 2년에 걸쳐 신청하여 계속 선정된 개인의 일반기초연구지원사업 같은 경우에는 2009년도에는 3월에 공고하고 4~6월에 심사하여 7월에 지원하는 일정이었는데, 금년도에는 1월 공고/3~4월 심사/5월 지원으로, 모든 일정이 2개월씩 빨라졌다. 그러나 나는 작년에 연구비 지원 받은 과제를 아직 착수하지도 못하고서 그에 앞서 다른 주제의 논문을 작성하고 있으며, 연구비에 대한 회의도 계속 느끼고 있으므로, 금년에는 지원하지 않을 생각이다. 지원하지 않을 경우에는 심사를 위촉해 오는 경우가 많은데, 그것 또한 번거로운 일이다.

8 (월) 비

지난주에 조인환 씨가 주고 간 昌寧曺氏消息誌『一源』제9·10호의 내용을 검토하며, 그중에서 舊 南平曺氏와 관련된 내용들을 카드화하였다. 이 잡지의 발행처인 도서출판 일원은 경기도 성남시 수정구 태평2동 584에 소재하는데, 그 주간인 조인환 씨도 성남시에 산다고 했으며, 권말의 '편집을 마치고' 란 아래 부분에 책값(회비) 납부 구좌가 3개 제시되어져 있는데, 그 예금주도 모두 조인환으로 되어 있다. 조 씨는『일원』주간 외에도 죽산 조봉암 명예회복 범국민추진위원회 운영위원장, 창녕조씨 화왕산 득성지 보존회 운영위원장의 직책도 맡아 있어, 창녕조씨의 문중사업에서 가장 활발한 활동을 하고 있는 인물인 듯하다. 제9·10호에는 그가 쓴 글이 많고, 시랑공파 총무인 조규태 교수도 계속하여 글을 싣고 있었다.

조규태 교수와 점심 때 교직원식당에서 만나 함께 산책을 하려다가 비 때문에 중단하고서 그의 연구실로 따라가 내 논문「일제시기의 덕천서원」제3절에 언급된 창녕조씨 족보인 계유보(1693), 정해보(1767), 갑술보(1874)의 영인본 5책을 빌려왔다.

9 (화) 비

『일원』 제10호의 검토를 마치고서, 어제 조규태 교수로부터 빌려온 『창녕조씨세보』 계유보를 검토하기 시작했다. 그 책 첫머리에 丙午譜(1606, 선조 39년) 서문이 실려 있는데, 내가 「일제시기의 덕천서원」 188쪽에서 "창녕조씨의 사보 간행은 선조 29년(1596)의 丙申譜(參判譜)가 처음이며"라고 한 것은 아마도 병오보의 착오인 듯하다.

오전 중에 다시 조인환 씨로부터 전화가 걸려왔다. 내 논문 중의 "문제는 이 계유보에서부터 종전의 남평조씨가 창녕조씨시중공파로 칭하며 대동보에 참여하게 된 점에 있다"라고 한 구절과, 시중공파보에서 "남명과 그 부인이 결국 별거상태에 들어갈 수밖에 없었던 원인도 뒤늦게 동족이라는 사실을 알았기 때문이었던 것으로 설명하고 있다"고 한 구절, 그리고 덕산 문중의 조용상이 "남명 외에도 창녕조씨의 이름난 인물인 장호공 조윤손의 아들 의산이 남평인 조결의 딸을 아내로 맞이하고, 퇴계 문인 지산 조호익의 맏형 계익의 딸도 남평인 조형해에게 시집간 사례가 있음을 강조하고 있다"고 한 구절을 문제 삼고 있었다. 그는 내가 결국 덕산 문중 편을 든 것이라면서, "왜 남의 집안 팬츠까지 벗기려 하느냐?"고 항의하였다.

점심 때 조규태·김병택 교수와 더불어 우산을 받쳐 들고서 미디엄 코스를 산책하였는데, 조 교수의 말에 의하면 몇 년 전 창녕조씨대종회장이 남평조씨는 창녕조씨가 아니라고 발언한 적이 있어, 구 남평조씨 계열인 조인환 씨가 그 점에 대해 특별히 민감한 것이라고 한다. 조인환 씨는 『일원』에서, 『세종실록지리지』에 보이는 총 4,446개의 성씨를 모두 본관이라고 주장하고, 거기에는 曺姓을 가진 백성은 평안도를 제외한 7道의 58고을에 분포되어 있었으므로, 거주지 지명을 성씨의 본관으로 하였다면 조성의 본관은 58본이며, 조선조 사마방목에서 보는 조성의 본관은 24본인데, 조선조 중기 즉 숙종 때 편찬된 계유보(1693)에서부터 창녕조씨는 모두 단일본이 되었다고 주장하고 있다.

10 (수) 비

회옥이는 아내의 병실에서 자고, 나는 집에서 잔 후 출근 시간에 다시 병실로 가서 퇴근 시간 무렵까지 거기에 있었다. 틈틈이 『昌寧曺氏世譜』를 읽어 병오보 서문의 카드화를 마치고서 계유보의 범례까지 나아갔다.

11 (목) 비

어제에 이어 『일원』에 실린 본관 및 『창녕조씨세보』 계유보에 대한 조인환 씨의 설명을 새롭게 검토하고, 그것을 『한국민족문화대백과사전』 '본관' 조에 실린 이수건 씨의 설명 및 계유보 본문의 기술 내용과 대조해 보고서, 조 씨의 설명이 대부분 잘못된 것임을 알았다.

12 (금) 비

금년 3월부터 내년 2월까지 한국동양철학회장을 맡아 보게 된 연세대학교 철학과의 이광호 교수가 내 휴대폰으로 전화를 걸어왔다. 다음 주 대구 계명대학교에서 열릴 제3차 국내동양철학연합학술대회의 총회에서 현재 한국동양철학회 부회장인 내가 이광호 교수의 후임으로 선출될 예정이므로, 금년도의 업무에 대해 협의하는 내용이었다.

16 (화) 맑음

『창녕조씨족보』 癸酉(1693)·丁亥譜(1767)를 읽으며 카드화했다. 『南冥別集』 권1의 「世系」 注에서 설명된 수정되기 전의 계보는 丙午譜(1606), 수정된 것은 癸酉譜의 것과 같음을 확인했다. 그리고 晦谷譜란 정해보가 아니라 병오보, 즉 參判譜의 또 다른 별칭임도 비로소 알았다.

17 (수) 맑으나 쌀쌀함

『창녕조씨세보』 丁亥本을 마치고서 甲戌譜(1874)의 카드화를 시작했다. 그 서문을 통해 晦谷譜는 인조 때 晦谷公이 만든 것으로서, 선조 때 曹倬이 만든 參判譜와 같은 것이 아님을 알았다.

18 (목) 맑으나 쌀쌀함

대구 계명대학교에서 '동양고전(경전)의 현대적 재해석'이라는 大주제하에 개최되는 한국동양철학회 주최 제3차 동양철학연합학술대회에 참석하기 위해 오전 8시 40분 발 천일고속버스로 대구를 향해 출발하였다. 서대구 정거장에서 하차하여 택시를 타고 대회가 개최되어 있는 계명대학교 성서캠퍼스의 경영대학인 義洋館 앞에서 하차하여, 207호실로 올라갔다. 오전 10시부터 시작된 개회식을 마치고, 대구한의대 심창애 씨의 사회로 회장인 계명대 李東熙 교수의 기조발표 「동양고전(경전)의 현대적 가치와 그 활용」이 진행되고 있었다. 이어서 한국동양철학회를 대표하여 대구한의대 박홍식 교수에 의한 「『논어』의 행복론」과 영산대 金暎鎬 교수의 논평이 있었고, 그 건물 지하 1층에 있는 교직원식당에서 점심 식사를 들었다.

점심때는 동양철학과가 폐지되어 현재 일본학과에 소속되어 있는 대구한의대학교 박홍식 교수 및 그의 주선으로 현재 그 대학 국제문화연구소에 전임연구교수로 와 있는 일본 東京의 立教대학 문학부 深澤行德 교수와 더불어 한 테이블에 앉아 좀 대화를 나눠보기도 했다. 深澤 씨는 横濱에 집이 있고, 學習院대학 출신으로서 한국고대사를 전공하는데, 특히 금석문에 관심이 많다고 한다.

내가 臺灣대학 철학과 석사과정에 재학할 때 그 학과 선배로서 한국대사관에 근무하고 있었던 임수무 씨가 모교인 계명대 철학과의 교수직을 몇 년 전에 정년퇴임하고서 지금은 명예교수로 있는데, 오늘 모처럼 다시 만났다. 목사이기도 한 그는 현재 전공 강의 한 과목과 이 대학에 유학해 있는 중국 학생들에게 한국어를 가르치는 일을 맡아 있다. 그런데 그의 말에 의하면 계명대에는 현재 천 명이 넘는 중국인 유학생이 와 있는데, 그들 대부분이 중국에서는 자기 실력으로 대학에 입학하지 못한 사람들이라고 한다. 한국 학생에 비해 7할 정도의 등록금을 내므로 그런대로 대학 재정에 보탬이 되는 것이라고 한다. 내가 근무하는 경상대학교에도 100명이 넘는 중국 유학생이 재학 중인 것으로 안다.

식사를 마친 다음, 그 건물 옆의 啓明漢學村 일대를 둘러보았다. 2004년 개교 50주년을 기념하여 우리의 문화를 널리 소개하고 교육하기 위해 옛날 집을 그대로 재현하여 조성한 곳이었다. 한학촌은 서원 양식의 啓明書堂과 양반 민가 양식의 한옥인 溪亭軒, 그리고 정원으로 구성되어져 있는데, 연면적 259평 규모였다. 의양관으로 돌아와 다시 지하의 커피숍에서 커피를 마시며 대화를 나누다가, 오후 1시부터 시작되는 오후의 주제발표 일정에 참석하였다.

오후에는 한국동양철학회 총무이사인 성균관대 진성수 씨의 사회로 한국국학진흥원의 박경환 씨가 한국유교학회를 대표하여 「고전의 지혜로 보는 '厚生'의 문제—『맹자』 해석과 번역의 문제를 중심으로—」를 발표하고 한국국학진흥원 이상호 씨가 논평하였으며, 전남대 윤리학과의 김기현 교수가 동양철학연구회를 대표한 「『대학』의 현대적 재해석」과 성신여대 김용재 씨의 논평이 있었다. 잠시 휴식을 취한 다음, 성균관대 이문주 씨의 사회로 한국양명학회를 대표한 건국대 전병술 씨의 「『전습록』의 심리(치료)학적 독법」과 충남대 철학과 김세정 교수의 논평, 사단법인 한국불교학회를 대표하여 그 학회 회장인 동국대 인도철학과 김선근 교수에 의한 「『금강경』의 현대적 재해석」 발표와 동국대 불교문화연구원 김호귀 씨의 논평이 이어졌다.

오후 4시부터 5시 38분까지 영남대 철학과 정병석 교수의 사회로 종합토론이 있었고, 이어서 총회가 있었다. 이동희 회장의 경과보고에 이어 금년도 회장인 연세대 철학과 李光虎 교수의 주재로 차기회장과 감사를 선임하였는데, 이미 2년 전에 예정되어 있었던 바와 같이 제17대인 2011년도 회장에는 내가 결정되어 인사말을 하였다.

23 (화) 화창한 봄 날씨

『동양철학』 제31집 중의 한국동양철학회 제15대 임원 명단 및 지난주 계명대에서 배부 받은 총회 자료를 검토하며, 내년부터 시작될 나의 제17대 회장 임기 중 인사와 재정 문제 등에 대해 생각해 보았고, 제15대 이동희 회장과도 전화로 상의해 보았다. 연구·교류·운영 이사 및 연구·교류위원의 구체적 역할에 대해 문의해 보았지만, 사실상은 하는 일이 없다는 대답이었다. 그렇다면 학회의 실질적인 업무는 회장의 지휘하에 간사 및 총무이사와 편집이사가 대부분 처리하는 셈이다.

24 (수) 맑으나 퇴근 무렵 빗방울

『昌寧曺氏世譜』 甲戌譜(1874)의 카드화 작업을 계속했다. 창녕조씨의 족보는 인종·명종 시기의 曺夏尹·震英·命基·潤孫·景承이 각각 만든 私譜인 舊譜, 세조대의 曺仲義에 의한 判官譜, 명종대 曺植의 南冥譜, 연산조 曺偉의 梅溪譜, 선조대 曺倬의 參判譜, 조탁의 손자 實久에 의한 軍威譜, 인조대의 晦谷譜, 숙종대의 癸酉譜, 영조대의 丁亥譜, 고종대의 甲戌譜 등 10종이 있다. 그 중 1606년의 丙午譜 즉 참판보와 1693년의 계유보, 1767년의 정해보, 1874년의 갑술보는 대동보의 성격을 지닌 것으로서, 창녕조씨 광주·전남종회에 의해 1989년에 광주의 錦湖文化社에서 영인축소 제2판이 발간되었는데, 내가 조규태 교수로부터 빌려 보고 있는 것이 바로 그것이다. 舊 南平曺氏가 侍中公派라는 이름으로 창녕조씨대동보에 수록된 것은 갑술보에서부터임이 확인되었다.

25 (목) 많은 비

갑술보의 카드화를 마치고서, 빌려온 족보들을 오후에 조규태 교수에게 모두 반환했다. 조 교수가 내 논문 「일제시기의 덕천서원」을 보고자 하므로, 그 별쇄본 한 부와는 별도로 분량을 줄이기 전의 논문 파일도 이메일로 보내주었다.

26 (금) 흐리고 때때로 부슬비

점심 때 조규태 교수와 더불어 우산을 받쳐 들고서 쇼트 코스를 산책한 후 조 교수의 연구실로 돌아가 내가 검토해 본 창녕조씨 족보들을 꺼내 구 남평조씨 계열 김해파에 관한 기록들을 함께 검토하였고, 지난번에 빌려보지 못했던 辛亥譜(1911) 두 책도 새로 빌려왔다.

2008년 10월 20일 경상대학교 개교 60주년을 기념하여 본교 인문학연구소에서 개최한 국제학술대회 발표논문을 『동북아문화의 과거와 현재』라는 제목의 단행본(서울, 박이정, 2010년 2월 28일 발행, 인문학총서 14집)으로 간행한다면서 최종 교정쇄를 보내왔으므로, 그 첫머리에 배치된 내 논문 「대북정권 시기의 鄭仁弘」의 교정사항을 적어서 인문학연구소 조교인 김은주 양에게 이메일 첨부파일로 보내주었다.

김경수 군이 오늘 내게 기증한 『경남지역의 목판자료 (2)』(안동, 한국국학진흥원, 2009)의 내용도 검토해 보았다. 김 군은 남명학연구원의 조구호 사무국장과 더불어 이 연구진에 참여해 있으며, 이번 겨울방학 기간 중에는 연구진 일행과 더불어 중국 山西省 및 北京 지역을 여행하고서 돌아왔다.

3월

2 (화) 흐림

『경남지역의 목판자료 (2)』를 다시 한 번 훑어보았다. 이는 안동의 한국국학진흥원이 3년에 걸쳐 추진하는 사업의 2차년도 보고서인데, 경남의 중남부 7개 지역인 거제·고성·남해·사천·진주·통영·함안 지역의 목판을 조사한 것이다. 2008년 8월 1일부터 2009년 7월 31일까지 진행 완료한 것이라고 한다.

『창녕조씨족보』 辛亥本의 카드화 작업을 계속하였다. 조인환 씨는 조규태 교수에게 내 논문 「일제시기의 덕천서원」 제3절 중 派譜의 성립

부분에 대해 세 가지 문제점을 제시했다고 하는데, 그것은 첫째 남명과 그 부인 남평조씨가 '별거'했다고 언급한 점, 둘째 종전의 남평조씨가 癸酉譜(1693)에서부터 창녕조씨시중공파로 '칭하며' 대동보에 참여했다고 한 점, 셋째 장호공 조윤손의 아들 의산이 남평인 '曺傑'의 딸을 아내로 맞았다고 한 점이라고 한다.

그런데 시중공파라는 명칭은 고종 11년(1874)에 간행된 甲戌譜에서부터 보이지만, 김해의 舊 남평조씨는 일제시기인 1914년에 간행된 辛亥譜(1911)에 이르기까지도 시중공파가 아닌 判府事公派에 속해 있었으며, 그 문중 사람인 조인환 씨의 말로도 자기네는 시중공파가 아닌 監務公派라고 하므로, 사실관계에 대한 내 인식에 착오가 있었음은 인정된다. 그러나 남명이 그 부인과 별거한 것은 사실일 뿐 아니라, 그 원인에 대해서도 1985년에 김해의 창녕조씨시중공파右台公宗門會에서 간행한 『창녕조씨시중공파보』에서는 동성동본이라는 사실을 남명이 뒤늦게 인식하게 된 점을 들고 있다. 창녕조씨의 여러 대동보에서는 조결에게 남명의 장인인 琇 이외에 다른 자식이 있었던 사실을 기술하고 있지 않으나, 『弦齋集』에 義山이 조결의 딸과 혼인한 사실이 지적되어져 있을 뿐 아니라, 오늘 확인한 『남명집』 임술본 권2의 「解關西問答」에도 "植之婦翁有孼妹, 乃潤孫妾子義山之妻也. 門戶相連, 嘗知其顚末"이라 되어 있고, 丁亥譜의 조윤손 서자 義碩 條의 주석에도 "南冥集, 潤孫有庶子義山, 而癸譜不錄, 其或義碩之初名耶" 라고 하였으므로, 『창녕조씨족보』에 보이는 조의석이 조결의 딸과 혼인한 사실은 틀림없는 것이다.

3 (수) 맑음

일반대학원 동양철학전공의 중국고대철학연구 첫 수업을 시작하였다. 이 과목에서는 淸代 학자 孫貽讓의 『墨子閒詁』를 텍스트로 삼아 윤독하게 된다.

한국동양철학회의 16대 총무인 임채우 씨가 한국동양철학회의 임원회의를 알리는 이메일을 보내왔다. 거기에 16대 한국동양철학회 임원진 명단 및 연락처가 첨부되어져 있었는데, 새 부회장으로서 대구한의대의 박홍식 씨와 서울대의 허남진 씨가 추가되어져 있었다. "부회장 인선에 대해서는 들은 바 없는데, 회장의 직권으로 결정했는가요?"라는 내용의 회신을 보냈다.

4 (목) 비

『창녕조씨족보』를 읽으며 카드화 해 둔 내용을 다시금 면밀히 검토해 보았다.

어제 오후에 신해보를 반환하기 위해 조규태 교수 연구실에 들렀을 때 조인환 씨가 나의 답변을 기다린다는 말을 들었으므로, 그런 약속을 한 기억은 없지만 오늘 오전 연구실에서 조인환 씨에게 전화를 걸어보았다. 역시 그가 조 교수에게 지적했다는 세 가지 문제점에 관한 것이었다. 그것들은 대체로 내가 이미 구두로 그에게 설명한 바 있었던 것인데, 그는 내 말에 귀를 기울이려 하지 않고 막무가내로 서면질의서를 보내겠으니 답장을 해 달라고 말하고는 전화를 끊는 것이었다.

조인환 씨와의 통화가 끝난 직후에 남명학연구원의 한국선비문화연구원 설립추진위원회 기획실장인 조용규 前 산청군 부군수로부터 전화가 걸려왔다. 문제가 된 그 논문을 보여 달라는 내용이었다. 그에게 이메일로 논문의 원본 파일을 보내면서 조인환 씨가 지적한 세 가지 문제점에 대한 설명을 하고, 그 내용을 조인환·조규태 씨도 참조케 함으로써 조인환 씨에 대한 서면답변에 가름하겠노라고 했다.

그 이메일을 입력하고 있는 도중에 조인환 씨로부터 다시 전화가 걸려와 내가 조금 전에 거론한 『남명집』의 「解關西問答」을 다시 읽어보았더니 과연 曺潤孫의 아들 義山이 남명의 처고모에 해당하는 南平人 曺傑의 딸과 혼인한 내용이 있었다면서, 그럼에도 내가 논문에서 사실관계를 적나라하게 파헤친 점에 대해 유감의 뜻을 표시하면서, 가르침을 구하는 뜻에서 서면질의서를 보내겠으니 답변해 달라고 말하는 것이었다.

5 (금) 비

오전에 조인환 씨로부터 다시 전화를 받았다. 그가 질문한 세 가지 항목 중 남명이 남평조씨 부인과 별거했다는 점에 대해 내가 논문의 주 44에 제시한 근거 문헌에 대해 조 씨는 어제 거기에 그런 내용이 없다고 주장했으나, 다시 찾아보니 있더라는 것이었다. 그러므로 세 가지 항목 중 두 가지는 그가 나의 설명이 타당함을 인정한 것이고, 또 하나인 남평조씨가 계유보(1693)에서부터 창녕조씨시중공파로 칭하며 대동보에 참여했다는 점은 내가 참조한 자료가 해방 이후에 간행된 시중공파보였던 까닭에 잘못 인식된 것이라는 점을 내가 이미 인정했던 것이므로, 이제 문제는 모두 해결된 셈이다. 조인환 씨는 나의 논문으로 말미암아 덕산 문중과의 사이에 있어 온 해묵은 분쟁이 재연될 가능성이 있고, 창녕조씨대동종친회로부터도 자신이 속한 舊 남평조씨를 창녕조씨의 일파로 받아들이는 데 대한 거부반응이 있을 것을 두려워하고 있는 것이다.

『조선왕조실록』에 실린 남명의 부친 曺彦亨 및 숙부인 曺彦卿 관계 기사 및 『國朝文科榜目』에 실린 조언경에 관한 기록을 다시금 검토하여 필요한 부분을 카드화하였다. 『조선왕조실록』에는 조언형에 관한 기사가 연산군 대에 1조, 중종 대에 13조, 선조 대에 1조 실려 있고, 조언경 관계 기사는 중종 대에만 11조 실려 있다. 문과방목에 실린 조언경의 가계를 보면 남명의 숙부가 아니라는 조인환 씨의 주장이 타당한 듯하지만, 실록에서는 두 사람이 같은 시기에 생존한 인물임이 확인되고, 더구나 중종 14년(1519) 10월 20일 조에서 이 두 사람이 형제임을 확인할 수도 있으니, 아직은 꼭 아니라고 인정하기도 어려운 상황이다. 오늘 조인환 씨에게 문과방목에 보이는 조언경의 집안 족보 중 해당부분을 복사하여 보내줄 것을 당부해 두었다.

퇴근 후 오후 6시 30분에 김병택·조규태 교수와 더불어 신안동 26-26에 있는 일식집 하나유끼(花雪)에서 만나 저녁을 사기로 했으므로, 그리로 가는 택시 안에서 금년도 한국동양철학회장인 연세대 이광호 교수로부터 전화를 받았다. 상의 없이 새 부회장 두 명을 결정한 점과 관련하여 총무이사에게 불만의 뜻을 피력한 데 대한 설명이었다.

8 (월) 맑음

내가 과거에 복사 제본해 둔 덕산 문중의 『창녕조씨파보』 甲寅譜(1974)의 首編 내용을 다시 한 번 검토하며 카드화하였다.

9 (화) 개었다가 저녁 무렵 부슬비

집에서 가져 간 『창녕조씨파보』 己巳譜(1989) 首編과 一卷의 내용을 갑인보와 대조하여 읽으며 카드화하였다. 남명의 숙부인 曺彦卿의 墓碣銘을 『국조문과방목』 및 실록의 기록과 대조하여 검토해 보았는데, 성명과 字, 문과급제 시기 및 기묘사화 때 실각한 이력까지도 같지만 그의 친가와 외가에 대한 기술이 서로 전혀 다른 점이 문제인 것이다. 묘갈명은 거의 동시대인 명종 원년(1546)에 김해부사 權璜에 의해 지어진 것으로 되어 있는데, 이를 신빙할 수 있을 지가 문제이다. 己巳譜에서는 창녕조씨의 시조로 되어 있는 曺繼龍을 신라 선덕여왕의 남편이라 하고, 후손인 曺永晧가 1978년에 쓴 두 사람의 實記를 싣고 있는데, 그 한문이 거의 문리가 통하지 않는 수준의 것이었고, 저명한 국사학자인 李丙燾·李瑄根이 각각 1976년에 집필하여 이에 부화뇌동하는 내용의 跋文 및 始祖記도 싣고 있다.

10 (수) 간밤에 큰 눈

모처럼 논문 작업을 다시 시작하여 85.9장의 분량까지 나아갔다. 특히 주석에서 함양 灆溪書院의 필사본 『經任案』에 대한 부분을 추가하였다.

11 (목) 맑음

사단법인 남명학연구원이 발간하는 『선비문화』 2010년 봄(제17)호를 읽었다.

12 (금) 흐림

고속버스 터미널로 가서 12시 30분 발 버스로 상경하였다. 한국동양철학회 16대 첫 임원회의에 참석하기 위해서였다. 동서울의 강남고속터미널에 내려 지하철 3호선으로 갈아타고서 안국역에 내렸다. 雲峴宮 건너편 길을 지나 모임 장소인 종로구 관훈동 84-2의 수운회관 뒤편에 있는 음식점 지리산의 위치를 확인한 다음, 오후 6시 모임 시간까지는 1시간 반 정도의 여유가 있었으므로, 근처의 인사동 거리와 청계천 2가의 새로 정비된 산책로 일대, 그리고 탑골공원 구내를 거쳐 낙원상가 등을 한 바퀴 걸어보았다.

임원회의에는 회장인 연세대 이광호 교수와 차기회장인 나, 부회장인 성균관대 최영진, 연구위원장인 인하대 이봉규, 편집위원장인 한국학중앙연구원의 한형조, 연구이사인 한림대 양일모 교수 등과 교류이사인 서울대 강사 강중기, 운영이사인 성균관대 홍정근, 총무이사인 연세대 임채우 씨 등 모두 9명이 참석하였다. 다들 나와는 면식이 있는 사람들이고 그 중 6명은 서울대 철학과 동문이었다. 4월 월례발표회와 6월 퇴계학학술대회 건, 10월말 경으로 예정하는 국제학술대회 또는 국내 연합학술대회 건 등에 대해 협의하였다.

이광호 회장은 지난번에 개인적으로 잘 아는 독지가로부터 1,000만 원의 자금을 확보해 두었다는 말을 한 적이 있었으나, 이번에는 국제학술회의를 위해 고등교육재단으로부터 최소 2,000만 원에다 한국연구재단의 1,000만 원을 보태 3,000만 원 정도의 자금을 더 마련할 수 있다고 말하는 것이었다. 그렇다면 과거의 회장들에 비해 파격적인 규모의 자금을 끌어들이는 셈인데, 과연 차기 회장인 내가 그런 면에서 어느 정도 능력을 발휘할 수 있을지 염려가 된다.

18 (목) 맑음

논문 작업을 계속하여 95.7장까지 나아갔다. 제3절을 마치고서 제4절 '판본의 계통과 板本名'을 입력하기 시작했다.

19 (금) 맑음

논문 작업을 계속하여 104.5장까지 나아갔다.

20 (토) 대체로 맑으나 황사와 오후에 약간의 빗방울

예문서원으로부터 나의 저서『동아시아의 사상』에 대한 2009년 인세표가 이메일로 보내져 왔다. 작년 한 해 동안 팔린 책은 모두 84책, 누계는 925책, 세금을 제하고서 3월말까지 내 구좌로 지불될 인세는 56,870원이라고 한다.

22 (월) 맑으나 오후 한때 빗방울

본교 인문학연구소의 개교 60주년 기념 논총『동북아문화의 과거와 현재』 2차 교정쇄가 이메일로 보내져 왔으므로, 그 첫머리에 실린 내 논문「대북정권 시기의 鄭仁弘」을 훑어보았다.

24 (수) 흐리고 쌀쌀함

서울대학교 철학사상연구소가 발행하는『철학사상』 제35호가 우송되어져 왔는데, 내가 심사하여 '게재불가'로 판정했던 金鍾明의 논문「한국 철학계의 동향과 특성」이 실려 있었다. 이 논문은 1999년 8월 17~19일 고려대학교에서 개최된 한민족 철학자대회 1999 및 제12회 한국철학자연합대회 발표논문집『한민족과 2000년대의 철학』에 수록된「한국 역사에 나타난 대표적인 논쟁 학설들의 철학적 분석」을 수정 증보한 것으로서, 필자의 소속은 한국학중앙연구원으로 되어 있다.

25 (목) 비 온 후 흐림

논문 작업을 계속하여 109.9장까지 나아갔다.

4월

1 (목) 비

본교 인문학연구소 조교로부터 『동북아문화의 과거와 현재』 제3 최종 교정쇄가 첨부된 이메일이 왔다.

2 (토) 맑음

오후 늦게 논문 작업을 다시 시작하여 115.6장까지 나아갔다.

5 (월) 맑음

논문은 121.9장까지 나아갔다.

6 (화) 맑음

武本民子 여사가 정오 무렵 진주에 도착하였다. 오늘 아침 부산을 출발하여 진해에 들러서 군항제를 보고, 마산에서 시외버스를 타고서 진주로 온 모양이다. 내 승용차를 운전해 장대동 시외버스 터미널 앞으로 가서 그녀를 태운 다음, 수정동 17-3의 먹을터로 가서 한정식으로 점심을 들었고, 내가 엊그제 예약해 둔 옥봉동 803-4의 동방호텔로 이동하여 705호실을 배정받았다. 호텔 방에서 한참동안 대화를 나누었는데, 함석헌 선생의 말씀을 카세트테이프로 녹음해 둔 서울의 조형균 씨는 결국 그 테이프를 자기가 관리한다면서 내게 맡기지 않겠다는 의사를 밝혔다고 한다. 조형균 씨는 뇌졸중으로 이미 몇 차례 쓰러진데다 현재 노인요양원에서 혼자 거주하고 있고, 認知症도 있는 터인데, 그럼에도 불구하고 자신이 고령에다 회복될 수 없는 병에 걸려 있다는 사실을 인정하려 들지 않는다는 것이었다.

武本 여사는 1976년부터 함석헌 선생과 교류하기 시작하여 나와도 이미 30년 이상의 지기인 셈이다. 그녀도 70대의 고령이라 이제 마지막이라 생각하고서 지난주에 이스라엘 여행을 다녀온 직후 한국을 방문한

것이다. 그녀는 일본 무교회 신자인 武藤洋一씨와 상의하여 조형균 씨가 수록하여 보관해 있는 녹음테이프를 내게 맡겨 책으로 출판하게 하는 것이 좋겠다는 데 의견의 일치를 보아 서면으로 내게 그런 뜻을 비쳤고, 나는 테이프를 받아서 전달해 준다면 그 일에 착수해 볼 의사가 있음을 밝혔던 것이다.

그 문제를 협의하기 위해 함석헌 선생의 스승인 多夕 柳永模(1890~1981) 선생이 1956~57년에 걸쳐 서울 종로2가의 YMCA에서 1년간 행한 研經班 강의의 속기록을 2005년에 성립된 다석학회가 정리해 출판한 『다석강의』(서울, 현암사, 2006)를 가져갔었다. 그러나 함석헌 선생의 녹음된 말씀은 그것과는 비교가 되지 않을 정도로 방대한 분량일 터이고, 비용·인재·출판사 물색 등 어려운 문제들이 산적해 있는데다 나 또한 자신의 전공과 관련된 연구실적물을 내야 할 의무를 지고 있으므로, 조형균 씨가 그러한 반응을 보였다는 말을 전해 듣고서 무거운 짐을 벗게 되어 안심이 되는 점도 있었다.

12 (월) 간밤에 비 온 후 흐림

『남명집』 이정합집본 조영철·박영돈·조태화·서울대본의 내용과 그 차이점을 대조하는 작업을 시작했다. 예전에 이미 한 적이 있는 작업이지만, 그 내용을 기록해 둔 카드를 찾아내기가 어려워 새로 하게 된 것이다.

13 (화) 맑으나 저녁 무렵 쌀쌀함

논문 작업을 계속하여 123.7장까지 나아갔다. 나의 저서 『남명학파연구』 상권 부록에 수록된 補論 2·3에 내가 감정하여 『남명집』 이정합집본 계통의 초기 판본임을 확인한 조영철·박영돈·조태화본 등의 차이점에 관한 정보가 실려 있었으므로, 이러한 판본들에 대한 대조 작업을 중단하고서 그 발표된 내용을 정리 요약하여 입력하기 시작했다.

14 (수) 맑으나 쌀쌀함

오전 중 일반대학원 수업을 실시하였는데, 수강생 중 한 사람인 김동연 씨가 어제 부산 동래의 교외 지역으로부터 진주 교외의 문산으로 이사를 했다는 것이었다. 수업을 마친 후 교직원식당에서 우연히 그와 같은 테이블에 앉게 되어 이사한 집으로 한 번 가 보자고 했다. 내 차를 몰아 국도 2호선을 경유하여 둘이서 진주시 文山邑 三谷里 제곡마을에 있는 그의 집으로 가 보았다. 골짜기 끄트머리의 백 평 정도 되는 땅에 2칸짜리 조립주택을 구입하였는데, 방 두 개 중 하나는 서재로 사용하고 있었다. 김 씨는 1958년생으로서 올해 만 52세이고, 부인은 서울 사람으로서 그보다 세 살 적다고 한다. 그는 부산 범어사에서 멀지 않은 지역에 살면서 떡 공장을 경영하고 있었는데, 그 공장은 주인이 상주하지 않아도 운영에 지장은 없으며, 대기업이 그런 사업에까지 진출해 오고 있는 상황이기 때문에 머지않아 그 일을 접고서 집필활동에만 전념할 생각이라고 했다. 남명을 주제로 한 새 소설의 집필을 이미 시작한 모양이었다.

내 지도학생인 구자익 군이 「氣學의 소통과 통합의 사회론 연구—氣社會學의 이론적 가설을 중심으로—」라는 제목으로 박사학위청구논문 심사원을 제출하였으므로, 심사위원회를 구성하기 위해 본교 윤리교육과의 손병욱 교수에게 전화를 걸어 심사위원장을 맡아주도록 요청했고, 진주교육대학교 도덕과의 김낙진 교수에게도 전화를 걸어 심사위원으로 위촉했으며, 한국학중앙연구원의 권오영 부교수에게는 여러 차례 전화를 걸었지만 부재중이었다. 심사위원회는 지도교수 및 그 학문분야의 교외 전문가 1인 이상을 포함한 5인 이상으로 구성하여 4월 22일까지 추천하게 되어 있다.

15 (목) 맑으나 쌀쌀함

권오영 교수와 통화하여 구자익 군 학위논문의 심사위원이 되는 데 대한 승낙을 받았다. 이로써 윤리교육과의 손병욱 교수를 위원장으로 하여 철학과의 나와 권오민, 진주교대의 김낙진, 한국학중앙연구원의 권오영 교수로 이루어지는 심사위원회의 구성을 마치고서 조교와 구 군 본인에게 그런 사실을 통지하였다.

16 (금) 맑음

오늘 ≪경남일보≫를 통하여 부산교통의 대표이사 조옥환 씨(79세)가 부당요금을 받은 문제와 일부 시외버스 노선에 대한 요금 미신고 혐의로 작년 8월에 경상남도로부터 고발당하여 불구속기소 되었다는 보도를 읽었다. 내년에 내가 한국동양철학회장으로서의 직무를 수행하기 위해 올해 중에 조 사장을 만나 2천만 원 정도의 후원을 요청할 생각이었는데, 시기가 좋지 않게 되었다.

20 (화) 맑고 포근함

조교로부터 권오민 교수가 구자익 군의 혜강 최한기 氣철학 관계 박사논문 심사위원을 맡기에는 자신의 그 분야에 대한 지식이 없다는 이유로 사의를 표명한다는 연락을 받고서, 경북대 철학과의 方仁 교수에게 전화연락 하여 그의 승낙을 받아 대체하였다. 이리하여 구자익 군의 철학박사 학위논문 심사위원회는 본교 사범대학 윤리교육과의 손병욱 교수를 위원장으로 하고 지도교수인 나와 진주교대의 김낙진, 한국학중앙연구원의 권오영, 경북대의 방인 교수가 위원으로 참여하여 모두 5인으로서 구성하게 되었다.

21 (수) 흐림

구자익 군이 박사학위청구논문 「"氣學"의 疏通과 統合의 社會論 硏究—"氣社會學"의 理論的 假說을 中心으로—」 1차 초고본을 가져왔다.

오후 2시부터 남명학관 남명홀에서 한국연구재단 인문한국(HK) 지원사업 선비문화백고좌 제8강으로서 본교 경남문화연구원 주관으로 성균관대 명예교수인 송재소 교수를 초청하여 '조선시대 선비의 풍류, 茶와 담배'라는 주제의 강연회를 가졌으므로 이에 참석해 보았다.

26 (월) 비

구자익 군의 박사논문 1차 초고본을 읽으며 첨삭지도를 시작했다. A4 용지 127쪽 분량 중 20쪽까지를 읽었다.

27 (화) 맑음

구자익 군의 박사논문을 계속 읽어 42쪽까지 나아갔다.

본교 인문학연구소에서 엮은 개교 60주년 기념『동북아문화의 과거와 현재』(서울, 도서출판 박이정, 2010, 인문학총서 14)가 출판되어, 그 책 벽두에「대북정권 시기의 鄭仁弘」을 실은 내게도 3부가 보내져 왔다.

28 (수) 비 온 후 저녁 무렵 개임

구자익 군 논문의 첨삭지도는 58쪽까지 나아갔다.

29 (목) 맑으나 쌀쌀함

남명학연구원이 우송해 온『남명학』제15집(2010)의 내용을 훑어보고서 거기에 보이는 새 자료들을「남명학관계기간문헌목록」에다 추가하였다.

구자익 군의 학위논문 초고에 대한 첨삭지도 작업을 계속하였다. 그가 이전에 학진 등재지에다 실은 두 편의 논문에 대한 첨삭지도를 해 주면서 학위논문을 작성할 때 참고토록 한 바 있었지만, 그것이 전혀 반영되어 있지 않은 듯하므로, 구 군을 불러서 좀 나무랐다.

30 (금) 맑음

저녁 무렵까지 작업하여 구자익 군의 박사학위논문 첨삭지도를 마쳤다. 구 군의 논문은 독창성이 있지만, 초고인 까닭인지 문장이 자연스럽지 못하고 의미가 불분명하며, 문법, 맞춤법이나 정서법, 참고문헌 작성법 등에 모두 문제가 많았다.

5월

2 (일) 맑음

오후 1시 40분 동양고속버스 편으로 상경하여, 오후 6시부터 낙원상가와 천도교수운회관 중간의 종로구 경운동 47-1 건국빌딩 1층에 위치한 음식점 대청마루 3호실에서 열린 한국동양철학회 임원회의에 참석하였다. 회의에는 이광호 회장(연세대)과 차기 회장인 나 및 부회장인 이승환(고려대)·최영진(성균관대), 이봉규(인하대)·양일모(한림대)·최진석(서강대)·임채우(국제뇌교육대학원) 교수 등 8명이 참석하였다. 11월 5일부터 6일까지 한국동양철학회에서 계획하고 있는 국제학술회의 등 금년도 학회 행사 전반에 대한 계획을 수립하였다.

3 (월) 맑음

지난주 금요일에 본교 남명학관 남명홀에서 남명학연구소와 합천문화원이 공동주최한 2010년 제1차 학술회의 '남명학의 계승양상과 강우지역의 학술—경상우도 蘆沙學團 老柏軒 鄭載圭를 중심으로—'가 열렸는데, 나는 그 안내장을 받지 못했다. 오늘 남명학연구소로 전화를 걸어 까닭을 물었더니, 조교가 우물쭈물하며 책임연구원에게는 보내드리도록 되어 있다고 하므로, 안내장과 발표자료집의 여분이 있으면 보내달라고 말해 두었다. 오후 1시 13분에 남명학연구소가 책임연구원들에게 보내는 이메일이 왔는데, 올해 상반기부터 학술지에 게재하는 논문의 저자란에 '경상대 000학과 및 경상대 남명학연구소 책임연구원'을 꼭 명기해 달라는 내용이었다. 얼마 후 발표논문집이 한 부 보내져 왔으므로, 거기에 보이는 새 자료들과 5월 13~14 양일간 순천대학교에서 순천대학교 지리산권문화연구단과 경상대학교 경남문화연구원이 공동주관하는 인문한국(HK)사업 지리산권문화연구단 2010년 국제학술대회 '지리산, 그곳에 길이 있다'의 안내장에 보이는 새 논문들을 「남명학관계기간문헌목록」에다 추가하였다.

4 (화) 맑음

지난주 남명학연구소의 학술대회 발표논문집 내용을 검토해 보았다.

7 (금) 맑음

학과 인사 문제 등으로 경황이 없다 보니 근자에는 논문에 신경을 쓰지 못했는데, 바로 다음 주 토요일인 5월 15일이 남명학연구소의 투고마감일임을 오늘 비로소 알았다. 논문 작업에 다시 착수하여 129.6장까지 나아갔다.

9 (일) 맑음

일요일인데도 평일처럼 연구실에 나가 논문 작업을 계속하여 139.5장까지 나아갔다. 일단 본문의 입력은 마친 셈이다.

10 (월) 오전 중 부슬비 내린 후 개임

종일 논문 작업을 계속하여 일단 마쳤다. 본문 145.2장에다 국문 및 영문 요지와 주제어가 11.5장이었다.

11 (화) 맑음

회옥이와 영문과의 이광호 교수에게 영문 자문을 얻어 국문 및 영문 요지와 키워드의 작성을 마치고서 본문의 해당란에다 삽입하였다. 전체 논문은 157.3장의 분량이었다.

12 (수) 맑음

어제에 이어 탈고된 논문 「『남명집』 諸板本의 간행연대」에 대한 두 번째 퇴고를 마친 뒤, 오후 5시 28분에 이메일 첨부파일로 남명학연구소로 보내 올해 6월 30일에 간행될 예정인 『남명학연구』 제29집에 투고하였다. 200자 원고지 158.5장의 분량이 되었다. 그런 다음, 며칠 전에 구내서점에다 주문하여 방금 배달된 박용국 지음, 최석기 감수, 『지리산 단속사, 그 끊지 못한 천년의 이야기』(서울, 보고사, 2010)를 검토하기 시작했다.

퇴계학연구원의 이윤희 간사장으로부터 전화가 걸려와 「董仲舒의 禮論」이라는 논문의 심사를 부탁하므로 승낙했다. 오후 5시 3분에 그 논문과 심사의뢰서가 이메일로 보내져 왔는데, 원고지 221장, A4용지 23쪽 분량의 꽤 긴 것이었다.

지도학생인 具滋翼 군이 나의 검토를 거쳐 1차로 교정한 박사학위청구논문 「氣學의 疏通과 統合의 社會論 硏究—氣社會學의 理論的 假說을 중심으로—」를 제본하여 가져왔으므로, 심사위원장인 윤리교육과의 손병욱 교수와 전화로 상의하여, 6월 9일이나 11일 오후 4시에 본교 철학과 서고에서 제1차 심사를 갖는 게 어떨지 심사위원들에게 문의하여 날짜를 정하도록 조교에게 지시했다.

13 (목) 맑음

어제부터 읽기 시작한 斷俗寺에 관한 책을 계속 읽었다. 나는 산청군에 폐허로 남아 있는 이 절의 역사에 대해 예전부터 깊은 관심을 가지고 있어 장차 그것에 관한 논문을 한 편 쓰려고 마음먹고 있었는데, 저자인 박용국 씨가 그 작업을 대신해 준 셈이다. 그는 경북대 사학과를 졸업하고서 동 대학원에서 문학박사 학위를 받은 사람으로서, 현재 본교 경남문화연구원 인문한국(HK) 연구교수로 있는 사람이다.

14 (금) 맑음

오늘 인문대학 교수회의실에서 2010학년도 철학과 전기 학위논문 발표회가 있으므로, 내 지도학생인 구자익 군의 박사학위청구논문 요약문을 읽었다. 오후 2시부터는 발표장에 가서 제일여고 교사인 박병용 씨의 석사논문과 하상협·구자익의 박사논문 발표 토론에 참석하였다.

17 (화) 맑았다가 저녁부터 비

『퇴계학보』에 투고된 논문 「董仲舒의 禮論」에 대한 심사를 마치고서 5시 19분에 퇴계학연구원으로 '수정 보완 후 게재'라는 심사의견서를 이메일로 보냈다. 참고문헌을 통해서는 누구의 논문인지 알 수 있는 단서가 별로 없었으나, 아마도 서울대 철학과 후배이자 현재 성균관대학교 동양철학과에 근무하는 신정근 교수의 것인 듯했다.

진주교대의 김낙진 교수에게 전화를 걸어 날짜를 조정하여, 구자익 군의 학위논문 제1차 심사 일자를 6월 9일 수요일 오후 4시로 잡았다.

18 (화) 비

남명학연구원 사무국장 조구호 씨로부터 내 논문 「대북정권 시기의 정인홍」을 남명학 관련 연구 자료집 제4권 『내암 정인홍』에 싣고 싶다면서 『한국사상사학』 제30집에 실린 그 논문의 파일을 보내줄 것을 요청해 왔고, 교내의 남명학연구소로부터는 지난 4월 40일에 있었던 합천문화원과의 공동학술대회에서 발표된 군산대 박학래 교수의 논문 「韓末畿湖學界와 蘆沙 奇正鎭의 학문 활동」에 대한 심사의뢰가 각각 이메일로 보내져 왔다.

19 (수) 아침까지 부슬비 내리다가 개임

남명학연구원으로 요청된 논문 파일을 보냈고, 남명학연구소에 대해서는 심사를 사절하는 답신을 보냈다.

20 (목) 맑음

『지리산 단속사, 그 끊지 못한 천년의 이야기』를 거의 다 읽었다.

24 (월) 대체로 맑음

『지리산 단속사 그 끊지 못한 천년의 이야기』를 마저 읽은 후, 아내가 심장박동기 신분카드와 함께 새로 받은 설명서인 『인공심장박동기에 대한 질문 50가지』를 읽어보았다.

25 (화) 대체로 흐림

다음 학기 대학원 수업에서는 『日本思想大系 36』(東京, 岩波書店, 1973 1쇄, 1978 5쇄)을 가지고서 일본 古學派의 대표적 인물인 荻生徂徠를 다루어 보기로 마음먹고서, 그 「解題」 및 丸山眞男의 해설 「『太平策』考」를 대충 읽어보았다.

26 (수) 흐리고 때때로 부슬비

구자익 군이 1차 심사용 논문 5부를 제본하여 학과에 제출했으므로, 이를 심사위원들에게 우편으로 발송하게 했다.

6월

4 (금) 맑음

어제 오후에 남명학연구소로부터 내가 기고한 논문이 『남명학연구』 제29집에 실리기로 결정되었다는 이메일 연락이 왔으므로, 오후에는 심사평 및 2009년 3월 10일자로 개정된 투고규정에 따라 그 논문을 다소 수정하여 퇴근 직전에 연구소로 발송하였고, 지도학생인 김경수·구자익 군에게도 참고하게 했다.

7 (월) 맑음

『남명학연구』에 게재가 확정된 내 논문 「『남명집』 제판본의 간행연대」를 다시 한 번 읽어 보았다.

8 (화) 맑음

오전 중 구자익 군이 연구실에 들러 내일 있을 첫 번째 본 심사에 대비하여 준비사항을 상의하였다. '경상대학교대학원학위수여규정' 제10조 3항에 "박사과정은 예비심사를 거쳐 심사위원장이 주관하는 본 심사를 3회 이상 실시하여야 한다."고 되어 있으나, '2010학년도 1학기 석·박사 학위청구논문 심사 실시계획'에 의하면 학과장 주재 하에 실시한 논문발표회를 '1차 본심사'로 간주하고 있고, 사범대 국어교육과나 인문대 국문과 등에서는 심사위원장이 주관하는 본 심사를 2번만 실시하는 것이 관례로 되어 있다고 하므로, 이번 구자익 군의 경우도 2번만 할까 생각해 본 것이다. 그리고 심사위원들에 대한 사례의 액수와 시기 문제도 상의했다. 그런 다음 구자익 군과 더불어 호탄동 612-1번지에 있는 참붕어어탕으로 가서 점심을 들고서 연구실로 돌아왔다. 그런데 일본에서 개최된 학술모임에 가 있었던 심사위원장 손병욱 교수가 오후에 김해공항에 도착하여 내게 전화 연락 해 왔으므로 그와 상의해 보았더니, 지난번 김경수 군의 경우에 준해 3차례 심사를 진행하는 것이 좋겠다는 의견이었다.

9 (수) 맑음

일반대학원의 중국고대철학연구를 끝으로 1학기 강의를 모두 마쳤다. 오늘 수업에서는 『墨子閒詁』 「天志 上」편의 처음 몇 단락을 읽었다.

구자익 군 박사논문의 심사위원장을 맡은 윤리교육과의 손병욱 교수가 내 연구실로 방문해 와 대화를 나누었다.

오후 4시부터 철학과 서고에서 구자익 군 박사논문의 1차 본심사를 실시하였다. 심사위원은 본교의 나와 손 교수 외에 진주교대 도덕과의 김낙진, 경북대 철학과의 방인, 한국학중앙연구원 역사전공의 권오영 교수 등 5명이었다. 심사를 마친 후, 승용차로 이동하여 칠암동 세무서 뒤편에 있는 일식집 대어회초밥으로 가서 회식을 하였다. 오후 9시 무렵에 파했는데, 그 자리에는 김경수 박사도 동석하였다.

10 (목) 맑음

김경수 군이 『남명학연구』에 등재가 결정된 내 논문을 읽고서 한 군데 오타가 있음을 알려주었으므로, 그 부분을 정정한 후 전체를 새로 통독하며 몇 군데 더 수정을 가하였다. 오후 2시 16분에 수정한 원고 파일을 남명학연구소로 보내어 출판 때 반영해 줄 것을 당부했으나, 출판사에 연락해 보았더니 이미 편집을 완료한 상태라면서 교정지가 나왔을 때 명기해 주면 고칠 수 있다는 회답이 돌아왔다.

한국연구재단의 연구비를 지원받은 논문은 아직 착수도 하지 못했는데, 이번 여름방학 중에 그 작업을 매듭짓기로 마음먹고서, 오늘 다시 독서카드를 정리하고 복사해 둔 고문서 자료들도 새로 분류하여 검토하기 시작했다.

14 (월) 맑음

남명학연구소로부터 보내져 온 「『남명집』 諸板本의 간행연대」 교정쇄를 검토한 후 교정 사항을 기입하여 연구소로 돌려보냈으며, 학진 연구비를 받은 나의 새 논문 「『山海師友淵源錄』의 성립」 작성을 위해 복사해 둔 고문서 자료들을 다시 한 번 검토 정리하는 작업을 계속했다.

16 (수) 맑음

고문서 자료들의 검토를 한 차례 마치고서 「『덕천사우연원록』의 성립」을 투고할 것을 검토하고 있는 한국학중앙연구원의 계간지 『정신문화연구』의 발간안내, 집필요강 및 그 샘플로서 최신호에 수록된 논문 하나를 출력해 두었다.

17 (목) 맑음

연구비 지원을 받은 새 논문 「『산해사우연원록』의 성립」 입력을 시작하여 머리말 부분을 대략 마쳤는데, 원고지 9장 분량이었다.

정오에 교무처장 등과 더불어 북경장에서 점심을 들었다. 거기서 이광호 영문학과장으로부터 들은 바에 의하면, 본부 인사위원회가 있은 이후 소집된 인문대 교무위원회에서 이번 사태에 대한 학장의 보고가 있었고, 그 회의가 끝난 후 한문학과의 이상필 학과장이 이영석 학장에게 인문대 인사위원회의 결정을 관철시킬 방안을 모색할 것을 끈질기게 건의하였다고 한다. 내가 이번에 『남명학연구』에 실릴 논문에서 그의 주장을 여지없이 논파한 데 대한 앙갚음일 것이다.

18 (금) 흐리고 때때로 부슬비

오전 9시 무렵 김경수 박사가 승용차를 몰고서 우리 아파트 입구로 왔으므로 그 차에 동승하여 한국국학진흥원·한국동양철학회 공동 주최로 안동의 한국국학진흥원 대강당에서 '신세대 퇴계학 연구의 진로와 전망'이란 주제로 개최되는 2010 한국학 학술대회에 참석하기 위해 출발했다.

대회장에 들렀다가 밖으로 나와서 모처럼 한국국학진흥원 일대를 둘러보았는데, 유교문화박물관의 내부 및 그 전시물은 이전과 많이 달라졌고, 장판각 뒤편에는 국학문화회관이 완공되어져 있었다. 토론자로 서울에서 내려 온 서울대 철학과 후배인 조남호 국제뇌교육대학원 교수를 만나 내년에 내가 한국동양철학회의 회장직을 맡으면 연구이사를 맡아 줄 것을 제의하여 응낙을 얻었다.

안병걸 안동대학교 교수의 사회로 종합토론이 있은 다음, 대강당 옆의 식당에서 뷔페식 만찬이 있었다. 차기 회장인 나는 현 회장 이광호 교수 및 김병일 한국국학진흥원장, 기조강연을 한 이남영 서울대 명예교수 등과 한 테이블에 앉았다.

학술대회를 마친 후, 오늘 밤 숙박할 10여 명의 회원은 퇴계 종택 부근의 토계리에 있는 숙소로 이동하였다. 나는 퇴계의 고택을 이건해 둔 寒棲庵에서 이남영, 이장우 영남대 명예교수, 이광호 회장과 더불어 넷이서 한 방을 쓰게 되었다. 일반 회원들이 묵는 바로 옆의 古溪亭 뜰에서 바비큐 파티가 있은 후, 한서암으로 돌아와 자정 남짓까지 대화를 나누다가 취침하였다. 이장우 교수는 서울대 중문과의 강사로 있을 때 내가 四書講讀 수업을 청강했던 분인데, 그 당시의 나를 잘 기억하고 계셨다.

22 (화) 맑음

논문의 입력 작업을 계속하여 10.5장까지 나아갔다.

23 (수) 맑음

서울대학교총동창회로부터 나를 종신이사로 선임했다는 3월 19일자 林光洙 총동창회장 명의의 이사선임장과 더불어 2010년도 『任員名簿』와 기념품이 보내져 왔다.

25 (금) 흐리고 저녁부터 부슬비

오후 4시부터 학과 서고에서 구자익 군의 박사학위논문 2차 심사가 있었다. 일단 오늘로 심사보고서 및 인준서에 각자 서명 날인하고서, 완성된 논문을 제출할 때까지 앞으로 한 달 정도 더 수정하여 심사위원들의 검토를 받도록 했다.

28 (월) 부슬비

「『덕천사우연원록』의 성립」 입력을 계속하여 13.7장까지 나아갔다.

한국공자학회로부터 『孔子學』 제16·17집이 우송되어져 왔다. 나는 이 학회의 종신회원으로 가입되어져 있는데, 2004년 11월의 제11집이 우송되어져 온 이후로 처음이다. 나는 자신도 모르는 사이에 1999년 3월부터 2003년까지 이 학회의 부회장 겸 편집위원으로 되어져 있더니, 그 이후 바뀐 줄로 알았는데 오늘 보니 편집위원의 명단 속에 아직도 여전히 내 이름이 있었다.

29 (화) 오전에 부슬비, 정오부터 개임

논문은 21.6장까지 나아갔다.

7월

1 (목) 흐림

새 논문은 23.3장까지 나아갔다.

내 논문 「대북정권 시기의 정인홍」이 첫머리에 수록된 경상대학교 인문학연구소 편, 본교 개교 60주년 기념 『동북아문화의 과거와 현재』(서울, 박이정, 2010)가 교과부의 우수학술도서로 선정되었다고 한다.

2 (금) 흐리다가 정오 무렵부터 비

논문은 25.4장까지 나아갔다.

5 (월) 오전에 흐렸다가 개임

논문 작업을 계속하여 29.6장까지 나아갔다.

6 (화) 맑음

내 논문 「『南冥集』 諸板本의 刊行年代」가 실린 본교 남명학연구소의 기관지 『남명학연구』 제29집(2010.6)이 나왔으므로, 거기에 실린 글을 다시 한 번 읽었고, 또한 「남명학관계기간문헌목록」의 내용을 보완하였다.

한국연구재단의 연구비 중 직접성경비 400만 원은 이미 거의 다 집행이 되었음을 확인하였다.

한국동양철학회장인 연세대 이광호 교수가 안부전화를 걸어왔다. 한국연구재단에 국제학술회비 명목으로 1,000만 원을 신청했던 것은 예상보다도 많은 700만 원이 승인되었다고 한다.

7 (수) 맑음

어제에 이어 KRI 즉 본교와 연결된 한국연구재단의 연구자 업적등록 홈페이지에 접속하여 주로 학술활동과 관련된 내용의 실적을 정리해 새로 올렸다. 그리고 「남명학관계기간문헌목록」에서 내 연구실적 부분을 출력하여 2000년도에 『남명학파연구』 상·하권이 출판된 이후 발표된 몇 편의 논문과 내가 번역한 『남명집』 단행본을 첨부하여 김경수 박사를 통해 조옥환 사장에게 전달하게 했다. 내년에 내가 한국동양철학회장을 맡게 될 때 조 사장으로부터 재정적 지원을 얻기 위한 포석이라고 할 수 있다. 김 박사는 현재의 남명학연구원 사무국장인 조구호 씨와 상의하여 그 가능성을 타진해 볼 것이라고 했다.

『남명학연구』 제29집(2010.6)에 실린 본교 한문학과 장원철 교수의 논문 「明末淸初 顔元의 학문과 사상에 대하여」를 읽기 시작했다.

8 (목) 맑음

집에 있는 자료들을 찾아서 연구실로 가져가 KRI의 연구활동 난에 보완하여 등록하는 작업을 계속했다. 『남명학연구』 제29집에 실린 사범대 사회교육학부 역사전공 김준형 교수의 논문 「조선시대 지리산 대한 다양한 인식과 이용」을 읽었고, 『남명학연구』의 백넘버를 창간호까지 소급하여 훑어보고 있다.

9 (금) 맑음

『남명학연구』 제7집에 실린 일본 共立여자대학 국제문화학부 교수 北島萬次 씨의 논문 「임진왜란과 진주성 전투」, 제8집에 실린 東京大學 村井章介 교수의 「島津史料로 본 泗川海戰」 및 北島萬次의 「임진왜란과 이순신」을 읽었고, 집에 돌아와서는 吉川弘文館의 國史大辭典』(東京, 1980)에서 大谷吉繼 및 宇喜多秀家 조항을 찾아 읽고서 그 내용들을 카드화했다. 계사년 진주성 전투 당시 大谷吉隆(繼)가 宇喜多秀家의 휘하에서 참전하여 東面에 주둔했고, 그 당시 진주 蓮池寺의 종을 약탈해 갔다지만, 宇喜多는 당시 왜군의 총사령관으로서 第3隊에 속해 진주성 東門 공격을 맡은 것은 맞지만, 大谷吉繼는 행정관(奉行)으로서 시종 石田三成과 행동을 같이 했고, 진주성 전투 당시에는 명나라의 사절을 대동하여 일본 名護屋에 돌아가 있어 진주성 전투에는 참전하지 않았음을 알았다.

12 (월) 맑음

일본 국보로 지정되어져 있는 신라 蓮池寺 종과 관련된 파일의 보완작업을 마친 다음 조규태 교수에게 이메일로 보내어, 참고한 다음 관계자들에게 전달할 수 있으면 그렇게 해 달라고 했다. 그 메일은 지난번처럼 부산외국어대학의 김문길 교수와 제자인 김경수·구자익 군도 참조하게 했다. 첨부파일의 분량은 원고지 26.8장이었다.

13 (화) 흐리고 때때로 부슬비

김경수 박사의 전화 연락을 통해 사단법인 남명학연구원의 상임연구위원인 경북대 사학과 설석규 교수가 대장암으로 말미암은 수술 끝에 오늘 정오 무렵 별세하였다는 소식을 접했다. 경북의대병원 영안실로 문상을 갈 예정이라고 하는 김 박사를 통해 내 부의금도 전달하도록 부탁해 두었다.

20 (화) 맑음

논문 작업을 다시 시작하여 31.3장까지 나아갔다.

21 (수) 맑음

논문은 37.9장까지 나아갔다.

22 (목) 맑음

논문은 41.6장까지 나아갔다.

서울 마포구 연남동 571-17 청원빌딩 3층에 있는 커뮤니케이션북스(지만지)로부터 2010년 1월 16일부터 1010년 7월 15일까지 정산한 인세 보고서가 이메일로 보내져 왔다. 이에 의하면, 내가 번역한 『남명집』은 총 제작부수가 350권인데, 이 기간 중의 순 출고는 1권으로서 인세가 1,200원이고, 같은 책의 보급판은 총 제작부수가 20권인데, 11권이 순 출고되어 인세가 10,450원이라는 내용이었다.

23 (금) 맑음

논문은 46.9장까지 나아갔다.

26 (월) 맑음

오후에 구자익 군을 만나 가상강의의 첫 수업 콘텐츠를 새로 작성하는 문제를 협의하였고, 논문은 50장까지 나아갔다. 구자익 군은 마감일인 지난주 금요일에 박사학위논문 최종 수정 파일을 본교의 사이트에 올렸다.

27 (화) 맑음

한국동양철학회의 전임 회장인 계명대학교 철학과 이동희 교수로부터 어제 오전 11시 44분에 여름 인사와 더불어 내년에 내가 회장을 맡을 때의 학회 운영과 관련하여 필요한 조언들이 이메일로 보내져 왔다. 오후 4시 13분에 그것에 대한 회신을 보내면서, 내년의 학회 일을 도와줄 김경수·구자익 군에게도 동시에 참조하게 했다.

28 (수) 비

논문은 53장까지 나아갔다.

29 (목) 흐리다가 정오 무렵부터 개임

이동희 전 회장으로부터 내 답신에 대해 다시 학회 운영과 관련한 상세한 정보를 담은 회신이 왔다. 김경수·구자익 군에게 전달하여 내년도 계획을 세우는데 참고하게 하고, 이 교수에게는 감사의 회신을 보냈다.

30 (금) 맑음

논문은 55.2장까지 나아갔다.

8월

2 (월) 대체로 맑으나 오후 한때 부슬비

논문은 58.6장까지 나아갔다.

3 (화) 흐림

논문은 62장까지 나아갔다.

오늘 오전 11시에 산청군 시천면 사리의 선비공원 내에서 한국선비문화연구원 기공식이 있었지만, 나는 참석하지 않았다. 한국연구재단의 내 연구비 중 직접성 경비의 잔액이 84,300원임을 확인하였다.

5 (목) 맑으나 밤에 비

일반대학원의 다음 학기 개설과목인 '연구'와 '일본사상연구'의 강의계획서를 입력했다. '연구'는 석사과정에 재학 중인 김동연 씨의 학위논문 지도인데, 연구주제와 관련된 타인의 연구 성과를 읽고서 그 내용을 정리해 발표 토론하거나, 연구의 중간 결과물을 작성해 오면 나와 함께 협의할 예정이다. 작년에 이 과목을 이수했던 김경자 양과 번갈아 가며 격주로 수업하기로 했다. 나는 학생 시절에 학위논문 지도라는 것을 따로 받아본 적이 없었으므로 나 자신도 지금까지 이 수업은 해당 학생에게 상의하고 싶은 문제가 있을 때 언제든지 찾아오라고 말해둔 정도였지만, 사실상 논문과 관련된 문제로 찾아오는 학생은 없었던 것이다. 그래서 2학점이지만 주당 4시간으로 배정되어져 있는 이 과목의 수업을 그냥 빼먹은 셈이 되므로, 뭔가 떳떳치 못하다는 생각이 들어 금년부터는 실제로 수업을 해 볼 생각이다.

'일본사상연구'에서는 岩波書店의 『日本思想大系』 36 '荻生徂徠'(東京, 1973)를 텍스트로 하여, 그 중 한문으로 된 저작들을 윤독하면서 江戸時代의 古學派를 집중적으로 조명할 생각이다.

논문은 66.2장까지 나아갔다.

6 (금) 맑음

논문은 71.3장까지 나아갔다.

10 (화) 비

논문은 74장까지 나아갔다.

내가 금년도의 본교 발전기금재단 학술연구비 지원 대상자에 해당하므로 지원하고자 한다면 이번 주 목요일까지 서류를 제출해 달라는 조교의 연락을 받았다. 오후부터 「『晋陽誌』의 출판」이라는 제목으로 신청서류 및 연구계획서를 작성하기 시작하여 퇴근 무렵에 일단 탈고했다. 연구계획서는 A4용지 20페이지 내외의 분량으로 쓰라고 되어 있는데, 나는 겨우 3장 분량으로 작성했을 따름이다. 과제당 연구비는 400만 원이며, 연구기간은 2010년 9월 1일부터 2011년 8월 31일까지로 되어 있다. 선발인원은 총 27명인데, 그 중 인문대학에 8명이 배정되었다.

11 (수) 오전 중 비 오다가 오후에 개임

오전 중 연구계획서를 퇴고하여 조교를 통해 제출하게 한 후 『묵자』 「備城門」 편을 계속하여 읽었고, 논문은 76.4장까지 나아갔다.

12 (목) 맑음

논문은 78.3장까지 나아갔다. 수집하여 복사해 둔 『덕천사우연원록』 관계 고문서들을 시기 순으로 다시 정리해 두었다.

13 (금) 오전 중 비 오고 오후는 흐림

논문은 82.9장까지 나아갔다.

16 (월) 흐리고 때때로 부슬비

논문은 86.3장까지 나아갔다.

17 (화) 흐리고 때때로 비

논문은 89.7장까지 나아갔다.

지도학생인 구자익 군이 제본한 박사학위논문 「崔漢綺의 氣學에 있어서 疏通과 統合의 社會論」을 한 부 갖다 주었다.

26 (목) 맑음

오랜만에 다시 출근하였다. 이번 여행 중의 일기 부분을 한 번 퇴고하여 오후 5시 50분에 한국 및 미국의 가족들과 정병훈·권오민·조규태 교수 그리고 김경수·구자익 군에게 「스칸디나비아 여행기」라는 제목의 이메일 첨부파일로서 부쳤다. 분량은 원고지 84장이었다.

사단법인 남명학연구원으로부터 내 논문 「대북정권 시기의 정인홍」이 제5장에 수록된 남명학연구총서4 『내암 정인홍』(서울, 예문서원, 2010) 3책이 우송되어져 왔다.

30 (월) 오전에 비 온 후 개임

『내암 정인홍』에 수록된 논문들을 「남명학관계기간문헌목록」에다 추가하였다.

남명학연구원의 조구호 사무국장이 저녁을 사겠다고 한다는 김경수 박사의 연락을 받고서, 오후 7시에 진주중학 정문 앞에서 만나 셋이서 함께 그 근처 평안동 84번지의 전통숯불구이에서 1차를 한 뒤 중안동에 있는 샤덜리라는 맥주집으로 자리를 옮겨 2차를 하였다.

31 (화) 흐리고 낮 한때 비

북유럽 여행을 함께 했던 수원의 초등학교 여교사 강효숙 씨가 내가 첨부해 보낸 「스칸디나비아기행」을 읽고서 이메일을 보내왔으므로 내 글을 다시 한 번 읽어보았고, 『내암 정인홍』에 실린 내 논문 「대북정권 시기의 정인홍」도 다시 한 번 읽었다.

9월

1 (수) 대체로 맑으나 밤에 비

논문 「『덕천사우연원록』의 성립」 입력 작업에 다시 착수하여 원고지 92.4장의 분량까지 나아갔다.

2 (목) 오전 중 흐리고 약간의 부슬비 내린 후 개임

남명학연구원의 계간지 『선비문화』 제18호(2010·가을)를 훑어보았고, 논문은 95.2장까지 나아갔다.

3 (금) 맑음

논문은 97.2장까지 나아갔다.

7 (화) 오전까지 많은 비, 오후는 개임

논문은 103.7장까지 나아갔다.

조교로부터 내가 2010년도 경상대학교 발전기금재단 학술연구비 지원과제에 선정되었다는 통보를 받고서, 그 논문 「『晋陽誌』의 출판」에 대한 연구비 400만 원의 집행계획서를 작성하여 제출했다. 연구기간은 금년 9월부터 내년 8월까지이다.

8 (수) 흐림

논문은 104.1장까지 나아갔다.

9 (목) 맑음

논문은 107.9장까지 나아갔다.

10 (금) 맑고 서늘함

논문은 111.2장까지 나아갔다.

13 (월) 맑음

논문은 114.4장까지 나아갔다.

14 (화) 맑으나 퇴근 무렵부터 비

논문은 115.2장까지 나아갔다.

15 (수) 새벽까지 비 온 후 개임

학과장 류왕표 교수가 지난번 학과회의에서 공채 문제와 관련하여 내 글을 조목조목 반박한 보고서 내용에 대해 반론을 작성하기 시작했다. 원고용지 24.2장까지 나아갔다.

24 (금) 맑음

「류왕표 교수에 대한 반론」의 입력을 계속하여 탈고한 다음, 퇴근 전인 오후 5시 33분에 철학과 전체 교수 및 총장·교무처장에게 이메일 첨부파일로서 부쳤다. 총 95.5장의 분량이었다.

27 (월) 완연한 가을 날씨

『퇴계학과 한국문화』 제47호(경북대학교 퇴계연구소, 2010.8)를 훑어보고서 그 중 경북대 한문학과 黃渭周 교수의 논문 「退溪와 龜巖의 往復書翰」을 대충 읽고, 그 참고문헌에 보이는 龜巖 李楨 관계 논문들을 「남명학관계기간문헌목록」에다 추가했다.

28 (화) 맑음

논문 작업을 다시 시작하여 119.4장까지 나아갔다.

29 (수) 맑음

금년도 철학과 학부생들의 추계답사에 인솔교수로서 참가하여 사흘간 경남·경북 일대를 여행하게 되었다.

10월

4 (월) 맑음

논문 작업을 계속하여 121.6장까지 나아갔다.

5 (화) 맑음

논문은 122.1장까지 나아갔다.

부산의 서적상인 민족문화의 사장이 모처럼 연구실로 방문해 왔으므로 차를 들며 대화를 나누었다. 나는 2015년 2월에 정년퇴직을 맞게 되므로, 퇴직 후에는 연구실의 책들을 집의 거실로 옮겨두고서 오전에는 책을 읽고 오후에는 글을 쓰는 생활을 계속할 생각으로 있다고 말했더니, 자기는 지금까지 수많은 교수들을 보아 왔지만 그렇게 하면 곧 늙더라고 하면서 매일 출퇴근 할 수 있는 오피스텔 같은 것을 하나 장만하도록 권했다. 그래서 외송에다 서재를 겸한 별장을 짓는 문제를 다시 한 번 생각해 보았다.

일본 동방학회의 제60회 전국회원총회에 출결 회신카드를 보내면서, 그 소식란에 내가 내년에 한국동양철학회장을 맡게 된다는 사실을 적었다.

6 (수) 맑음

논문은 124.2장까지 나아갔다.

7 (목) 맑음

논문은 126.1장까지 나아갔다.

인제대학교 조교수인 서울대 철학과 83학번 후배 金永友 씨에게 전화를 걸어, 내년에 내가 한국동양철학회장 직을 맡게 될 때 교류이사 같은 직을 맡아 도와줄 것을 요청하여 동의를 얻었다. 그는 현재 이 대학 인간환경미래연구원의 편집 일을 떠나 리더스학부 한문교과의 일을 맡아 있다고 한다.

8 (금) 흐리다가 저녁부터 비

논문은 127.2장까지 나아갔다.

11 (월) 맑았다가 저녁 무렵 부슬비

논문은 130.4장까지 나아갔다.

12 (화) 맑음

논문은 130.9장까지 나아갔다.

13 (수) 흐림

논문은 132.7장까지 나아갔다.

14 (목) 맑음

논문은 133.8장까지 나아갔다.

15 (금) 맑음

논문은 135.2장까지 나아갔다.

오전의 '연구' 시간에 김동련 씨의 석사학위 예정논문 「남명의 유학관」 발표를 듣고서 논평을 해 주었다. 그의 글에는 감정이 잔뜩 들어가 있고, 논의가 독단적인 데다, 전혀 새로운 내용이 없었다.

18 (월) 맑음

논문은 138.3장까지 나아갔다.

19 (화) 맑음

논문은 141.3장까지 나아갔다.

21 (목) 맑음

논문은 145.9장까지 나아갔다.

22 (금) 맑음

내가 최근에 조교를 통해 2009년도 한국연구재단 과제인 「『德川師友淵源錄』의 성립」의 사용이 끝난 연구비 카드를 반환토록 조처하였는데, 오늘 조교가 본교 연구지원과에서 그 사용 내역 가운데서 교통비로 사용한 것들의 출장서류 제출과 구입한 도서들에 대한 도서관 기부채납 절차를 요구해 왔음을 알렸다. 교통비 중 공항 리무진버스 요금은 출장비에 포함된다고 하므로 반환 조치하였고, 나머지 교통비들은 자료수집 차 출장이라는 명목의 출장서류를 제출케 했다. 700만 원의 정액연구비이므로 그렇게 까다롭게 체크할 필요가 없다고 한국연구재단의 담당자가 본교에 설명한 바도 있었건만, 본교 연구지원실의 담당자인 최은정 씨가 또 그렇게 요구해 왔다고 한다. 인문학의 성격상 논문 한 편을 쓰는데 비용이 꼭 필요한 것은 아니며, 연구비 중 비교적 용도에 맞게 집행하는 것이라면 문헌구입비 정도일 터이다. 그런데 식비로 사용한 것에 대해서는 대체로 토를 달지 않으면서, 연구비로 구입한 책들은 무조건 기부채납을 하도록 하고, 심지어 내가 구내서점을 통해 구입하여 사용하고 있는 민중서림의 『漢韓大字典』까지 그렇게 해야 한다니 기가 막힌다.

논문은 148.1장까지 나아갔다. 수집해 둔 고문서 자료들은 다 다루었고, 이제 제5절 '맺음말'을 제외한 나머지 절들은 마친 셈이다.

25 (월) 맑음

연구비 카드로 구입한 도서들은 본교 도서관에 기부채납 철차를 취하라고 하는 연락이 왔었는데, 개중에는 내가 매일 사용하는 한자 사전이나 장차 연구에 꼭 필요한 서적들도 있으므로, 내가 소장해 있는 도서 중 별로 필요치 않은 것들로써 대신하여 기부채납을 할까 생각해 보았다. 그러나 조교의 말에 의하면 도서관에서 가격을 일일이 확인한다

하므로 그것도 포기할 수밖에 없었다. 실로 형식적이고 모순투성이인 제도이다.

이미 작성해 둔 부분의 논문을 새로 한 번 퇴고한 다음, '맺음말'의 작성을 시작하여 149.5장까지 나아갔다.

26 (화) 한파

연구비로 구입한 도서들의 도서관 등록 절차를 마쳤다.

본교 윤리교육과의 손병욱 교수로부터 배문규 씨의 동학사상에 관한 박사학위논문 심사를 위촉하는 전화를 받고서 승낙하였다.

27 (수) 맑으나 추위

논문은 '맺음말'을 마쳤는데, 본문과 각주만으로 총 154.5장이 되었다.

오늘 본부 산학협력과(예전의 연구지원과) 직원 최은정 씨가 내가 현재 진행 중인 한국연구재단 과제 「『덕천사우연원록』의 성립」 연구비 집행 잔액을 이메일로 알려왔다. 이에 의하면 나의 연구 수행기간이 2010년 10월 31일까지이며, 현재 남아 있는 잔액은 금년 10월 20일에 동산식당에서 마지막으로 결제한 금액을 포함하여 658,300원이니, 빠른 시일 내에 집행해 달라는 것이었다. 첨부파일에 적힌 항목들에 대해서는 증빙서류를 제출해 달라고 하였고, 그 중 노란색으로 표시된 부분은 반납해야 하는 내역이라 사용액에 포함시키지 않았으며, 반납 액수는 지난번에 입금한 공항리무진 요금 28,000원을 뺀 442,000원이라는 것이었다. 이러한 금액들을 제외하면, 실제로 남은 나의 연구비는 16,300원에 불과하다.

최 씨가 첨부한 파일에 수록된 항목들에는 종래에 별로 문제 삼지 않았던 음식비도 포함되어 있었다. 내가 사용할 수 있는 연구비는 직접성경비 400만 원과 매달 은행구좌로 분할 입금되는 연구수당 300만 원이며, 그 외에 간접경비라 하여 내 연구비의 집행을 관리 감독하는 대가로서 본교에 지불되는 175만 원이 더 있다.

내 경우는 단독연구이며, 인문학의 특성 상 문헌에 대한 분석 외에 따로 재료비나 인건비 등이 들지 않는 것이므로, 연구목적에 부합되게 사용하는 직접성 경비라면 문헌구입비 정도가 있을 따름이다. 그러나 문헌은 논문 한 편을 집필하기 위해 구입하는 것이 아니며, 또한 한 논문을 완성한 후에 그 용도가 다하는 것도 아니므로, 평소 인연이 닿는 데로 수집해 둔 자료들을 가지고서 장기적으로 연구를 수행해 나가는 것이다. 그럼에도 불구하고 연구비로 구입한 도서는 모두 도서관에 기부 채납하도록 되어 있으니, 사실상 그런 목적의 사용 또한 차단된 셈이다. 이는 결국 인문학 분야의 연구자는 연구비를 신청하지 말라는 것이나 다름없는 모순 덩어리의 제도인 것이다.

최 씨에게 전화를 걸어 그러한 사정을 설명하고서, 지난번에 내가 한국연구재단의 담당자에게 연락했더니 그 담당자가 본교의 담당 직원과 직접 통화해 정액연구비의 경우에는 까다롭게 간섭할 필요가 없다는 취지의 설명도 한 바 있었다고 말했다. 그녀는 연구재단에 문의해보겠다고 하더니, 자기가 알아보니 그렇지 않다고 한다는 것이었다.

28 (목) 맑음

다시 한 번 논문의 퇴고 작업을 하여 155.2장이 되었다. 논문에 목차를 붙였다.

연구비 잔액 16,300원으로 A4용지와 검은색 사인펜을 구입하였다. 이로써 작년도 한국연구재단 과제 「『德川師友淵源錄』의 성립」 정액연구비의 집행은 완전히 마친 셈이다.

29 (금) 맑음

논문은 두 번째 퇴고를 마쳐 200자 원고지 156장의 분량이 되었다.

오후 3시에 교육문화센터 716호실로 가서 본교 사범대학 윤리교육과의 학위논문 발표회에 참석했다. 내가 심사를 맡게 될 裵文圭 씨의 박사학위논문 「兼出調和로 본 東學의 韓國固有思想과 儒·佛·仙 倫理思想 批判的 硏究」를 포함한 석·박사 논문들의 발표가 있었기 때문이다. 발표회가 끝난 후 배 씨의 지도교수인 孫炳旭 교수로부터 심사위원장을 맡아달라는 전화 연락이 있어 수락하였다.

조교가 연구비로 구입한 도서들의 표지를 복사해 두라고 한다면서 또 그 책들을 가져갔다.

11월

1 (월) 맑음

논문은 참고문헌을 추가하여 162.3장의 분량이 되었다. 이 논문을 투고하려고 생각하고 있는 한국학중앙연구원의 기관지 『정신문화연구』의 원고집필요강 첫머리에 "논문의 분량은 본문과 참고문헌을 합해 200자 원고지 150매 내외이며, 절대 170매를 넘을 수 없습니다."라고 되어 있는데, 현재의 분량에다 영문초록·국문초록·주제어를 추가하면 그 제한된 분량을 초과할 수밖에 없으니 더 줄이지 않으면 안 된다.

오늘 집에 가져다 둔 연구비로 구입한 책 두 권을 다시 조교에게 전해 표지를 복사하게 했다. 왜 그렇게 하는지를 물었더니 본교 연구지원과(근년 들어 산학협력단으로 명칭이 바뀌었다)에 제출하기 위한 것이라고 한다. 말하자면 그 책이 내 소유물이 아니라는 확실한 증거를 확보해 두고자 하는 것이다. 또한 저녁 무렵에 조교가 산학협력단에서 작성한 2009년도 내 연구비 중 직접성경비 400만 원의 집행 관련 증빙서류를 가져와 보였는데, 무려 두툼한 책 한 권 분량이었다. 그 내용은 모두 허위이지만, 감사에 대비하기 위해 형식적인 요건을 갖춰 두려는 것이다. 그래서 나는 이처럼 공문서 위조의 책임자가 되기보다는 차라리 앞으로 정년퇴직할 때까지 더 이상 연구비를 신청하지 말아야겠다고 마음먹었다. 한국연구재단 즉 정부가 이러한 업무에 대한 대가로서 본교에 지급한 간접비(175만 원)는 내가 수령한 연구비 총액(700만 원)의 25%에 이른다.

2 (화) 맑음

논문 작업을 계속하여 참고문헌의 배열 순서를 재조정한 다음, 국문초록과 국문·영문 주제어의 작성을 마쳤다. 168.4장의 분량이 되었다. 한국학중앙연구원의 『정신문화연구』 편집실로 전화를 걸어 문의해 보았더니, 170매를 좀 넘어도 무방하다는 것이었다. 그러나 초록은 가능한 한 짧게 만들고자 한다.

3 (수) 맑음

영문 초록을 작성하였으나 마치지 못하였다.

4 (목) 맑음

새벽에 한국동양철학회장 이광호 교수로부터 이메일을 받았는데, 내가 엊그제 김경수·구자익 군에게 이메일을 보내면서 5일 새벽 5시 30분의 첫 고속버스로 상경할 계획임을 알린 것을 이 회장에게도 전달한 데 대한 회신이었다. 새벽에 출발하기는 힘들 터인데, 원한다면 연세대 숙소를 제공할 수도 있다는 내용이었다. 그래서 오늘 중에 상경하기로 계획을 바꾸어, 출근 후 김경수 박사 및 동양철학회의 연구 간사와 전화 연락을 취한 후, 오후 12시 30분 발 고속버스로 상경하게 되었다.

압구정역에서 지하철을 타고 신촌역으로 이동한 후, 세브란스병원 셔틀버스를 타고 우리들의 오늘 숙소인 알렌관에 도착하였다. 거기서 이광호 회장과 임원들을 만난 다음, 배정받은 방에다 짐을 놓아두고서 근처의 한정식집 石蘭으로 이동하여 임원진과 외국 학자들의 만찬 모임에 참석하였다. 외국 학자로는 東京大 출신으로서, 東海大學 외국어교육센터에 준교수로 재직하며 주자학을 연구한다는 恩田裕正 씨 내외만이 참석하였다. 나는 일본어를 할 수 있으므로 그들 부부의 앞자리에 앉아 대화를 나누었다.

5 (금) 맑음

9시 30분에 숙소를 체크아웃 하여 恩田 교수 등과 더불어 오늘의 국제학술회의 장소인 연세대 도서관 안쪽 학술정보원 6층 장기원국제회의실로 걸어서 이동하였다. 삼성그룹이 3백억 원 정도를 기부하여 근년에 세운 건물이라고 한다.

오후 6시 30분부터 상남경영원 로터스 룸에서 만찬회가 열렸는데, 차기 회장인 내가 건배사를 하였다.

6 (토) 맑음

오늘은 학술정보원 6층 세미나실(620호)에서 오전 10시부터 12시까지 '세계화시대의 동양철학'이란 소주제로 황병기 연세대학교 강진다산실학연구원 연구교수의 사회로 蒙培元 중국사회과학원 교수가 「유학의 현대적 의의 및 핵심가치」에 대해 발표하고 최영진 성균관대학교 한국철학과 교수가 논평하며, 이강수 연세대학교 철학과 前 교수가 「글로벌 시대의 노장철학」에 대해 발표하고 최일범 성균관대학교 한국철학과 교수가 논평하는 순서로 되어 있다. 우리가 세미나실에 들어섰을 때는 첫 번째 발표와 토론이 끝나고서 蒙 교수가 논평에 대해 답변을 하고 있었다. 원래 蒙 교수의 논문에 대해서는 내가 토론을 맡기로 예정되어 있었는데, 차기 회장이 토론을 맡는 것이 모양새가 좋지 않다고 여겨서인지 부회장인 최영진 교수로 바뀐 것이었다.

모든 순서가 끝나고서 이광호 현 회장의 사회로 평가회 같은 것을 할 시간에도 차기회장인 내게 발언 요청이 와서 내년의 학회 운영 계획에 대해 좀 언급하였다.

12 (금) 맑고 포근함

오전에 김동연 씨의 석사논문을 지도하는 연구 수업을 했다. 오늘은 「남명 사상의 본질」이라는 제목의 글을 써 와서 발표했는데, 지난번 것보다는 한층 나아졌다.

「『德川師友淵源錄』의 성립」 영문 요지의 작성을 마치고서 옆방의 영문과 오세랑 교수에게 보여 검토를 받은 후, 그것을 기존의 논문 끝에 첨부하여 퇴근 무렵인 오후 4시 54분에 한국학중앙연구원의 기관지 『정신문화연구』 편집실 담당자 박성진 씨에게 이메일 첨부파일로 보냈고, 제자인 김경수·구자익 군에게도 참조하게 했다. 200자 원고지 168.2장의 분량인데, 금년 겨울 호의 원고마감일은 10월 10일이었으므로, 내년 3월 31일에 발간 예정인 봄 호에 기고하는 것으로 했다. 봄 호의 원고마감일은 1월 10일이다.

15 (월) 맑음

이미 완성한 논문 「『덕천사우연원록』의 성립」을 다시 한 번 읽은 후, 새 논문 「『晋陽誌』의 출판」에 착수하여 표지 부분 2.6장을 입력하였다.

16 (화) 맑음

오후에는 「『덕천사우연원록』의 성립」과 관련된 자료들을 응접탁자로부터 치우고서, 새 논문 「『진양지』의 출판」과 관련된 자료들 및 독서카드를 정리하여 논문 작성을 계속하였다. 머리말을 거의 마치고 참고문헌의 일부를 작성하였는데, 13.8장의 분량이 되었다. 이 논문은 연세대학교 국학연구원의 기관지 『동방학지』 내년 봄 호에 기고하기로 예정하고서 그 원고작성 원칙에 따라 입력하기 시작했다. 한국학중앙연구원 연구처 연구정책실의 담당자 유성훈 씨로부터 내가 기고한 논문을 잘 접수하였다는 내용의 이메일이 왔다. 새 논문 또한 내년 3월 31일에 간행될 예정인 2011년 봄 호에 기고할 예정인데, 어쩌면 두 논문이 비슷한 시기에 출판될 지도 모르겠다. 그렇게 되면 남명학의 역사와 관련된 나의 20여 년에 걸친 연구는 예상보다도 빨리 종결될 수 있을 것이다.

서울에 있는 남명학회로부터 2010년 추계학술회의 초청장이 우송되어져 왔다. 서울대 철학과의 이남영 교수가 이 학회 초대 회장을 맡아 있을 때는 매번 초청장 및 그 기관지인 『남명학보』가 보내져 왔었는데,

성균관대 한문학과의 송재소 교수가 그 후임이 되고서는 언제부터인지 전혀 연락이 오지 않게 되었다. 오늘 초청장을 보니 서울대 사회교육과의 조영달 교수가 현재 회장으로 되어 있다.

17 (수) 맑음

논문 작성을 계속하여 18.7장까지 나아갔다.

18 (목) 맑음

새 논문은 20.8장까지 진척되었다.

19 (금) 맑음

점심 식사 후 산청군 남사리 부근의 관정 땅에 근년 들어 새로 생긴 재실 혹은 서원 같은 건물이 아마도 그곳에 정착했던 晉陽鄭氏殷烈公派와 관련된 것이 아닐까 싶어, 최근에 입력하고 있는 논문 중의 淸溪書院에 관한 내용을 보완할 수 있는 정보를 얻기 위해 현지답사에 나섰다. 조규태 교수도 함께 갔다.

진양호반의 드라이브 코스를 따라 갔는데, 막상 도착해 보니 그곳 주소는 관정리가 아닌 산청군 단성면 남사리 181번지(五龍골)로 되어 있고, 건물에 붙은 새 주소는 '목화로 23-43'으로 되어 있었다. 새 주소 명칭으로 보면 이 일대가 진양정씨은열공파의 시조인 官亭 鄭信烈 및 그 후손이자 문익점의 장인으로서 물레를 발명한 退軒 鄭天益과 관련된 장소임은 틀림이 없는 듯했다. 그러나 현재 들어서 있는 대형 재실 鳳陽祠는 晉陽姜氏博士公派의 것으로서, 그 1세인 박사공 姜啓庸으로부터 남사리 晉陽河氏의 사위가 되어 이곳에 처음 정착한 6세 姜蓍까지, 그리고 강시의 처 및 장남 姜淮伯을 비롯한 다섯 아들(오룡)들을 제사하는 곳이었다. 옆문이 열려 있어 안으로 들어가 볼 수는 있으나 관리인은 없었고, 뜰에 성균관장 崔根德 씨가 비문을 지은 커다란 비석이 세워져 있었다.

학교로 돌아온 후 논문 작업을 계속하여 22.2장까지 나아갔다.

23 (화) 맑음

다음 학기의 담당 과목인 4학년 중철특강에서 다룰 예정인 『한비자』에 관한 원전 텍스트와 부교재로 사용할 번역본을 조사하고, 일반대학원의 한당유학연구에서 교재로 사용할 皮錫瑞 저 『經學歷史』와 그 번역본도 인터넷으로 검색하여 두었다. 한비자의 부교재로서는 이운구 씨가 번역한 한길그레이트북스 54·55의 『한비자1·2』(한길사, 2002)를 예정하고서 인터넷 서점 알라딘을 통해 그 중고판을 주문해 두었고, 『경학역사』의 번역본으로서는 경북대 중문과의 李鴻鎭 교수가 번역한 『中國經學史』(同和出版公社, 1984)를 내가 이미 구입해 소장하고 있음을 확인하였다.

24 (수) 맑음

논문 작업을 계속하여 26.4장까지 나아갔다.

25 (목) 흐림

논문 작업을 계속하여 27.5장까지 나아갔다.

26 (금) 맑음

한국연구재단으로부터 일반기초연구지원사업의 선정과제 연구성과물 등록에 관한 안내 이메일이 왔으므로, 본교 산학협력단의 설혜지 씨와 연락하여 작년도 과제인 「『德川師友淵源錄』의 성립」 결과보고서 양식을 이메일로 받아 작성하기 시작하였다. 이것도 연구계획서 정도로 장문으로 작성하게 되어 있다.

29 (월) 맑음

한국연구재단의 2009년도 결과보고서 작성을 거의 마무리 지었다. A4용지 14장 분량이었다.

30 (화) 맑음

『徂徠集』(選錄) 10의 「對問」을 끝으로 일반대학원의 일본사상연구를 종강하고서 수강생들과 함께 학교 부근의 서울설렁탕에서 점심을 들었다.

오후에는 결과보고서를 한 차례 퇴고한 다음 한국연구재단의 홈페이지에 탑재하였다. 그런 다음 지난 26일에 창원 용호동으로부터 익일특급으로 발송되어져 온 사범대학 윤리교육학과 裵文圭 교사의 심사용 박사학위논문의 검토를 시작했다.

12월

1 (수) 맑음

서울대 철학과의 정원재 교수로부터 오전 중에 전화가 걸려왔는데, 서울대학교 철학사상연구소가 2010년부터 추진하고 있는 『마음에 대한 철학적 성찰』(가제)이라는 제목의 총서 중 漢代의 사상가 揚雄 부분의 원고를 청탁하는 용건이었다. 전 4권으로 발간될 예정인 이 총서는 동양과 서양의 대표적 철학자 60명을 선정하여 각 철학자가 마음의 본성에 대해 어떻게 성찰하였고 어떠한 철학적 견해를 발전시켰는지를 집중적으로 조명할 계획이라고 한다. 내년 상반기 중에 서양철학 편 2권을 간행하고 중반기에 동양철학 편(즉 유가철학 편과 불교 및 인도철학 편) 2권을 출판할 예정이라는 것이었다. 200자 원고지 80매 내외로 하여 내년 7월 30일까지 보내주면 되며, 원고료는 50만 원인데, 일반 독자를 상대로 하는 것이므로 반드시 새로 쓸 필요는 없고 나의 경우는 1992년 한국동양철학회의 기관지 『동양철학』 제3집에 실은 논문 「揚雄의 性善惡混說—漢代 性論의 動向과 관련하여—」를 그대로 실어도 무방하고, 그것을 좀 수정하여 줄인 것도 된다고 한다. 새 논문을 써 달라는 것이 아니므로 부담이 적어 수락하였다. 그 후 정원재 씨가 12시 42분에 이메일로 원고 집필 안내문을 보내온 데 이어 오후 6시 31분에는 유학 편의 구성과 필자 명단을 보내왔다. 그것에 의하면 유학 편은 중국철학 10명, 한국철학 5명으로 구성되며, 그 집필자는 모두 서울대 철학과 출신의 동문들이었다.

2 (목) 흐리다가 정오 무렵부터 부슬비

1992년에 발표된 揚雄에 관한 내 논문의 파일을 검토해 보았는데, 총 5절로 구성되고, 분량은 원고지 92장이며, 주석은 8개였다. 서울대 철학사상연구소의 원고작성 안내에 설명된 바와 큰 차이가 없으므로, 말미에다 요구된 바와 같이 관계문헌 5~6권 가량의 해설을 추가하고, 없어진 한자 몇 개를 새로 입력하며, 스타일을 좀 바꾸기만 하면 더 이상 수정할 필요는 없겠다는 생각이 들었다.

3 (금)

배문규 씨의 박사학위청구논문에 대한 검토를 마쳤다. 이 논문은 동학측이 편찬한 최초의 教團 역사서인 『崔先生文集道源記書』 癸亥(1863, 철종 14) 8월 15일 조에 "曉頭先生呼慶翔言曰, 此道以儒佛道三教兼出也. 慶翔對曰, 何爲兼乎? 曰, 儒道投筆成字, 開口唱韻, 用祭牛羊, 是乃儒道也. 佛道淨潔道場, 手執念珠, 頭着白衲, 白米引燈, 是乃佛道也. 仙道容貌幻態, 衣冠服色, 祭禮幣帛, 獻酌醴酒, 是乃仙道也. 及其時, 宜用合祭之法, 云云"이라고 보이는 데 착안하여, 동학이 儒佛道 삼교의 요소를 취합하여 성립된 것이 아니라 그 자체 안에 원래부터 이 삼교 및 우리나라 고유사상의 요소를 내포하고 있었던 것이라고 주장한 것이다. 이 한문 문장의 해석에 억지와 오류가 있고, 게다가 '兼出調和'란 동학에 고유한 용어가 아니라 배 씨 자신이 만들어 낸 말이다. 그의 지도교수인 본교 윤리교육과 손병욱 교수의 주된 학문적 관심사가 우리 고유사상 탐구에 있고, 2002년과 2009년에는 동학에 관한 논문을 발표한 바도 있었으니, 손 교수로부터 영향을 받은 것이라고 하겠다. 그러니 결국 이 논문의 심사위원장은 내가 맡게 되었지만, 그 통과 여부는 손 교수의 의사에 달린 것이라 하겠다.

8 (수) 맑음

지난 11월 25일 이후 중단해 둔 논문 작업을 다시 시작하여 27.8장의 분량이 되었다.

9 (목) 맑음

논문작업을 계속하여 29.9장까지 나아갔다.

서울의 曺仁煥 씨가 모처럼 전화를 걸어왔는데, 창녕조씨 족보에 실린 曺彦卿 관계 기록을 이번에는 꼭 보내주겠노라고 했다.

10 (금) 맑음

오전 중 논문작업을 계속하여 31.1장까지 나아갔다.

오후 5시부터 교육문화회관 613호 세미나실에서 배문규 씨의 학위논문 1차 심사를 하였다. 내가 위원장이고, 천도교 종학대학원장으로서 서울 경운동의 수운회관 911호에 거주하며, 부산예술대학 사회복지상담과 학과장으로 있는 金春成 여사, 경남 하동군 청암면 출신으로서 1987년 한양대 물리학과에 입학한 다음, 고려대 대학원 철학과에서 윤사순 교수의 지도하에 동학의 시천주 사상을 주제로 한 논문으로 철학박사 학위를 받고, 지금은 고려대와 한양대에서 철학을 강의하면서 국립군산대 연구교수로 있는 김용휘 씨, 본교 윤리교육과의 김대군 교수 및 같은 윤리교육과의 배 씨 지도교수 손병욱 교수가 심사에 참여하였다. 배문규 씨는 올해 34세로서 본교 사범대학 윤리교육과를 졸업한 후 창원의 용호고등학교에서 윤리교사로 재직하고 있다. 그의 학위논문은 여러 가지로 부족한 점이 있으므로 충분한 시간을 들여 새로 쓸 수 있도록 다음 심사를 무기한 연기하기로 했다.

15 (수) 강추위

논문 작업을 계속하여 34.7장까지 나아갔다.

16 (목) 맑음

논문은 35.3장까지 나아갔다.

오전 중 경남발전연구원의 고고학 팀장인 유창환 씨가 전화를 걸어와, 사천의 龜巖 李楨이 거주하던 집인 龜巖精舍 터가 발굴되었는데, 본교 건축학과의 고영훈, 사학과의 조영제 씨와 더불어 내가 12월 28일 화요일 오전 11시에 현장으로 와서 나는 구암의 사상사적인 면모에 대한 설명을 해 달라고 하므로 승낙하였다.

조인환 씨가 또 전화를 걸어왔다. 내가 부탁한 창녕조씨 족보 가운데서 문과급제자인 曺彦卿의 家系 부분을 복사하여 오늘 중 내게 발송하겠다면서, 남명의 부친인 曺彦亨은 技藝 시험에 수석을 하여 연산군의 특명으로 바로 殿試에 응시하게 되었다는 기록이 『조선왕조실록』에 있다는 말을 하였다. 인터넷으로 검색해 보니, 연산군 10년(갑자, 1504) 1월 20일(임오) 조에 "傳曰, 試藝居首生員曺彦亨直赴殿試"라는 문구가 있는데, 이를 번역본에서는 "기예 시험에 수석한 생원 조언형에게 바로 전시를 보게 하다"고 적고 있었다. 그러나 이때의 '試藝'는 성균관에서 시행한 학력시험을 의미하는 것일 터인데, 조 씨는 이를 雜技 시험 정도로 해석하고 있었다. 북한 번역에는 '재주시험'이라고 되어 있다 한다. 그는 남명학연구원 부원장인 한국학중앙연구원의 박병련 교수를 찾아가 그런 소리를 했다가 차를 대접 받는 도중에 "무식한 사람과는 상대하지 않는다."고 하여 박 교수가 자리를 뜨는 사태가 벌어졌고, 남명학연구원 상임연구위원인 대진대학교 철학과의 권인호 교수를 찾아가서도 그 말을 한 바 있었는데 그 이후 권 교수는 자기 전화를 받지 않는다면서, 그들을 '박병련' '권인호'라고 호칭하며 폄하하고 있었다.

『國朝文科榜目』에 의하면, 생원 조언형은 연산군 갑자년 식년시에 丙科 21인 중 제8인의 성적으로 급제하였다. 이에 비해 幼學 조언경은 중종 9년(갑술, 1514) 8월에 행해진 別試에서 병과 12인 중 제4인으로 급제하였는데, 문과방목에 적인 그의 가계는 조언형과 전혀 다르며, 바로 이 사람이 己卯名人 중 한 사람이라고 되어 있다. 『중종실록』에는 조언형과 조언경이 형제라고 적힌 곳이 있고, 남명 집안의 파보에도 그렇게 기록되어져 있으므로, 대동보를 통한 확인이 필요한 것이다. 조인환 씨의 말에 의하면 박병련 교수는 창녕조씨인 취원당 曺光益의 집안에 장가들었다고 한다.

오후 5시에 남명학관 106호 세미나실에서 남명학연구소 임시총회가 있었다. 한문학과의 최석기 교수가 소장 임기 중에 사임하기로 작정했으므로 그 후임을 선출하기 위한 것이었다. 본교에 이 연구소가 설립된 이후 윤리교육과의 공영립, 교육학과의 최무석 교수 등이 허수아비 소장으로서 재임한 이후 한문학과의 H 교수가 10년의 장기에 걸쳐 다섯 차례 소장 직을 연임하였고, 최 교수는 총무간사를 8년 하고서 H 교수의 뒤를 이어 소장을 4년 하였는데, "금년부터 한국고전번역원 협동번역사업 거점연구소로 선정되어 연구책임을 맡게 되니, 업무가 너무 과중하여 맡은 일을 제대로 수행할 수 없는 지경에 이르렀"다는 것이 사임의 변이었다. 후임으로는 현재 남명학연구소가 속해 있는 경남문화연구센터의 장인 한문학과 장원철 교수의 추천에 의해 한문학과 윤호진 교수가 이어서 맡게 되었는데, 역시 미리 짜인 각본에 따른 것이었다.

20 (월) 맑음

논문은 36장까지 나아갔다.

경기도 성남시 수정구에 거주하는 조인환 씨로부터 『창녕조씨족보』 5종 가운데서 조언경의 가계를 표시한 부분들을 발췌하여 복사한 인쇄물이 도착하였다. 12월 16일에 서울 을지로 4가로부터 등기로 부친 것이었다. 이로써 『國朝文科榜目』에 실린 曺彦卿의 家系는 창녕조씨 副提學公派에 속한 인물임이 확인되지만, 그가 문과에 급제한 연대가 이것들에는 모두 己亥(1539, 중종 34년)로 되어 있어 문과방목에 보이는 乙亥(1515, 중종 10년)와 차이가 있고, 『중종실록』에 曺彦亨과 曺彦卿이 형제간이라고 기록된 사실과 일치하지 않으며, 덕산의 남명 조식 후예가 간행한 『창녕조씨파보』 甲寅譜(1974) 卷首 38장에 명종 1년(1546) 김해부사 權璜

이 지은 「佐郎公墓碣銘」이 실려 있고, 합천군 삼가면 외토리 부근의 仁川 李氏 先塋 근처의 조언경 내외 무덤 앞에 서 있는 이 비문을 내가 직접 확인한 적도 있었으므로, 아직 의문이 완전히 해소된 것은 아니다. 조인환 씨는 오늘 내가 답례의 전화를 걸어 『연산군일기』의 조언형 기사에 보이는 '試藝居首'가 성균관에서 실시한 시험을 가리킨 것이라고 설명해도 받아들이지 않고서 잡과 시험이라는 종전의 주장을 굽히지 않았다. 이런 사람과는 말로 다투어도 소용이 없으므로 내 의견을 전해 두는 선에서 그쳤다.

21 (화) 흐림

논문은 38.6장까지 나아갔다.

22 (수) 맑음. 동지

논문은 45.3장까지 나아갔다.

24 (금) 30년만의 강추위

논문은 48.6장까지 나아갔다.

27 (월) 맑으나 쌀쌀함

논문은 50.3장까지 나아갔다.

28 (화) 맑음

한국문집총간 제33책에 수록된 李楨의 『龜巖集』을 읽으며 사천시 구암리에 있는 龜溪書院 및 大觀臺와 관련된 내용들을 카드화했다.

오전 10시 30분 무렵에 김경수 군이 인문대학으로 와서 자기 승용차에 나를 태워 함께 구계서원으로 갔다. 김 박사의 창원기계고등학교 한 해 후배인 본교 사학과 출신 류창환 박사가 센터장으로 있는 경남발전연구원 역사문화센터에서는 2007년에 사천시 및 사천 유림 측의 요청을 받아 2008년부터 구계서원 대관대의 복원을 위한 지표조사 및 발굴 작업을 추진해 왔는데, 오늘 오전 11시에 그 지도위원회를 열게 되어 내가 본교 사학과의 고고학 전공 조영제 교수 및 공대 건축공학과의 고건축 전공인 고영훈 교수와 더불어 지도위원으로서 참석하게 된 것이다. 조영제·고영훈 교수는 부산 동래고등학교 및 부산대학교의 동기동창으로서 친구 사이였다. 먼저 서원 앞에 설치된 컨테이너 하우스 안에서 함안군 군북면 하림리 213번지의 폐교된 초등학교 안에 사무소를 둔 경남 문화유적 개발·보존 전문기관인 역사문화센터 측의 「사천 구계서원 대관대 및 대관재 시굴조사」에 관한 브리핑을 받은 다음, 서원 뒤 萬竹山(140m) 위쪽에 있는 발굴현장을 둘러보고, 컨테이너로 돌아와서 지도위원들의 의견을 듣는 모임을 가졌다. 사천시청 및 사천문화원 등의 현지 관계자들도 다수 참석해 있었다.

지도위원회 모임을 마친 다음, 사천시 사천읍 선인리 343-1의 앞들식당으로 가서 재첩된장국으로 점심을 든 다음, 연구실로 돌아와 퇴근 무렵까지 『구암집』에 대한 카드화를 계속했다.

29 (수) 맑음

오전에 『유교대사전』(서울, 박영사, 1990) 현황 편을 통해 사천의 구계서원에 관한 내용을 살폈고, 오후에는 간밤에 류창환 씨로부터 얻어온 본교 한문학과의 이상필 교수가 쓴 「구암 이정(1512~1517) 선생의 대관대 복원에 대한 의견서」 및 한글학회의 『한국지명총람』에 실린 대관대 등 사천 지역 지명에 관한 기록, 그리고 백과사전에 실린 구계서원에 관한 글의 내용을 검토하였다. 이상필 교수의 글에 언급된 『퇴계집』 권5 「龜巖精舍」, 『退溪文集攷證』 권3의 구암정사 및 대관대에 관한 언급, 『구암집』 별집 권2의 끄트머리에 실린 松谷 柳世彰의 「大觀臺重修上樑文」 및 淵齋 宋秉璿의 「大觀臺重修記」, 『后山集』 권2의 「登大觀臺二節」 및 『俛宇集』 권8의 「大觀臺用龜巖集中韻」을 찾아서 읽고 각각 카드화하였다.

30 (목) 첫눈

어제에 이어 인터넷을 통해 구계서원에 관한 내용을 검색하였고, 한국문집총간에 실린 『구암집』 중의 대관대 관계 카드화를 계속하였다.

일본 동방학회의 소식지 『東方學會報』 No.99(2010.12.24)가 우송되어져 왔는데, '會員通信' 난에 내가 2008년 3월 이래 한국동양철학회의 부회장 중 한 사람으로 되어 있으며, 2011년 3월부터 1년간 회장의 직을 맡게 된다는 소식이 실려져 있다.

31 (금) 맑으나 강추위

『구암집』과 『퇴계전서』 『도산전서』에 대한 검토를 계속하여, 마침내 龜巖精舍가 명종 17년(1516)에 이룩되었으며, 광해군 3년(1611)에 龜山祠의 성립과 더불어 서원의 체제를 갖추고서부터 『구암집』의 초간본이 간행된 인조 14년(1636)까지는 龜巖書院이었으나, 그 후 重創과 더불어 龜山書院으로 개명되었다가, 숙종 2년(1676)에 사액되면서 龜溪書院으로 바뀌었음을 알게 되었다.

2011년

1월

3 (월) 맑음

작년까지 계속하고 있었던 荻生徂徠의 『政談』 읽기와 「『晋陽誌』의 출판」 논문 작업을 일단 중단하고서, 오늘부터 종일 새 논문 「大觀臺緣起」의 작성을 시작하여, '머리말' 부분 원고지 14.9장분의 입력을 마쳤다.

4 (화) 맑음

새 논문은 21.8장까지 나아갔다.

5 (수) 맑음

논문 작업을 계속하여 29.2장까지 나아갔다.

오후에 한국동양철학회의 총무간사인 연세대 박사과정의 강경현 씨로부터 전화가 걸려와, 1월 7일 오후 6시에 서울 인사동의 대청마루에서 열릴 임원회의에 참석할 수 있는지를 물으므로 가능한 한 가겠다고 응답했다.

퇴근 시간에 경남발전원구원 역사문화센터의 황인천 연구원이 연구실로 방문해 와 내가 류창환 센터장에게 입수를 부탁해 두었던 대관대 관계 자료를 전해주었다. 1940년 4월 21일자로 된 '大觀臺下書齋建物賣却決議'라는 제목의 문서 복사물 한 장이 서두에 첨부된 「大觀臺와 大觀臺書齋 考察」이라는 제목의 A4용지 13장 분량 컴퓨터 출력물과 龜巖 李楨의 후손 李中喆이 編著하고 진주의 한학자 鄭直教 옹이 감수하여 사천문화원에서 1994년과 2002년에 출판한 『龜巖年譜』 1책이었다. 『구암연보』는 내게 빌려주는 것인 모양이다.

6 (목) 맑음

어제 류창환 박사가 보내준 자료들을 검토하였다. 그것을 통해 『俛宇集』에 「不欺堂記」가 실려 있음을 알고서 권138에 있는 그 글을 찾아 카드화 하였고, 宋秉珣의 문집 『心石齋集』에도 「大觀臺重建記」가 있다기에 본교 남명학관의 고서전문도서관인 文泉閣으로 사람을 보내 영인본 6권 전체(景仁文化社, 한국역대문집총서 2758~2763, 1999)를 빌려왔지만 그 글은 보이지 않았다.

7 (금) 맑음

오후 1시 발 동양고속 편으로 상경했다. 도중의 풍경은 대부분 설경이었다. 오후 4시 40분 강남고속터미널에 도착한 후 지하철 3호선을 타고서 종로3가까지 이동했고, 시간이 좀 남으므로, 청계천을 따라 3가에서 세종로까지 산책한 다음, 종로와 인사동 길을 따라 걸어서 모임시간인 오후 6시의 5분 전에 慶雲洞 47-1에 있는 한국전통음식점 대청마루에 도착하였다.

거기서 열린 한국동양철학회 임원회의에서 연세대 이광호 교수가 회장으로 재임하고 있는 1년 동안의 16대 예산보고가 있었고, 2월 17~18양일 동안 공주 마곡사 옆의 전통불교문화원에서 열릴 총회 및 145차 정례학술회의(동계수련회)에 관한 협의를 하였다. 이 회장은 능력이 있어 전임자인 계명대학의 이동희 교수로부터 8,129.958원을 넘겨받은 것을 포함해 총 59,421,478원의 수입금을 조성했고, 그 중 42,861,320원을 지출하고서 현재 통장에 16,560,158원이 남아 있는데, 동계수련회에 약 700만 원 정도의 비용이 들 것으로 예상하고 있으므로, 결국 자신이 넘겨받은 정도의 잔액을 후임자인 내게 넘겨주게 될 모양이다.

8 (토) 맑음

오전 중 내가 한국동양철학회의 회장을 맡는 금년 3월 이후 1년간 총무이사의 직을 맡길 예정인 김경수 박사에게 전화를 걸어, 고려대학의 오상무 씨는 학회참석이 거의 없으므로 그에게 임원의 직을 맡길 계획을 단념할까 하며, 그 대신 기존의 조남호·김영우 씨 외에 진주교대의 김낙진, 연세대 원주캠퍼스의 이기용 씨를 이사로 추가할 생각인 점, 그리고 기존 부회장들 중 임원회의 참석이 거의 없는 서울대 허남진, 원광대 김학권 씨를 제외하고 그 대신 경북대 방인, 인하대 이봉규 씨로 대체할 생각임을 말했다. 다음 주 중에 임원으로 예정하고 있는 사람들이 진주나 혹은 다른 곳에서 한번 모임을 가질 예정이다.

10 (월) 맑음

내가 회장을 맡을 금년도 제17대 한국동양철학회의 임원진을 구성해 보았다. 지난번 임원회의에서 이광호 현 회장이 조만간 회장을 맡게 될 부회장 중 임원회의 참석이 거의 없는 원광대의 김학권, 서울대의 허남진 씨를 다른 사람으로 교체하는 것이 좋겠다는 의견을 제시한 바 있었으므로, 차제에 그렇게 하기로 했다. 총무이사를 맡을 김경수 군과 연락하여, 이번 주 금요일 오후 3시에 평거동의 '차이야기'에서 일단 몇 명이 만나 임원 구성 및 내년도의 계획에 대해 의견을 나누어보기로 했다.

「大觀臺緣起」 집필을 위해 기존의 독서카드 전체를 새로 뒤져서 龜巖 李楨 및 진주 淫婦獄 관계 자료를 골라내었다. 이번 기회에 이정과 조식의 관계에 대해서도 전반적으로 조명해 볼 생각이다.

11 (화) 맑으나 강추위

어제에 이어 한국동양철학회의 임원 구성을 계속하여 대충 시안을 만들었다.

논문 작업은 31.4장까지 나아갔다.

12 (수) 맑으나 강추위

논문은 37장까지 나아갔다.

『남명학연구』 제30집(경상대학교 남명학연구소, 2010.12)이 배부되어져 왔는데, 한문학과 李相弼 교수가 29집에 실린 내 논문 「『남명집』 諸板本의 간행연대」를 반박한 「『남명집』 初刊年代 변증」이 실려 있었다.

13 (목) 맑음

이상필 교수의 논문에 대해서는 새로 반박 논문을 한 편 쓸 생각도 해 보았으나, 다 읽고 난 후에는 그럴 필요가 없고 지금 쓰고 있는 논문의 말미에 附記하여 몇 마디 언급해 두는 정도로 그치는 편이 낫겠다고 판단하게 되었다.

14 (금) 맑음

경남발전연구원의 류창환 센터장에게 이메일 첨부파일로 지금까지 작성된 부분의 논문 「大觀臺緣起」를 첨부해 보내면서 대관대와 대관재에 관한 현재의 내 생각도 언급했다. 그런 다음 이상필 교수의 논문을 새로 읽으며 그 전 호에 실린 내 논문 등과 대조해 보았다.

오후 2시에 퇴근하여 우리 아파트 차고에 차를 둔 후 서울서 내려온 서울대 철학과 후배 조남호 군과 함께 김경수 군의 차에 동승하여 평거동의 중국집 만리장성 근처에 있는 전통찻집 '차이야기(구 고운당)'으로 갔다. 금년의 내가 17대 회장이 되어 추진할 한국동양철학회의 임원으로 예정하고 있는 김경수·조남호·김영우·김낙진·구자익 등과 함께 모여 17대의 임원진 구성과 사업 및 예산 조달 계획에 대해 협의하였다.

회의를 마친 다음, 신안동의 금강산실비로 이동하여 저녁 식사를 겸한 술을 들었고, 다시 평거동 779-9에 있는 석초골민속주로 이동하여 밤늦게까지 동동주를 들었다. 그런 후 나는 귀가했지만, 서울서 온 두 명 중 김영우 씨는 3차를 마친 후 돌아가고, 조남호 씨는 진주에서 잤다.

15 (토) 맑음

아침에 느지막하게 일어나 평거동의 김경수 군 및 그 집 근처의 여관에서 잔 조남호 군과 더불어 셋이서 조식을 들기로 전화 연락했다. 그런데 택시를 타고서 약속 장소인 신안동 남도레포츠 뒤편의 강변복집으로 가 보았더니 시간이 일러서 아직 문을 열지 않은지라, 다시 김 군의 승용차에 동승하여 인사동 179-6의 국제진부령 황태식당으로 가서 식사를 했다. 서울로 돌아가는 조 군을 장대동 시외버스 터미널까지 바래다주고서, 다시 우리 아파트 앞까지 와서 김 군과 작별했다.

29 (토) 맑음

오전 중 10박 11일간의 네팔·인도 여행일기를 퇴고하여 참가자들과 가족 및 제자 김경수·구자익, 동료 정병훈·권오민 교수에게 이메일 첨부파일로 보냈다. 원고지 116장의 분량이었다.

제17대 한국동양철학회의 총무이사로 내정된 김경수 군이 신임 부회장 및 임원들에게 위촉하는 일은 회장인 내가 직접 하는 것이 좋겠다는 이메일을 보내 왔으므로, 그렇게 하겠다는 회신을 보냈다.

30 (일) 맑음

간밤에 한국학중앙연구원의 『정신문화연구』 편집담당 유성훈 씨로부터 이메일이 왔는데, 내가 기고한 논문 「『덕천사우연원록』의 성립」은 2011년 봄 호(통권 122호)에 '수정 후 게재'하기로 결정하였다면서, 심사자 3인의 지적사항을 첨부하였다. 지적사항에 대한 나의 답변서와 수정된 논문을 2월 7일 오후 2시까지 보내주되, 가능한 한 빨리 보내달라는 것이었다. 집에서 점심을 든 후 학교로 가서 작업하여 오후 5시 2분에 수정된 원고와 답변서를 첨부한 회신을 보냈다. 봄 호는 3월 10일에 발간될 예정이며, 『정신문화연구』 2부와 별쇄본 20부를 우편으로 보내준다고 한다.

31 (월) 맑음

새 학기의 학부 강의계획서를 입력하였다. 중국철학특강에서는 王先愼의 『韓非子集解』를 윤독하기로 했다.

17대 한국동양철학회 임원으로 내정해 둔 사람들에게 일일이 전화를 걸어 본인의 동의를 받아두었다. 다만 부회장으로 예정한 전남대학교 철학과의 崔大羽 교수는 여러 번 휴대폰 번호로 전화를 걸어도 중국어 안내음만 나오며, 자택으로 짐작되는 전화번호는 신호음은 가도 응답이 없다. 아마도 연구년으로 중국 연변대학에 가 있는 것이 아닌가 싶다.

2월

1 (화) 맑음

최대우 교수로부터 자신은 현재 연구년을 얻어 중국에 체재하고 있으므로 제안을 받아들이기 어렵다는 이메일 회신이 왔으므로, 김경수 군에게 이메일로 연락하여 일단 다음 달 총회에서의 차기회장 결정으로 인해 결원이 생길 부회장 자리는 연세대의 신규탁 교수로 채워두고서 나머지 부회장 교체는 후임 회장들에게로 미루어두겠다는 의사를 전했다.

7 (월) 맑음

대학원 한당유학연구(3학점)와 세미나(1학점)의 강의계획서를 입력하였다. 이번 학기 한당유학연구에서는 皮錫瑞의 『經學歷史』(臺北, 藝文印書館, 1974) 중 漢代 이후 부분을 윤독하고, 세미나에서는 동아시아사상사에 관련된 자유주제를 수강생 각자가 선정하여 리포트를 작성하도록 해 발표 토론할 예정이다.

10 (목) 흐리고 오후에 눈

『남명학연구』 제30집(2010.12)에 실린 이상필 교수의 논문 「『南冥集』

初刊年代 辨正」을 다시 읽기 시작했다. 그동안 망설이고 있었다가 2월 23일부터 3월 2일까지가 신청기간인 한국연구재단의 2011 인문사회 일반연구지원 기본연구(단독) 중의 우수논문사후지원에 응모해 보기로 작정하고서, 그 신청서에 해당하는 「연구성과요약문」의 작성을 완료했다. 일반 단독 정액 연구는 연구비 지출 조건이 너무 까다로워 금년에는 지원을 포기하였고, 그 대신 포상 성격인 우수논문사후지원에 대해 작년 6월 발행 『남명학연구』 제29집에 게재된 「『南冥集』 諸板本의 刊行年代」를 가지고서 응모해 보기로 했다. 연구비는 단독 정액연구비와 마찬가지로 700만 원이지만, 이 항목은 상대적으로 지원 건수가 너무 적어 선정될 가능성이 극히 희박하다.

한국학중앙연구원 『정신문화연구』 편집실의 유성춘 씨로부터 오후 3시 33분에 이메일이 왔다. 나의 원고 「『덕천사우연원록』의 성립」이 최종적으로 게재하기로 결정되었다는 내용이었다.

경남문화발전연구원 역사문화센터의 류창환 센터장을 통해 빌린 『龜巖年譜』 등 李楨 관계 자료의 복사 제본을 마쳤으므로, 그 원본은 역사문화센터의 황인천 연구원이 보낸 본교 사학과의 지인을 통해 반환하였다.

11 (금) 맑음

내주 17~18 양일간에 공주 마곡사 부근의 불교전통문화원에서 열리는 한국동양철학회 정기총회 및 145차 정례발표회 관계로 이광호 현 회장이 참석 여부를 묻는 전화를 걸어왔다. 부회장 문제와 관련하여, 다년간 임원회의 참석이 거의 없는 원광대학교의 김학권 교수를 전남대학교의 최대우 교수로 교체코자 했으나, 최 씨가 연구년을 얻어 중국에 체재 중인 관계로 그것이 뜻대로 되지 못했다. 회장 교체로 말미암아 매년 한 명씩 정례적으로 결원이 생기는 부분만 연세대의 신규탁 교수로 충당하고서, 나머지는 다음 회장들에게 맡긴 채 그대로 두고자 한다는 의견을 말했더니, 그렇게 하면 다음 회장들에게 부담을 주는 셈이니 차제에 교체하는 편이 낫다는 것이었다. 그래서 충남대의 황의동 교수는 어떠냐고 물었더니 자기도 좋다고 생각한다는 것이므로, 김경수 군에게 황 교수의 전화번호를 알아보게 하여 내가 전화를 걸어 황 교수의 수락을 얻어두었다. 황의동 교수는 이미 율곡학회를 비롯하여 동서철학회 등 여러 학회의 회장을 역임하고서 현재는 고문으로 물러나 있으며, 지금은 학교에서 대학원장의 직을 맡고 있는 터이므로 부회장 제의를 달가워하지 않을 가능성이 많다는 것이 최영성 차기 연구위원장의 의견이라지만, 황 교수는 선선히 수락하였다.

14 (월) 흐리고 낮 한때 눈

『남명학연구』 제30집에 실린 한문학과 이상필 교수의 논문 「『南冥集』 初刊年代 辨正」을 다시 한 번 읽으면서 그 중 문제가 되는 부분들을 붉은 사인펜으로 표시한 다음, 龜巖 李楨의 손자 李鯤變이 지은 『疑訛拙辨』을 새로 읽으며 카드화하기 시작했다.

15 (화) 맑음

『疑訛拙辨』의 카드화를 계속하였다.

한국동양철학회 부회장 중 서울대학교의 허남진 교수도 작년에 부회장이 된 이래 임원회의 참석이 한 번도 없었으므로 영남대학교의 최재목 교수로 바꾸기로 마음먹고서 최 교수에게 전화를 걸어보았다. 그런데 최재목 교수도 전남대학교의 최대우 교수와 마찬가지로 금년 3월부터 내년 2월까지 1년간 연구년을 얻어 네덜란드의 라이덴대학으로 가게 되었다고 하므로 일단 보류해 두기로 했다. 최 교수는 금년에 만 51세라고 한다.

17 (목) 오전에 부슬비 내린 후 차츰 개임

충남 공주시 마곡사 부근의 전통불교문화원에서 열리는 한국동양철학회 정기총회 및 145차 정례발표회에 참석하였다. 오전 9시 55분에 장대동 시외버스터미널에서 구자익 군을 만나 10시에 출발하는 버스를 함께 타고서 대전으로 향했다. 대전에 도착해서 예전과는 장소가 바뀌어 임시로 고속터미널과 합해져 있는 동부시외버스터미널에서 직행버스로 갈아타고서 공주에 도착한 다음, 공주종합터미널 앞의 신정갈비에서 어제부터 1박 2일간 충북 제천의 세명대에서 열린 한국철학사상연구회 발표회 겸 정기총회에서 논문을 발표하고 온 김경수 박사 및 연세대 강사 한 명과 합류하여 함께 갈비탕으로 점심을 들었다. 김 박사의 차에 네 명이 동승하여 공주시 사곡면 운암리 604번지 마곡사 인근의 상원골에 자리 잡은 대한불교조계종 최초의 교육연수시설 전통불교문화원으로 이동하였다.

오후 5시부터 정기총회가 있었는데, 이 자리에서 16대의 사업 및 회계 보고가 있은 다음, 차차기 회장으로서 현재의 부회장인 성균관대 최영진 교수가 추대되었고, 감사로는 대전대 강사인 김윤수 씨와 서울시립대 김미영 교수가 선출되었으며, 17대 차기회장인 내가 인수인계에 즈음한 인사말을 하는 것을 끝으로 6시 남짓 되어 폐회하였다.

숙박동으로 이동하여, 현 회장인 이광호, 차기 회장인 나와 차차기 회장인 최영진 교수는 함께 바101호실을 쓰게 되었다.

18 (금) 맑고 포근함

아침 식사를 든 다음, 마곡사-무령왕릉-윤증고택-돈암서원 코스로 답사가 예정되어 있으나, 그것들은 예전에 모두 가 본 곳이기 때문에 나는 김경수 군의 차에 구자익·조남호 군과 더불어 동승하여 넷이서 따로 충청도 지방의 지리와 고사에 밝은 서울대 후배 조남호 뇌과학대학원대학 교수의 안내에 따라 답사를 떠났다. 먼저 마곡사에 들러 경내를 둘러보고서, 백범명상길이라는 이름의 트래킹 코스를 차에 탄 채로 올라서 백범 김구가 은거했던 백련암, 그리고 그 위쪽의 마애불을 둘러보았다. 그런 다음 아산의 鳳谷寺에 들렀다. 봉곡사는 다산 정약용이 쓴 「西庵講學記」의 무대가 된 곳인데, 정조 말년에 천주교 사건에 연루되어 金井察訪으로 좌천되어 홍성에 부임해 있던 다산이 이 일대에 거주하는 여주이씨 사람들과 더불어 이 절에서 강학하며 성호 이익의 예서를 교정하기도 했었던 현장이다. 아울러 근세 한국불교의 거장인 滿空선사가 깨달음을 얻은 장소이기도 하여, 절 입구 부근에 만공의 친필로 된 '世界一花'라는 글씨가 새겨진 탑이 세워져 있기도 하였다.

다음으로는 나의 제의에 따라 충남 예산군 신암면 용궁리 324-17에 있는 秋史故宅을 찾아갔다. 그곳을 두루 둘러본 다음, 2008년에 건립된 예산추사기념관에 들러 대추나무에다 컴퓨터를 사용해 내 이름을 한자 전서체로 새긴 새 도장을 구입하기도 하였다. 예산읍내로 이동하여 시외버스 터미널 옆 산성리 639의 예산국수에 들러 잔치국수로 점심을 든 다음 조남호 군과 작별하였다. 나와 두 제자는 서해안고속도로를 경유하여 장수에서 대진고속도로로 진입한 다음, 오후 늦게 진주에 도착하였다.

22 (화) 맑음

어제에 이어, 지난주 학회 모임 때 사 온 도서들 중 淺野裕一 編『竹簡が語る中國古代思想(三)—上博楚簡硏究—』(東京, 汲古書院, 2010); Livia Kohn, Introducing Daoism, Oxon: Loutledge, 2009; Susan Levit & Jean Tang, Taoist Astrology, Vermont: Destiny Books, 1997의 내용을 훑어보았다. 지난주 이승률 씨의 발표를 통하여 上海博物館이 1994년에 홍콩의 골동품시장으로부터 구입한 1,200여 枚의 戰國시대 楚簡에 이어, 2008년 7월에 淸華大學 歷史系의 李學勤 교수가 홍콩의 골동품상으로부터 구입한 거의 같은 시기의 새로운 戰國 楚簡 약 2,100매(淸華簡) 및 北京大學이 2009년 1월에 收藏한 2,300매 이상의 西漢 竹書에 관한 정보를 처음 접했었거니와, 淺野 씨의 편저를 통해 이 淸華簡과 西漢竹書에 관한 보다 상세한 정보를 접할 수가 있었다.

지도학생인 김동연 씨가 석사논문「남명 사상의 본질」최종고를 작성하여 연구실로 가져왔으므로, 그것을 읽으며 붉은 사인펜으로 표시하면서 첨삭지도하기 시작했다.

19 (토) 맑고 포근함

16대 한국동양철학회의 총무이사인 뇌과학대학원대학의 임채우 교수가 17일 12시 43분에 이메일로 내게 보낸 인수인계 파일들을 보고서, 17대 총무이사인 김경수, 총무간사인 구자익 군에게로 전달하였다.

26 (토) 맑음

새벽 6시 29분에 김경수 군에게 '17대 구상'이라는 제목으로 3월 이후 1년 간 한국동양철학회의 회장을 맡아 볼 나의 학회 운영 구상을 적은 이메일을 보내어, 차기회장 이하 실무 임원진들에게 전달하여 의견을 수렴토록 했다. 김 박사는 22일부터 가족과 함께 臺灣 여행을 떠나 오늘 돌아온다.

28 (월) 부슬비

어제 오늘 이틀간 내가 회장을 맡아 내일부터 출범할 제17대 한국동양철학회의 총무이사를 맡게 된 김경수 군 및 총무간사인 구자익 군과 16대로부터의 업무 인수인계에 관한 이메일을 몇 차례 주고받았다. 오후 2시 무렵 김 군이 연구실로 방문해 와, 그와 함께 구내 농협은행으로 가서 내 명의의 학회 운영비 통장과 체크카드 두 개를 만들어 받았다.

김경수 군이 가져온 『경남지역의 목판자료(3)』(한국국학진흥원, 2010)의 내용을 훑어보았고, 지난주에 읽었던 郭店楚簡에 관한 책의 뒷부분도 마저 읽었다.

퇴근 후 6시에 판문동 주공2아파트 앞에 있는 구자익 군 연구실 부근의 불고기집에서 김경수·구자익 군과 만나 술을 들며 학회 운영에 관한 대화를 나누었고, 그 근처의 장금이실비로 자리를 옮겨 2차를 한 후 취하여 귀가하였다.

3월

2 (수) 꽃샘추위

연세대학교 철학과로부터 내 앞으로 한국동양철학회의 회장직 인수인계에 따른 소포 두 상자가 택배로 부쳐져 왔는데, 뜯어보지도 않고서 조교를 통해 김경수·구자익 군에게로 전달하게 했다.

3 (목) 꽃샘추위

어제의 소포 두 상자에 이어, 오늘은 16대 총무간사 강경현 씨로부터 이월금 10,504,494원이 17대 통장으로 입금되었다.

어제 오후 6시 42분에 한국학중앙연구원 출판실의 이현자 씨로부터 『정신문화연구』 122호에 실릴 내 논문 「『德川師友淵源錄』의 성립」 교정지 및 그 영문초록의 pdf 파일들이 보내져 왔으므로, 오늘 그것을 출력하여 교정 본 뒤 스캔파일 pdf로 만들어 오후 1시 41분에 이메일 첨부파일로 전송하였다. 오후 2시 2분에 잘 받았다는 답신이 왔다.

김동연 씨의 석사학위논문 「남명 사상의 본질」에 대한 첨삭지도를 거의 마쳤다. 그는 의욕은 있으나 학력이 떨어져 논문이 어떤 것인지를 아직 잘 모르고 있다.

4 (금) 꽃샘추위

『선비문화』 제19호(사단법인 남명학연구원, 2011·봄)를 읽어보았다.

『疑訛拙辨』의 카드화를 마치고서 『反李鯤變拙辯』을 카드화하기 시작했다.

8 (화) 꽃샘추위

한국학중앙연구원 『정신문화연구』 편집실에서 내 논문에 대한 복사전송권 위임동의서를 발송해 왔으므로 동의하여 반송하였고, 뒤이어 출판실의 이현자 씨로부터 지난번의 1차 교정 사항을 반영한 2차 교정지가 이메일 첨부파일로서 보내져 왔다.

『反李鯤變拙辯』의 카드화를 계속하였다.

9 (수) 맑음

어제 13시 56분에 한국학중앙연구원 출판실의 이현자 씨가 내 논문의 2차 교정지를 pdf 파일로 보내왔으므로, 그것을 검토하여 붉은색 사인펜으로 교정사항을 표시한 뒤, 역시 pdf 파일로 만들어 18시에 이메일 첨부파일로서 송부하였다.

10 (목) 맑음

점심과 산책을 마친 후 김경수 군의 차에 동승하여 세종대왕태실지가 있는 사천시 곤양면 은사리 쪽을 경유하여 河東郡 玉宗面 文岩里 산37-2번지 대정마을공원묘지로 가서 나와 아내가 죽어서 묻힐 묘지를 둘러보았다. 이곳은 현지 주민들이 석포탄이라 부른다고 하는데, 謙齋 河弘度의 고향인 安溪里와 인접해 있고, 남명학파의 모임터인 拱玉臺도 근처에 있다. 덕산에서 태어나 옥종의 삭령최씨 집안에 후처로 시집온 김 박사의 장모 하동정씨가 지난달에 별세하여 이곳에 묻혔는데, 양지바르고 영구임대 하는 곳이라는 말을 듣고서 한 번 와 본 것이다. 이 일대는 조선시대에 晉州의 西面에 속했고 양반들이 많이 거주하던 구역이다. 부근에 호화분묘에 속하는 무덤들이 많았지만, 김 박사의 장모 묘는 5열 서편 1호에 위치해 있는데, 터 값이 백만 원에 석물 등 공사비까지 합하여 70만 원이 추가로 들었을 뿐이라고 한다. 나도 평소에 죽으면 자신의 무덤을 봉분 없이 평장으로 하고 이름 석 자와 생졸연도만 적은 비석 하나를 세워둘 생각이었으므로, 이 정도의 비용이면 될 듯하다. 석물에 '壬坐'라고 새겨져 있으니 대체로 남향이다.

김 박사가 처가 쪽 지인에게 전화를 걸어 알아보니 그 부근에 아직 팔리지 않은 묘 자리가 여러 개 있다고 하므로, 김 박사에게 우리 내외 두 사람의 묘지를 구입해 주도록 위임해 두었다. 하나뿐인 딸인 회옥이가 멀리 있어 자주 와 보지 못하더라도 제자인 金敬洙 박사와 그 처 崔貞文 씨 내외가 장모의 무덤에 성묘 차 오게 되면 우리 내외의 무덤도 돌보아 줄 것이라는 점도 고려하였다.

돌아오는 길에 그 근처에 있는 김 박사의 처가도 둘러보았다. 2층 양옥인데, 그 바로 옆에 같은 모양으로 된 처삼촌 晦川 崔寅巑 선생 댁도 있었다. 회천 선생은 진주 시내의 한학자들 모임 장소인 二以齋의 堂長으로서 8순 노인인데, 김 박사도 그 문하에서 한문을 배웠다. 현재 문집 『服膺堂稿』를 출판할 준비를 하고 있다 한다.

11 (금) 맑음

남명의 장손인 생원 曺浚明이 쓴 『反李鯤變拙辯』의 카드화를 계속하였다.

어제 김 박사가 한국동양철학회 제17대 회장으로서의 취임 인사를 적어 달라고 했고, 관례이기도 하므로, 인사말을 입력하여 오후 5시 3분에 학회의 총무이사·총무간사인 제자 김경수·구자익 군에게 보내 검토해 본 후 이메일로 회원들에게 발송하게 했다.

14 (월) 맑음

『反李鯤變拙辯』의 카드화를 마치고, 논문 「大觀臺緣起」 중 기왕에 입력해 둔 부분을 퇴고하고서, '—李楨과 曺植의 관계를 중심으로—'라는 부제를 덧붙였다.

15 (화) 맑으나 쌀쌀함

오랜만에 논문 작성을 다시 시작하여 원고지 43.9장의 분량까지 나아갔다.

구자익 군이 간밤 자정 무렵에 '한국동양철학회 17대 회장 인사'라는 제목의 이메일을 회원들에게 발송했는데, 대진대학교 철학과의 권인호 교수가 그것을 읽고서 내게 취임 축하 전화를 걸어 왔다.

어제 퇴근 후에 한국연구재단 인문사회연구지원팀에서 내가 지원한 우수논문사후지원 과제가 주관 연구기관의 승인을 거쳐 최종 접수되어 과제번호가 발급되었음을 알리는 이메일을 보내왔다. 확인해 보니 내 과제번호는 2011-325-A00140이었다.

16 (수) 꽃샘추위

김경수 군이 내가 부탁해 둔 우리 내외의 무덤 터를 예약했는데, 농협의 양규팔 씨 구좌로 200만 원을 입금하면 바로 계약서를 작성해 주기로 했다고 하므로, 오전 9시 남짓에 입금하고서 통지했다. 김 군의 장모 묘소는 5열 서편 끝이었는데, 우리 내외의 것은 그 아래 단 반대쪽인 4열 동편이라고 한다.

논문 작업을 계속하여 48장까지 나아갔다.

17 (목) 꽃샘추위

김경수 군이 '대정마을발전회 공원묘지 분양계획서'를 갖다 주었다. 사실상의 영수증인 셈이다. 내가 이번에 200만 원을 들여 구입한 묘지는 이 공원묘지의 4열 동편에서부터 2기(6m)이다. 3월 16일자로 분양이 이루어진 그 계약서의 세부사항에서는 "1) 분양방법은 영구임대로 한다. 2) 임대 분양된 묘역은 타인에게 양도할 수 없다. 3) 분양된 묘역은 패[폐]묘, 이장 등의 행위를 했을 경우 임대분양권은 자동적으로 소멸되며 대정마을발전회에 분양권이 환원된다. 4) 묘지 관리는 분양 받은 사람이 관리함을 원칙으로 한다."고 되어 있다.

논문은 49.1장까지 나아갔다.

18 (금) 맑으나 꽃샘추위

논문은 52.5장까지 나아갔다.

21 (월) 꽃샘추위

논문 작업을 계속했다. 지난주 금요일에 입력해 둔 내용이 오류임이 확인되었으므로 그 부분을 삭제하고서 새로 입력하다보니 분량은 오히려 줄어 51.2장이 되었다.

오후 6시 반에 평거동 781-7에 있는 통영숯불장어구이에서 김경수·구자익 군과 만나 한국동양철학회의 첫 번째 임원회의 등의 문제에 대해 협의하였다. 그 근처에서 2차를 한 후 취하여 돌아왔다.

22 (화) 맑음

논문은 57장까지 나아갔다.

23 (수) 맑음

경북대학교 퇴계연구소에서 발행하는 『퇴계학과 유교문화』 제48호(2011.2)를 훑어보았다. 김경수 박사의 논문 「북송초기 삼교회통론의 양상」이 실려 있었다. 박사학위논문의 내용을 정리한 것인데, 자신에 대해 '경북대학교 퇴계연구소 전임연구원'이라고 소개하고 있었다.

24 (목) 맑음

오늘 오전 9시 17분에 '학회 행사비 지원'이라는 제목으로 김경수·구자익 군에게 다음과 같은 내용의 이메일을 보냈다.

> 간밤에 정병훈 교수와 잠시 대화를 나누었는데, 지원 금액은 200만 원 정도가 가능하고, 필요한 서류의 서식과 조건이 있다고 하네. 내게 이메일로 보내달라고 말씀드려 놓았지만, 자네들이 정 교수께 직접 연락하여 조건에 대한 설명을 듣고 서식들을 전해 받는 것도 무방하겠네.

예문서원으로부터 내 저서 『동아시아의 사상』 2010년 인세 계산 이메일을 받았다. 지난 1년 동안 이 책은 84부가 팔려 3월말까지 56,870원의 인세가 지불되며, 누계로는 1009부가 팔린 것으로 되어 있다.

오후 4시 32분에 김경수 군이 한국동양철학회의 운영이사 이승률 씨가 보낸 답신을 전달해 주며 회장인 내 의견을 구했다. 금년 중에 '간독과 중국고대사상'이라는 대주제의 국제학술회의를 개최할 계획을 세우고서 그 분야의 전문가인 이 씨에게 기획과 더불어 그가 근무하고 있는 플라톤 아카데미의 재정적 지원을 기대했었던 것이다. 그러나 이 씨의 설명에 의하면, 플라톤 아카데미의 학회지원 사업은 금년 1월에 사업공고가 나가고 2월에 최종 선정 결과가 발표되었으므로, 그것을 기대한다면 아무리 빨라도 국제학술회의는 내년 2월 중순 이후에야 가능하리라는 것이었다. 그 지원 금액도 500만 원으로서 국제학술회의를 추진하기에는 턱없이 적고, 내년 2월말로서 내 임기도 끝나므로, 국내학술회의로 규모를 축소하여 추진해 보도록 했다.

25 (금) 꽃샘추위

논문은 64.1장까지 나아갔다.

학회 총무이사인 김경수 군이 사단법인 남명학연구원의 사무국장인 조구호 씨를 통해 부산교통 조옥환 사장에게 내가 한국동양철학회의 신임회장이 된 사실을 알리고 학회 활동에 대한 재정적 지원을 요청했더니, 매우 긍정적인 반응을 보이면서 조만간 나를 만나볼 뜻을 말했다고 한다. 김윤수 씨와도 통화하여 지원을 요청했더니, 현재로서는 필요한 경우 대략 200만 원 정도 지원하겠다는 의사를 비쳤다고 한다.

28 (월) 맑음

간밤에 귀가한 직후 김경수 군이 보내온 '임원회의'라는 제목의 이메일에 답신을 보냈었는데, 오늘 다시 '강진 겨울 모임'이라는 제목의 글이와 답신을 보냈다.

한국학중앙연구원으로부터 그 기관지 『정신문화연구』 122집(2011·봄) 2부와 함께 거기에 실린 내 논문 「『덕천사우연원록』의 성립」 별쇄본 27부도 소포로 보내져 왔으므로, 조교를 통해 연구지원실로 별쇄 한 부를 보냈다. 금년부터는 별쇄본이 아니고 논문을 스캔하여 올리게 되어 있다고 한다. 아무튼 2009년도 한국연구재단의 정액연구비 지원을 받아 내가 수행해야 할 의무는 다한 셈이다.

29 (화) 꽃샘추위

논문은 66장까지 나아갔다.

김동연 씨가 석사학위논문을 수정하여 가져왔다. 그러나 나는 지난번에 첨삭지도 하여 돌려준 논문이 그렇게 단시일 내에 수정될 수 있는 것이 아니라 하여, 만약 다시 읽어보아도 안 되겠다면 판단하면 더 이상 김 씨의 논문 심사를 진행하지 않고서 탈락시킬 터이니 충분한 시간을 들여 수정하라고 말하고서 그냥 돌려보냈다.

30 (수) 맑음

어제 오후 3시 58분에 김경수 박사가 4월 9일(土) 저녁 6시에 서울의 강남터미널 근처 레미안 스포티지 건물 지하 1층의 한정식집 '산들해'에서 열릴 한국동양철학회의 첫 임원회의와 관련한 이메일을 보내왔고, 같은 날 오후 3시 8분에는 국제학술회의 또는 기획학술회의 형식으로 열릴 예정인 '간독과 중국고대사상'을 대주제로 하는 학회 행사에 관해 그 분야의 전문가이자 학회 운영이사인 플라톤아카데미의 이승률 박사와 주고받은 이메일을 전달해 왔으므로, 내 의견을 적어 회답했다.

4월

1 (금) 맑음

정병훈 교수로부터 그의 아버지가 운영하는 남애장학재단 학술회의 신청서식이 보내져 왔으므로, 김경수·구자익 군에게 전달했다.

4 (월) 맑음

4월 1일에 지식을만드는지식 고전선집 중 내가 번역한 『남명집』의 해설을 네이버(nhn주)에 전문콘텐츠로 제공하는 데 대한 동의서를 보냈었는데, 오늘 그 확인 메일이 왔다.

논문은 67.4장까지 나아갔다.

5 (화) 맑음

논문은 71.8장까지 나아갔다.

6 (수) 맑음

논문은 75.5장까지 나아갔다.

7 (목) 비

논문은 80.2장까지 나아갔다.

8 (금) 맑음

논문은 81.9장까지 나아갔다.

9 (토) 맑음

한국동양철학회의 금년도 첫 번째 임원회의에 참석하기 위해 오후 1시 40분발 중앙고속 편으로 진주교대의 김낙진 교수, 김경수·구자익 군과 더불어 넷이서 상경하였다. 서초구 반포동 18-3의 레미안 스포티지 중심상가 지하 1층에 있는 '이천쌀밥 명가 산들해'라는 정식 전문 식당으로 모임 시작 시간인 오후 6시 무렵에 도착하였다. 17대 임원 20명 중 14명이 참석하였다. 그러나 한 주 전에 예약해 둔 장소의 테이블이 함께 모여져 있지 못하여 거기서는 회의를 할 수 없으므로, 석식을 마친 다음 그 이웃의 치킨 전문 식당으로 장소를 옮겨 생맥주를 들면서 새 회장인 내가 회의를 주재하였다. 1년 동안의 대체적인 행사 계획 등을 수립하였다. 꽤 성공적인 모임이었다.

11 (월) 맑음

논문은 84.3장까지 나아갔다.

점심 때 중문과에 와 있는 중국인 교수 馬兵 씨와 함께 사천시 용현면 선진리 103에 있는 풍어횟집으로 가서 생선회와 백합죽으로 내가 점심을 샀다. 馬 씨는 올해 만 35세로서 山東大學 중문과 교수인데, 고향은 山東省의 鄒城이며 학부부터 계속 산동대학에서 공부하였다고 한다. 산동대학이 중국에서 가장 학생 수가 많은 대학이라는 것을 그의 말을 통해 처음 알았다. 그는 작년 2학기에 왔으므로 금년 8월로 임기가 끝난다.

오전 중 국어교육과의 조규태 교수에게 전화를 걸어 12월 중에 있을 '簡牘과 중국고대사상'을 대주제로 한 국제학술대회에 남성당한약방의 김장하 씨로부터 지원을 받을 수 있도록 한 번 만날 기회를 마련해 달라고 부탁했다. 구체적인 계획서를 달라고 하므로, 지난 9일의 1차 임원회의 때 이승률 씨가 마련해 온 국제(1,000만 원) 혹은 국내(400~500만 원) 학술회의 기획안을 김경수 총무이사를 통해 이승률 씨에게 연락해 수정토록 하여 한국연구재단이 정한 국제학술회의 규모인 5개국 이상(3,000~3,200만 원)으로 새 기획안을 작성해 받아서 조규태 교수에게 이메일로 전달했다.

12 (화) 맑음

논문은 85.2장까지 나아갔다.

귀가 후 부산교통의 조옥환 사장에게 직접 전화를 걸어 한국동양철학회의 학술행사 지원 문제로 저녁 식사를 함께 하자고 제의해 보았다. 이 달 20일 이후에 조 사장이 내게 전화를 주겠노라고 했다. 한국연구재단의 '2011학년도 학술대회지원사업(인문사회 분야) 신청안내'가 이메일로 보내져 왔으므로, 그것을 총무인 김경수·구자익 군에게 전달하여, 운영이사 및 교류위원회 측과 연락하여 차질 없이 추진토록 지시했다.

13 (수) 맑음

논문은 87.5장까지 나아갔다.

조규태 교수와 둘이서 산책길에 진주 시내 남성당한약방의 김장하 씨에게 국제학술회의의 지원금을 요청하는 문제를 상의했다. 조 교수는 가능성이 별로 없다고 까다로운 말을 계속하면서, 먼저 한국연구재단의 신청 결과를 기다려보고, 그것이 안 되면 임원들이 비용을 분담하는 방안을 강구해 보고, 그 다음 단계로나 생각해 보자는 것이었다. 그러나 내가 예산 확보의 가능성이 희박하다면 처음부터 국제학술회의는 추진할 수가 없다고 설명하면서 김 씨에게 설명은 우리가 할 테니 면담의 기회만 마련해 달라고 했더니, 그제야 며칠 전에 이메일로 전해 받은 기획안은 두 군데 금액을 적지 않은 부분도 있고, 금액 산정에 구체성이 없어 불완전하므로, 상대방이 납득할 수 있을 만큼 현실성 있는 기획안을 새로 마련하여 주면 조만간에 면담을 주선해 보겠다는 것이었다. 김경수 총무이사에게 이메일을 보내 그러한 사정을 말하고서 기획안을 수정해 새로 보내달라고 했다.

14 (목) 맑음

논문작업을 계속하여 88.8장까지 나아갔다.

김경수 박사가 자신이 새로 수정한 국제학술회의 기획안을 보내왔지만, 운영이사인 이승률 씨와 상의하여 다시 작성하라고 말했고, 내가 그에게 엊그제 전달해 준 한국연구재단의 국제학술회의 지원신청서를 아직도 연구이사 및 교류위원회로 전달하지 않고 있으므로, 즉시 전달하여 그들로 하여금 작성케 하도록 지시했다.

15 (금) 맑음

논문은 89.9장까지 나아갔다.

오전 중 일본의 동방학회로 보내는 返信 엽서의 내 소식란에서 금년 12월 중 본교에서 '簡牘과 중국고대사상'이라는 테마로 국제학술회의를 개최할 수 있도록 기획 중이라는 내용의 글을 적어 발송했다.

오후 3시부터 남명학관 101호실에서 있은 본교 경남문화연구원이 주관하고 순천대 지리산문화연구단이 주최하는 인문한국(HK)지원사업 우수학자 초청강연회에 참석하였다. 이화여대 중문과의 정재서 교수가 「중국 상상 속의 산」이라는 주제로 파워포인트를 사용해 가며 강연하였다. 정씨는 서울대 출신으로서, 하버드대학과 京都의 일본문화연구소에서도 각각 1년 정도씩 머문 적이 있었는데, 『山海經』의 주석자로 알려져 있고, 오늘 강연 내용도 그것이 중심을 이루었다.

모임을 마친 후 본교 정문 맞은편의 가좌동 557-9에 있는 마루횟집에서 정 교수와 함께 저녁 회식이 있었다. 이 자리에서 경남문화연구원의 연구교수로 있는 박용국·최원석 씨와 합석하였다. 특히 박용국 씨는 그의 단속사에 관한 단행본과 연지사 종에 관한 논문을 읽은 바 있는지라 한 번 만나보고 싶었는데, 그 내용에 관해 대화를 나눌 기회가 있었던 점이 의미 있었다.

18 (월) 다소 강한 바람에 저녁 무렵 쌀쌀함

이승률 운영이사가 어제 한국연구재단에다 국제학술회의 경비 지원을 요청하는 문제와 관련한 이메일을 보내온 데 이어, 오늘은 강중기 교류위원장과 주광호 교류이사가 각각 이메일을 보내와 신청서 작성 및 초청학자 연락에 관한 의견을 피력하였다. 교류위원회 측에서는 자기들 대신 연구위원회가 신청서 작성에 주도적으로 참여해야 한다는 의견이었다.

김경수 총무이사가 국제학술대회를 이승률 씨의 안보다 축소하여 2000만 원 정도 예산으로 하루 만에 마치는 기획안을 작성해 보내면서 내 의견을 물으므로, 나도 기본적으로 찬성한다는 입장을 피력했다. 그 왕복 이메일을 조규태 교수에게도 전달하여, 이 두 가지 안을 가지고서 김장하 씨를 만났을 때 상의해 보고 싶다는 뜻을 말했다. 김장하 씨와는 조 교수의 주선으로 이번 주 목요일(21일) 오후 5시에 그의 사무실에서 만나기로 약속하였다.

학회의 전임 회장인 연세대학교 이광호 교수 연구실로부터 서울의 서대문 세무서장이 작년 10월 12일자로 발행한 한국동양철학회의 고유번호증(수익사업을 하지 않는 비영리법인 및 국가기관 등에 부여하는 고유번호: 110-80-12673) 및 학회 공식 도장이 내게 우송되어져 왔다.

논문은 90.7장까지 나아갔다.

19 (화) 맑으나 다소 쌀쌀함

논문은 93.4장까지 나아갔다.

20 (수) 맑음

淺野裕一 씨가 대표로 있는 일본 戰國楚簡硏究會의 연구 성과를 정리한 책 세 권을 다시 검토하여, 한국동양철학회의 금년도 국제학술회의 테마로 되어 있는 이 문제에 대한 나의 이해를 새롭게 했다. 그리고는 김경수 총무이사에게 이메일을 보내어 학술대회의 대주제를 '간독과 중국고대사상'에서 '전국초간과 중국고대사상'으로 바꾸겠다는 뜻을 한국연구재단 지원신청서 작성 관계자들에게 전달하게 했다.

사단법인 남명학연구원의 기관지인 『남명학』 제16집(2011.3)이 어제 우송되어져 왔으므로, 그 내용을 훑어보고 거기에 보이는 새로운 문헌들을 「남명학관계기간문헌목록」에다 추가했다.

21 (목) 맑음

어제 철학과 학생 대표가 4월 27일부터 29일까지 기독교 관계 유적을 주로 둘러보는 답사 스케줄을 가져 왔지만, 5월 15일이 마감인 본교 『남명학연구』의 투고 기간에 맞추어 현재 작성하고 있는 「大觀臺 緣起—李楨과 曺植의 관계를 중심으로—」를 탈고하기 위해 작년에 이어 올해에도 동참하지 않겠다는 의사를 밝혔다. 그러나 오늘 현재 논문은 93.6장까지밖에 나아가지 못했으므로, 기한에 맞추기는 어려울 듯하다.

어제 내가 국제학술대회의 대주제를 바꾸자는 이메일을 보낸 데 대해 연구이사인 조남호 씨가 반대 의사를 밝혀왔고, 운영이사인 이승률 씨는 이에 대해 절충안인 '출토문헌과 중국고대사상'을 제시해 왔다. 그러므로 나는 오늘 오후 3시 17분에 총무·연구·운영·교류위원회에 이메일을 보내어 내가 제시한 수정안과 이승률 씨가 제시한 수정안 중 하나를 이 분야의 전문가인 이승률 씨로 하여금 선택하게 하자는 의사를 전했다.

오후 4시 반에 학내에서 조규태 교수와 김경수 총무이사를 만나 셋이서 함께 시내의 동성동 212-5번지에 있는 南星堂韓藥房으로 金章河 씨를 방문하였다. 한국동양철학회의 국제학술대회에 대한 스폰서가 되어 주기를 청하기 위한 것이다. 김 씨는 근래에 자기 사업이 예전 같지 않다면서, 전액을 대기는 어렵고 500만 원 정도 지원하겠다는 의사를 밝혔다.

22 (금) 비

논문은 95장까지 나아갔다.

25 (월) 맑으나 밤부터 비

논문은 97.7장까지 나아갔다.

26 (화) 흐리다가 저녁부터 비

논문은 101.3장까지 나아갔다.

27 (수) 흐리다가 오후에 개임

논문은 104장까지 나아갔다.

28 (목) 맑음

논문 작업을 계속하여 106.9장까지 나아갔다.

29 (금) 맑음

논문은 113.8장까지 나아갔다.

구자익 군이 연구실로 찾아와서 한국동양철학회의 직인 등을 받아갔다.

오늘 오전 10시부터 오후 6시 무렵까지 2011년도 남명학연구소 제1차 학술대회가 본교 남명학관 남명홀에서 열렸다. 주제는 '남명학의 계승 양상과 강우지역의 학술—경상우도 性齋 許傳의 學團을 중심으로—'로서, 2차에 걸쳐 개최할 학술대회의 첫 번째이다. 오전 9시 30분부터 접수가 시작되므로, 그 시각에 남명홀로 가서 발표논문집을 한 부 받아와 그 내용을 검토하고, 거기에 보이는 새 자료들을 「남명학관계기간문헌목록」에 추가하였다. 퇴근 시에 잠시 들러 종합토론의 일부를 방청하기도 하였다.

30 (토) 오전에 비 온 후 흐림

휴일이지만 『남명학연구』의 투고마감일이 5월 15일이므로, 학교에 나가 오후 5시까지 논문 작업을 계속했다. 123.9장까지 나아갔다.

5월

1 (일) 흐리고 짙은 황사

학교에 나가 논문 작업을 계속해 131.1장까지 나아갔다.

점심 때 학교 정문 앞의 가좌동 552-3 1층에 있는 한일식당으로 걸어가서 김치찌개에다 라면사리 하나를 넣어 끓이고서 맥주 한 병을 곁들여 마시고 연구실로 돌아와 작업을 계속했는데, 오후 내내 컨디션이 좋지 못했다.

한국연구재단의 인문사회연구지원팀으로부터 2011년도 기본연구지원사업 예비선정 결과가 발표되었다는 이메일 통지가 있었으므로 재단 홈페이지에 접속해 보았더니, 우수연구사후지원에는 139과제가 선정되었는데 내가 신청한 「『남명집』 諸板本의 간행연대」는 그 속에 포함되어 있지 않았다.

2 (월) 황사

오늘이 한국연구재단의 2011년도 학술대회지원 신청마감일이라, 한국동양철학회가 12월 16일에 개최할 예정인 '출토문헌과 중국고대사상'을 테마로 한 국제학술대회의 신청서 접수를 위해 김경수 총무이사와 여러 차례 이메일을 주고받았다.

3 (화) 황사

논문은 132.6장까지 나아갔다.

어제 마감시각 직전에 한국연구재단 홈페이지에 탑재된 한국동양철학회의 2011년도 학술대회지원 사업계획서를 이메일로 받아보았다. 외국인 발표자 5명 중 미국 다트머스 대학의 사라 앨런 교수는 아직 회신이 없고 나머지 4명은 모두 수락하였음을 알았다. 어제의 계획서 매수는 원고지 180.9장이었는데, 여기에다 北海道大 近藤浩之 准교수, 清華大 趙平安 교수, 北京大 王中江 교수, 臺灣 國立政治大 林啓屛 교수의 참가회신이 첨부되었으니 분량은 더 늘어났을 것이다. 계획서의 내용 대부분은 이승률 박사가 작성한 것이다.

4 (수) 맑음

논문은 134.7장까지 나아갔다.

5 (목) 맑음

어린이날 휴일이지만 학교로 가서 논문 작업을 계속하였다. 141장까지 나아갔다.

6 (금) 흐리고 저녁부터 부슬비

논문은 147장까지 나아갔다.

점심 때 교직원식당에서 사범대 윤리교육과의 박진환·윤석영 교수와 같은 테이블에 앉았다. 그 자리에는 윤리교육과의 박사과정에 유학 중인 네덜란드 남자와 필리핀의 세인트루이스 대학 철학과장이라는 여성도 합석해 있었다. 박 교수의 말로는 금년 7월 본교에서 철학교육을 주제로 하는 세계대회가 열리는데, 100명 이상의 외국인 학자들이 참가한다는 것이었다. 외국인들 중에 동양철학에 관심을 가지는 사람이 많으므로, 윤리교육과의 손병욱, 국제대의 손흥철 교수와 함께 한국동양철학회장인 나도 그 대회에서 꼭 논문을 발표해 달라고 했다. 여러 번 사양했지만 계속 요청하므로, 부득이 서울대 철학사상연구소에서 전4권으로 간행할 예정으로 되어 있는 『마음에 대한 철학적 성찰』에 싣기 위한 원고로서 7월 말까지 집필을 약속해 둔 바 있는 「揚雄의 性善惡混說」을 가지고서 발표에 참가해 볼 뜻을 비쳤다.

7 (토) 대체로 맑음

김경수 총무이사가 5월 20일에 고려대학교 서관(문과대학) 315호에서 열리는 한국동양철학회 146차 정례발표회의 안내장 시안을 작성해 이메일로 보내왔으므로, 그 중 회장 인사 부분의 문구를 조금 수정해서 보냈다.

오늘도 휴일이지만 학교에 나가 논문 작업을 계속했다. 156.5장까지 나아갔고, 제3절 '龜巖精舍' 부분을 나누어서 제4절 '河宗岳 後妻 사건'을 하나 더 만들고, 제5절 '맺음말'의 제목을 적어 넣었다.

8 (일) 맑음

오전 중 학교에 나가 작업하여 159.3장까지 나아갔다.

9 (월) 흐리고 대체로 부슬비

종일 논문 작업을 계속하여 166.3장까지 나아갔다. 현재 제5절 '맺음말'을 작성하고 있다.

금년 7월 중에 본교에서 개최될 예정인 철학교육에 관한 세계대회에서 발표할 논문으로, 그 무렵까지 서울대 철학사상연구소에 넘겨줄 예정인 「揚雄의 性善惡混說—漢代 性論의 동향—」 원고를 주어도 되는지 문의하기 위해 서울대 철학과의 정원재 교수에게 전화를 걸어보았으나 연구실에는 부재중이었다. 같은 과의 담당자인 조은수 교수 휴대폰으로 전화를 걸어보았더니, 조 선생 말로는 이 원고는 단행본을 발간하기 위한 것이므로 두 곳에 발표해도 무방하다는 것이었다.

10 (화) 대체로 맑음

서울대 철학사상연구소로부터 6월에 출간될 『철학사상』에 기고된 논문 「所聞과 권력—16세기 진주의 한 사족 부인 소문 사건에 대한 내밀한 접근—」에 대한 심사 위촉이 왔고, 또한 사단법인 남명학연구원의 조구호 사무국장으로부터는 남명기념관 문화재해설사들과 연구원 조옥환 부이사장의 요청으로 만들었다는 「남명 선생 종유인록」에 대한 검토 수정을 요청하는 이메일을 받았다. 전자는 5월 13일까지, 후자는 5월 16일까지 보내달라는 것이었다. 그래서 부득이 하던 논문 작업을 접고서, 부처님오신날 휴일임에도 불구하고 연구실에 나가 종일 검토 작업을 하여 그 결과에 대한 회신들을 보냈다.

후자는 본교 한문학과의 이상필 교수가 작성한 것으로 보이는 표였는데, 이 방면의 가장 포괄적인 자료인 『德川師友淵源錄』에 실린 총 52명의 남명 從遊人 중 약 절반에 해당하는 25명을 탈락시키고서 그 대신 과반수인 32명을 새로 추가한 것이었다. 그 대부분은 이렇다 할 근거가 없는 추측에 불과할 것인지라 실로 가소로운 것이었다.

전자는 국민대학교 한국학연구소가 발행하는 『한국학논총』 Vol. 22(2000년)에 실린 鄭萬祚 교수의 논문 「宣祖初 晉州 淫婦獄과 그 波紋」에 나타난 문헌자료들을 토대로 하여, 사실 관계보다는 이 사건의 시대적 의미 양상에 초점을 맞춘 것이었는데, 자료의 오독과 사실 파악이 정확하지 못한 점이 많았다. 이는 내가 지금 작성하고 있는 논문 중 제4절인 '河宗岳 後妻 사건'을 주제로 한 것인데, 나는 정만조 교수의 논문을 아직 읽어보지 못했으나, 이 논문을 통해 정 교수는 내가 사용한 자료들을 이미 대부분 입수하여 읽었음을 파악하였다.

5월 20일 서울 고려대학교에서 열리는 한국동양철학회의 146차 정례발표회에 대한 내 명의의 안내 이메일이 왔으므로, 조교에게 전달하여 출장 처리를 하도록 지시했다.

11 (수) 꽤 많은 비

논문은 173.6장까지 나아갔다. 거의 마무리 단계라고 할 수 있다. 『남명학연구』의 투고 규정에 따라 체제도 좀 고쳤다.

12 (목) 대체로 맑음

논문의 본문을 탈고하고서 퇴고 작업을 시작했다. 그러던 도중에 휴대폰 문자메시지를 받았다. "[RISS]신청자료(한국학논총.)의 원문URL을 이메일로 발송하였습니다."라는 내용이었다. 엊그제 철학사상연구소의 심사위촉 논문을 읽다가 역시 정만조 씨의 논문을 한 번 읽어보아야겠다는 생각이 들어 국립전자도서관이라고 할 수 있는 RISS를 통해 인터넷으로 그 자료를 신청해 두었었는데, 그것에 대한 응답이었다. 내 이메일에는 그것이 들어와 있지 않으므로 본교 중앙도서관에다 전화를 걸어 문의해 보았는데, 나중에야 그 메시지가 본교 전자도서관으로부터 보내져 온 것임을 확인하였다. 본교 전자도서관에는 그 자료가 있으므로 무료로 다운로드 받을 수 있다는 것이었다. 그래서 『남명학연구』의 원고 마감 사흘 전인 오늘에야 비로소 그것을 읽어볼 수 있었다. 그러나 입수 시기가 너무 늦은 점도 있어 그 논문의 내용을 내 원고에 반영하지는 않기로 마음먹었다. 내 논문의 분량은 오늘 현재 174.1장이다.

12월에 열릴 예정인 한국동양철학회의 국제학술회의에 초청된 5명의 외국학자들 중 미국 다트머스 대학의 사라 알란 교수는 참석이 어렵다는 이메일을 어제 김경수 총무이사로부터 받은 바 있었다. 그런데 오늘 다시 온 이메일에는 알란 교수가 참석하겠다는 의사를 밝혀왔다는 것이었다. 이제 남은 문제는 그 예산의 확보이다.

한국연구재단으로부터 보내져 온 이메일을 통해 '2008년 기준 인문학 분야 KCI인용지수'를 훑어보았다. 그 결과 내가 현재 회장으로 있는 한국동양철학회의 기관지 『동양철학』은 전체 402종의 학술지 중 241번째로서, 그 등급이 절반에도 미치지 못함을 알게 되었다. 비슷한 성격의 정기간행물로서 순위가 보다 앞서는 것은 『대동문화연구』(23), 『한국사상사학』(25), 『장서각』(34), 『동방학지』(40), 『퇴계학보』(59), 『양명학』(80), 『정신문화연구』(112), 『유교사상연구』(146), 『중국학보』(153), 『한국사상과문화』(154), 『남명학연구』(174), 『철학사상』(223), 『동양철학연구』(237) 등이 있었다.

13 (금) 맑음

논문의 퇴고를 한 차례 마치고서, 국문과 영문의 요지 및 키워드도 작성하였다. 영문으로 만든 것은 옆방의 영문과 오세랑 교수에게 보여 부분적인 수정을 받았다. 본문은 175.1장, 요지는 11.3장의 분량이었다.

14 (토) 맑음

연구실에 나가 논문 작업을 계속하여 드디어 탈고했다. 영문 요지 및 키워드 다음에 「附記」를 하나 붙여 한문학과 이상필 교수가 『남명학연구』의 지난 호에서 내게 반론한 글에 대한 응답의 말을 실었다. 총 205.2장의 분량이 되었다.

15 (일) 맑음

오늘도 도시락을 싸가지고 연구실에 나갔다.

어제 탈고한 논문을 두 번째로 퇴고하고, 세 번째 퇴고를 하다 제3절까지만 마치고서 오후 4시 54분에 논문투고신청서와 더불어 남명학연구원에 이메일로 보냈다. 논문의 분량은 총 207.7매였다.

16 (월) 맑음

어제 세 번째 퇴고를 마치지 못했던 제4절 이후 부분을 새로 읽으며 수정을 가한 다음, 오후 5시 31분에 남명학연구소로 수정고를 새로 발송했다. 총 209.7장이 되었다.

17 (화) 맑음

오후 3시부터 남명학관에서 열린 제2회 우수학자 초청강연에 참가하여 「중국 운남성 소수민족의 산악문화」를 경청하였다.

18 (수) 맑음

논문 말미의 한 단락을 손보아 오전 9시 59분에 다시 남명학연구소로 보냈다. 총 212.2장의 분량이 되었다.

오늘도 오후 3시 30분부터 5시 남짓까지 남명학관 106호실에서 열린 인문한국(HK)지원사업 국제학술대회 「동아시아 산악문화연구의 새로운 지평」 제3부 종합토론에 참석해 보았다.

한국동양철학회의 2011년도 학술대회지원 사업계획서 중 이승률 씨가 쓴 부분을 다시 한 번 읽어보았다.

19 (목) 맑음

「揚雄의 性善惡混說—漢代 性論의 動向과 關聯하여—」를 검토하여 한 차례 마친 후 두 번째 수정을 시작했다. 윤리교육과의 박진환 교수로부터 이 논문의 영문 요지를 달라는 연락을 받았다.

교내의 남명학연구소로부터 『큟하 최식민과 계남 최숙민의 학문과 사상』(진주, 도서출판 술이, 2011, 남명학연구총서 제10집)이 도착하였으므로, 그 내용을 검토해 보았다.

20 (금) 흐리고 저녁부터 부슬비

한국동양철학회의 146차 정례발표회에 참석하기 위해 오전 10시 20분 버스로 김경수·구자익 군과 함께 상경하였다. 서울의 강남고속터미널에 도착한 후 지하철로 갈아타고서 약수에서 한 번 갈아타 고려대에 도착하였다. 고려대는 캠퍼스가 많이 달라졌으므로, 묻고 물어 모임 장소인 서관(문과대학) 215호실에 도착할 수가 있었다.

예정시간인 오후 4시에서 반시간 정도 지난 후, 고려대 이승환 교수의 사회로 내가 회장으로서 인사를 하고, 제1발표로서 고려대 출신인 동덕여대 주광호 교수가 「주자와 우암의 미발설 연구」, 서울대 이현선 씨가 논평을 한 후, 제2발표로서 고려대 출신으로 군산대에 근무하는 김형중 씨가 「선진유가의 포괄적 덕 개념」에 대해 발표를 하고 성균관대 HK 연구교수인 김명석 씨가 논평을 하였다. 종합토론이 끝난 후 고려대 근처의 식당으로 자리를 옮겨 식사를 하고, 이어서 그 근처의 생맥주집으로 가서 2차를 하였다. 그런대로 성황이었다.

23 (월) 비

「揚雄의 性善惡混說—漢代 性論의 동향과 관련하여—」에 대한 두 번째 퇴고를 마치고서 그 영문 요지 작성까지 마쳤다.

동양철학 관계 학회들의 연합학술대회 관계로 이동희 한국동양철학회 전전 회장에게 연락하여 받은 회답을 어제 등산을 마치고서 내려와 휴대폰으로 읽는 도중에 웬일인지 사라져버렸으므로, 오늘 다시 연락하여 새로 받았다. 그러나 금년에는 국제학술회의 개최도 있어 경황이 없고, 또한 각 학회들과 연락을 취하기가 번거롭기도 하므로, 연합학술대회는 그만둘까 한다.

24 (화) 맑음

양응에 관한 논문을 탈고하여 오후 4시 37분에 윤리교육과의 박진환 교수에게 그 요지와 함께 보내고, 4시 49분에는 논문만을 서울대 철학과의 조은수 교수에게로 보냈다. 후자는 서울대 철학사상연구소가 올해 말에 4권으로 간행할 예정인 『마음에 대한 철학적 성찰』에 싣기 위한 것이다. 영문 요지에다 한 마디 말을 추가했는데, 오늘은 그 때문에 영문과 이광호 교수의 도움을 받았다. 논문의 분량은 93.6장이었다.

25 (수) 맑음

예전에 50매 남짓 쓰다가 중단해 둔 논문 「『晋陽誌』의 출판」 작성 작업을 다시 시작하였다. 이 논문은 연세대학교 국학연구원이 연4회 발행하는 『동방학지』에다 기고하기로 작정하고서 그 서식에 맞추어 작성하기 시작했다.

26 (목) 비

김경수·구자익 군이 만든 남애장학재단의 국제학술회의 지원금 신청서를 정병훈 교수에게로 보냈다. 정병훈 교수의 부친이 만든 장학회인데, 한국동양철학회의 행사에 200만 원을 지원해 주기로 약속받은 것이다.

『경학역사』를 마저 읽었고, 다음 학기 일반대학원의 중국근대철학연습에서 다룰 예정으로 羅欽順의 『困知記』와 王廷相의 저작들을 훑어보았다.

퇴근 후 저녁 6시 30분에 시내 평거동의 한성갈비에서 부산교통의 조옥환 사장을 만났다. 조 사장은 내가 한국동양철학회의 회장을 맡는 데 대한 지원금으로서 2천만 원을 원조해 주기로 약속했다. 조 사장과 헤어진 후 함께 있었던 김경수 군과 더불어 택시를 타고 평거동 730-1번지에 있는 장금이실비로 가서 구자익 군을 만나 셋이서 밤늦도록 마셨다.

30 (월) 맑음

논문 작업을 계속하여 50.2장이던 논문을 49.3장의 분량으로 줄였다.

31 (화) 흐리고 빗방울

논문은 49.9장까지 나아갔다.

8월 중에 있을 기획학술회의와 12월에 있을 국제학술회의 건으로 김경수 총무이사와 몇 차례 이메일을 주고받았다. 조만간 이 문제로 임원회의를 소집하라고 말해 두었다. 강진의 다산연구원에서는 내년 2월의 학술회의를 자기네와 공동개최하자고 제의해 왔다고 한다.

6월

1 (수) 맑음

논문은 51.8장까지 나아갔다.

2 (목) 맑음

종일 논문작업을 계속하여 57.6장까지 나아갔다.

3 (금) 맑음

한국동양철학회의 제2차 임원회의 건으로 김경수 총무이사와 두 차례에 걸쳐 이메일을 주고받았다. 논문은 62.7장까지 나아갔다.

7 (화) 맑음

논문 작업을 계속하여 64.6장까지 나아갔다.

김경수 군으로부터 강진의 다산연구원 측에서는 한국동양철학회와 공동으로 개최하기로 했던 겨울방학 기간 중의 연합학술회의를 각자 단독으로 하자고 제의해 왔다는 연락을 받았다.

8 (수) 맑음

논문은 66.2장까지 나아갔다.

9 (목) 맑음

남명학연구소의 전병철 씨로부터 내가 기고한 논문을 『남명학연구』 제31집에 게재하기로 결정되었다는 통지를 받았다. 다만 말미에 첨부한 「부기」에 대해서는 삭제를 요청하며, 그 요청을 수락하지 않을 경우에는 게재하지 않기로 결정했다는 것이었다. 삭제 요청의 이유가 "투고 논문의 내용과 연관된 것이 아니라고 판단된다"로 되어 있으므로, 본고의 내용과 유관한 부분만 남겨두고서 그 밖의 것은 삭제한 원고를 새로 송부했다. 그리고서 이번에 게재가 결정된 내 논문 「大觀臺 緣起—李楨과 曺植의 관계를 중심으로—」를 새로 읽어보았다.

어제 서울대 철학과 박사과정에 재학 중인 유용빈 씨로부터 『마음에 대한 철학적 성찰』의 원고작성 가이드라인의 수정본을 받았었는데, 오늘 서울대 철학과의 정원재 교수로부터 전화가 걸려와 내 논문을 그 가이드라인에 따라 좀 수정해 달라는 요청이 있었다. 아직 동양철학 분야의 논문으로서는 내 것밖에 들어 온 것이 없는 모양인데, 원고마감일인 7월 말까지는 시간적 여유도 있으므로 수정해 보겠노라고 응답했다.

10 (금) 맑음

남명학연구소로부터 다시 연락이 왔는데, 편집위원장인 김준형 교수의 의견으로는 내 논문 중 끝에 붙인 附記의 정만조 교수와 관련된 내용은 주석으로 처리하고, 이상필 교수와의 『남명집』 판본 문제에 관한 논쟁은 투고 논문과 관련이 없으므로 삭제하는 것이 좋다는 것이었다. 김준형 교수와 통화한 끝에 결국 모두 각주로 처리하기로 하였다. 분량은 190.8장이 되었다.

11 (토) 맑음

김경수·구자익 군과 더불어 오후 2시 시외버스를 타고서 상경하였다. 오후 6시 무렵 강남터미널에 도착하여, 거기서부터 걸어서 지하철 9호선 신논현역 1번 출구까지 걸어간 다음 서초구 반포동 745-10에 있는 해남천일관으로 찾아갔다. 전통 남도음식 전문점이라고 한다.

그러나 신논현역 부근에서 감사인 김윤수 씨를 만났고, 해남천일관에서 연구이사인 조남호 군과 부회장인 고려대학 이승환 교수를 만난 외에는 아무도 더 오는 사람이 없었다. 저녁을 들면서 회의를 진행한 다음, 이승환 교수와 더불어 강남터미널까지 함께 걸어와 작별하였다. 우리는 밤 10시 발 고속버스를 타고서 다음날 오전 2시쯤에 진주에 도착했다.

13 (월) 맑음

서울대 철학과 박사과정의 유용빈 군이 보내준 『마음에 대한 철학적 성찰』의 원고작성 가이드라인에 따라 이미 보낸 원고 「揚雄의 性善惡混說」의 원고를 수정하고 있다. 원고 분량은 89.5장이 되었다.

14 (화) 맑음

「양웅의 성선악혼설」 원고 수정을 마치고서 오전 11시 47분에 서울대 철학문화연구소로 송부하였고, 같은 원고를 본교 윤리과의 박진환 교수에게로도 보냈다.

15 (수) 맑음

새 논문 「『진양지』의 출판」은 68.9장까지 나아갔다.

오전 중에 「대관대 연기」를 다시 한 번 읽었고, 오후에는 서울대 철학사상연구소에서 부쳐온 『철학사상』 제40호에 실린 논문으로 이숙인의 「소문과 권력: 16세기 한 사족 부인의 淫行 소문 재구성」을 읽었다.

16 (목) 맑음

논문은 76.3장까지 나아갔다.

17 (금) 맑음

논문은 84.6장까지 나아갔다.

20 (월) 맑음

논문은 88.7장까지 나아갔다.

남명학연구소에 교정본의 수정 지시를 보냈다.

21 (화) 맑음

오전 중 논문 작업을 계속했다.

22 (수) 대체로 비

오후 3시까지 연구실에서 논문 작업을 계속하여 92.9장까지 나아갔다.

23 (목) 맑음

논문 작업을 계속하여 94.7장까지 나아갔다.

24 (금) 맑음

2012년도 연구년제연구교수 신청 안내 공문을 보고서 신청서와 연구업적목록을 작성하여 조교에게 보냈다. 그런데 얼마 후 조교로부터 전화가 걸려와 나는 지난번에 2005년 9월부터 2006년 8월까지 연구년을 받았는데, 규정 상 종료 후 6년이 경과한 교원이라야 하므로 나는 이번에 신청할 수 없고 내년부터 가능하다는 것이었다. 2010년 10월 27일 자로 규정이 그렇게 개정된 모양이다. 그렇다면 나는 내년 9월 이후부터 연구년을 받을 수 있으므로, 어쩌면 금년에 신청서류를 제출할 수 있을지도 모르겠다.

논문은 제4절의 집필로 들어가서 97.2장까지 나아갔다.

27 (월) 맑음

종일 논문 작업을 계속하여, 106.6장까지 나아갔다.

7월

10 (일) 비

김경수 군이 지난 4일에 보낸 이메일을 통해 한국연구재단의 한국동양철학회 학술회의 지원금이 700만 원으로 결정이 났다는 보고를 접했다.

여행 중의 일기를 정리하여 「동유럽기행」이라는 제목으로 하여 가족들과 김경수·구자익 군 및 조규태 교수에게 이메일 첨부파일로 보냈다.

11 (월) 흐리고 때때로 비 오다가 오후에 갬

『남명학연구』 제31집이 출판되었으므로, 거기에 실린 내 논문 「大觀臺緣起—李楨과 曺植의 관계를 중심으로—」를 읽어보았다.

지식을만드는지식으로부터 내가 번역한 『남명집』의 네이버 해설 제공에 동의한 대가로서 인세 29,050원이 입금되었다.

12 (화) 대체로 맑으나 때때로 부슬비

논문 작업을 계속하여 110.6장까지 나아갔다.

13 (수) 호우

논문은 115.1장까지 나아갔다.

14 (목) 흐리고 때때로 부슬비

논문은 117.7장까지 나아갔다.

京都대학의 정재상 씨가 『동양철학』에 논문을 투고하고 싶다면서 관련 정보를 요청하는 이메일을 보내왔으므로, 그 메일을 총무이사 김경수 군에게 전달하였고, 아울러 정 씨에게 회답의 글을 보냈다.

15 (금) 맑음

논문은 117.9장까지 나아갔다.

정재상 씨와 다시 이메일로 연락이 오고갔다. 결국 『동양철학』 이번 호의 마감기간을 며칠 더 늦추어 정 씨의 논문 「순자의 성정론」을 7월 말에 간행될 이번 호에 싣는 것으로 매듭지어 질 듯하다.

18 (월) 맑음

논문은 120.5장까지 나아갔다.

오늘부터 20일까지 본교에서 15차 ICPIC(국제유청소년철학교육학회) 세계학회가 개최되는데, 나도 거기서 발표하도록 초청을 받아 논문을 보낸 바 있었으나 아무런 연락이 없었다. 그래서 이 일을 주관하는 윤리교육학과의 박진환 교수 등에게 전화를 걸어보았다. 결국 20일 오전 10시 30분부터 50분까지 17동 Room A에서 내 발표가 예정되어져 있음을 알았다. 발표논문집은 영문 요지 외에는 따로 인쇄하지 않은 모양이다.

19 (화) 맑음

≪경남일보≫에서 세계유청소년철학교육학회 관계 기사를 읽었다. 37개국에서 150여 명의 전문가가 참석하여 도덕교육·다문화교육·사고력교육에 대해 논의하며, 유네스코 대표도 참여한다고 한다. 내일 있을 ICPIC 2011에서의 발표에 대비하여 내 논문 「揚雄의 性善惡混說」을 새로 읽으며 그 중에서 실제로 읽을 부분들을 골라 표시해 두었다.

논문은 122.6장까지 나아갔다.

20 (수) 맑음

오전 10시 30분부터 50분까지 제15차 ICPIC(International Council of Philosophical Inquiry with Children)에서 발표하도록 예정되어 있으므로, 조금 일찍 나가 국제어학원 대강당에서 있은 고려대 이초식 교수의 '사고력 교육'에 관한 기조강연에서부터 참가하였다. 17동 교양학관에서 10시 30분 무렵부터 사고력 A팀의 발표가 시작되어, 국제대 손흥철 교수에 이어 내가 두 번째로 발표하고, 이어서 안동대 동양철학과의 신상형 교수 및 본교 윤리교육과의 손병욱 교수가 발표하였다. 청중은 처음 외국인이 두어 명 참석하였으나 한국어로 발표를 하니 도중에 나가버렸고, 결국 본교 영어교육과의 여교수 한 명 외에는 발표자들만 남아서 진행하였다. 손흥철 교수는 파워포인트를 준비했고, 신상형·손병욱 교수는 영어 원고를 준비해 왔으나, 외국인이 없으니 다들 한국어로 발표하였다. 나는 「揚雄의 性善惡混說」에 관한 주제로 발표하였지만, 이는 유·청소년 철학교육과는 무관한 제목으로서, 이번 모임의 Organizer이자 ICPIC의 부회장인 본교 윤리교육과 박진환 교수의 요청에 따라 억지로 승낙한 것에 불과하였다. 역시 처음부터 승낙을 하지 않은 편이 옳았겠다.

오후에는 논문 작업을 계속하여 127.5장까지 나아갔다.

21 (목) 맑았다가 저녁 무렵 흐림

논문의 본문을 마쳤다. 전체 내용을 요약하여 맺음말을 작성하니 140.5장이 되었다. 작성을 완료한 후 한 차례 퇴고하였다.

22 (금) 흐림

논문의 참고문헌과 한국어요지 및 핵심어를 입력하여 한국어로 된 부분의 작성은 모두 마치고서 다시 한 번 퇴고를 시작하였다. 총 150.9장의 분량이 되었다.

지식을만드는지식의 CRM 팀장 박지영 씨로부터 금년 1월 15일부터 7월 15일까지의 인세보고서가 왔다. 『남명집』은 총 350부를 제작하여 현 재고는 2권이며, 반품 부분을 계산하면 인세는 −3,600원, 같은 책의 보급판은 총 40권을 제작하여 현재고가 13권이며, 인세는 8,550원이라고 되어 있었다. 지난번 조옥환 사장을 면담한 이후 사단법인 남명학연구원에서 보급판 30부를 매입한 것으로 아는데, 그것이 계산되어 있지 않았다. 그래서 김경수 군을 통해 조구호 연구원 사무국장에게 문의해 보았더니 분명 30부를 정가에서 20% 할인된 가격으로 매입했다고 하므로, 박지영 씨에게 전화를 걸어보았더니 점심 들러 나갔다는 것이었다.

용건을 일러두었더니 얼마 후에 박지영 씨로부터 전화가 걸려와 자기가 깜박 잊었다면서 얼마 후에 보급판 30부의 매출이 추가되어 보급판 인세가 37,050원으로 정정된 새 계산서를 보내주었다.

25 (월) 맑음

논문을 두 차례 퇴고하고서 영문 요지 작성에 들어갔다. 한글 부분의 총량은 151.9장이 되었다.

26 (화) 흐림

『동양철학』에 투고된 논문 수가 총 18편이 되었다고 한다. 그 중 절반 정도가 탈락될 전망이다.

종일 작업하여 영문 요지와 키워드의 작성을 마쳤다. 영문과 석종환 교수의 검토를 받았다.

27 (수) 흐리고 때때로 부슬비

「『晋陽誌』의 출판」을 탈고하여 연세대학교 국학연구원의 기관지 『동방학지』 제155호(9월 30일)에 투고하였다. 보낸 뒤 확인을 위해 몇 차례 전화를 걸어보았으나, 자동응답 음성만 들릴 뿐 받는 사람이 없으며, 재차 이메일을 보내면서 확인을 요청하여도 마찬가지이므로, 국학연구원으로 직접 전화를 걸어보았다. 『동방학지』 담당자가 일본으로 출장(?)을 가서 다음 주 쯤에 돌아올 것이라고 했다. 원고 분량은 160.5장이었다.

이제 남명학에 관해 내가 쓰려고 마음먹었던 논문은 모두 완성했으므로, 2000년도에 『남명학파 연구』를 출판한 이후 발표한 남명학 관계 논문들을 모아 다시 단행본으로 간행하기 위해 서울의 동양철학 전문출판사 예문서원의 사실상 주인인 계명대학교 철학과의 홍원식 교수에게 전화를 걸어 그러한 의사를 전달했다. 출판사 편집위원회에서 논의해 보겠다면서 거기에 실릴 작품들의 목록을 보내달라고 하므로, 작성해서 오후 3시 38분에 이메일로 보냈다.

28 (목) 대체로 맑으나 오전 한때 비

새 저서의 출판에 대비하여 어제부터 거기에 실릴 작품들을 다시 읽으며 퇴고하고 있다. 「南冥遺跡三洞辨證」에 이어 「남명사상은 어떻게 연구되어 왔는가」를 읽었고, 「南冥學關係旣刊文獻目錄 2002」를 「南冥學關係旣刊文獻目錄 2011」로 제목을 바꾸고서 그 서문 부분을 좀 고쳤다.

29 (금) 대체로 맑으나 오후 한때 비

「남명 조식의 사상과 남명학파의 좌절」「남명의 생애에 관한 약간의 문제」를 읽으며 검토 수정하였다.

8월

1 (월) 비

저서 출판을 위해 기왕에 발표한 논문들을 읽으면서 필요한 부분들을 수정하는 작업을 계속하고 있다.

2 (화) 비

새 저서에 실릴 글들의 끝 부분에 발표 시기와 지면을 부기했다.

밤에 서강대 철학과의 최진석 교수로부터 전화를 받았다. 국회의원들을 상대로 하는 인문학 강좌를 주관하고 있는데, 8월 25일에 상경하여 남명 조식에 관한 강의를 해 달라는 내용이었다. 그러나 8월 25~26 양일간은 덕산의 남명기념관과 남사 예담촌에서 한국동양철학회의 여름 행사가 있는지라 수락할 수 없다고 대답했다.

3 (수) 비

새 저서 『남명학의 새 연구』 속의 작품 배열 순서를 정했다. 본론이 14작품, 보론이 9작품이며, 그 밖에 「남명학관계기간문헌목록 2011」이 끝에 배열되었다. 본론 중 「일제시기의 덕천서원」에 이어 「18세기의 강우학파—宗川書院 院變 문제를 중심으로—」를 계속하여 읽고 있다.

일반대학원의 2학기 강의계획서를 입력했다. 다음 학기에는 박혜정 씨의 석사학위논문 지도인 연구 4시간과 明代 중기의 인물들인 羅欽順의 『困知記』 및 王廷相의 문집을 윤독하는 중국근대철학연습 3시간을 맡게 되었다.

일본 동방학회의 소식지 No. 100을 읽었는데, '회원통신' 란에 내 소식이 실려 있다.

김경수 군으로부터 이메일을 받았다. 조옥환 사장이 8월 25~26 양일간 남명기념관 세미나실 및 남사 고가촌(예담촌)에서 열리는 한국동양철학회 여름 기획학술대회에 1,000만 원을 지원하고, 12월에 열리는 국제학술대회에 나머지 1,000만 원을 지원하겠다고 응답했다고 한다.

4 (목) 맑음

『남명학의 새 연구』에 수록할 논문들 중 「18세기의 강우학파」에 이어 「『남명집』 중간본의 성립」을 읽었다. 이 두 논문은 특별히 길어 보통 논문의 두 배 이상 분량이다.

저녁 퇴근 무렵에 예문서원의 대표로서 계명대 홍원식 교수의 부인인 오정혜 여사로부터 전화를 받았다. 이 출판사에서 이미 남명학 관계 도서들을 많이 출판했기 때문에 내 책을 같은 곳에서 내면 내게 불리할 것이라고 했다. 결국 출판을 수락하지 못하겠다는 뜻이었다. 사단법인 남명학연구원에서 출판하는 도서들이 대체로 예문서원에서 간행되고 있는데, 그것은 조옥환 사장이 자금 지원을 하고 있는 까닭이고, 기왕에 발표된 논문들을 수록하는 내 책과 같은 것은 상품성이 떨어지는 데다 자금 지원을 해 줄 사람도 없기 때문일 터이다.

5 (금) 맑음

어제 김경수 총무간사로부터 서울의 도서출판 관악사에서 만든 『동양철학』 제35집의 편집파일이 전달되어져 왔으므로, 오늘 종일 그 내용을 검토해 보았다. 35집에는 18편의 논문이 투고되어 그 중 5편이 탈락되고 13편이 실렸다.

오늘 오후에 여름 기획학술대회의 초청장 시안이 보내져 왔으므로 검토해 보았다.

오전 9시 9분에 남명학연구소의 연구교수인 박용국 씨에게 내가 연세대 『동방학지』에 기고한 논문 「『진양지』의 출판」을 보내주었는데, 11시 45분에 박 씨로부터 고맙다는 인사말이 돌아왔다.

서울 장충동의 아세아문화사 엄승진 과장에게로 이메일을 보내어, 내 새 저서 『남명학의 새 연구』를 그 회사에서 출판하는 문제에 대해 상의했다.

8 (월) 맑음

가칭 「稷下學派의 黃老學」이라는 제목의 새 논문을 쓰기 위해 臺灣의 여류학자 陳麗桂의 저서 『戰國時期的黃老思想』(臺北, 聯經出版事業公司, 1991)을 읽기 시작하여 제2장 제1절까지 나아갔다.

9 (화) 흐리고 때때로 빗방울

어제부터 읽기 시작한 책을 제3장 제1절까지 읽었다.

엄승진 씨로부터의 답장을 기다리고 있었는데, 이미 아세아문화사를 퇴사하여 지금은 다른 곳에 근무하고 있다면서 급하지 않다면 9월 말경에 찾아오겠다는 내용의 회답이 오늘 오후 1시 35분에 왔다.

한국동양철학회 여름기획학술대회의 초청장이 왔다. 이번 대회에서는 내 저서인 『남명학파연구』 2권 1질 및 편저인 『남명집사종』을 연구에 필요한 사람들에게 선사한다는 내용의 공지도 있었다.

10 (수) 맑음

아침에 부산교통으로부터 전화가 걸려왔는데, 오늘 자로 학회 구좌로 천만 원을 입금했으니 확인해 달라는 것이었다. 총무이사인 김경수 군에게 그 사실을 알렸다.

『戰國時期的黃老思想』을 계속 읽어 전체 4장 중 3장까지를 마쳤다. 남명학연구소에서 금년도에 간행된 남명학교양총서 18 H 편역『남명, 그 학덕을 그리며—제문과 만사—』, 19 장원철·전병철 역주『남명선생편년』, 20 하우선 주편, 이상필·공광성 역주『덕천사우연원록』을 보내왔으므로, 그 내용을 훑어보고서「남명학관계기간문헌목록」에 추가하였다.

아침에 아세아문화사의 홈페이지로 들어가 그 내용을 훑어본 다음 대표자인 김은진 씨와 통화하였고, 그녀에게 내가 지난주 금요일 엄승진 씨에게로 보냈던 이메일을 전달하였다. 아세아문화사는 작년에 경기도 성남시 중원구 상대원동 5445번지 우림라이온스밸리 3차 1104호로 옮겨 있었다. 홈페이지에 실린 책들은 품절된 것이 많았는데, 재판은 내지 않느냐고 물었더니 교재가 아닌 이상 초판도 다 팔리지 않는 경우가 많다는 것이었고, 초판은 얼마 정도의 부수를 찍느냐고 물었더니 500부 정도이나 그렇게 안 될 경우도 많다는 것이었다.

11 (목) 대체로 맑으나 오후 한때 비

읽던 책은 제4장 제4절까지 나아갔다.

12 (금) 맑음

『戰國時期的黃老思想』을 마저 읽은 후,『郭沫若全集』권2에 수록된『十批判書』중「稷下黃老學派的批判」을 읽으며 카드화하기 시작했다.

오전 중 아세아문화사의 김은진 대표에게 전화를 걸어 엊그제 내가 보낸 이메일을 보았는지 물어보았다. 보았지만 교재 관계로 바빠 아직 회답을 못하고 있었다면서, 다음 주 중에 전화로 회답해 주겠노라고 했다.

16 (화) 맑음

내가 회장이 된 이후 처음으로 발행하는 한국동양철학회의 기관지

『東洋哲學』 제35집(2011.7)이 우송되어져 왔다.

중국 인민출판사로부터 1982년에 간행된 『郭沫若全集』 역사편 2에 실린 『十批判書』 중의 「稷下黃老學派的批判」을 마저 읽고서, 역사편 1에 실린 『靑銅時代』 중의 「老聃, 關尹, 環淵」도 읽었다.

17 (수) 흐림

『청동시대』에 실린 또 한 편의 황로학 관계 논문 「宋鈃尹文遺著考」를 읽은 후, 張秉楠 輯注 『稷下鉤沉』(上海古籍出版社, 1991)을 읽기 시작했다. 직하학 관계 자료집이다.

18 (목) 흐림

『郭沫若全集』 歷史編 제5·6·7권으로 포함된 『管子集校』(인민출판사, 1984; 中華書局의 新編諸子集成 제1집에 포함)를 훑어본 후, 侯外廬·趙紀彬·杜國庠 저 『中國思想通史』 제1권(1957, 1980 제5쇄) 제10장 제4절 '宋尹學派的調和色彩' 및 馮友蘭의 『中國哲學史新編』 제2책 제13장 제1절 '宋鈃·尹文的政治·社會思想'을 읽으며 카드화하였다. 『중국사상통사』에서는 대체로 곽말약의 설에 따라 宋鈃·尹文을 도가의 한 지류로 설명한 반면, 『중국철학사신편』에서는 후기 묵가의 지류로 설명하며, 곽말약이 이들의 저서로 보는 『관자』 중의 네 편을 전혀 언급하고 있지 않았다.

19 (금) 흐리다가 점심 무렵부터 비

풍우란의 『중국철학사신편』 제2책 제16장 '愼到和稷下黃老之學' 및 제17장 '稷下黃老之學的精氣說—道家向唯物主義的發展'을 계속하여 읽고, 『中國古代著名哲學家評傳』 續編 1 先秦兩漢部分(齊魯書社, 1982)에 실린 풍우란 찬 「宋鈃 尹文」 부분도 읽어보았는데, 후자는 어제 읽은 내용과 거의 같았다.

아세아문화사의 김은진 대표가 16시 31분에 보낸 이메일 답신을 읽었다. "저희는 기나긴 학술서적의 판매 부진으로 현재는 교재 위주로 책을 출간하고 있습니다. 상업적 도서를 배제하고 학술서적 위주로 운영한다는 모토로 그동안 책을 출간해 왔는데, 쌓이는 재고와 물류비 등이 감당이 되지 않아 이젠 출판사를 유지하자는 쪽으로 가고 있습니다. 훌륭한 원고를 주셨는데도 이에 보답하지 못해 죄송합니다."라고 되어 있었다.

22 (월) 부슬비

김경수 군이 김영우 편집이사로부터 온 휴대폰 문자 메일을 전달해 주었는데, 작년에 발행된 한국동양철학회 기관지에 탈락논문이 없어 한국연구재단의 심사에 문제가 있다는 내용이었다. 한국연구재단에서는 등재지를 대거 강등시키려고 벼르고 있는데, 자칫하면 이 때문에 『동양철학』도 그 대상에 포함되지 않을까 걱정된다는 것이다.

풍우란의 『중국철학사신편』 제2책 제17장에 대한 검토를 마치고서, 제3책 제25장 '漢初黃老之學'과 제29장 '董仲舒哲學體系的對立面 淮南王劉安的黃老之學'을 읽었다.

23 (화) 비

『中國哲學史新編』 제3책 제29장과 제35장 '東漢末農民大起義和『太平經』'까지를 읽고 난 다음, 이 책을 처음부터 다시 검토하여 제2책 제11장 '道家哲學體系的形成和發展—『老子』的客觀唯心主義體系' 및 제20장 '陰陽五行家的具唯物主義因素的世界圖式'의 일부를 읽었고, 이어서 錢穆의 『先秦諸子繫年』 상·하책(香港大學出版社, 1956)을 검토하기 시작하여 攷辨 4 '孔子與南宮敬叔適周問禮老子辨' 및 52 '田齊爲十二世非十世辨'을 읽었다.

김경수 군으로부터 다시 이메일 연락을 받았는데, 김영우 씨의 말에 의하면 학회지 평가를 위한 준비를 마치고 보니, 요건심사 항목이 총 55점 만점인데 현재 37점 밖에 안 되고, 나중에 받을 패널 심사 점수가 45점 만점인데 등재지를 유지하려면 여기서 43점 이상을 받아서 총 80점이 넘어야 하나, 실질적으로 패널 점수를 40점 이상 받기가 무척 어렵다고 한다. 그래서 우선 전년도의 편집이사였던 황병기 씨와 협력하여 요건점수를 2~3점 올려서 39~40점으로 상향하고 패널심사를 기다려 보기로 했다는 것이다. 더구나 큰 문제점 중의 하나는 편집위원들이 다른 학회지와 중복되지 않아야 하는데, 우리 학회지의 경우는 심한 경우 5개 학회의 편집위원으로 중복된 경우도 있으므로 조만간 편집위원회를 소집하여 대대적인 물갈이를 해야 할 필요가 있다는 것이다.

24 (수) 흐림

『先秦諸子繫年』에 대한 검토를 계속하였다.

한국동양철학회의 운영이사인 이승률 씨(플라톤 아카데미)의 부친이 간밤에 작고하여 명동성당 영안실에서 조문을 받고 있다는 연락을 받았으며, 주광호 이사가 조문을 간다고 하므로, 주 씨의 계좌로 조의금 10만 원을 입금하였다.

오후에 조옥환 부산교통 사장과 통화하였다. 조 사장은 내일 덕산의 남명기념관에서 있을 한국동양철학회 여름 기획학술대회를 위해 이미 천만 원을 내었고, 금년 12월에 열릴 예정인 국제학술대회에 다시 천만 원을 추가로 내기로 약속했음에도 불구하고, 내일 모임의 저녁 회식과 모레 조식 비용까지도 따로 부담하겠다고 한다. 나와의 인연을 중시하는 것이라고 한다.

25 (목) 오전 중 부슬비 내리다가 정오 무렵부터 그침

오전 중 『先秦諸子繫年』에 대한 검토를 계속하였다.

한국동양철학회의 전임 회장인 연세대 이광호 교수가 2011년 여름 기획학술회의 참가를 위해 오전 11시 10분 무렵 진주에 진입했다고 연락해 왔으므로, 내 승용차를 몰고서 고속터미널 앞으로 가서 이 교수를 픽업했다. 둘이서 승용차를 타고서 산청 행 국도와 성철스님 생가 앞을 지나서 모임 장소인 산청군 시천면 사리의 남명기념관으로 향했다. 정오 남짓에 도착해 보니 대학원 동양철학전공의 재학생 전원과 학부생들도 이미 나와서 행사를 돕고 있었다.

윤사순 고려대 명예교수(76세)와 산청군 문화원장 및 덕천서원 외임 등의 인사말을 시작으로 하여 회장 인사까지 마치고서, 오후 2시 무렵부터 '남명 조식 사상의 재조명 및 새로운 방향'이라는 大주제하에 발표토론이 시작되었다. 제1발표는 한국국제대의 손홍철 교수가 「사림, 선비 그리고 남명」이란 주제로 발표하고 김익재(경상대) 리기용(연세대) 씨가 토론하였고, 제2발표는 김연재(공주대) 씨가 「易圖學에서 본 조식의 역학관과 修養經」에 권상우(신라대) 엄연석 씨의 토론, 제3발표는 김낙진 진주국제대 교수가 「심재 조긍섭의 반공화주의와 성리학」에 이형성(전주대) 홍원식(계명대) 씨가 토론, 제4발표는 울산대 손영식 교수가 「남명 조식 사상의 성격 규정과 양명학적 성격」을 발표하고, 권인호(대진대) 이현선(건국대) 씨가 토론하였으며, 마지막으로 강남대 임헌규 씨가 「남명학 연구에 대한 몇 가지 성찰」을 발표하고 안외순(한서대) 최영성(한국전통문화대) 씨가 토론하였다.

학술회의를 마친 다음, 임시총회를 열어 회칙 제13조의 학회 임원의 임기 1년을 예전대로 2년으로 돌이키는 안건을 가결하였다. 차기인 제18대 회장까지는 현 임기대로 하고, 19대부터 2년 임기를 적용하기로 하였다.

어두워질 무렵에 오늘 모임을 모두 마치고서, 산청군 단성면 남사리의 예담촌으로 이동해 가서 늦은 석식을 들고, 숙소인 256번지의 延日鄭氏 서재 沙陽精舍로 자리를 옮겨 흑돼지 구이 등을 안주로 밤늦게까지 술을 든 다음 취침하였다. 참석자 중 다수는 차기회장인 성균관대 최영진 교수를 따라서 택시를 불러 신안면 소재지인 원지로 나가 노래방에서 노래를 부르고 다섯 명은 원지에서 잤다.

오늘 모임에는 예상했던 것보다도 참석자가 많아 방명록에 서명한 사람이 백 명 정도 되었다고 한다. 조옥환 사장의 전폭적인 지원을 받아서 개최된지라 참가비는 일체 받지 않고, 기념품으로서 인간문화재가 제작하고 진주시 집현면 봉강리에 거주하면서 진주시 상대동 323번지에서 운산서예학원을 운영하는 서예대전 초대작가 如民 孫鎔炫 씨가 친필로 남명 사상의 요체를 표현한 문구를 휘호한 고급 합죽선 부채 및 김윤수 씨가 찬조한 인산죽염, 그리고 나의 저서인 『남명학파연구』(2권 1질)가 참석자들에게 기증되었다.

26 (금) 맑음

우리가 머문 南沙里는 며칠 전의 신문보도에 의하면 한국에서 가장 아름다운 마을 제1호로 선정된 곳이다. 사양정사에서 느지막하게 일어나 조식을 든 다음, 그 집 주인 정구화 씨의 안내에 따라 마을 안의 고가를 몇 군데 둘러보았고, 마을 끄트머리에 위치한 면우 곽종석의 출생지 伊東書堂에도 가 보았다.

남사리를 떠나 다시 덕산으로 돌아와 남명 묘소와 산천재, 선비문화연구원 건설 예정부지 및 덕천서원 등을 둘러보고서, 지리산 대원사 계곡 입구의 주차장에 면해 있는 식당으로 가서 닭고기와 맥주로 점심을 들었다. 점심 식사는 모임의 예산으로 지불했다. 거기서 해산하였는데, 나는 서울대 철학과 후배인 손영식·조남호 군과 더불어 대원사 계곡의 끄트머리인 유평 마을까지 차를 몰아갔다가, 돌아 나오는 길에 대원사에도 들러보았다. 우리 일행 몇몇을 그 절에서 만났다.

덕산을 거쳐서 백운계곡 입구에서 斷俗寺址가 있는 雲里 쪽으로 빠져, 단속사 政堂梅 등을 둘러본 다음, 청계리와 웅석봉 부근의 지리산 능선을 거쳐서 어천마을로 내려와 내 농장으로 향했다. 농장을 한 바퀴 둘러본 다음, 국도를 따라서 진주로 돌아와, 먼저 시외버스 터미널에 손영식 교수를 내려주었고, 고속터미널 앞에다 조남호 교수를 내려준 다음 귀가하였다.

29 (월) 맑음

『先秦諸子繫年』의 카드화 작업을 마쳤다.

조옥환 사장에게 감사의 뜻을 표시하는 전화를 했다. 이번 기획학술회의에 참가한 인원은 120명 남짓이었다고 한다.

내년 2월 중순에 있을 148차 정례발표회 및 정기총회의 장소로서 예정하고 있었던 강진의 백련사 및 다산연구소는 前任 편집이사로서 다산연구소에 근무 중인 황병기 씨가 지난주 학회 모임에 와서 한 말에 의하면, 연구소 측이 우리 학회와의 연합학술회의를 수용하지 않고, 황 씨도 10월경에 그 연구소를 사직하고서 일본 京都의 立命館대학으로 유학할 예정이며, 2월 중에는 백련사의 동백꽃이 아직 피지 않는다는 것이었다. 그러므로 오늘 김경수 총무이사와 구자익 총무간사에게 이메일을 보내어 연세대 신규탁 교수와 상의해서 남한의 중부 지역에 위치하여 전국에서 접근하기 편리한 사찰로 장소를 변경하도록 지시했다.

서울대 철학문화연구소에서 지난주에 내게로 『마음에 관한 철학적 성찰』의 원고료 지급 관계 이메일을 보내 왔었으나 그것이 내 컴퓨터에서 지워지고 말았으므로, 오늘 서울대 철학과의 정원재·조은수 교수에게로 이메일을 보내어 다시 보내도록 해 그것에 대한 회답을 적어 보냈다.

30 (화) 맑음

지난주 목요일의 한국동양철학회 2011 여름 기획학술회의 발표논문집 가운데서 울산대 손영식 교수의 논문 「남명 조식 사상의 성격 규정과 양명학적 성격」 및 대진대 권인호 교수 및 건국대 이현선 씨의 이에 대한 논평문을 다 읽고서, 그 밖의 다른 글들도 훑어보았다. 손 교수는 내가 '천하의 손영식'이라고 부르고 있는 바와 같이 평소 날카로우면서도 기이한 주장을 하는 서울대 철학과 후배인데, 그도 이미 56세가 되어 머리가 반백이다.

裘錫圭의 「馬王堆 『老子』 甲乙本卷前後佚書與"道法家"―兼論 『心術上』 『白心』 爲愼到田騈學派作品」(『中國哲學』 第2輯, 三聯書店, 1979)을 읽기 시작했다.

학회 구좌로 입금된 돈을 체크카드로 결제하면 즉시 내게로 문자 메시지가 오는데, 이번 학회 모임과 관련하여 지출된 돈 중 상당 부분은 메시지가 오지 않았으므로, 나는 혹시 조 사장으로부터 보내진 돈은 다른 통장으로 입금되어 있는 것이 아닌지 의심했었다. 그런데 오늘 김경수 총무이사로부터 온 회답 이메일에 의하면, 상대방의 통장으로 직접 송금하는 방식을 취했기 때문이라는 것이었다.

31 (수) 맑음

『중국철학』 제2집에 실린 余敦康의 논문 「論管仲學派」와 제4집에 실린 魏啓鵬의 「『黃帝四經』 思想探源」을 읽었다.

9월

1 (목) 맑음

중국사회과학원에서 발행하는 『中國哲學』 제11집(人民出版社, 1984)에 실린 馮契의 논문 「『管子』和黃老之學」을 읽은 다음, 그 제14집(1988)에 실린 張豈之의 논문 「羅欽順思想述評」을 읽기 시작했다.

연세대학교 국학연구원으로부터 내가 투고한 논문 「『晋陽誌』의 출판」에 대한 심사결과가 통지되어져 왔다. 결과는 '수정 후 게재'였다. 네 명의 심사위원들이 쓴 심사평을 읽고서 거기에 대한 응답(수정대조표)을 작성한 다음, 수정된 원고와 함께 반송하였다.

2 (금) 대체로 흐림

남명학연구원이 우송해 온 『선비문화』 제20호(2011년 가을)를 훑어보았고, 張豈之의 논문을 계속하여 읽었다.

김경수 총무이사가 이메일로 여름 기획학술회의의 결산서를 보내왔다. 조옥환 사장의 후원금 천만 원에다 남명학연구원의 찬조금 38만 원과 조옥환 씨의 추가 찬조금 258만4천 원을 보태어 총수입은 12,964,000원이었는데, 12,547,575원을 지출하고서 416,425원이 잔액으로 남았다는 것이었다. 그 외에도 남명학연구원이 내 저서 『남명학파연구』 42질과 김윤수 감사가 인산죽염치약 100개, 부채휘호작가가 자신의 서예작품집 도록 60권을 찬조했다. 예상했던 것보다도 너무 많은 돈이 지출되었으므로, 저녁 무렵 김 박사에게 전화를 걸어 앞으로의 학회 운영경비 조달 문제에 대해 논의했다.

3 (토) 맑음

외송에서 돌아오는 길에 김경수 군이 보낸 '동양철학회 운영에 대한 저의 소회입니다'라는 제목으로 된 장문의 이메일을 휴대폰으로 읽었다. 자기로서는 최선을 다했음에도 불구하고 이번 모임의 성공에 대해 칭찬은 고사하고 비용을 너무 많이 지출했다고 내가 불쾌해 하는 듯한 데 대한 소회였다. 대답하기가 난감했지만, "나로서는 우선 12,964,000원의 수입 중 잔액이 416,425원이 남았다는 점에 다소 충격을 받았네. 그리고 이러한 지출이 나와 아무런 상의 없이 이루어졌다는 점에 대해서도 다소 불쾌한 느낌이 있네." 운운의 좀 따끔한 대답을 적어 보냈다.

4 (일) 맑으나 산에는 부슬비

개척산악회를 따라 경북 청도군 운문면과 울산광역시 울주군 상북면의 경계에 있는 上雲山(1,117m)에 다녀왔다.

밤 9시가 좀 지난 시각에 집에 돌아오니, 김경수 군으로부터 또 '눈물로 몇 말씀 더 드립니다.'라는 제목으로 된 장문의 이메일이 도착해 있었다. "자네의 글을 읽고 보니 내가 기억이 잘 나지 않는 부분도 있고, 경비 문제에 대해 내게 전혀 상의하지 않았다고 여긴 것이 오해임도 알게 되었네. 조만간에 만나서 뒤풀이를 하며 남은 이야기를 하도록 하세."라는 내용의 회신을 보냈다.

5 (월) 맑으나 밤에 비

농대 산림환경자원학 전공의 정좌용 명예교수가 9월 2일에 별세하셨다는 부고를 보았다. 정 교수는 내가 京都대학에 유학해 있을 무렵 경상대 교수로서 그곳에 와서 박사학위를 하셨는데, 내가 이 대학에 취직할 때도 연락상 도움을 주셨다. 후에 한문학과 H 교수의 장인이 되셨다. 제일병원 영안실에 빈소가 마련되었지만, H 교수와 사이가 좋지 않으므로 부의금만 보냈다.

6 (화) 맑음

어제부터 읽어 오던 何介鈞 著『馬王堆漢墓』(北京, 文物出版社, 2004)의 카드화를 마치고서, 許抗生 著『帛書老子注釋與硏究』(浙江人民出版社, 1982 초판, 1985 재판)의 카드화를 시작하였다.

7 (수) 맑음

許抗生 저서의 카드화를 마치고서, 池田知久 著『馬王堆出土文獻譯注叢書―老子』(東京, 東方書店, 2006)의 카드화를 시작하였다.

8 (목) 맑음

12월에 있을 국제학술회의의 발표자 중 한 명인 미국 다트머스대학의 사라 알란 교수가 개인적인 사정으로 참석할 수 없다는 통보를 해 왔다고 한다. 이미 시간이 촉박해 이제 와서 다른 사람을 구해 새로 준비하기는 어려울 것 같다는 의견을 보냈는데, 미국 교수 한 명을 초청하는 데 약 400만 원이 든다고 한다. 점심 때 구내식당에서 김경수·구자익 군과 잠시 만났다. 김 군은 국제학술회의 때의 만찬 및 숙소를 호텔이 아닌 진양호반의 펜션 '언덕 위의 하얀 집'을 통째로 빌려서 하려고 계획하고 있었다.

편집이사인 김영우 씨에게 이메일을 보내어 지난번 기획 학술대회 때 말한 나의 저서 출판 건을 강중기 교류위원장과 상의해 보았는지 묻고, 새 저서에 실릴 내 글의 목록을 보냈다. 그리고 그 이메일을 강중기 씨에게도 전달했다.

池田知久 씨의 저서를 카드화 하는 작업을 마치고서, 다음 순서로『중

국철학』 제20집으로서 간행된 『郭店楚簡研究』(遼寧教育出版社, 1999)에 실린 杜維明의 글 「郭店楚簡與先秦儒道思想的重新定位」를 읽기 시작했다.

9 (금) 흐림

『郭店楚簡研究』를 계속 읽어 李學勤의 「荊門郭店楚簡所見關尹遺說」까지 나아갔다.

'새 저서 출판'이라는 제목의 내 이메일에 대해 김영우 씨로부터 회신이 왔다. 메일 받기 전까지 까마득히 잊고 있었다면서, 적극 알아보고서 추석 지나고 다음 주 주말까지는 일단 보고를 하겠다는 내용이었다.

11 (일) 비

『李學勤遺集』(上海辭書出版社, 2005), 계간 『中國哲學史研究』(중국철학사학회) 1985년부터 1989년분까지, 『杜維明文集』(武漢出版社, 2002) 등을 뒤적이며 카드화하였다.

12 (월) 맑음

어제에 이어 『杜維明文集』과 『중국철학사연구』를 읽으며 카드화하였다.

14 (수) 맑으나 다소 더움

『中國哲學史研究』에 실린 黃老學 관계 논문들의 카드화 작업을 계속했다.

15 (목) 맑으나 더움

『중국철학사연구』의 카드화를 마치고서 聶中慶의 上海 復旦大學 박사학위논문을 2004년 北京 中華書局에서 출판한 『郭店楚簡〈老子〉研究』를 읽기 시작했다.

오전 11시 44분에 서울대 철학과 후배이자 한국동양철학회 교류위원장인 강중기 씨로부터 내 저서의 출판과 관련된 이메일을 받고서, 오후 3시 15분에 그가 요청한 내 이력서를 첨부한 답신을 보냈다. 그는 어제 같은 서울대 철학과 후배이자 학회의 편집이사인 김영우 씨와 통화하여 그 건에 관한 설명을 들었는데, 돌베개출판사의 사장이 강 씨의 고교 선배로서 가까운 사이지만, 한 해에 돌베개에서 출간하는 책이 30종에 불과하여 출판사 스케줄이 어떻게 될지 모르겠다면서, 출판사에다 소개하기 전에 우선 나의 학문적 이력(특히 저역서)을 알려 달라는 것이었다.

20 (화) 쌀쌀함

지난주에 인터넷으로 주문하여 어제 택배로 배달된 이석명 지음 『노자와 황로학』(서울, 笑臥堂, 2010, 전북대학교 쌀·삶·문화총서 001)의 「머리말」과 부록 「『노자』 판본의 변천과 그 사상적 변화」를 읽었다.

김경수 군을 통해 이승률 씨에게 부탁해 둔 馬王堆 帛書 『老子』 乙本 앞부분에 기록된 황로사상 관계 문서의 PDF 파일이 이메일로 입수되었다. 마왕퇴 백서 『노자』 갑·을본 및 그 前後의 첨부 문서 모두가 포함된 것이었으므로 매우 만족스러웠다.

21 (수) 맑음

2010년도 발전기금재단 학술연구비의 결과보고서를 작성해 제출했다. 이 연구비는 「『晉陽誌』의 출판」에 대한 것이다.

22 (목) 맑음

『노자와 황로학』 제2장까지를 읽었다.

23 (금) 맑음

『노자와 황로학』은 제3장으로 들어갔다.

본교 인문주간 행사의 일환으로서, ‘근대 전환기 동아시아 문학·문화의 재인식: 횡단과 접경’이라는 대주제하에 본교와 일본 關西大의 제1차 공동학술 심포지엄이 법학관 201호에서 열렸다. 나는 오전 10시 20분부터 40분까지의 개회식 때와 오후 3시 30분부터 5시 30분까지의 종합토론 시간에 참석해 보았다. 關西大學 팀의 인솔자는 吾妻重二 文學部長인데, 그는 전공이 중국철학사이기 때문에 일찍부터 그의 이름을 알고 있었으나 오늘 처음으로 만나 인사를 나누었다. 오후 6시 30분부터 동방호텔 5층 다이아몬드 홀에서 열린 인문주간 기념 만찬회장에도 참석했다. 나는 李英錫 인문대학장, 吾妻 문학부장, 關西대학의 浦西和彦, 增田周子 교수 및 日高佳紀 奈良教育大學 교수, 토론에 참여한 정승운 전남대 일어일문학과 교수 등과 함께 주최 석에 앉았고, 건배의 인사말을 했다.

김경수 총무이사가 한국동양철학회 홈페이지 개설에 즈음한 회장 인사말을 지어 보내왔으므로 그 내용을 읽고서 좀 수정해 반송하였다. 연세대 신규탁 부회장으로부터 보내져 온 충남 예산의 수덕사에서 내년 2월 중순에 정례발표회 및 정기총회를 갖기로 사찰 측의 허락을 받았다는 이메일도 전달해 받았다.

27 (화) 맑음

『노자와 황로학』 제3장을 읽었다.

일본 關西大學의 吾妻重二 문학부장에게 내 논문 「大觀臺 緣起—李楨과 曺植의 관계를 중심으로—」를 이메일로 보냈다. 그가 읽어보고 싶어 했기 때문이다. 12월에 열릴 국제학술회의에서 발표할 중국학자 王中江·趙平安 교수의 논문 제목을 받았다.

28 (수) 맑음

『노자와 황로학』은 마지막 장인 제5장까지 나아갔다.

29 (목) 흐리고 부슬비

『노자와 황로학』을 마저 읽고서, 이승률 씨로부터 이메일로 전해 받은 『馬王堆漢墓帛書』(壹)의 '出版說明'을 읽어보았다. 1980년에 文物出版社로부터 출판된 것이었다.

조교에게 부탁해 吾妻重二 關西大學 文學部長으로부터 온 이메일 첨부

파일의 확장자가 별스럽게 되어 있는 일본어 서신을 ᄒᆞᆫ글 파일로 전환해 받았다. 그 메일에 대한 답장을 보내고, 아울러 그 대학을 정년퇴직한 坂出祥伸 교수에게도 인사 이메일을 보냈다.

한국연구재단으로부터 한국동양철학회의 2009년도 지원금이 제대로 집행되지 않았으므로, 그 중 일부를 반환하라고 하는 이메일이 왔으므로, 김경수 총무이사와 그 문제에 대해 상의했다.

강중기 씨에게 내 새 저서의 출판사 교섭 의뢰에 대한 답장을 보낸지 보름이 지났는데 아직도 소식이 없으므로 문의하는 내용의 이메일을 보냈다. 얼마 후 답장이 왔는데, 오늘 전화로 상의해 보니, 돌베개출판사에서는 내 글이 여러 성격의 글들을 모아놓은 것이라서 하나의 연구서로서 출판하기에는 적합하지 않은 듯하다는 대답을 했다는 것이었다.

30 (금) 맑음

北京의 中國哲學史學會에서 간행하는 계간『中國哲學史』1999년도 분을 읽고서, 그 중 第2期에 수록된 李存山의 논문「再談『內業』等四篇的寫作時間—與學友白溪先生商榷」및 제3기에 수록된 高晨陽의 논문「郭店楚簡『老子』的眞相及其與今本『老子』的關係—與郭沂先生商討」를 카드화하였다.

10월

1 (토) 맑음

김경수 군으로부터 국제학술회의 및 본교 철학과 설립 30주년 기념 동창회에 한국동양철학회 명의로 축하의 뜻을 표시하는 문제, 그리고 한국연구재단의 환불금 문제로 2009년 당시의 회장이었던 계명대 이동희 교수와 연락한 내용에 대한 이메일 보고를 받았다.

4 (화) 맑음

경기도 파주시 교하읍 문발리 파주 출판단지 513-5에 있는 한국학술정보[주]에서 "개인, 학회, 연구소의 우수한 연구 성과를 출판해 드립니다."라는 요지의 이메일을 몇 차례 보내온 바 있었으므로, 오늘 그리로 전화를 걸어 이주은 씨와 통화한 다음, 오후 4시 14분에 이메일로 그녀에게 내 새 저서 『남명학의 새 연구』의 예정 목차를 보내주었다.

5 (수) 맑음

『중국철학사』 1999년 제3기에 실린 高晨陽의 논문 카드화를 마친 후 계속하여 李定生의 서평 「先秦哲學史改寫有望—讀『稷下學硏究』」를 읽었다.

6 (목) 맑음

한국학술정보[주] 출판사업부 도서기획팀의 이주은 씨로부터 오늘 오전 11시에 이메일이 왔는데, 내 책의 출판을 수락하는 내용이었다. 두 권 정도로 나누어 출판하는 것이 어떻겠느냐는 의견이었다. 오후 3시 남짓에 새 저서 『남명학의 새 연구』에 수록될 작품들의 파일을 이메일 첨부파일로 그녀에게 보내주었다. 예문서원·아세아문화사·돌베개에 이어 네 번째로 교섭하여 비로소 출판 승낙을 얻은 셈이다.

한국동양철학회의 전전 회장이었던 이동희 계명대 철학과 교수로부터 한국연구재단의 지원금 일부 반환 건과 관련한 전화 연락을 받았고, 이메일도 받았다.

7 (금) 맑음

성균관대학교 퇴계인문관 31511호에서 오후 3시부터 열리는 한국동양철학회 147차 정례발표회에 참석하기 위해 김경수 총무이사 및 구자익 총무간사와 더불어 고속버스터미널에서 만나 오전 10시에 출발하는 동양고속으로 서울로 향했다.

오늘은 회장인 나의 인사를 시작으로 하여, 제1발표는 주광호 교류이사가 사회를 맡아 충남대에서 포스트닥터로 근무하는 선병삼 씨가 「올바른 양명학 이해를 위한 3가지 문제」를 발표하고, 공주대학교의 김연재 씨가 토론을 했다. 그 둘과 사회자는 모두 北京大 철학과에서 박사학위를 받았으며, 발표자는 귀국한지 1년 정도밖에 되지 않은 모양이다. 제2발표는 부회장인 연세대의 신규탁 교수가 사회를 맡아 성균관대학에서 박사학위논문을 준비 중인 정연수 씨가 「미발시와 이발시의 '사려'와 '지각'에 관한 한원진의 학설 연구」를 발표하고, 고전번역원의 김태년 씨가 토론을 맡았다. 종합토론은 사회자인 신규탁 씨가 적극적으로 개입하여 논의의 방향을 이끌었다.

8 (토) 맑음

한국학술정보(주)의 이주은 씨로부터 어제 도착한 이메일에 대한 답신을 쓰고, 서울대 철학과 후배인 강중기·김영우 씨에게 『남명학의 새 연구』 출판 건은 이미 매듭지어 졌으니, 앞으로는 내 일기의 출판 가능성에 대해 기회 닿는 대로 좀 알아봐 줄 것을 당부하는 내용의 이메일을 썼다.

9 (일) 맑음

오후 3시 38분에 이주은 씨에게 다시금 이메일을 보내 『남명학의 새 연구』 작품 배열 순서에 대한 내 의견을 말했다. "지금 생각으로는 '배열 순서'에 나열된 작품들 중 본론 9까지로써 제1권을 이루고, 본론 10 이후부터 보론과 기간문헌목록을 합한 부분으로써 제2권을 이루는 것이 어떨까 싶습니다."라는 내용이었다.

10 (월) 맑음

이석명 지음 『백서노자』(서울, 청계출판사, 2003)를 검토한 다음, 김동연 씨의 석사학위청구논문 「'安百姓' 개념으로 본 南冥의 實踐性理學—陳亮·唐甄·荻生徂徠와의 비교를 중심으로—」를 읽으며 첨삭지도하기 시작하였다.

김경수 총무이사에게 이메일을 보내 12월의 국제학술회의 전날 서울에서 진주로 오는 대절버스를 한 대 마련하는 건과 2009년도 행사비의 1/3을 한국연구재단으로 반환한 문제와 관련하여 그 당시 회장이었던 이동희 교수가 학회 손실금을 변상하는 문제에 관해 부회장단의 의견을 묻는 이메일의 발송 대상에 이광호 명예회장을 포함시킬 것을 지시했다.

11 (화) 맑음

김동연 씨의 석사논문 첨삭지도를 계속했다.

경기도 파주시 문발동 파주출판문화정보산업단지 513-5의 한국학술정보[주] 출판사업부 이주은 씨로부터 계약서 2부가 보내져 왔으므로 작성하여 퇴근 때 빠른우편으로 발송하였다. 『남명학의 새 연구』의 계약기간은 5년으로 했다.

김경수 군에게 12월의 국제학술회의 때 서울에서 출발하는 대절버스를 마련하는 안은 재고하자는 내용의 이메일을 보냈다.

12 (수) 맑음

『困知記』를 마저 읽고서, 다음 순서로 『羅整庵先生存稿』에 들어갔다.

김동연 씨의 석사학위 청구논문에 대한 첨삭지도를 거의 다 마쳐간다.

13 (목) 흐림

김동연 씨의 논문에 대한 첨삭지도를 마치고서 조교를 통해 본인에게 돌려주어 수정 후 제출하게 했다. 김 씨는 아직 한문 독해 능력이 크게 떨어지고 그 외에도 문제가 있지만, 더 이상 개선될 조짐이 없기 때문이다.

오후에 『남명학의 새 연구』 '서문'을 집필했는데, 원고지 6장 분량이었다.

한국동양철학회의 전전 회장인 이동희 교수로부터 나와 총무이사에게로 이메일이 왔다. 이 교수의 실수로 말미암아 이번에 한국연구재단에

납부한 손실금 115만 원 정도를 학회 자금으로써 처리하였고, 그것을 이 교수 자신이 보완할 필요가 없다는 통보에 대해 '참 염치없는 일인 것 같습니다'라는 제목의 회신을 보내왔다.

14 (금) 비

'서문'을 탈고하여 한국학술정보주식회사의 이주은 씨에게로 발송했다.

오후에는 池田知久 著 『道家思想의 新硏究—『莊子』를 中心으로』(東京, 汲古書院, 2009)를 읽으며 카드화하기 시작했다.

17 (월) 맑음

한국학술정보(주) 출판사업부의 이주은 씨로부터 이메일 답신이 왔는데, 10월 말경에야 이 씨가 손 본 내 원고를 편집 팀에서 편집할 수 있는 상태로 만들어 넘길 것이고, 11월 초부터 작업에 들어간다면 1차 편집본은 11월 말 경에 나와 저자인 나의 1차 검수를 본 다음, 수정사항이 많지 않다면 2012년 2월 초 쯤에 작업이 완료될 것 같다는 내용이었다. 완성된 「남명학관계기간문헌목록 2011」 및 저자 약력을 요구하므로, 작성하여 오후 5시 7분에 전송하였다.

18 (화) 맑으나 쌀쌀함

池田知久 저 『도가사상의 新연구—『장자』를 중심으로—』를 계속하여 읽으며 카드화하고 있다.

한국학술정보(주)의 이주은 씨로부터 색인 문제에 대한 답장이 왔는데, 색인에 넣어야 할 단어들을 추려주면 출판사 측에서 쪽수는 넣을 수 있다는 것이었다. 그래서 구자익 군에게 그 작업을 부탁하는 이메일을 보냈다.

19 (수) 맑음

오전의 중국철학사 수업에서 오늘은 '여타 제가 및 직하학파'와 '방사 및 황로학'이라는 주제를 다루었는데, 학생들의 발표 리포트를 통해 劉蔚華·苗潤田 저, 郭信煥 역 『직하철학(원저 명 稷下學史)』 및 김경수 지음 『출토문헌을 통해 본 중국 고대사상』의 존재를 알고서, 수업을 마친 후 인터넷으로 검색해 보았다. 전자는 한국학술진흥재단 번역총서 197로서 서울의 철학과현실사에서 1995년에 출판되었으나 이미 절판되었고, 후자는 아직 재고가 있어 주문해 두었다. 중앙도서관으로부터 절판된 『직하철학』을 빌려와서 카드화하기 시작했다. 1982년 10월 6일부터 11일까지 山東省 淄博市에서 거행된 山東省 중국철학사연구회 주최의 '직하학토론회'에서 발표된 연구 성과를 정리한 것이었다. 이 학술회의에는 50여 명의 학자들이 참석했다고 한다.

김동연 씨가 나의 첨삭지도 내용을 참조하여 수정한 석사학위청구논문을 가져왔는데, 영문초록의 영어가 엉망이라 다시 불러서 외국인이 읽어도 충분히 이해할 수 있는 정도로 수정하라고 했다.

연세대학교 『동방학지』 편집원 이현희 씨로부터 이메일이 왔는데, 155집의 작업이 순조롭게 끝났다면서, 내 글이 실린 『동방학지』와 별쇄본을 받아볼 수 있는 주소와 연락 가능한 전화번호를 알려달라는 내용이었다.

구자익 군에게 전화를 걸어 다시 한 번 내 새 저서의 색인 작성을 당부했다.

21 (금) 흐리고 부슬비

『직하철학』의 카드화를 계속하였다.

부산경남사학회의 총무이사 차철욱(부산대학교 한국민족문화연구소 교수) 씨로부터 연구실로 전화가 걸려와 음성녹음이 되어 있고, 이메일도 받았다. 합천군의 의뢰로 내암 정인홍 관련 학술심포지엄을 11월 25일 합천에서 진행하려고 하는데 나더러 좌장을 맡아달라는 내용이었다. 첨부한 스케줄을 보니 大주제는 '내암 정인홍의 정치사상과 활동'으로 되어 있고, 우인수·김강식·정호훈·신병주 씨가 주제 발표하고 이수환·이상훈·강문식 씨 등이 토론하는 것으로 되어 있었다. 승낙하고서, 발표

논문과 토론문이 입수되는 대로 전송해 줄 것을 당부했다.

이승률 씨로부터 국제학술회의 토론자와 관련한 이메일이 왔는데, 臺灣政治大學 林啓屛 교수의 토론자로 예정된 김명석 씨를 다른 사람으로 교체했으면 한다고 하므로, 성균관대 출신의 김경수 씨로 하면 어떻겠느냐고 의견을 제시한 데 대해 서강대의 최진석 씨로 바꿨으면 한다는 내용이었다. 그렇게 하되, 김경수 씨도 기타 토론자로서 불러보는 것이 좋겠다는 의사를 말해 두었다.

23 (일) 흐림

인터넷으로 구입한 金京秀 씨의 책 『출토문헌을 통해서 본 중국고대사상—마왕퇴 한묘 백서와 곽점 초묘 죽간을 중심으로—』(서울, 심산출판사, 2008)의 내용을 읽으며 카드화하기 시작했다.

24 (월) 흐리고 때때로 부슬비

『직하철학』의 카드화를 마친 후 도서관으로 반환하고서, 『출토문헌을 통해서 본 중국고대사상』을 계속하여 읽었다.

한국학술정보의 이주은 씨에게로 이메일을 보내 국문 및 외국문 요지와 각 원고 끝에 붙인 게재지의 일람표를 색인 앞에 제시해 주도록 요청했다.

26 (수) 맑음

『출토문헌을 통해 본 중국고대사상』을 계속하여 읽었다.

김동연 씨가 영문요지를 수정하여 가져왔는데, 여전히 엉망이라 좀 짜증을 내었다.

27 (목) 맑음

『羅整庵先生存稿』를 마저 읽은 다음, 侯外廬 等編 『王廷相哲學選集』(北京, 中華書局, 1965)으로 들어가서 말미에 부록으로 수록된 高拱 撰 「行狀」부

터 읽기 시작했다.

국제학술회의의 객석토론자 문제와 관련하여 김경수 총무이사 및 이승률 이사와 몇 차례 이메일을 주고받았고, 구자익 군이 학회 홈페이지 시안을 마련하여 보내왔으므로 그것을 보고서 내 의견을 말해주었다.

28 (금) 맑음

『王廷相哲學選集』의 부록을 다 읽고서, 『출토문헌을 통해 본 중국고대사상』의 카드화도 대충 마쳤다.

한국동양철학회 홈페이지의 회장 인사말과 약력이 수정되었다는 구자익 군의 연락을 받았고, 12월 국제학술대회의 초청장에 사용할 '초청의 말씀'을 작성해 구자익·김경수 군에게 이메일로 보냈다.

29 (토) 흐리고 몇 차례 빗방울

한국동양철학회의 홈페이지가 개통되었다.

31 (월) 맑음

연세대학교 국학연구원으로부터 내 논문 「『晋陽誌』의 출판」이 실린 『東方學志』 제155집(2011년 9월) 한 부와 그 별쇄본 30부가 부쳐져 왔다.

저녁 6시 40분에 평거동의 국제대학 부설유치원 부근에 있는 한성갈비에서 김경수·구자익 군을 만나 12월에 있을 한국동양철학회의 국제학술대회 개최 건에 대해 협의했다.

11월

1 (화) 맑음

점심 때 대학원생 박혜정 씨의 차에 동승하여 12월에 있을 국제학술회의의 숙소 및 뒤풀이 장소로 예정해 둔 펜션을 보러 갔다. 김동연 씨도 동행하였다. 대평면 내촌리 786-28의 진수대교 건너 좌측 편 언덕 위에 있는 호수애(湖水愛)였다. 그 부근에서 김경수·구자익 군과 만나, 먼저 내촌리 760번지에 있는 남강어탕에서 붕어탕으로 점심을 들었다. 남강댐에서 잡은 자연산 붕어라고 한다.

펜션에는 또 한 사람의 대학원생 김현희 씨가 이미 도착해 있었다. 펜션 안주인인 안영애 씨로부터 대추차와 커피를 대접받으며 바깥 탁자에서 대화를 나누다가 펜션 안을 둘러보았다. 그 부근은 진양호반으로서 경치가 아름다워 펜션이 네 군데나 널려 있는데, 호수애는 2층으로서 사실상 두 채로 되어 있어 가장 커 보였다. 바깥양반인 유재홍 씨는 판문동에서 녹원조경이라는 조경업을 하는데, 김경수 군과 아는 사이인 모양이었다. 우리는 이 펜션을 대회 전날인 12월 15일과 당일인 16일의 이틀간에 걸쳐 통째로 빌려 발표·토론자 및 참가 회원들의 숙소로 사용할 예정이다.

학교로 돌아와 어제에 이어 학회 홈페이지를 둘러보았고, 구자익 군이 만들어 어제 내게 전해준 국제학술회의 초청장 시안도 검토해 보았다. 이동희 전전 회장이 학회의 역사를 정리해 『철학』 100집 출간기념 『한국철학의 회고와 전망』(철학과 현실사, 2010)에 실었던 글 「한국동철 28년」 파일을 보내주었다. 홈페이지에 올리는 것이 좋겠다는 의견을 총무이사와 총무간사에게 이메일로 보냈다.

역시 어제에 이어 『출토문헌을 통해서 본 중국 고대 사상』의 내용을 훑어보았다.

2 (수) 흐리고 오전 한때 부슬비

아침 일찍 산청군청에 갔다. 대한지적공사 울산·경남본부 산청군지사의 파견 데스크 앞으로 가서 대기하다가 지난 10월 25일의 등록전환측량 성과도를 받았다. 이에 의하면, 내 소유의 산12-1 163㎡을 6-7임야로 전환하고, 산12-2 1,735㎡ 중 산12-4 241㎡ 및 산12-5 551㎡를 분리하여 각각 6-8임야 및 6-9임야로 전환하며, 산13-1 7,116㎡ 중 산13-5

3,761㎡를 분리하여 6-10임야로 전환한 것으로 되어 있다. 산12-1의 원래 면적은 165㎡, 산12-4는 240㎡, 산12-5는 548㎡, 산13-5는 3,798㎡인데, 전환과정에서 약간씩 차이가 발생해 있었다. 어쨌든 임야로 전환된 면적의 합계는 4,716㎡로서, 여기에다 3.3으로 나누어 평수로 환산하면 1,429평이 되는 셈이다. 지적공사 측에서 이처럼 일단 임야로 전환하여 넘기면, 군청 직원이 이를 처리하여 다시 과수원으로 지목변경 해주는 모양이다. 산청군청 민원과 복합민원계의 담당자인 천상운 씨는 오늘 출근하지 않았으므로, 같은 부서의 다른 직원이 내가 제출한 서류들을 받아 별 말 없이 처리해 주었고, 수수료도 납부하였다.

대학원 동양철학전공 박사과정 재학생인 김현희 씨가 내가 학생시절에 京都대학중국철학사 연구실에서 발행하는『중국사상사연구』제5호(1982년)에 실은 논문「六天說의 배경」을 읽어보고 싶다고 하므로 복사하도록 빌려주었다.

3 (목) 맑음

오전 중 한국동양철학회 홈페이지에 접속하여 학회 연혁 부분이 보완된 것을 확인하고,『동양철학』창간호에 실린 1·2대 회장 배종호 교수의 글「六十年回顧」를 읽어보았다.

4 (금) 맑음

산책에서 돌아오는 길에 남명학관 남명홀에 들러 오늘 오전 10시부터 시작된 2011년도 남명학연구소 제2차 학술대회의 발표논문집『남명학의 계승양상과 강우지역의 학술—경상우도 性齋 許傳의 學團을 중심으로(2)』를 한 권 얻어 와서 오후에는 그 내용을 훑어보았다. 남명홀 로비에서 방명록을 들춰보았더니, 내 제자인 함안의 趙平來 군 서명이 보였다. 오후 3시 50분 무렵에 종합토론을 방청하러 다시 남명홀로 가 보았더니, 조 군은 오전 모임에 참석한 후 돌아간 모양인지 보이지 않았고, 다른 청중도 별로 없었다. 지방 유림이 대절버스를 타고서 우르르 몰려왔다가 자기 고장 출신자에 대한 발표가 끝나자 다 함께 돌아간 모양이었다. 종합토론에서 사회자인 한문학과의 장원철 교수가 플로어에 앉아 있는 내게 발언을 요청하므로, 19세기 말에서 20세기 초에 걸쳐 강우지방에서 許性齋 문인이 많이 생겨난 원인에 대한 내 생각을 말하였고, 아울러 이 시기에는 남명학파의 실체가 존재하지 않는다는 의견도 말했다.

6 (일) 비

김경수 총무이사가 12월 국제학술회의의 전체계획서를 보내왔으므로 그렇게 하도록 승인했다.

부산경남사학회의 차철욱 총무이사로부터 지난 4일에 제2회 합천박물관 학술회의 '내암 정인홍의 정치사상과 활동' 초청장이 이메일로 부쳐져 왔었는데, 11월 25일 오후 1시부터 합천군 종합사회복지관 대강당에서 개최하는 것으로 되어 있으며, 종합토론의 좌장을 맡기로 되어 있었던 내가 학술회의의 사회를 보는 것으로 인쇄되어져 있었다. 그래서 어제 답장을 보내어 인쇄 미스인지를 물었더니 오늘 회답이 왔는데, "합천이라는 공간, 거기에 참가할 청중(대부분 합천의 어르신들), 또 발표자들의 일정 등을 고려하여 전체토론을 진행할 수가 없었습니다. 그래서 행사일정표에는 전체토론을 형식상 포함시키기는 했습니다만, 전체토론은 생략할 계획이었습니다."라는 내용이었다. 그 회답을 보고 난 뒤 오후 3시 40분에 다시 회답을 보내, "차 선생의 설명을 듣고도 잘 이해가 되지 않습니다."라고 하며, "10월 20일자 이메일에서 식순을 첨부하여 전체 사회는 차 선생이 맡아보는 것으로 하고 내게 좌장을 맡아달라고 했으므로, 당연히 종합토론의 좌장을 의미하는 것으로 이해했던 것입니다."고 지적했다. 밤 8시 11분에 회답이 왔는데, "발표 토론자가 서울사람이 많아 교통편이 불편하여서 그렇습니다."고 하며, "먼저 1부에서 발표만 전부 진행하고, 토론 겸 종합토론을 2부로 진행할 경우 교수님께서 2부를 맡아주실 수 있으시겠습니까."라는 내용이었다.

7 (월) 흐리다가 오후에 갬

부산경남사학회 총무이사 차철욱 씨와 두 번 더 이메일을 주고받아 원래 예정대로 내가 종합토론의 좌장을 맡아보기로 합의하였다.

8 (화) 흐리고 한때 부슬비

지난주 금요일에 있었던 남명학연구소 2011년 제2차 학술대회에서 김경수 군이 청주대 학술연구소 신태영 씨의 논문 「約軒 河龍濟의 학문과 시세계」에 대한 논평을 맡았었는데, 그 발표가 취소되고 말았으므로 오늘 그 논문과 논평문을 읽어보았다. 논평문이 인신공격에 가까울 정도로 과격하고 공격적이었다.

산청군청으로부터 '불법전용산지 신고 수리 통지'가 왔다. 이번에 양성화 되는 내 소유의 땅 중 임야 부분은 산13-1의 3,798㎡, 산12-1의 165㎡, 산12-2의 788㎡를 합하여 계 4,751㎡라고 되어 있었다. 이것을 3.3으로 나누면 1439.69평이 되며, 기왕의 답 및 창고 부분 934.54평과 합하면 계 2374.23평이 된다. 내가 외송 땅을 구입할 때 지목이 답인 것은 평당 10만 원, 임야인 것은 15,000원을 주었으므로, 그것에 기준하여 이 땅을 평당 10만 원으로 단순히 계산하면 양성화 된 이후 이 부분의 지가는 약 2억3천만 원 정도 된다고 볼 수 있다.

한국학술정보(주) 출판사업부의 이주은 씨로부터 이메일이 왔다. 『남명학의 새 연구』 원고를 우선 상·하권으로 분리하는 작업을 끝냈는데, "편집해 보면 또 달라지겠지만 우선 원고 합친 것으로 상권은 178페이지, 하권은 229페이지가 나"와 상·하권의 분량에 좀 차이가 나므로, 이대로 진행하면 될지 봐달라는 것이었다. 하권의 분량이 이처럼 많아진 것은 「남명학관계기간문헌목록 2011」의 분량이 생각보다 많아서 그렇게 된 것 같다고 한다.

9 (수) 흐림

아침에 이주은 씨에게 답장을 써서 보냈다. 그대로 진행하는 것이 좋겠다는 의견을 제시하고 수정할 사항들을 열거했다.

오후에는 어제에 이어 池田知久의 『도가사상의 新연구—『장자』를 중심으로—』를 계속하여 읽었다.

10 (목) 흐림

오전 9시 30분 101-234강의실에서 있은 김동연 씨의 석사학위청구논문 발표회에 참석했다.

『도가사상의 新연구—『장자』를 중심으로—』의 카드화는 거의 다 마쳤다.

11 (금) 흐리다가 오후에 개임

오전 중 王廷相의 『愼言』을 계속하여 읽었고, 오후에는 『도가사상의 新연구—『장자』를 중심으로—』를 마친 다음, 같은 池田知久의 편저인 『郭店楚簡儒教硏究』(東京, 汲古書院, 2003)의 내용을 다시 한 번 훑어보았다. 이 책의 저술에는 현재 한국동양철학회의 운영이사인 李承律 씨가 깊이 관여해 있다.

김경수·구자익 군에게 이메일을 보내, 12월에 있을 '출토문헌과 중국고대사상'에 관한 국제학술회의 초청장에 부치는 내 인사말 중에서 첫머리의 '해방 이후'는 '1970년대 이래'로 바꾸고, '1973년에 공개된' 및 '1993년에 공개된' 중의 '공개된'은 각각 '발견된'으로 바꾸게 했다.

다음 학기에 내가 맡게 될 학부 4학년의 중국철학특강에서는 『韓非子』를, 일반대학원의 중국고대철학연구에서는 『管子』를 다루기로 마음을 정하고서, 인터넷으로 알라딘 서점에 접속하여 이운구 옮김 『한비자』 1·2(한길사, 2002, 한길그레이트북스 54) 및 장승구·신창호·고대혁·김필수 공역 『관자』(소나무, 2006)를 주문해 두었다.

14 (월) 맑음

노트에다 적었던 1987년 1월 1일부터 1991년 8월 25일까지의 일기를 입력하기 시작했다. 오늘은 1월 18일 분까지 나아갔다. 장차 출판할 경우에 대비해서이다.

김경수 군으로부터 정병훈·김윤수 씨가 각각 국제학술회의를 위해 200만 원씩을 찬조하며, 김윤수 씨는 현금 외에 100만 원 상당의 인산죽염치약 200개를 지원하기로 했다는 이메일 연락을 받았다.

15 (화) 맑음

어제 서울대 철학과 명예교수인 송영배 씨에게 전화로 연락하여 국제학술회의의 종합토론 사회 승낙을 받아 두었었는데, 오늘 이메일을 보내와 못 온다고 했다. 김경수 총무이사에게 전달하여 처음 예정했던 대로 고려대 이승환 교수에게 맡기고 이승환 교수가 맡기로 했던 오후 사회는 조남호 군에게 맡기자고 했다. 어제 서강대의 정인재 명예교수에게 축사를 부탁했었으나, 그 전날 저녁에 성균관대학교 박사논문 심사가 있어 올 수 없다는 것이었다.

일기는 87년 2월 3일 분의 일부까지 입력했다.

16 (수) 맑음

오전 중 번역본 『관자』의 「해제」와 「역자 후기」 및 목차 등을 읽어보았고, 일기 입력은 87년 3월 1일 분까지 나아갔다.

17 (목) 흐리고 저녁 무렵부터 부슬비

일기 87년 3월 10일 분의 일부까지를 입력했다.

18 (금) 비

어제 점심 때 교직원식당에서 김경수 군을 만나 국제학술회의 개막식 때 축사 대신 이승률 씨로 하여금 논문 발표자와 발표논문들을 소개하도록 하라고 말한 데 이어, 오늘은 발표논문의 파일들이 입수되는 대로 회장인 나뿐만 아니라 소개자인 이승률 씨와 종합토론의 좌장인 고려대 이승환 씨에게도 보내라고 했다. 일본 北海道大學 近藤浩之 교수의 논문이 입수되었다.

19 (토) 아침까지 비 오다가 대체로 개임

구자익 군이 내 저서『남명학의 새 연구』에 대한 색인 작업을 마쳐서 보내왔으므로, 그 파일을 출판사의 이주은 씨에게로 전달했다. 아울러 서문도 '머리말'이라고 제목을 고치고 그 본문 끄트머리에다 이주은 씨와 구자익 군을 감사 대상으로 추가하는 말을 적어 보냈다.

'한국동양철학회 2011년도 국제학술회의 안내' 메일이 왔는데 그 중 내 명의로 된 '초청의 말씀' 중에 '북경대학'에서도 楚簡을 입수한 것으로 수정된 부분이 있어 김경수 총무이사에게 나와 상의도 없이 함부로 문구를 고친 점을 나무랐더니, 뜻밖에도 이승률 씨가 그렇게 고치라는 의견을 보내왔다는 것이었다.

부산경남사학회에 대해서는 11월 25일의 학술회의에서 발표할 논문과 토론문을 보내줄 것을 다시 한 번 당부하였고, 아울러 출장 신청을 위해 필요하니 초청장을 보내달라는 말도 하였다.

21 (월) 맑음

국제학술회의의 발표논문 중 北海道大學 近藤浩之 씨의 논문「〈神明之德〉考—今本『주역』과 帛書『주역』의 相異—」, 臺灣 國立政治大學 林啓屛 교수의 논문「中國古代天人思想與〈凡物流形〉」, 경희대학교 정우진 씨의「출토문헌과 한의학—鍼術의 성립을 중심으로—」가 입수되었으므로 읽어보았다. 모두 일곱 편의 발표논문 중 세 편이 입수되었다.

이번 주 금요일에 합천에서 있을 '내암 정인홍의 정치사상과 활동' 학술회의의 발표논문 네 편 중 세 편도 입수되었다. 이 모임에서는 내가 종합토론의 좌장을 맡아보기로 되어 있다.

한국학술정보주식회사의 이주은 씨로부터 색인 작업을 새로 해 달라는 요청이 있어 그 이메일을 구자익 군에게 전달했다.

이승률 씨가 고친 '초대의 말씀' 부분은 이 씨의 의견을 일부 수용하여 내용을 고치도록 지시했다.

22 (화) 맑으나 추움

부산경남사학회에서 보내온 발표 논문 중 경북대 역사교육과 우인수 교수의 「조선 선조대 남북 분당과 내암 정인홍」, 동서대 교양교육원 金康植 씨의 「임진왜란 시기 내암 정인홍의 의병운동」을 읽었다.

23 (수) 맑음

구자익 군이 새로 작성한 색인을 보내왔으므로 출판사 측에 전달하였다. 나열한 단어가 너무 많았다.

오후에 김강식 씨의 논문을 마저 읽은 다음, 건국대 사학과 신병주 교수의 논문 「정인홍의 지역적 기반과 정치활동—선조 시대를 중심으로—」를 읽기 시작했다.

24 (목) 맑음

국제학술회의에서 발표할 예정이었던 북경대학의 王中江 교수가 논문만 보내오고 일본에 있으면서 당일 한국에는 오지 못하겠다는 연락을 해 왔다고 한다.

신병주 교수의 논문을 마저 읽은 다음, 서울대학교 규장각한국학연구소의 HK교수인 정호훈 씨의 논문 「내암 정인홍의 정치이념과 정치운영론」을 읽었다.

25 (금) 맑음

국제학술회의의 일본 교수 논문 번역자로서 이승률 씨가 京都대학 강사인 鄭宰相 씨를 추천했으므로, 내가 총무에게 정 씨의 이메일 주소를 일러주었다.

오전 중 학교에서 정호훈 씨의 논문을 마저 읽은 다음, 네 명의 지정토론자의 토론문도 읽어두었다.

교직원식당에서 점심을 든 다음, 승용차를 운전하여 제2회 합천박물관 학술회의가 열리는 합천군 합천읍 동서로 39번지의 합천군 종합사회복지관으로 향했다. 모임 장소인 복지관 3층의 대강당에 도착했을 때는 개회식이 끝나고서 부산경남사학회 총무이사인 부산대 한국민족문화연구소 차철욱 씨의 사회로 우인수 경북대 역사교육과 교수가 제1주제를 발표하고 있었다. 이수환 영남대 국사학과 교수의 토론이 있은 다음, 김강식 씨의 제2주제 발표 및 해군사관학교박물관에 근무하는 이상훈 씨의 토론이 있었다. 15분 정도의 휴식이 있은 다음, 이어서 정호훈 씨의 제3주제와 부경대 사학과 신면호 씨의 토론, 신병주 씨의 제4주제와 서울대 규장각한국학연구원의 강문식 씨의 토론이 있은 다음, 곧 이어서 내가 좌장이 되어 오후 5시 35분 무렵까지 종합토론이 있었다. 발표 토론이 이미 끝났으므로, 종합토론 시간에는 주로 청중석으로부터 질문을 받았다.

합천군이 주최하고 창원대학교 박물관과 부산경남사학회가 공동 주관하는 '내암 정인홍의 정치사상과 활동' 학술회의를 모두 마친 다음, 숯불구이 생고기 전문점 한우리가든으로 이동하여 석식을 들었다.

26 (토) 맑음

혼자서 외송에 들어갔다. 아침에 외송에서 류진농원의 막내 류재포 씨를 만나 내 소유 토지의 한가운데를 남북으로 종단하는 도로의 포장 문제와 연못 조성 및 곁가지 물길 잡기 등에 대해 상의했다. 빠른 시일 내에 곧바로 공사에 착수하게 될 것이다.

오후 6시 무렵에 김경수·구자익 군과 평거동 국제대학교 부설유치원 정문 앞에서 만나 아귀전문점인 평거동 749-17번지의 생초식당으로 가서 함께 저녁을 들며 국제학술회의의 세부 계획을 상의하였다.

28 (월) 흐리고 대체로 비

국제학술회의의 발표논문인 北京大學 哲學系 王中江 교수의 「出土文獻與東周信仰的新視界: 以〈魯邦大旱〉, 〈鬼神之明〉和 〈三德〉爲中心的考察」 및 기조발표 논문인 淸華大學 出土文獻硏究與保護中心 趙平安 교수의 「再論淸華簡 〈保訓〉 "中"」을 읽어보았다.

어제 차기 교무처장으로 예정된 정병훈 교수에게 이메일을 보내 12월 16일의 국제학술회의 개회식 때 새 총장 권순기 씨가 출석하여 환영사를 해 주시도록 부탁했었는데, 오늘 정 교수로부터 회신이 왔다. 12월 12일에 발령을 받을 수 있을지 어떨지 좀 더 지켜보아야 한다는 내용이었다.

30 (수) 비

모처럼 1987년도 분의 일기 입력을 다시 시작하여 4월분까지 나아갔다.

합천 학술회의의 좌장 수고비 45만 원이 입금되었다.

12월

1 (목) 대체로 흐리고 때때로 비

옛 일기의 입력 작업을 계속하여 1987년 4월 24일 분까지 나아갔다.

2 (금) 맑으나 저녁 무렵부터 빗방울

1987년 6월 7일분까지의 일기를 입력했다.

5 (월) 맑음

국제학술회의에서의 회장 인사말을 작성하여 총무들에게로 보냈다.

일기는 87년 6월 16일 분까지 입력했다. 이 부분은 민주화투쟁으로 말미암아 분량이 꽤 많다.

6 (화) 부슬비 내린 후 오후에 개임

어제 김경수 군이 국제대학교의 손흥철 교수가 번역한 北京대학 王中江 교수의 논문을 보내왔다. 내용이 잘 이해되지 않아 원문과 대조해 가며 처음 한 장 남짓을 검토해 보았는데, 한 마디로 번역이 오류투성이였다. 오후 5시 26분에 검토한 결과를 첨부하여 한국동양철학회와 이승환·이승률 씨에게 전체 회신 방식으로 보냈다.

7 (수) 맑음

아내가 회원으로 있는 경남수필문학회의 『경남수필』 2011년 제38호가 입수되었다. 거기에 올해 제4회 경남수필문학상을 수상한 남명학연구원 이사장 최문석 씨의 글 「남명집을 읽다가」가 실렸는데, 내가 번역한 『남명집』을 읽은 감상이 실려 있다.

충북대 정세근 교수의 국제학술회의 발표논문 「출토문헌과 철학사의 철학」이 어제 김경수 군을 통해 입수되었으므로, 오늘까지 마저 읽었다. 王中江 교수의 논문은 이 논문의 통역을 맡기로 했다가 왕 교수의 불참으로 말미암아 논문을 대독하기로 한 성균관대 박사 출신으로서 북경대학에서 다시 박사학위를 취득한 충남대의 선병삼 교수에게 번역 수정을 의뢰하기로 했다. 나의 의견을 보고서 김경수 박사가 그렇게 조처한 것이다. 국제학술대회 초청장이 인쇄되어 나왔다.

퇴근길에 망경동주민센터에 들러 새로 정리된 농지원부를 한 통 떼었다. 어제 직원으로부터 전화 연락을 받았기 때문이다. 지난번에 빠졌던 산12-2로부터 분리된 6-8번지와 6-9번지 두 필지의 과수원(241㎡, 551㎡)이 12월 6일자로 기록변경 되었는데, 이로써 내가 소유한 농지는 총 7,800㎡이다. 이것을 3.3으로 나누어 평수로 환산하면 2,363.63평이 된다.

8 (목) 맑음

청화대학의 趙平安 교수가 북경대학의 王中江 교수에 이어 이번 국제학술회의에 논문만 보내고 참석하지 못할 지도 모른다고 한다. 어제 인문대 임시총회 후에 차기 교무처장으로 내정되어 있는 정병훈 교수에게 문의하여 들었는데, 새 총장은 발령이 늦추어져 12월 20일 이후가 될 가능성이 크며, 그럴 경우에 12월 16일에 있는 국제학술회의에서 환영사를 할 수 있는 사람은 총장직무대행인 현재의 교무처장이라고 한다.

아세아문화사에 근무했던 엄승진 씨가 9월 중에 한 번 방문하겠다고 말했다가 오지는 않고 도서출판 보고사의 감사행사 안내 메일을 보내왔다. 그것을 보고서, 내가 오늘까지 입력해 둔 1987년 1월부터 6월까지의 일기 파일과 내 약력을 첨부해 보내면서 보고사에서 일기를 출판할 수 있는 가능성에 대해 회답해 줄 것을 요청했다.

오후 2시에 학과 서고에서 김동연 씨의 석사논문 심사가 있었다. 권오민 교수가 심사위원장이 되었다. 지도교수인 나 외의 나머지 두 사람은 이 논문에 대해 무척 부정적인 견해를 피력하였으나, 일단 최종 제출시기까지 최대한 수정하기로 하고 통과시키자는 내 의견에 따라 그렇게 처리되었다.

일기는 87년 7월 8일 분까지 입력되었다.

9 (금) 맑음

성균관대학교 유교문화연구소의 원용준 씨가 보내온 「청화간 『금등』의 문헌적 성격과 사상사적 의의」를 읽었다. 이로써 국제학술회의 발표논문은 모두 입수된 셈이다.

나의 저서 『남명학의 새 연구 상』의 1차 편집본이 한국학술정보(주) 디자인편집부의 김소영 씨로부터 이메일로 보내져 왔으므로 퇴근 시간까지 한 차례 검토하여 교정사항을 적어 보냈다.

10 (토) 맑음

국제학술회의 개회식에서 이승률 선생이 읽을 전체 발표자와 발표논문 소개의 글도 중국어로 번역하여 발표자료집에 싣기로 했다. 이 역시 선병삼 선생에게 부탁해서 충남대에 유학 와 있는 중국인 대학원생들에게 맡겨 월요일까지 번역을 완료하기로 했다.

12 (월) 맑음

『남명학의 새 연구』 상권 1차 편집본을 한 번 더 교정하여 한국학술정보(주) 디자인편집부의 김소영 씨에게 보냈다. 김 씨로부터 나중에 더 이상의 교정 사항은 없는지를 묻는 전화가 걸려왔다.

13 (화) 맑음

한국동양철학회 편집간사로부터 회장인 내게 12월 31일에 발간될 『동양철학』 제36집에 투고된 논문의 심사 요청이 왔다. 받아보니 금년 8월 25일 산청의 남명기념관에서 있었던 여름 기획학술회의에서 발표된 울산대 철학과 孫英植 교수의 논문 「남명 조식 사상의 성격 규정과 양명학적 경향」이었다. 187.1장에 달하는 논문 전체를 다시 한 번 읽고서, "평자는 논자의 주장을 수긍하지 않는다. 그러나 논자의 주장은 독특한 것이고 그 나름의 논리를 가지고 있으니, 서로 다른 입장을 허용한다는 점에서 이러한 논문의 발표 기회를 제공하고 싶다."는 요지의 심사의견서를 써서 '게재 가'로 판정하여 오후 4시 10분에 반송했다.

그 이후 일기의 입력 작업을 계속하여 87년 7월 22일분까지 나아갔다.

총장 환영사 문제로 새로 교무처장이 될 정병훈 교수와 다시금 이메일을 주고받았는데, 오늘 있은 국무회의에서 권순기 총장의 임명이 승인되었으므로 신임 총장 자신이 당일 국제학술회의에 출석하여 환영사를 해 주는 것으로 매듭지어졌다. 조옥환 사장으로부터도 전화가 와서 오늘 국제학술회의 지원금을 입금했음을 통보해 주었다.

14 (수) 맑음

한국학술정보(주)의 김소영 씨로부터 『남명학의 새 연구』 상권 2차 편집본과 하권의 1차 편집본이 보내져 왔다. 퇴근 시간까지 검토하여 오후 5시 28분에 교정 사항을 이메일 첨부파일로 보냈다.

15 (목) 맑으나 쌀쌀함

학교로 출근하여 점심을 들고서 평소처럼 산책을 한 후 『남명학의 새 연구』 하권의 교정을 다시 한 번 보아 출판사로 전송하였다. 민족문화문고의 주인 文龍吉 씨가 내일 있을 한국동양철학회 국제학술회의에 참석하기 위해 진주로 내려와 내 연구실을 방문하였다. 그로부터 도서 28만 원어치를 구입하고 여러 권의 책들을 기증받기도 하였다.

한국동양철학회의 연구위원장인 한국전통문화학교의 崔英成 교수가 진주로 와서 퇴근 무렵 내게 전화 연락을 해 왔으므로, 승용차를 몰고서 진주역전으로 나가 그를 픽업하여 오늘의 숙소인 내촌의 펜션 호수애로 갔다. 우리가 도착한 직후에 서울서 조옥환 사장이 제공한 우등고속버스를 타고서 27명이 그곳에 도착하였다.

펜션 부근의 대평면 내촌리 760번지에 있는 남강어탕에서 자연산 붕어 등으로 만든 어탕으로 석식을 든 다음, 펜션으로 돌아와 1층 홀에서 각종 술과 음식을 들고, 실외 마당에서 흑돼지 바비큐도 구워먹으며 다음날 오전 3시 무렵까지 회원들과 대화를 나누었다. 참석한 회원들은 펜션의 크기에 비해 많지도 적지도 않을 만큼 꼭 적당한 인원이었다.

16 (금) 맑으나 쌀쌀함

음악 소리 모닝콜에 따라 일어나 1층 홀에서 조식을 들고, 여러 대의 승용차에 나눠 타고서 국제학술회의 장소인 본교 남명학관 남명홀로 이동하였다.

오전 9시부터 김경수 총무이사의 사회로 개회식을 하였다. 권순기 신임 총장이 오늘 아침에 비로소 발령장을 받고서 총장 취임 후 첫 공식행사로서 개회식에 참석하여 회장인 나와 함께 단상에 올라 회장인사 후 환영사를 해 주었다. 그런 다음 운영이사인 플라톤 아카데미의 이승률 씨가 발표자와 논문들을 소개하는 「취지와 내용」이라는 제목의 글을 발표함으로서 개회식을 마쳤다. 이번 전체 대회의 주제는 '출토문헌과 중국고대사상'이다.

본 학회 부회장인 대구한의대 박홍식 교수의 사회로 열린 오전 행사 제1부의 주제는 '출토문헌과 경학사상'이었다. 중국 清華대학 出土文獻硏究與保護中心副主任이며 歷史系와 사상문화연구소의 교수인 趙平安 씨가 「再論清華簡〈保訓〉"中"」이라는 주제로 기조발표를 하였다. 제1발표는 성균관대 원용준 씨가 「清華簡『金藤』의 문헌적 성격과 사상사적 의의」를 발표하고, 서강대의 정재현 교수가 토론하였다. 제2발표에서는 일본 北海道대학 문학연구과 중국문화론강좌의 近藤浩之 准교수가 「〈神明之德〉考—今本『周易』と帛書『周易』との相異—」를 발표하고 성균관대 최영진 교수가 토론을 하며, 이승률 씨가 통역을 하였다.

교직원식당에서 점심을 든 후에 열린 제2부의 주제는 '출토문헌과 제자백가사상'이었다. 본 학회 연구이사인 국제뇌교육대학원대학 조남호 교수의 사회로 제3발표에서는 충북대 정세근 교수가 「출토문헌과 철학사의 철학」을 발표하고 국학진흥원의 수석연구원인 박원재 씨가 토론하였다. 제4발표의 발표자인 중국 북경대의 王中江 교수는 논문만 보내고서 참석하지 않았으므로, 통역자인 충남대의 선병삼 씨가 왕 씨의 논문 「出土文獻與東周信仰的新視界: 以〈魯邦大旱〉〈鬼神之明〉和〈三德〉爲中心的考察」을 대독한 후 충북대 서대원 씨가 토론하였다. 제5발표에서는 경희대의 정우진 씨가 「출토문헌과 한의학—鍼術의 성립을 중심으로—」를 발표하고 충남대의 이종성 교수가 토론하였다. 마지막인 제6발표에서는 臺灣 國立政治大學 中國文學系 特聘教授인 林啓屏 씨가 「中國古代天人思想與〈凡物流形〉」을 발표하고 서강대 최진석 교수가 토론하며, 연세대의 정소이씨가 통역을 맡았다.

종합토론은 고려대의 이승환 교수가 좌장을 맡았는데, 인하대의 이봉규 교수가 오전발표에 대해 토론하고 성균관대 김경수 씨가 오후발표에 대해 토론하였으며, 플로워로부터도 질문을 받았다.

나의 인사말을 끝으로 모임은 모두 무사히 끝났다. 참가자들에게는 나의 저서 『남명학파연구』 및 남명학연구원에서 발간하는 『선비문화』 최신호, 진주에서 생산되는 장생도라지 술 珍酒 두 병 한 세트씩을 선물로 배부하였다.

다시 펜션 부근의 내촌리 744번지에 있는 상황버섯 한방 오리백숙 전문점 진양호반백숙촌으로 이동하여 오리찜과 백숙으로 석식을 들었다. 대부분의 참가자들은 석식을 든 후 귀가하였고, 몇몇 사람들만 남아 펜션으로 이동하여 바비큐 등을 안주로 술을 들면서 대화를 나누었다. 행사를 도와준 철학과 제자들도 함께 하였다. 나는 학회 감사인 김윤수 씨 및 오후발표의 토론자인 김경수 씨, 제5발표자인 정우진 씨, 제4발표의 토론자인 서대원 교수 등과 어울려 1층 홀에서 술을 마시며 대화를 나누었다. 그들은 모두 도가철학 전공자였다. 밤 10시 무렵에 1층의 방으로 들어가 먼저 취침하였다.

19 (월) 맑음

일기의 입력을 계속하여 1987년 7월분까지를 마쳤다.

20 (화) 맑음

87년 8월분의 일기를 입력 중인데, 『남명학의 새 연구 (상)』『남명학의 새 연구 (하)』 2, 3차 편집본이 김소영 씨로부터 이메일로 부쳐져 왔으므로, 퇴근 시간까지 대충 한 번 교정하여 보냈다.

김경수 군의 보고에 따르면, 이번 국제학술회의의 방명록에 서명한 사람은 50명 정도인데, 교수를 따라온 대학원생들은 대부분 서명하지 않았으므로, 총 참석 인원은 75명 정도 될 것이라고 한다. 臺灣의 林啓屛 교수는 에어부산 항공을 이용했기 때문에 항공료가 예상했던 것보다 매우 적게 들어, 우리는 약 90만 원에 해당하는 제시된 항공표의 금액을 지불했는데 실제로는 30여만 원 정도 밖에 들지 않았다는 것이다. 이 사실을 알고서 그는 구자익 군에게 항공료에 해당하는 금액 607달러 전액을 모두 돌려주고 갔으며, 그 돈을 한국동양철학회에 기부한다고 말했다 한다. 호수애 펜션에서 2박 3일 동안 지출한 금액이 예상보다 좀 늘어나 총액이 약 580만 원 들었다고 한다. 펜션 사용료, 이틀간의 만찬, 펜션에서의 식재료 값, 술값, 부식, 도우미 인건비 등을 모두 포함한 비용이다.

오늘 내가 조옥환 사장과 남성문화재단의 김장하 선생께 지원해 준 데 대한 인사 전화를 드렸고, 김경수 총무가 오후에 찾아가 각각 기념품과 자료집을 전달하고서 대화를 좀 나누었다. 조 사장과는 조만간 편리한 시간에 만나 다시 식사를 함께 하기로 했다.

21 (수) 맑음

일기는 87년 9월 17일 분까지 입력했다.

22 (목) 맑으나 쌀쌀함

『남명학의 새 연구』 상·하권을 다시 한 번 교정보았다. 일기는 87년 9월 19일 분까지 나아갔다.

본교 산학협력단의 이상민 씨로부터 전화와 이메일을 받았는데, 연구비카드 부적정 사용 관련 소명 요청으로서, 내가 2009년에 법인카드로 결제한 금액 중 4건, 2010년에 4건 도합 8건이 주점으로 등록되어져 있음이 확인되었으므로 내일까지 그것에 대해 소명하라는 내용이었다.

23 (금) 맑으나 강추위

소명서에 이렇게 써서 제출했다.

> 본인은 이 문제에 관해 이미 여러 차례 본교의 담당자에게 구두로 소명한 바 있었습니다. 그리하여 해결된 줄로 알고 있었지만, 다시금 서면 소명을 요구해 왔으므로 구두 소명의 내용을 되풀이합니다.
>
> 연구재단의 정액연구비는 그 금액이 상대적으로 소액이고, 연구계획서 제출 당시 예산서를 요구하지도 않으며, 처음 이 연구비를 설정할 때는 연구를 위해 필요한 액수를 지원한다기보다는 연구 성과를 보상하는 성격이 강했던 것으로 압니다. 이러한 사실은 본인이 본교 연구지원실로부터 소명 요구를 받았을 당시 학술진흥재단 인문학단장이었던 건국대학교 철학과의

성태용 교수를 통해 확인한 바 있었으며, 연구재단(당시는 아마도 학술진흥재단)의 담당자에게 전화를 걸어 확인한 바도 있습니다.

사실 인문학 분야의 대부분의 연구는 고전을 분석하는 것이기 때문에 특별히 연구비가 있어야 성과를 낼 수 있는 것도 아닙니다. 이것이 문제가 된 이후로부터 본인은 앞으로 정년퇴직할 때까지 더 이상 연구비를 신청하지 않을 작정입니다.

일기는 87년 10월 14일 분까지 입력했다. 노트에 적은 일기 네 권 중 첫째 권은 다 옮겨 적었고, 이제 2권 째로 들어갔다.

구자익 군이 오늘까지 『남명학의 새 연구』 하권 한자색인을 작성하여 보내주겠다고 했지만 오지 않은지라, 오후 3시 54분에 어제 받은 상권의 한자색인과 내가 어제 새로 교정 본 파일을 첨부하여 김소영 씨에게로 보냈다. 얼마 후 김 씨로부터 회답이 왔는데, 상·하권의 최종 교정사항과 최종 색인 내용을 모두 받아야 작업을 시작할 수 있다는 내용이었다.

26 (월) 맑음

일기의 입력은 87년 11월 16일까지 나아갔다. 한국학술정보(주)의 출판사업부로부터 다시금 '여러분의 소중한 원고를 기다립니다.'라는 제목의 이메일이 왔으므로, 내 일기의 출판 가능성을 타진하면서 근자에 입력한 1987년 1월부터 10월까지의 일기 파일을 샘플로서 첨부했다.

지만지 편집 팀의 박윤아 씨로부터 내가 번역한 『남명집』이 고전선집 시리즈로서 출간되어 이미 재고가 소진되었기 때문에 〈지식을만드는지식 문집〉으로 재출간 하려 한다면서, 차제에 수정할 곳이 있으면 연락해 달라는 이메일이 왔다. 수정할 곳은 없다는 회신을 보냈다.

구자익 군이 『남명학의 새 연구』 상·하권 한자 색인을 만들어 보내왔으므로, 한국학술정보(주)의 김소영 씨에게 전달했다.

본교의 인터넷 뉴스레터를 통하여 한국동양철학회 국제학술회의에 관한 보도가 ≪중앙일보≫ 12월 15일자에 실렸음을 알았다.

27 (화) 맑음

일기는 11월 26일 분까지 나아갔다.

한국학술정보(주) 출판사업부의 이주은 씨로부터 내 일기 출판에 관한 답신이 왔다.

> 읽어보니 생각보다 개인사적인 내용이 많고 일상의 나열적인 부분이 많아서 판매에는 좀 어려움이 있을 것 같습니다. 저희가 주로 도서관이나 기관, 서점 쪽에서 책을 팔아야 하는데 이런 개인 자서전 류의 책은 별로 좋아하지 않습니다. 정 출판을 원하신다면 200~300부 책을 구매하시고 출판하는 자비출판 형식으로 진행하셔야 할 것 같네요. 그리고 책을 내더라도 모든 일기를 다 실을 순 없습니다. 분량 문제도 있고 정가 문제도 있고 일상적으로 매일 하는 것(밥을 먹었다, 잠을 잤다 등의)에 대한 내용을 책에 싣는 것은 무의미하기도 하고요. 저희 출판사 생각은 이러하니 검토해 보시고 연락 주십시오.

라고 되어 있었다. "알겠으며, 감사합니다."라는 회답을 보냈다.

28 (수) 맑음

일기 입력은 88년 1월 6일분까지 나아갔다.

29 (목) 맑음

일본에서 부쳐져 온 『東方學會報』 No.101(2011.12.22) 『東方學會會員名簿』(2012)와 『日本中國學會便り』 2011년 제2호(통권 제20호, 12.20)를 읽었다. 전자의 '會員通信' 란에는 국제학술회의 개최에 관한 내 소식이 실려 있다.

일기는 88년 1월 18일 분까지 입력했고, 『남명학의 새 연구』의 새 편집본이 보내져 왔으므로 퇴근 시간까지 교정을 보아 회신했다. 상권은 4교, 하권은 3교인데, 아마도 마지막 교정인 듯하다.

30 (금) 맑음

오전 중 『남명학의 새 연구』 4차 교정쇄를 다시 한 번 검토한 후, 몇 가지 교정 사항을 추가하여 11시 33분에 이메일로 발송하였다.

오후에는 지만지 편집팀의 박윤아 씨가 재출간할 『남명집』과 관련하여 주석의 추가를 요청하는 파일을 보내왔으므로, 퇴근 시간이 넘도록까지 그것을 검토하여 오후 7시 15분에 수정된 파일을 발송했다. 이 책은 종전의 고전선집이 아니라 〈지식을만드는지식 문집〉 시리즈의 하나로서 출간될 예정이라고 한다.

31 (토) 맑음

어제 보낸 『남명집』 파일을 두 번 더 검토하여 몇 가지 사소한 수정 사항을 적어서 오전 9시 50분에 박윤아 씨에게로 다시 보냈다.

2012년

1월

2 (월) 맑음

일기 입력은 88년 2월 13일 분까지 나아갔다.

한국학술정보(주)의 김소영 씨로부터 『남명학의 새 연구』 상 5차, 하 4차 편집본이 보내져 왔으므로 상권 346쪽까지 검토하였다.

지만지 편집팀의 박윤아 씨로부터도 내가 보낸 수정본을 잘 받았으며, 책이 출간되는 대로 재출간 증정본 2부를 보내주겠다는 연락이 왔다.

3 (화) 맑음

『남명학의 새 연구』 5차 교정 본 것을 오전 11시 13분에 출판사로 보냈고, 그 이후로는 일기의 입력을 계속하여 88년 3월 10일 분까지 나아갔다. 상권은 400쪽, 하권은 447쪽이며, 2012년 2월 1일 발행으로 되어 있다. 한국학술정보(주)의 곽유정 차장으로부터 밤 9시 7분에 상권의 표지 디자인 두 종류가 보내져 와 내 의견을 물었다.

한국연구재단으로부터 학술지 계속평가 결과가 왔는데, 내가 회장으로 있는 한국동양철학의 기관지 『동양철학』은 총점 82로서 '등재학술지 유지'라는 평가가 나왔다.

4 (수) 맑음

일기 입력은 88년 4월 17일 분까지 나아갔다.

학회를 위해 우리가 그동안 많은 자금을 모았고, 예산이 부족하지도 않으므로 회장이 체면상 별도로 호주머니 돈을 더 낼 필요가 없겠다는 뜻을 표명했더니, 김경수 총무로부터 그렇기는 하지만 2월의 정기총회 후 회식 부담을 한 번 하는 것이 좋겠다는 대답이 왔다. 모은 대로 국제학술회의에서 거의 다 쓰고 남은 돈이 별로 없는 모양이다.

5 (목) 맑음

일기는 88년 5월 28일까지 나아갔다.

구자익 군이 『남명학의 새 연구』의 색인 항목 수를 줄이고 좀 손을 보는 것이 좋겠다고 하므로, 그 메일을 출판사 편집 측의 김소영 씨에게 전달했다.

6 (금) 맑음

『남명학의 새 연구』 6차 교정을 본 후, 일기 입력을 다시 계속하여 88년 6월 7일 분까지 나아갔다.

구자익 군이 한글색인과 한자색인을 합쳐 일단 원고지 252.1장 분량으로 수정했던 1차 색인파일을 다시 148.9장 분량으로 수정 축약해 보내왔으므로, 내가 만든 6차 교정 파일과 함께 오후 7시 29분에 출판사의 김소영 씨에게 이메일로 보냈다.

9 (월) 맑음

일기는 88년 7월 6일분까지 입력하였고, 한국학술정보(주) 김소영 씨로부터 『남명학의 새 연구』 상권 7차 하권 6차 편집본이 왔으므로, 상권 267쪽까지 교정을 보았다.

10 (화) 맑고 포근함

구자익 군이 색인을 교정해 보내왔으므로, 내가 본문을 검토한 7차 교정과 함께 오전 10시 16분에 김소영 씨에게로 보냈다. 이리하여 교정을 모두 마치고 인쇄에 회부하기로 했다. 디자인편집부의 곽유정 차장으로부터도 다시 표지 디자인 시안이 보내져 왔으므로, 두 차례에 걸쳐 뒤표지의 문구를 조금 수정해 보냈다. 이로써 『남명학의 새 연구』 출판 준비는 모두 마친 셈이다.

일기의 입력은 88년 8월 4일 분까지 나아갔다.

11 (수) 쌀쌀함

일기 입력은 88년 9월 18일 분까지 나아갔다.

한국학술정보의 곽유정 씨로부터 『남명학의 새 연구』 표지 수정 사항과 관련한 이메일 및 전화가 왔다. 이주은 씨로부터도 전화를 받았는데, 1월 말 경에 초판을 100~150부 정도 찍을 예정이며, 인쇄소와 출판사가 같이 있으므로 수요가 있으면 언제든지 공급을 맞출 수 있다고 한다. 두 권 각각 권당 정가는 28,000원이며, 저자에게는 각 30부씩 총 60부를 증정할 예정이라고 한다.

지식을만드는지식 편집팀장인 박윤아 씨로부터도 다시 이메일 연락을 받았는데, 『남명집』은 현재 최종 교정 및 오탈자 확인까지 마치고 인쇄를 앞두고 있지만, 역자인 내게 최종적으로 한 가지 더 물어본다면서 이 책을 완역에 해당하는 문집 시리즈로 출간해도 좋을지, 아니면 『남명집』의 발췌로 보고 종전처럼 천줄읽기로 출간하는 것이 좋을지 조언을 부탁한다는 것이었다. "나로서는 그 문제에 대해 특별한 의견이 없습니다. 출판사 측에서 문집으로 간행한다고 하므로 그렇게 알고 있었습니다."라고만 회답을 보냈다.

12 (목) 맑음

일기는 88년 10월 19일 분까지 나아갔다.

지난달 국제학술회의에서 처음 만났던 金京秀 씨가 자신의 저서 세 권을 택배로 보내왔다. 그는 1964년 서울 출생으로 성균관대 동양철학과에서 김동수 교수의 지도로 「노자의 '否定의 사상' 연구」라는 주제의 논문으로 박사학위를 받았다. 나는 그가 쓴 『출토문헌을 통해서 본 중국고대사상』(심산, 2008)이라는 책을 우연히 입수해 보고서 지난달의 국제학술회의에 그를 토론자로서 초청했던 것이다. 이번에 그가 보내온 책은 『老子譯註』(문사철, 2009), 『노자 생명사상의 현대적 담론』(문사철, 2010), 『서양철학, 도가에게 길을 묻다』(문사철, 2011)이다.

지만지 편집팀의 박윤아 씨로부터도 이메일 회신이 왔는데, 내가 번역한 『남명집』은 내부 논의 끝에 지식을만드는지식 문집 시리즈로 출간하되, 완역본과의 혼동을 피하기 위해 제목을 『남명 문집』으로 바꾸어 출간하기로 했다 한다.

김경수 군으로부터 2011년 국제학술회의 결산서를 받았다. 총 28,697,000원의 수입에 25,198,625원을 지출한 것으로 되어 있다. 현금 외에 인산죽염치약 200개, 『남명학파연구』 40질, 珍酒 8박스의 찬조물품도 있었던 것으로 되어 있다.

퇴근 후 평거동 서부농협 부근의 구자익 군 숙소 곁 불고기집에서 김경수·구자익 군 및 진주교대의 김낙진 교수와 어울려 돼지삼겹살을 안주로 술을 마셨고, 그 이후 근처의 무교동본낙지로 자리를 옮겨 2차를 하였으며, 2차 자리에 뒤늦게 도착한 김해 인제대의 김영우 교수까지 합세하여 석초골동동주로 가서 다시 3차를 하였다. 김영우 씨는 한국동양철학회의 편집이사이고, 김낙진 씨는 편집위원장이니, 17대의 임기를 마쳐가는 즈음에 모여 지난 1년 동안의 수고와 성공을 자축하는 행사를 한 셈이다.

13 (금) 맑음

일기는 88년 11월 23일 분까지 입력했다.

부산대학교 한국민족문화연구소 편집위원회로부터 『한국민족문화』 제42집에 투고된 논문 「'물러남'이 가지는 교육적 의의—南冥의 삶을 중심으로—」에 대한 심사요청이 있었다. 읽어본 후 오후 3시 52분에 '게재불가'라는 내용의 심사평가서를 반송했다.

15 (일) 흐림

새벽에 지난 12일 김경수 군이 보내온 국제학술회의 결산서의 내용에 대해 따져서 질문하는 이메일을 보냈다. 종일 김 군으로부터의 회신을 기다렸지만 받지 못했다.

16 (월) 흐림

일기는 88년 12월 7일 분까지 나아갔다.

한국연구재단에 접속하여 「일제시대의 덕천서원」과 「『덕천사우연원록』의 성립」에 대한 국가R&D 조사·분석·평가를 위한 연구성과조사 실시의 자료를 제출하였다.

지난주 김경수 군에게와 함께 보냈던 이메일들이 구자익 군의 경우는 자꾸 되돌아오므로 오늘 아침 구 군에게 직접 전화를 걸어 국제학술회의 정산서에 관한 의문점들에 대해 문의하였다. 그리하여 의문이 대체로 해결되었는데, 오전 11시 53분에 김경수 군으로부터 그 문제에 관한 장문의 설명서가 왔다. 그는 내가 자기를 의심하는 데 대해 분개에 가까운 반응을 보여 왔지만, 나는 "금전 문제는 투명해야 하고, 의문이 있을 때는 덮어두는 것보다 가능한 한 빨리 해명되는 것이 옳다"면서 "잘 모르는 부분에 대해 설명을 요구하는 것은 당연하다"는 내용의 대답을 보냈다.

17 (화) 대체로 맑았다가 저녁 무렵 빗방울

일기는 89년 정월 5일 분까지 나아갔다.

다음 주 월요일로 다가온 설날 인사로 부산 누나에게 10만 원을 송금했고, 조옥환 사장으로부터 거창 사과 한 상자가 택배로 배달되어 오는 등 몇 곳으로부터 나도 선물을 받았다.

18 (수) 흐리다가 정오 무렵부터 비

김경수 군이 한국연구재단에다 제출할 국제학술회의 보고서의 초안을 보내왔으므로, 그 답장에서 최근의 내 질문으로 말미암아 상한 그의 마음을 위로하고, 2월 수덕사 모임에서의 만찬 비용을 나 개인이 부담하겠다는 뜻을 말했다.

일기의 입력 작업을 계속하여 89년 1월 23일 분까지 나아갔다.

19 (목) 부슬비

김경수 군으로부터 이메일을 받았는데, 2월의 수덕사 모임을 위해 지난 토요일 사찰을 방문해 보았더니, 사찰 측에서는 템플 스테이에 해당하는 비용을 지불해야 한다고 말한다는 것이었다.

『동양철학』 제36집(2011.12)이 우송되어져 왔다.

일기의 입력 작업을 계속하여 89년 1월 23일 분까지 나아갔다.

20 (금) 흐림

일기는 89년 3월 22일 분까지 나아갔다.

지만지 편집팀의 박윤아 씨로부터 『남명 문집』이 무사히 출간되어 우리 집으로 증정본 5부를 발송했다는 이메일 연락이 왔다.

김경수 군에게 2월의 수덕사 모임과 관련하여 지금 학회 자금에 여유가 없는 까닭이 그가 수입을 있는 대로 다 쓴 데 있음을 지적했더니, 또 장황하게 설명하는 답신이 왔다.

25 (수) 맑으나 칼바람

일기는 89년 4월 30일 분까지 나아갔다. 일기책 네 권 중 두 권까지의 입력을 마친 셈이다.

26 (목) 맑음

학회의 총무이사인 김경수 군이 수덕사 모임과 관련하여 이 장소를 주선한 연세대의 신규탁 교수에게 몇 차례 이메일을 보냈으나 회답이 없다고 하므로, 회장인 내가 오늘 아침 직접 신 교수에게 전화를 걸었다. 신 교수는 한 주 전에 총무스님과 통화했고, 재무스님에게도 연락했으나 주지스님과 상의하겠다고 하고서 아직 연락이 없으므로 회답하지 못했다는 것이었다. 총무이사와 직접 통화하겠다고 하므로 그러한 사실을 김 군에게 통보했고, 수덕사 측이 요구하는 비용이 그다지 많지 않으므로 사찰 측이 요구하는 대로 처리하라고 말해 두었다.

일기의 입력은 89년 6월 2일 분까지 나아갔다.

서울 마포구 연남동 571-17에 있는 커뮤니케이션북스로부터 지식을 만드는지식 문집으로서 2012년 1월 20일에 출판된 내 번역본『남명문집』다섯 부를 우리 집에 택배로 우송해 왔다. 정가는 권당 18,000원이었다.

2월

7 (화) 맑음

12시 10분 인천국제공항에 도착했다. 어제 오후 5시에 오랫동안 병상에 있던 미화의 시아버지가 별세하셨기 때문에, 외국에 있는 동안 아내로부터 문자 메시지가 와 서울대병원 영안실로 가 문상하고 오라 하므로 그렇게 하겠노라고 대답했었는데, 얼마 후 다시 현 서방이 올 필요가 없다고 한다면서 곧바로 돌아오라는 것이었다. 그래서 안명진 군과 함께 진주로 직행하는 오후 1시 20분발 공항버스 표를 구입했는데, 그 직후에 아내로부터 문자가 와 또다시 서울대학병원으로 가서 큰누나와 함께 문상하고 오라는 것이었다. 그래서 내 트렁크는 안 군에게 맡겨 우리 집으로 운반해 주도록 부탁해 두고서, 표를 바꾸어 서울 시내로 들어가는 6011 성북 월계 방향의 공항리무진 표를 구입하였다.

모처럼 서울대학병원까지 간 김에 내가 학부 시절 3년간을 생활한 의대 구내의 기숙사인 正英舍를 찾아가 보았다. 정영사와 그 옆의 재외국민 유학생 기숙사인 王龍舍의 건물은 이미 헐렸고, 그 일대의 터에 서울대학교 연건기숙사라는 이름으로 된 보다 큰 규모의 기숙사가 들어서 있었다. 연건동의 서울대 의대 및 대학병원 터에도 거의 빈틈없이 새 건물들이 들어서 있어 좀 갑갑한 느낌이었다.

오후 5시발 동양고속 우등버스 편으로 밤 9시 무렵 집에 도착하였다. 샤워를 한 다음 짐 정리를 마치고, 밀린 신문들을 다 보고서 밤 11시 무렵에 취침하였다. 아내는 동료교수인 강영실 씨의 양보를 받아 간호대학장에 추천되었고, 한국학술정보주식회사(KSI)로부터 나의 새 저서 『남명학의 새 연구』 상·하 2책 각 30부씩이 택배로 배달되어져 있었다.

8 (수) 맑음

이번 여행 중의 일기를 발췌하여 가족과 제자 몇 명에게 이메일로 보냈다.

9 (목) 맑음

오전 9시까지 평거동 서부농협지점 부근에 있는 구자익 군의 사무실에서 김경수·구자익 군 및 철학과 학부 3학년 진입예정자인 김민주 양과 만나 함께 한국동양철학회의 148차 정례발표회 및 정기총회에 참석하기 위해 김경수 군의 차에 동승하여 출발하였다. 가는 도중에 김경수 군으로부터 들은 바에 의하면, 여름의 기획학술대회와 겨울의 국제학술대회에서 남명학연구원 측이 참석자들에게 무료로 제공한 내 저서 『남명학파연구』는 총 82책이었고, 아직도 연구원 창고에 200여 부가 남아 있다고 한다. 이 책은 애초에 천 부를 인쇄하였으니, 그러고 보면 약 7백 부가 기왕에 소진되었던 셈이다.

148차 정례발표회는 수덕사의 心蓮堂에서 오후 2시 무렵부터 개최되었다. '儒佛道의 三教交涉'이라는 대주제하에 회장인 나의 인사가 있은 다음, 동덕여대 주광호 교수의 사회로 성균관대의 김윤경 씨가 「조선시대 『노자』 주석서에서 '주자'의 견해」를 발표하고 강남대의 김학목 씨가 토론하였고, 제2발표로는 세종대의 이경룡 씨가 「이충익의 불교관」을 발표하고 국제뇌교육대학원대학교의 조남호 군이 토론하였으며, 잠간 휴식이 있은 다음 제3발표로서 연세대의 신규탁 교수가 「주자의 선불교 비판」을 발표하고 서울대의 변희욱 씨가 토론하였다.

총무이사와 편집위원장이 사전 답사 차 방문하였을 때 수덕사 측에서는 우리 학회 측에 대해 템플 스테이에 해당하는 비용을 지불하라는 요구가 있었으나, 불교 전공으로서 사찰 측과 처음 교섭했던 신규탁 교수가 오늘 다시 접촉한 결과 숙식을 무료로 제공하기로 합의되었다.

오후 5시부터 심연당에서 2012년도 정기총회가 개최되었다. 내가 회장으로 재임한 제17대의 임기 동안에 총수입은 70,077,294원이고 총지출은 58,521,362원으로서 18대로의 이월금은 11,555,932원으로 예상된다고 한다. 이는 16대로부터 이월 받은 10,504,494원에 비해 좀 더 늘어난 금액이며, 15대 학술대회 결과미진 반납금으로서 한국연구재단에 반납한 1,150,000원을 17대가 부담한 것을 포함하면 실제 이월금은 그만큼 더 늘어나는 셈이다. 회계기간 내 추가예상 수입-지출금을 뺀 17대의 수입 총액은 68,932,294원이었다고 한다. 이 정도의 재무회계 규모는 역대 최고이며, 그 밖에도 2011년 9월 9일에 학회 홈페이지를 개통하는 등 17대에서는 괄목할 만한 성과가 있었다. 차기회장으로는 성균관대학교의 崔英辰 교수가 이미 결정되어 있었고, 최 교수의 지명에 의해 차기 수석부회장으로는 고려대의 李承煥 교수가 결정되었다.

오후 6시에 사찰 공양간에서 석식이 있은 다음, 숙소인 白雲堂에서 일행이 둘러앉아 총무가 마련한 술과 안주를 들며 대화를 나누다가, 사하촌인 덕산면 사천리 25-64의 더덕나라로 내려가 2차를 하였는데, 그 비용은 내가 부담하였다. 대취하여 회원들의 부축을 받으면서 숙소로 돌아왔다.

10 (금) 맑음

아홉 시 경에 눈을 뜨고 보니 회원들은 이미 대다수가 돌아가고 없었다. 부회장인 이승환·신규탁 교수와 이사인 주광호·조남호 씨 등을 포함한 남은 사람들은 네 대의 승용차에 분승하여 답사에 나섰다. 먼저 예산군 덕산면의 식당에서 조식을 든 후, 나는 세종대의 이경룡 씨와 더불어 건설업을 하는 손세채 씨의 승용차에 동승하여 덕산면에 있는 윤봉길 의사 생가를 경유하여, 충남 서산시 고북면 장요리 1에 있는 燕巖山 天藏庵을 방문하였다. 이곳은 구한말의 유명한 선승 鏡虛가 깨침을 얻었다는 장소이며, 그 제자인 滿空과도 깊은 인연이 있는 곳이다.

법당 뜰에 있는 문화재자료 202호 天藏寺址七層石塔 등을 둘러본 후, 다음 답사지인 백제부흥운동의 현장 임존성을 찾아 예산군 대흥면 동서리의 大興面 사무소 옆으로 갔다. 예당저수지 부근에 있는 그곳에는 조선시대의 大興東軒이 남아 있었고, 그 앞에 이성만 형제의 孝悌碑閣과 그것을 기념하는 동상, 그 사적에 관해 초등학교 『국어』 2-2 교과서에 실린 '의 좋은 형제'의 石刻 등이 세워져 있었다. 동헌 뒷산이 바로 임존성이 있는 현장이었지만, 우리는 산을 오르지는 않고서 바라보기만 했다. 광시의 골드한우로 찾아가 점심을 들었는데, 그리로 가는 도중에 광시에 있는 최익현 묘를 지나갔다. 점심은 이 지방 사람인 손세채 씨가 샀다.

13 (월) 눈 온 뒤 흐림

오랜만에 일기의 입력을 다시 시작해 1989년 6월 4일 분까지 나아갔다.

14 (화) 비 온 후 흐림

일기는 7월 2일 분까지 나아갔다.

작년 11월 25일 합천군 종합사회복지관 대강당에서 있었던 부산경남사학회 11월 학술회의 '내암 정인홍의 정치사상과 활동'에서 발표된 논문들이 이 학회의 기관지 『역사와 경계』 81(2011.12)에 실려 당시의 좌장이었던 내게 우송되어져 왔다. 회장인 김동철 씨가 2월 6일 자로 쓴 정중한 편지가 동봉되어져 있었다.

15 (수) 흐림

일기는 7월 14일 분까지 나아갔다.

16 (목) 맑음

일기는 1989년 8월 13일 분까지 나아갔다.

17 (금) 맑음

김경수 군으로부터 이메일을 받았는데, 정기총회를 마치고서 대략적으로 정산해 본 결과, 대략 250만 원 정도 늘어난 금액의 이월금을 차기 18대 회장에게 넘겨줄 것 같다는 보고였다. 이임 인사말을 써 달라고 했지만 필요치 않다고 회답했다.

일기 입력은 89년 9월 19일 분까지 나아갔다.

18 (토) 맑음

지식을만드는지식으로부터 2011년 7월 16일부터 2012년 1월 15일까지 반 년 간의 인세보고서가 왔다. 내가 번역한 『남명집』은 총 제작부수가 350부이며, 보급판이 70부 따로 제작되었음을 알았다.

본교 인터넷 소식지를 통하여 dongA.com 2월 9일자에 실린 '2003년 古書 한 권이 발견됐다…그러나 아무도 연구하지 않았다'라는 제목의 기사를 읽었다. 이에 의하면 2003년 봄 본교 한문학과의 이상필 교수가 경남 진주시 수곡면 사곡리 지명당 하세응(1671~1727)의 종택에서 '경남 서부지역의 고문서' 발굴 사업을 진행 중에 『辨誣』라는 책자를 발견했는데, 그 속에 내암 정인홍이 퇴계 이황을 비판한 「正脈古風辨」이라는 한자 1,825자로 구성된 글이 실려 있었다. 현대 사학계도 이 글의 존재는 알고 있었으나 구체적인 내용을 알지 못했는데, 발굴된 지 10년이 지나도록 이 글에 관한 연구논문은 한 편도 없다는 내용의 기사였다.

그러나 이 자료의 존재를 학계에 처음 소개한 사람은 바로 나이며(『남명학파연구』 상권, 118, 353쪽), 2005년 2월 25일에 간행된 『한국유학사상대계 II: 철학사상편 상』(한국국학진흥원)에 수록된 「남명 조식의 사상과 남명학파의 좌절」에서는 그 제3장 2절에 '『변무』의 출현'이라는 제목을 넣어 이에 대해 상세히 소개한 바 있었다(『남명학의 새 연구』 상권,

96~104쪽). 애초에 이 자료는 본교 경남문화연구원이 한국학술진흥재단의 지원을 받아 수행한 '진주권 지역 고문헌자료 조사·정리' 프로젝트의 과정에서 2003년 2월 23일에 발견된 것이다. 그러나 당시 『변무』 속에 어떤 자료가 들어 있는 지에 대해서는 아무도 인식하지 못하고 있었는데, 나는 조사보고서에 수록된 발굴 자료의 목록을 읽은 즉시 조교를 남명학연구소로 보내어 그 자료를 빌려와 내용을 검토해 보고서, 복사 제본하여 연구를 시작했던 것이다. 그럼에도 불구하고 이제 와서 이상필 씨는 마치 자기가 처음 발굴하고 연구한 것인 양 떠벌리고 있다.

20 (월) 맑음

일기 입력은 89년 10월 25일 분까지 나아갔다.

21 (화) 흐리다가 저녁 무렵 눈

오늘자 ≪경남일보≫에서 '경상대 H 교수 硏學후원회 창립'이라는 제목의 기사를 보았다. 이에 의하면 이 모임의 준비위원회는 지난 18일 진주연암공업대학 강당에서 창립대회를 열고 공식출범했다. 이 날 창립대회에는 전국에서 각계각층의 인사 350여 명이 발기인으로 참석했다. 준비위원회에는 하유집·조훈래·정태수·권영달·조온환·한기인·심동섭· 문영동 씨 등 10여 명이 동참했고, 이후 1월경 후원회 회원을 모집했으며, 후원금은 2,500만 원을 넘어섰다. H 교수는 논문이 70여 편, 저서가 70여 권이 있으며, "장서가 5만여 권, 읽은 책을 책장으로 계산하면 400만 장이 넘는 분량으로서, 이는 세계적으로 볼 수 없는 일이고 옛날에도 볼 수 없는 일이다"라고 준비위원장인 권영달 씨는 말하고 있다. H 씨는 1952년 출생으로서 나보다 세 살 연하이다. 이번 일은 그의 후원자이자 같은 李家源 문하인 河有楫 씨가 중심이 되어 추진한 것이겠지만, H 씨의 허영심을 잘 보여주고 있다.

일기는 11월 13일 분까지 나아갔다.

22 (수) 흐림

일기 입력은 89년 12월 11일 분까지 나아갔다.

23 (목) 맑음

일기는 1990년 1월 15일 분까지 나아갔다.

몇 년 전 본교 철학과 대학원 동양철학전공에 입학하여 1년 정도 다니다가 동의대학교로 옮겨간 潘五錫 씨가 오늘 연구실로 찾아왔다. 2011년 8월에 부산 東義대학교 대학원 철학·윤리문화학과에 제출한 철학박사 학위논문 「영남학파 서원의 풍수입지에 관한 연구—퇴계와 남명의 풍수적 사유를 중심으로—」(지도교수 朴文鉉)를 한 부 전하기 위해서였다. 그는 당시 신안동에서 부동산중계업을 하고 있었는데, 오늘 받은 명함에는 인해풍수사주연구소 소장으로 적혀 있었다. 나이는 57세이다.

밤 6시 30분에 평거동 756-7의 한성갈비촌에서 (사)남명학연구원 부이사장인 부산교통의 조옥환 사장을 만났다. 남명학연구원 사무국장을 8년간 지낸 김경수 군이 마련하고 또한 동석한 자리였다. 오늘은 내가 한국동양철학회장을 맡은 지난 1년 동안 도와준 데 대한 감사의 표시로서 저녁을 샀다. 이 자리에서 한국학술정보에서 출판된 나의 최근 저서 『남명학의 새 연구』 상·하권과 지만지에서 출판된 역서 『남명 문집』 한 권을 조 사장께 선물하였다. 식사를 마칠 무렵 1987년부터 적기 시작한 나의 일기 출판을 도와줄 것을 부탁했더니 선선히 승낙하였다. 조 사장과 작별한 후 김 군과 더불어 그 부근의 맥주집으로 가서 생맥주 2잔씩을 마시고 돌아왔다.

24 (금) 맑음

한국학술정보(주) 출판사업부 이주은 씨의 1월 31일자 이메일에 대한 답신 형태로, 나의 일기를 자비출판으로 간행할 의사가 있으며, 그 대신 이 출판물에는 일기의 일부가 아니고 25년 분 전체가 수록되어야 한다는 뜻을 피력했다. "비용이 만만치 않을 것임을 알면서도 그렇게 마음먹게 된 것은, 나로서는 이 일기가 장차 아마도 나의 주저로 될 것이라고 생각하기 때문입니다"라고 썼다.

오후부터 일기의 입력 작업을 계속하여 1990년 2월 1일 분까지 나아갔다.

25 (토) 흐리고 오후 한때 빗방울

작년 12월 26일자로 KSI(한국학술정보) 출판사업부의 이메일 '여러분의 소중한 원고를 기다립니다'에 대한 회신 형태로 내 일기의 출판을 제의하면서 샘플로서 첨부해 보냈던 1987년 1월부터 10월까지의 일기 파일 중 9월 19일 분까지의 내용을 다시 한 번 읽어보았다.

27 (월) 맑음

일기는 1990년 2월 4일 분까지 나아갔다.

28 (화) 흐리고 오후에 비

일기 입력은 1990년 3월 11일 분까지 나아갔다.

29 (수) 포근한 봄 날씨

일기는 90년 4월 10일 분까지 나아갔다.

사학과의 윤경진 선생이 그 부인 尹晶 씨를 데리고 내 연구실에 인사차 들렀다. 두 사람 다 서울대 사학과 출신인데, 윤정 씨는 이번 학기부터 진주교육대학 사회교육과에 전임으로 부임한다. 내 저서 『남명학의 새 연구』를 증정한 데 대한 답례였다.

3월

2 (금) 비

금년도의 새 학기가 시작되었다.

제17대 한국동양철학회장으로서의 임기가 끝났으므로, 회장의 직책이 새겨진 명함을 집어넣고서 학교에서 작년에 제작해 준 새 명함을 꺼냈다.

일기는 90년 5월 27일 분까지 나아갔다.

5 (월) 비

한국학술정보(주) 출판사업부 도서기획팀의 이주은 씨에게 지난 2월 24일 이메일을 보내어 내 일기의 출판 건을 상의했으나 회답이 없으므로 오늘 전화를 걸어보았다. 비용을 스스로 부담한다면 출판할 수 있다는 대답이었다. 저명인사의 경우에도 자서전 류 같은 것은 잘 팔리지 않는다는 말도 했다. 일단 현재 파일화 하고 있는 1987년 1월부터 91년 8월까지의 분만을 가지고 출판해 보고서 독자의 반응을 기다린 뒤 그 뒷부분의 출판을 고려해 보자는 의견을 제시해 두었다. 그러나 통화를 끝내고서 생각해 보니, 자비로 출판한다면 분량에는 상관이 없다는 말도 상대방이 했으므로, 차제에 전체를 출판하는 것이 바람직할 것 같았다.

서울대 철학과 박사과정의 유용빈 씨 및 조은수·정원재 교수에게 이메일을 보내어 揚雄에 관한 내 글이 실린 『마음에 대한 철학적 성찰』의 출판 시기에 대해 문의해 보았다. 趙恩秀 교수로부터 즉시 회답을 받았는데, 4책을 한꺼번에 출판하기 때문에 그동안 좀 지연이 되었다면서, 3월 중에는 나오리라는 것이었다.

일기의 입력은 90년 6월 27일 분까지 나아갔다.

6 (화) 흐렸다가 점차 개임

일기의 입력은 90년 7월 20일 분까지 나아갔다.

한국동양철학회의 농협 통장을 해지하였다. 이로써 학회 일의 인수인계 절차는 모두 끝난 셈이다. 총무이사인 김경수 군의 보고에 의하면, 1년간의 총수입은 약 7,100만 원(찬조물품 및 통장미경유 금액 포함)이었는데, 그 중에서 1,200만 원 정도를 18대로 이월해 주었으니, 그 나머지가 17대에서 집행한 금액이 된다. 16대로부터 이월 받은 금액이 1,050만 원이었으므로, 18대로 이월한 금액은 수치상으로는 약 150만 원이 증액된 것이다. 그러나 15대의 연구재단 손실금 반납을 계산에 포함시키면 17대가 18대에 이월해 준 금액은 사실상 265만 원이 증액된 것이다. 이것은 모두 역대 최고의 수치이다.

퇴근 후 6시 30분에 평거동 756-7에 있는 한성갈비촌에서 총무이사 김경수, 총무간사 구자익 군을 만나 함께 회식을 했다. 그런 다음 평거동 782-16에 있는 700비어로 자리를 옮겨 2차를 하고 밤 열 시가 넘어서 헤어졌다. 2차 자리에서 김경수 군이 하는 말로는, 내가 지난번 조옥환 사장을 만났을 때 일기의 출판에 대해 반시간 정도에 걸쳐 그 필요성을 역설했다고 한다.

7 (수) 맑음

일기는 90년 8월 18일 분까지 나아갔다.

어제 김경수 군이 자비출판이라면 어느 출판사나 맡아줄 것이니, 한국학술정보(주) 외에 동양철학 전문출판사인 예문서원 등에도 알아보라고 말한 바 있었으므로, 그 문제를 상의하기 위해 계명대 철학과의 홍원식 교수에게 전화를 걸어보았다. 그러나 연구실에 부재중이므로, 예문서원의 경영을 실질적으로 맡아 있는 그 부인 오정혜 씨에게 전화를 걸어 통화하였다. 판매에 자신은 없으나 출판을 맡아줄 수는 있다는 응답이었다. 이왕이면 나를 아는 사람들이 많은 동양철학 전문출판사가 낫겠다는 생각이 들었다.

8 (목) 맑음

일기의 입력 작업을 계속하여 90년 9월 7일 분까지 나아갔다.

9 (금) 맑음

일기 입력은 90년 10월 6일 분까지 진행되었다.

12 (월) 맑음

일기의 입력은 90년 10월 14일 분까지 나아갔다.

13 (화) 맑음

사단법인 남명학연구원의 이사인 정현택 씨가 오랜만에 전화를 걸어 왔다.『德川院生錄』(출판하여『德川書院靑衿錄』)이 최초로 작성된 시기를 묻기 위한 것이었는데, 자기 선조 건과 관련하여 언젠가 나를 방문해 자문을 받고자 한다고 했다.

일기는 90년 11월 8일 분까지 나아갔다.

14 (수) 맑음

구자익 군이 내가 최초로 컴퓨터로 입력했던 1991년 8월 이후의 10개 파일들을 새 버전으로 전환해 주었다. 한글 1.5버전을 한글 2.1버전으로 전환했다고 한다. 그래서 전에는 보이지 않던 문장 부호들이 되살아나게 되었다.

한국학술정보(주) 출판사업부의 이주은 씨로부터 문화체육관광부의 2012년 우수학술도서 선정에 응모하기 위해 내가 저술한『남명학의 새 연구』상·하권에 대한 소개서를 500자 이내로 써서 보내달라는 요청이 왔으므로, 서문을 요약하여 작성해 보냈다. 매년 300여 종의 우수학술도서를 선정하고 있으며, 선정되면 상당수의 책을 구매하여 공공도서관에 배급하게 된다고 한다.

일기 입력은 90년 11월 29일 분까지 나아갔다.

15 (목) 맑음

일기 입력은 1990년 12월 19일 분까지 나아갔다.

16 (금) 비

일기의 입력은 드디어 1991년으로 들어가 1월 9일 분까지 나아갔다.

19 (월) 맑음

일기 입력은 91년 1월 24일 분까지 나아갔다.

20 (화) 맑음

일기 입력은 91년 2월 20일 분까지 나아갔다.

21 (수) 맑음

일기는 노트 네 권 중 세권까지를 마치고서 네 권 째에 들어갔는데, 91년 3월 6일 분까지 나아갔다.

오후 다섯 시에 남명학관 106호실에서 열린 경남문화연구센터 2011 학년도 총회에 참석하였다. 총회 참석자는 모두 9명인데, 한문학과 교수가 3명, 연구센터 소속의 연구원이라고 할 수 있는 HK연구교수가 4명, 그리고 국어교육과의 안동준 교수와 나였다. 경남문화연구원의 기관지인 『경남문화연구』는 작년부터 『경남학』으로 개명된 모양인데, 나는 『경남문화연구』 제29호를 받고 난 이후 더 이상 받은 적이 없었으나, 총회 석상에서 옆 자리에 앉은 전병철 씨로부터 『경남학』 제32호를 한 부 얻었다.

22 (목) 비

『경남학』 32호에 실린 H 교수의 논문 「感樹齋 朴汝樑의 『感齋日記』에 대한 小考」를 읽었다. 일기 입력은 91년 4월 1일 분까지 나아갔다.

23 (금) 비

일기는 91년 4월 20일 분까지 나아갔다.

24 (토) 맑으나 강한 바람

아내와 함께 아침 8시경에 집을 떠나 외송으로 들어갔다. 아내의 운전 속도로 34분이 걸렸다. 류진농원의 류재포 씨는 이미 내 농장의 도로 포장과 연못 조성 및 식목 등의 공사를 마쳐두고 있었다. 9시 반경에 문수주택의 주상용 씨를 만나 집 짓는 작업에 대해 상의했다.

26 (월) 맑음

일기 입력은 5월 7일 분까지 나아갔다.

27 (화) 맑음

일기는 5월 26일 분까지 나아갔다.

오후에 사단법인 남명학연구원의 사무국장인 조구호 씨가 연구실로 찾아왔다. 올해 81세인 조옥환 사장의 사망 이후에 대비하여, 1인당 매월 1~2만 원 정도씩의 찬조금을 연구원에 내는 사람을 모집하기 위해 왔다는 것이었다. 천 명 정도의 회원을 모으고 원장을 비롯한 상임연구위원 등의 인건비를 없애면 조 사장이 없어도 연구원 운영이 가능할 것으로 본다는 것이었다. 나는 그러한 구상이 이상론일 뿐 현실성이 없음을 지적했지만, 안면 관계로 결국 매달 1만 원씩의 찬조금을 내겠다고 적어주었다. 조 국장의 말에 의하면, 남명학연구원이 번역하고 내가 교감하여 2009년 파주의 태학사에서 출판한 『孤臺日錄』 번역본은 번역 부문의 출판문화상을 받았다고 한다.

28 (수) 화창한 봄 날씨

일기 입력은 91년 6월 10일 분까지 나아갔다.

5시부터 남명학관 106호 세미나실에서 개최된 2012학년도 남명학연구소 총회에 참석했다. 총회에서는 『남명학연구』를 1년에 4차례 간행하고 투고 논문당 심사료 3만 원을 수납하는 문제 등을 다루었다. 본교 영문과의 한지희 선생에 의한 『남명집』 영역 및 영역 원고 소보 게재 등의 안건도 다루어졌다. 영역의 대본으로는 남명학연구소의 국역본과 아울러 내가 번역한 것도 아울러 참조하게 할 것을 요청할까 했으나, 참석자 11명 중 연구소 번역본의 국역에 참가한 한문학과 교수가 소장을 비롯하여 5명인 상황인지라 사안의 민감한 성격을 고려하여 발언하지 않았다.

29 (목) 맑음

예문서원으로부터 내 저서 『동아시아의 사상』에 대한 2011년 인세계산표가 왔다. 지난 한 해 동안 75부가 팔렸고, 누계 1084부가 팔렸다고 한다.

30 (금) 비

일기의 입력은 91년 6월 25일 분까지 나아갔다.

한국연구재단으로부터 인문학단의 2012년 우수논문지원사업 신규과제 패널심사 의뢰가 왔으나, 지방에 거주한다는 이유로 사절하였다.

경남대학교 국어교육과에 재직하고 있는 변종현 씨로부터 단속사에 관한 논문자료를 요청하는 이메일을 받고서, 朴勇國 씨가 2010년도에 보고사에서 간행한 도서 『智異山 斷俗寺, 그 끊지 못한 천년의 이야기』를 소개했다.

4월

2 (월) 맑았다가 저녁 무렵부터 흐리고 비

일기 입력은 91년 7월 14일 분까지 나아갔다. 2000년 1월의 일기 파일이 빠져 있음을 발견했다. 집에서도 찾을 수가 없었다.

3 (화) 아침까지 부슬비 내리다 개었으나 찬바람

2004년 3월 5일의 백업 파일 중에서 '2000-1'이라는 파일을 발견하였고, 다른 곳에서도 같은 파일을 몇 개 찾아내었다. 2000년 1월의 일기 파일임은 확인하였으나, 1월 25일까지의 분량만 있고 그 뒤 며칠 분의 것은 빠져 있었다. 일기 입력은 91년 8월 4일분까지 나아갔다.

4 (수) 맑으나 찬바람

일기 입력은 91년 8월 15일 분까지 나아갔다. 내일 하루면 1987년 정월 1일부터 1991년 8월 25일 분까지 노트 네 권에 적은 일기를 파일로 옮기는 작업은 다 마칠 수 있을 듯하다.

5 (목) 맑음

노트에 적은 일기의 파일화를 마치고서, 오후 4시 5분에 전체 일기의 압축파일을 예문서원의 오정혜 씨에게 이메일로 보냈다. 압축하여 16.10M의 분량이었다.

6 (금) 맑음

일기의 정리에 이어 편지를 정리하기 시작했다. 이번에 컴퓨터 파일로 정리해 두고자 하는 것은 내가 보낸 편지들 만이다. 트렁크 세 개에 넣어 집에 보관해 둔 옛날의 편지들 중에서 우선 트렁크 한 개 분을 학교로 가져가 검토해 보았다. 오늘 검토한 부분은 대부분 일본 유학 시절에 받은 편지들인데, 개중에는 아주 드물게 내가 보낸 편지의 초고도 들어 있어 그것들을 몇 개 입력하였다. 1981년과 82년의 것이었다. 김용옥 씨가 하버드 대학 시절에 내게 보낸 편지가 있었다고 한 말을 예전에 그로부터 들은 바 있었는데, 오늘 그것을 찾아내었다. 하버드 입학에 관한 문의에 회답한 글이었다.

예문서원으로부터 내가 어제 보낸 일기 파일에 대한 견적을 내서 보내주겠다는 회답을 받았다.

武本民子 씨가 이메일을 보냈는데, 그녀가 책으로 출판하기 위해 쓴 한국방문 원고 중 나에 관한 부분의 글을 첨부하여 수정을 요청한 것이었다.

8 (일) 맑음

오전 10시쯤에 외송리의 홍화원 근처 래프팅 센터 앞에서 웰빙 하우징의 대표 박점규 씨를 만났다. 그와 함께 내 땅으로 올라가 집 짓는 문제를 상의했다. 그 결과 원래 예정해 둔 장소에다 2층으로 된 30평의 목조건물을 지으며, 조만간 공사에 착수하기로 결정했다. 그는 철학과의 제자 안명진 군과 아는 사이이고, 그 부인이 본교 간호학과 출신으로서 아내의 제자이며, 목조주택 건설로 상을 받은 바도 있는 사람이다. 외송에 땅을 산 지 얼마 후에 그와 함께 외송리 현장에 와서 주택건축 문제를 상의하였고, 그가 지어둔 집들을 몇 채 둘러본 적도 있었으나, 당시에는 아직 집 지을 계획이 확정되어 있지 않았었다. 건축 설계는 물론이고, 군청에서의 행정적 수속도 그가 대행해 주기로 했다.

10 (화) 비

편지의 입력 작업을 계속하였다.

13 (금) 빗방울

오후에 1981~2년도 편지의 정리 입력 작업을 계속했다.

17 (화) 맑음

1981~2년도의 내 편지들 입력 작업을 계속하였다.

18 (수) 맑음

어제 예문서원의 주인 오정혜 여사와 통화하여 내 일기 출판의 견적서를 재촉했었다. 오 여사는 그동안 다른 일로 바빠서 내가 일기 파일을 보낸 지 제법 시간이 지났음에도 불구하고 아직 제대로 검토해 보지 못한 상태였던 모양이었다. 오늘 그녀가 알려온 바에 의하면, 일기 파일들을 순서대로 정리해 보았더니 그 분량이 실로 엄청나서 만 페이지 정도라고 한다. 권당 500페이지의 서적으로는 20권 정도의 양이 되므로, 이것을 한국문집총간 정도의 대형 사이즈로 하여 10책 정도로 출판하면 어떻겠느냐는 것이었다. 그러나 너무 분량이 많아서 시판할 수는 없고 도서관 납품도 안 되므로 내가 개인적으로 보관하여 지인들에게 나눠주는 수밖에 없겠다고 한다. 우선 100책 정도로 출판하면 그 비용이 어느 정도 드는지를 알려달라고 했다.

옛 편지를 정리하다 보니, 臺灣 유학 시절의 편지들도 보관되어 있음을 알았다. 그래서 오늘은 臺灣에 도착한 직후인 1977년도부터의 편지를 입력하기 시작했다. 받은 편지들은 거의 고스란히 남아 있으나 내가 보낸 편지들은 지금 대부분 남아 있지 않은데, 개중에는 편지를 쓰느라고 초를 잡아둔 것들이나 되돌아온 것, 혹은 부치지 않은 것들이 남아 있는 것이다.

19 (목) 흐리다가 비

예문서원의 오정혜 여사로부터 출판비에 관한 통지가 왔다. 총 원고지 분량 46,100장, 신국판 판형 1,000페이지 10권, 4×6배판 판형 700페이지 10권으로서, 4×6배판 판형으로 100부를 출판할 경우 경비는 편집비 및 인쇄비가 권당 삼백만 원~삼백이십만 원이며, 100부 이하일 경우 종이비 정도가 차감된다는 것이었다.

이 내용을 김경수 군에게 전달하면서 "500페이지 정도만 하더라도 보통의 책보다는 꽤 두꺼운 것인데, 비용은 고사하고 그런 책을 1,000권이나 2,000권 받아서 보관할 곳도 마땅치 않겠네."라고 했다. 최근에 간행한 『남명학의 새 연구』의 경우 상권은 신국판으로 389쪽, 하권은 441쪽이었다. 김경수 군의 말로는 조옥환 사장이 이 책 출판에 1,500만~2,000만 원 정도라면 댈 수 있겠다는 의사를 표시했었다고 한다.

20 (금) 오전에 부슬비

오늘은 서울대학 재학 시절의 편지 뭉치를 찾아냈으나, 모두 받은 것이고 내가 보낸 편지는 없었다.

오전 11시 25분에 한국학술정보(주)의 이주은 씨에게 내 일기 파일을 보내고서 견적을 보내주도록 요청했다.

퇴근 시에 평거동 297-4 다복빌딩 1층에 있는 웰빙 하우징의 사무실로 가서 대표인 박점규 씨를 만나 외송에 지을 집의 설계도를 받고 좀 상의를 하였다.

23 (월) 맑음

김경수 군으로부터 예문서원이 내 일기 출판에 대해 견적을 낸 삼천만 원에서 삼천이백만 원 정도의 금액은 조 사장이 지원을 약속한 1,500에서 2,000만 원 정도의 액수를 크게 초과하는 것이므로 그 문제에 대한 내 대책을 묻는 이메일이 왔다. 이에 대해 나는 지금으로서는 전자출판 쪽을 생각하고 있으니, 구자익 군과 상의하여 그것이 실현되도록 도와달라고 당부하는 내용의 회답을 보냈다.

오후에는 일본 유학시절 편지들의 파일화 작업을 계속했다.

24 (화) 맑음

한국학술정보(주) 출판사업부의 이주은 씨로부터 지난주에 내가 보낸 일기 파일들을 받고서 검토 중이라는 이메일이 왔으므로, 지금은 전자출판 쪽으로 생각하고 있다는 회답을 보냈다. 그 글을 전달했더니, 김경수 군으로부터도 전자출판이 더 좋은 생각인 듯하다는 회답이 왔다.

편지의 정리는 트렁크 세 대 중 한 대분을 마쳤다.

25 (수) 비

편지의 파일화 작업은 원고지 228.3장의 분량까지 나아갔다.

26 (목) 맑음

편지의 입력을 계속했는데, 267.3장까지 나아갔다.

27 (금) 맑음

편지 정리는 281.6장까지 나아갔다.

남명학관에 나붙은 플래카드를 통하여 '松山 權載奎의 학문과 사상'이라는 주제의 학술발표대회가 있다는 것은 알고 있었으나, 오늘 점심 때 식탁에 함께 앉은 지리교육과 김덕현 교수의 말을 통하여 비로소 오늘이 그 날짜임을 알았다. 평소에는 남명학연구소의 책임연구원인 나에게는 행사가 있을 때마다 매번 초대장이 오므로 이번에도 의례 올 줄로 알았는데, 김덕현 교수에게는 그것이 가고 내게는 오지 않았다는 것이 이상했다. 산책을 마치고서 돌아오는 길에 학술회의장인 남명홀에 들러 그 발표논문집을 한 부 얻었다. 그 때 프런트에서 자료집을 나눠주는 학생에게 초청장이 오지 않은 사실을 말했더니 그럴 리가 없을 거라면서 학과로 다 보냈다는 것이었다. 철학과 게시판에 그 안내장이 게시되어 있었는데, 조교에게 물어보니 학과 이름으로는 왔으나 내게는 온 적이 없었다는 것이었다.

오후 4시부터 시작되는 종합토론 시간에 남명홀로 나가 남명학연구소장인 한문학과의 윤호진 교수에게 초청장이 오지 않은 사실을 말했더니, 그는 책임연구원인 내게 그것이 가지 않았을 리가 없다면서 뭔가 사무착오일 것이라고 했다. 착오인지 고의인지는 아직 알 수 없다.

30 (월) 흐리고 때때로 부슬비

편지의 입력은 원고지 322장 분량까지 나아갔다.

나의 새 저서『남명학의 새 연구』상·하권 세 질을 학교로 가져가서 사회학과의 池承鍾, 지리교육과의 金德鉉, 역사교육과의 金俊亨 교수에게 기증했다. 셋 다 서울대 출신자들이다.

5월

1 (화) 흐리고 오후에 비

편지 정리는 377.2장까지 나아갔다.

퇴근 시 오후 6시에 평거동의 웰빙 하우징에 들러 박점규 씨를 만나 주택신축공사계약서를 받았다. 산청군 신안면 외송리 6-6번지에다 짓되, 공사금액 1억2천만 원으로 하고, 공사 기간은 착공일로부터 90일간으로 한다는 내용이다. 일체의 에너지는 전기를 사용하며, 이를 위해 지붕에다 태양광 패널을 설치하기로 하였다. 대금은 계약 시 10%, 착공 시 30%, 골조 완성 시 30%, 준공 후 30%로 4차에 걸쳐 분할 지급하되, 그 1차분으로서 내일 중에 내가 계약 착수금 1,200만 원을 기업은행의 박 씨 구좌에 입금하기로 되어 있다. 건물은 목조 2층 구조 30평으로 하되, 평당 건축비는 320만 원으로서 총 9,600만 원이며, 시공특기사항 전체를 포함하여 2,400만 원이 추가되고, 측량비나 태양광 패널 설치비는 별도로 되어 있다.

2 (수) 흐리다가 오후에 개임

편지 입력은 437.4장까지 나아갔다.

3 (목) 흐리고 저녁 무렵 빗방울

편지의 입력은 493.8장까지 나아갔다.

4 (금) 맑음

편지는 537.1장까지 나아갔다.

7 (월) 맑음

편지의 입력은 547.1장까지 나아갔다.

8 (화) 맑음

편지를 입력하던 중에 모니터 상의 커서가 움직이지 않는 현상이 나타나더니 얼마 후 화면이 꺼져 버렸다. 전산소의 직원이 와서 체크해 보고서 본체 상의 접촉 불량이라고 했다. 이런 일이 과거에도 이미 여러 차례 있었는데, 그 원인은 메모리 때문이라고 하므로 구내 컴퓨터 점에 연락하여 2기가짜리 메모리를 주문해 두었다. 이 때문에 오늘 입력한 부분은 모두 잃고 말았다.

9 (수) 맑음

구내 컴퓨터점의 직원이 내 연구실로 와서 메모리를 갈고 다른 부품 하나도 갈았다. 이로써 접촉 불량의 문제는 아마도 해결되었을 걸로 보지만, 그래도 안 되면 다음 차례로는 윈도우즈 프로그램을 새로 까는 수밖에 없다고 한다.

편지 입력은 574.9장까지 나아갔다.

10 (목) 흐리고 다소 쌀쌀함

편지 입력은 592.7장까지 나아갔다.

사단법인 남명학연구원이 간행하는 『남명학』 제17집(2012.3)이 우송되어져 왔으므로, 거기에서 발견한 논문들을 「남명학관계기간문헌목록」에다 추가했다.

11 (금) 흐리고 다소 쌀쌀함

편지가 든 세 개의 트렁크 중 두 개 분량에 대한 검토를 마쳤다. 주로 편지로 된 1977년 1월분부터 1997년 3월분까지를 하나의 파일로 하고, 주로 이메일로 된 그 이후의 부분을 따로 한 파일로 만들었는데, 전자는 289.8장, 후자는 348.4장의 분량이었다.

14 (월) 종일 비

편지2의 파일은 원고지 443.8장의 분량이 되었다.

15 (화) 맑음

편지2는 548.3장의 분량까지 나아갔다.

16 (수) 맑음

편지 파일들을 다시 정리하여 종이로 된 1977년부터 1997년까지의 것을 하나의 파일로 하고, 그 이후로는 한 해의 것을 하나로 묶어 2004, 2005, 2006, 2008, 2010년도의 것을 각각 하나씩의 파일로 만들었다. 오늘 정리한 2010년도 파일의 분량은 301.4장이었다. 한 해씩으로 묶은 것은 그 내용의 대부분이 이메일이어서 분량이 많기 때문이다.

한국학술정보(주) 출판사업부의 이주은 씨가 내가 보낸 이메일에 대한 회신을 보내왔다. 내 일기 파일은 용량으로 계산해 본 결과 원고 분량이 A4용지로 최소 5,420매에서 최대 8,743매로서, 500매의 책으로 나눈다고 할지라도 14권이 나오는 전집이 되므로 자기들이 감당할 수 없으며, 전자책은 종이책이 나오면 그 편집본을 도서관에서 서비스하는 방식이어서 그런 사업은 하지 않고, 편집도 어렵다고 한다.

17 (목) 맑음

「편지10」은 377.7장의 분량까지 나아갔다.

점심 때 경제학과의 송기호·장상환, 농경제학과의 김병택 교수와 더불어 학교 뒷산을 산보했는데, 장상환 교수의 말로는 내 일기 중 남명학 현장 답사나 해외여행 등 일부 내용을 발췌하여 종이로 출판하고, 파일 전체는 장 교수가 운영하는 진주역사 관계 자료집이나 한국학중앙연구원의 자료집 등에 수록하는 것이 어떻겠느냐는 것이었다.

18 (금) 맑음

「편지10」의 입력을 마치고서 「편지09」로 들어갔다. 10의 분량은 546.5장이었다.

21 (월) 맑음

「편지09」 파일의 입력을 계속하여 20.5장의 분량까지 나아갔다.

22 (화) 맑음

「편지10」을 보완하여 616.4장이 되고, 「편지09」는 53.5장이 되었다.

23 (수) 맑음

「편지09」는 119.7장까지 나아갔다.

24 (목) 맑음

「편지09」는 185.6장까지 나아갔다.

25 (금) 맑음

「편지09」는 250.2장까지 나아갔다.

29 (화) 맑음

「편지09」는 315.2장의 분량으로 늘어났다.

30 (수) 흐리고 때때로 비

간밤에 경기도 성남시에 거주하는 曺仁煥 씨로부터 전화가 걸려와, 내 논문 「『남명집』 중간본의 성립」을 구해 읽었고, 미수 허목 집안의 대종회장과도 내 논문에 대한 이야기를 했다고 하므로, 오늘 학교에서 조교를 통해 나의 최근 저서 『남명학의 새 연구』 상·하권 한 질을 그에게 우송하도록 했다.

「편지09」는 451.6장의 분량까지 나아갔다.

31 (목) 맑음

경제학과의 장상환 선생과 더불어 점심 때 산책을 한 후, 연구실로 돌아와서는 산책 때 화제가 된 남명과 실학 관계의 내 논문 두 편을 이메일로 그에게 보냈다.

「편지09」는 496장까지 나아갔다.

6월

1 (금) 맑음

지식을만드는지식으로부터 내가 번역한 책 『남명문집』을 홍보하는 이메일이 왔으므로, 그것을 지인 몇 사람에게 전달하였다.

「편지09」의 입력 작업을 계속하여 630.2장까지 나아갔다.

4 (월) 맑음

「편지09」의 입력을 마쳤는데 총 656.3장의 분량이었다. 「편지08」의 입력을 시작하여 42.5장까지 나아갔다.

5 (화) 맑음

「편지08」은 95.6장까지 나아갔다.

7 (목) 맑음

「편지08」 등의 입력을 계속하여 2008년도의 편지는 137.1장까지 나아갔고, 그 이전 시기의 편지도 좀 입력했다.

8 (금) 흐리고 오전에 부슬비

한국농어촌공사로부터 외송리 6-6 답의 일부를 단독주택 건립을 위해 지목변경 하는 데 따른 농지보전부담금 2,803,860원을 7월 4일까지 납입하라는 통지서를 받았다. 마침내 건축허가가 난 모양이다.

11 (월) 맑음
「편지08」 등의 입력을 계속했다.

12 (화) 맑음
편지의 입력을 계속하였는데, 2008년도 분은 207.5장으로서 마친 듯하고, 2007년도 분으로 들어가서 52.8장까지 나아갔다.

13 (수) 맑음
어제 성균관대의 한국유교학회로부터 『유교사상문화연구』 제48집에 투고된 논문 「남명 조식의 上疏에 나타난 정치철학」에 대한 심사 위촉이 왔으므로, 오늘 오후에 검토하여 4시 31분에 심사서 파일을 보냈다.

14 (목) 흐림
인터넷 서점 알라딘을 통해 다음 학기 학부 강의의 텍스트로 사용할 『淮南子』의 번역본과 대학원에서 다룰 이간 및 한원진에 관한 자료를 찾아보았는데, 『회남자』의 완역본은 두 종류가 있으나 모두 절판이었다.

15 (금) 단비
서울대 철학문화연구소로부터 작년 연말까지 간행될 예정이었던 〈마음에 대한 철학적 성찰〉 4책이 아직 입수되지 않고 있으므로, 소장인 조은수 교수에게 지난 3월에 이어 다시 한 번 문의 이메일을 보냈다. 회답이 왔는데, 서양철학 편 두 권은 지난주에 간행되었고, 동양철학 편은 6월말까지 간행될 전망이라고 한다. 그 유학 편에 揚雄에 관한 내 글이 실려 있다.

한국동양철학회로 갈 연락이 전 회장인 내게로 오고 있으므로, 신임 회장인 성균관대의 최영진 교수에게 이메일을 보내어 홈페이지의 연락처를 자기 명의로 고치도록 권유했다.

「편지07」의 입력은 180.4장까지 나아갔다.

18 (월) 흐리고 부슬비

「편지07」은 186.1장까지 나아갔다.

〈마음에 대한 철학적 성찰〉의 편집을 하고 있는 서울대출판문화원의 정미경 씨로부터 이메일을 받았는데, 그동안 서양 편을 마무리하였고 이제 불교 편과 유학 편을 신속하게 진행하려 한다면서 초교 교정지를 받아 볼 주소를 알려달라는 것이었다. 그러므로 조은수 교수가 말하는 것처럼 이 달 안으로 책이 출판될 가능성은 별로 없을 듯하다.

19 (화) 새벽까지 많은 비 온 후 개임

편지를 입력하는데, 중국어 간체로 적은 글은 입력 도중에 갑자기 화면이 사라져 버려 그동안 입력한 내용을 잃어버리는 경우가 종종 있다. 오늘도 그래서 오전 중 작업한 내용을 다 날려버리고 오후에 새로 입력했다. 「편지07」은 252.2장까지 나아갔다.

20 (수) 흐림

「편지07」은 303.9장으로서 마치고, 「편지06」의 입력에 들어가 114.8장까지 나아갔다.

21 (목) 맑음

「편지06」은 218.8장까지 나아갔다.

22 (금) 맑음

「편지06」은 317.4장까지 나아갔다.

25 (월) 맑음

「편지06」의 입력은 383.9장까지 나아갔다.

26 (화) 흐림

편지의 입력 작업을 계속하여 2006년도의 것은 405.4장, 2005년도의 것은 188장까지 나아갔다.

27 (수) 맑음

오후에는 「편지05」를 201.6장까지 입력하였다.

28 (목) 맑음

「편지05」는 309.5장까지 나아갔다.

29 (금) 맑으나 밤에 많은 비

「편지05」는 322.9장, 「편지02」는 206.4장까지 나아갔다.

서울대출판문화원에서 부쳐온 나의 글 「揚雄의 性善惡混說」 교정쇄가 저녁 무렵에 입수되었으므로, 한 차례 검토를 마치고서 반송하려 하니 우체국의 근무 마감시한인 오후 4시를 이미 넘겼다. 월요일에 부치기로 하고서 우선 필자약력을 파일로 만들어 이메일로 보냈다.

7월

2 (월) 맑음

아침에 「揚雄의 性善惡混說」을 다시 한 번 교정 본 후 서울대학교출판문화원으로 부쳤다.

「편지02」의 입력은 293.5장의 분량까지 나아갔다.

3 (화) 맑음

「편지02」는 383.1장의 분량까지 나아갔다. 세 번째 트렁크에 든 편지의 입력을 마치고서 집으로 가져왔고, 네 번째 트렁크에 든 것에 착수했다.

4 (수) 맑음

이메일 출력한 것이나 편지들은 뒤섞여 있는 경우가 많기 때문에 오늘은 2004년도 분을 205.9장까지 입력했다.

5 (목) 비

「편지04」는 354.9장까지, 「편지03」은 15.7장까지 나아갔다.

6 (금) 부슬비

학교 연구실에 있는 컴퓨터의 '편지' 디렉터리에 들어 있는 편지들을 해당 시기의 편지 파일들에 나누어 넣는 작업을 마치고서, 臺灣대학 유학 시절의 '哲學基本問題討論' 과목 노트 뒤쪽에 적어 놓은 1986·87년도의 편지 초고들 입력 작업을 시작했다. 「편지77-97」 파일 명칭을 「편지77-99」로 바꾸었고, 그 분량은 411.3장에 이르렀다.

간밤 10시에 KBS 1채널의 '역사스페셜'에서 방영된 〈책을 뚫고 현실로 나아가라, 남명 조식〉을 시청하였다.

7 (토) 오전에 비 온 후 흐림

한국도교학회 2012년 춘계학술발표회에 참가하기 위해 오후 1시 경에 김경수·구자익 군과 함께 우리 아파트 앞을 출발하였다. 남해·구마고속도로를 경유하여 한 시간쯤 후에 모임 장소인 창녕군 대지면 석리에 소재하는 成氏古家에 도착하였다. 서울에서 발표자와 토론자들을 싣고서 출발한 대형 관광버스 한 대는 이미 도착해 있었다.

이곳 성씨고가는 노드페이스 등 스포츠웨어를 생산하는 기업들을 거느린 영원무역 성기학 회장의 사저로서 5,600평 정도의 터에 200간 남짓

되는 한옥 고택이다. 원래 이 자리에는 약 150년 전부터 창녕성씨 네 집안의 大小家 고택들이 모여 있었는데, 6.25 때 대부분 불타 버리고 말았던 것을 성기학 회장이 옛 모습에 바탕을 두고서 12·3년 전부터 재건해 낸 것이라고 한다. 개중에는 북한 김정일의 첫 번째 부인으로서 장남인 김정남을 낳은 성혜림의 부친이 살던 我石軒도 있는데 그 건물은 훼손되지 않은 채 남아 있었던 것인 모양이다. 성혜림의 부친은 성기학 회장에게 5촌 당숙 되는 사람이며, 성혜림은 그의 둘째부인인 소실의 소생으로서 주로 서울에서 태어나고 자랐다고 한다.

오후 2시 반 남짓부터 도가철학회의 회장이며 한국도교학회의 부회장인 충북대 사범대학의 이재권 교수가 사회를 맡아 학술발표회가 시작되었다. 먼저 성균관대 조영숙 여사가 「한국 수련문화에 대한 소고」를 발표하고 대진대의 김재천, 동국대의 곽본령 씨가 논평을 맡았으며, 이어서 국제뇌교육대학원에 근무하는 서울대 철학과 출신의 조남호 후배가 「권덕규의 『단군 천부경』 연구」를 발표하고 대전대의 이근철 씨가 토론하였고, 국학인물연구소의 조준희 소장이 「박은식의 망명 문학에 나타난 도교적 요소」를 발표하고 창신대의 차민기, 충북대의 서대원 씨가 논평하였다. 잠시 휴식을 가진 다음, 뒤늦게 도착한 김윤수 회장이 인사를 하고서, 오늘의 마지막 순서로서 대진대의 유승종 씨가 「도교와 신선사상」을 발표하고 강남대의 김영진, 동국대의 김현수 씨가 논평하였다.

8 (일) 맑음

오전 7시 반쯤에 창녕읍 송현리 277의 석빙고 옆에 있는 진국명국이란 식당으로 가서 설렁탕으로 조식을 들었다. 성씨고가로 돌아와서 충북대 철학과 정세근 교수의 사회로 오늘 오전의 발표 및 논평 모임을 가졌다. 경희대 한의대 학장인 醫史學教室의 金南一 교수가 「한국의서 속에 보이는 양생관련 처방 연구-『동의보감』을 중심으로-」를 발표하고 경희대 한의대 원전학교실의 장우창 조교수가 논평하였고, 연세대 강사이며 이 회의 총무간사인 정우진 씨가 「『동의보감』과 도교」를 발표하고 영산대 자유전공학부장이며 동양문화연구원장인 成昊俊 씨가 논평을 맡았으며, 한국외대의 서세영 여사가 「無味를 통해 살펴본 도가적 無의 의미」를 발표하고 고려대 한항섭, 경희대 유병래 씨가 논평을 하였다. 근자에 대동철학회장이 되기도 한 정세근 씨의 총평과 회장 및 나의 마무리 인사를 끝으로 학술대회를 모두 마쳤다.

9 (월) 맑음

「편지77-99」는 429.8장까지 나아갔다. 臺灣 유학시절의 '철학기본문제' 과목 노트의 뒷면에다 적어 놓은 1986년도 7월에 京都대학의 池田秀三 교수에게 쓴 장문의 편지 초고를 입력하고 있다.

10 (화) 흐리고 저녁부터 비

「편지77-99」는 451.3장까지 나아갔다.

2013학년도 연구년제연구교수 선발계획 안내 공문을 보았다. 규정에 의하면 "재직 중 연구교수로 선발되어 연구기간 종료 후 6년에 경과한 교원"이라야 하는데, 나는 지난번 연구년이 종료된 시점이 2006년 8월이었기 때문에 이제 비로소 다시 신청할 수 있게 되었다.

'역사스페셜' 〈책을 뚫고 현실로 나아가라, 남명 조식〉을 다시 한 번 시청하였다.

11 (수) 흐리고 부슬비

「편지77-99」는 462장까지 나아갔다.

12 (목) 맑음

「철학기본문제토론」 과목의 노트에 적힌 편지 초고들의 입력을 마쳤다. 따라서 「편지77-99」의 분량은 463.8장이 되었고, 이어서 「편지03」의 입력을 계속하여 113.3장의 분량에 이르렀다.

2013년도 연구년제연구교수 신청 서류를 작성하여 제출했다. '남명학의 현장'이라는 주제로 내 일기 중 현장답사 관계 자료를 추출하여 단행본으로 출판할 뜻을 적었다.

13 (금) 흐림

「편지03」은 204장, 「77-99」는 480.1장, 「02」는 395.4장까지 나아갔다.

오후에 조교가 내 연구실로 찾아와 하는 말로는 현 학과장인 권오민 교수도 이번에 연구년을 신청하고자 하므로 이 건으로 다음 주에 학과회의를 열 것이라고 한다.

16 (월) 맑음

오전 11시에 학과회의가 있었다. 2013년도 연구년제연구교수 선발계획과 관련한 논의가 있었다. 권오민 교수는 나를 이어 2006년도 2학기부터 2007년도 1학기까지 연구년을 받았으니, 연구기간 종료 후 6년에 경과한 자라야 새로 신청할 수 있다는 규정에 의하면 내년 9월이라야 그 조건을 충족할 수가 있다. 그러나 연구년 개시년도를 기준으로 하면 지금 신청할 수 있다는 것이었다. 그렇다면 나는 작년 이맘 때 신청하여 금년 2학기부터 새 연구년을 받을 수 있었다는 결과가 된다.

새 학기 학부의 개설 과목인 중국철학사, 동아시아의 사상, 도가철학의 강의계획서를 입력하였다. 철학과 3학년 과목인 도가철학에서는 다음 학기에 『회남자』를 윤독하고자 한다. 그런데 그 부교재인 이석명 번역과 명문당 출판의 『회남자』 완역본이 모두 절판이라 학생들이 번역본 없이 수업에 임하지 않을 수 없어 좀 난감해 하고 있는 터인데, 오늘 퇴근 무렵 대구에 있는 출판사 校書館의 대표 申國澈 씨가 내 연구실을 방문해 왔다. 그가 가져온 책들 가운데는 소명출판의 서적들이 많이 있었으므로, 그 출판사에서 간행된 이석명 씨가 번역한 『회남자』 2권이 절판되었더라는 말을 했더니 자기가 가지고 있다면서 바로 차로 내려가 그 책 두 권을 들고 왔다. 그리고 자기가 소명출판의 총판을 맡아 있는데, 지금 재고가 어느 정도 남아 있는지 조회해 보겠다고 했다.

편지의 입력은 2002년도 분이 407.2장, 2001년도 분이 68.3장까지 나아갔다.

17 (화) 흐리고 부슬비

이석명 씨가 번역한 『회남자』 중에서 '역자 서문'과 '해제'를 읽었고, 교재인 臺灣 世界書局의 新編諸子集成 7책에 수록된 漢 高誘 注 중에서 高誘 자신 및 淸 莊逵吉의 「敍」를 읽었다. 四部叢刊正編 22에 실린 許愼의 『淮南鴻烈解』도 검토해 보았는데, 高誘 注와 똑같은 것이었다.

「편지02」는 122.1장까지 나아갔다.

18 (수) 흐리고 비

2001년도의 편지는 138.5장, 2000년도는 76.6장, 77-99년은 519장까지 나아갔다.

19 (목) 흐리고 비

트렁크 네 개 분량의 편지들 가운데서 최근의 것을 제외한 과거의 것으로서 마지막인 1994년 9월 5일에 서울의 국제친선교육협회로 보낸 내용증명서를 어제에 이어 오늘도 종일 입력하여 거의 다 마쳤다. 그래서 「편지77-99」의 분량은 628장에 이르렀다.

20 (금) 맑음

서울의 ≪불교신문≫인지 동국대학인지로부터 전화가 걸려와 9월 18일에 상경하여 남명의 선비정신을 주제로 강연해 달라는 것이었지만 사절했다.

「편지77-99」는 636.6장으로써 마쳤고, 최근의 편지인 2012년도와 2011년도의 것을 입력하기 시작했다. 2012년도의 것은 제법 입력한 후 어찌된 셈인지 갑자기 입력한 내용이 모두 사라져 버렸으므로 새로 입력하다가 퇴근하였다. 「편지12」는 31.3장, 「편지11」은 4.9장까지 나아갔다.

21 (토) 대체로 맑음

아내와 함께 외송에 들어갔다. 웰빙하우징의 박점규 씨를 현장에서 만나 건축 계획에 대해 협의했다. 마당이 끝나는 곳에다 연못을 하나 만들기로 합의했고, 에너지는 지붕에다 태양광 패널을 설치하지 않고서 남들이 대부분 그렇게 하듯이 기름보일러를 사용하기로 했다. 오늘은 인부 여섯 명이 와서 작업을 하는데, 이미 2층까지 골조가 이루어져 있었다.

23 (월) 맑음

대학원 한국성리학연습의 강의계획서를 입력했다. 다음 학기에는 고 배종호 교수가 편찬한 『한국유학자료집성』(연세대학교 출판부, 1980) 상·중권에 수록된 문집들을 읽으면서 호락논쟁에 대해 다룰 예정이다.

편지의 입력은 2008년도 분이 248.1장, 2011년도 분이 7장, 2012년도 분이 99.5장까지 나아갔다.

24 (화) 맑음

「편지12」는 149.1장, 「편지11」은 83.2장까지 나아갔다.

25 (수) 맑음

오늘이 연구년제 신청서류 인문대 제출마감일인데, 어제 오후 5시 50분에 권오민 교수가 서류를 제출하여, 이미 오래 전에 제출해 두었던 내 서류와 함께 오늘 제출케 했다고 한다. 권 교수는 2006년 1학기에 연구년이 끝난 나에 이어 2006년 2학기부터 연구년을 받았었다. 그러므로 내년 9월 이후라야 "연구기간 종료 후 6년이 경과한 교원"이라는 조건을 충족시킬 수 있는 것이지만, 그 규정 중 같은 제2조에 보이는 "연구개시일을 기준으로"라는 문구에 근거하여 자신도 그 조건에 부합한다고 본 것이다. 그렇다면 나는 작년도에 연구년을 신청하여 금년 2학기부터 새 연구년을 받았어야 한다는 결론이 된다. 그렇다고는 하지만, 그는 내년 이맘때 신청하더라도 불과 반년의 차이밖에 없음에도 불구하고, 정년을 목전에 둔 나와 함께 신청하여 경쟁한다는 것은 너무 몰인정한 짓이다.
「편지11」은 208.6장까지 나아갔다.

26 (목) 맑음
「편지11」은 353.2장까지 나아갔다.

27 (금) 맑으나 무더움
본교 남명학연구소 설립 22주년 및 『남명학연구』 발간 20주년 기념 학술대회가 오전 10시부터 남명학관 남명홀에서 개최되었다. 출근하는 길로 거기에 들러 발표논문집 『남명학 연구성과의 회고와 전망(1)』을 한 권 받아 연구실로 와서는 거기에 보이는 새 자료들을 「남명학관계기간문헌목록」에다 추가하는 작업을 하였다.

30 (월) 맑으나 무더위
『남명학 연구성과의 회고와 전망(1)』에 보이는 새 자료들을 「남명학관계기간문헌목록」에다 추가하는 작업을 마쳤다. 이어서 편지의 입력을 계속하여 2010년도 분은 621.1장, 2012년도 분은 396.3장까지 나아갔다.

31 (화) 맑음
「편지12」는 163장, 「편지11」은 491.7장까지 나아갔다.

8월

1 (수) 맑음
「편지11」은 566.9장, 「편지10」은 731.6장까지 나아갔다. 내일 조금만 더 하면 마칠 수 있을 것이다.

2 (목) 맑음

편지의 입력을 마쳤다. 1977~1999년분은 원고지 636.6장, 2000년은 76.6, 2001년은 138.5, 2002년은 407.2, 2003년은 204.8, 2004년은 354.9, 2005년은 331.9, 2006년은 405.4, 2007년은 303.5, 2008년은 248.1, 2009년은 656.3, 2010년은 742.8, 2011년은 566.9, 2012년은 164.9장의 분량이었다. 원고 매수에 큰 차이가 있는 것은 이메일 첨부파일의 내용을 추가한 것이 많기 때문이다.

오늘부터는 내 일기의 내용 중 장차 단행본으로 출판할 생각이 있는 「남명학의 현장」「해외여행」「등산」 부분들을 발췌하여 각각 따로 모으기 시작했다. 오늘은 1987년 1월부터 88년 5월까지의 분량을 작업했는데, 「남명학의 현장」 부분만 입력했다.

3 (금) 맑으나 무더위

일기를 발췌하여 「남명학의 현장」「해외여행」「등산」 파일에 나누어 넣는 작업은 1991년 6월분까지 나아갔다.

6 (월) 폭염

지난주 금요일 이래로 「해외여행」 파일을 USB로 옮겨 저장하는 과정에서 계속 에러가 나, 마침내 조교를 통해 전산실 직원을 불러와서 문제를 해결하였다. 그 과정에서 오늘 작업한 부분은 저장을 하지 않아 대부분 잃어버리고, 새로 작업하여 1992년 7월 8일 분까지 나아갔다.

7 (화) 폭염

서류철을 정리하다 보니 작년 6월 24일자로 내가 조교에게 보내 2012학년도 연구년제연구교수를 신청케 한 이메일이 들어 있었다. 그 때는 '稷下學派의 黃老學'이라는 주제로 신청했었는데, 자격미달이라 하여 접수되지 않았었다. 그 때 내가 자격미달이라면 금년에 나와 함께 신청한 권오민 교수도 마찬가지 이유로 자격미달이어야 할 텐데 싶어, 조교에게 그 신청 서류를 주어 그 원인을 알아보게 했다. 나중에 조교가 알아준 바에 의하면, 작년까지는 "연구교수로 선발된 후 7년에 경과되지 않은 교원"은 추천을 제한하도록 되어 있었고, 금년부터는 그것이 "연구기간 종료 후 6년에 경과하지 않은 교원"으로 바뀌었다는 것이었다.

서류철 속의 이메일과 그 첨부문건들을 추가하고 보니 「편지09」는 657.5장, 「편지10」은 903.8장, 「편지11」은 575.9장이 되었다. 일기의 발췌 분류 작업은 1993년 11월까지 나아갔다.

8 (수) 무더위

연구년제연구교수 규정에 관해 어제 조교가 알아봐 준 바는 '선발된 후'와 '종료 후'로서 표현은 다르지만 결국 같은 내용이라고 판단되었으므로, 내가 직접 본교 홈페이지를 통해 규정을 조회해 보았다. 규정은 2011년 3월 24일 개정판인데, 제2조 자격에 "자격 기준은 연구개시일을 기준으로" "재직 중 연구교수로 선발되어 연구기간 종료 후 6년이 경과한 교원"이라고 되어 있었다. 내가 작년에 그 신청 서류를 조교에게 넘겨준 것은 6월 24일이었으므로 결국 같은 규정이 적용된 것이었다. 그것을 지적하여 다시 한 번 알아보라고 했더니, 나중에 조교가 알려준 바에 의하면, 당시 나의 신청 서류에 연구년 기간을 2012년 1학기부터 2012년 2학기까지로 적었기 때문에 자격기준에 반 년 미달했던 것이며, 올해 권오민 교수는 2013년 2학기부터 2014년 1학기까지로 적었기 때문에 그 조건을 충족시켰다는 것이었다.

일기의 발췌 분류 작업은 1996년 4월분까지 나아갔다.

9 (목) 다소 시원함

일기의 발췌 분류 작업은 1998년 10월까지 나아갔다. 무슨 원인인지는 모르겠으나, 오늘 보니 1997년 6월의 일기 중 10일 이후 부분이 결락되어 있었다. 나로서는 하루도 빠트리지 않고 써 왔다고 생각하고 있으나 그동안 발견된 바로는 이런 결락 부분이 몇 군데 있다.

10 (금) 맑음

일기의 발췌 분류작업은 2000년 10월분까지 나아갔다.

오후 5시 43분에 조교가 '2013학년도 연구년제연구교수 업적선발 결과 통보' 공문을 이메일로 전달해 왔다. 이에 의하면, 권오민 교수는 업적선발자 10명의 명단에 들어 선발이 결정되었고, 그 외에도 인문대에는 5명이 배정되었으나 인문대의 추천자는 6명으로서, 그 중 나는 철학과 선발가능 인원이 1.4명인데 2명이 추천되었다는 이유로 배제되었다. 권오민 교수의 연구년 기간이 2013년 2학기부터 2014년 1학기까지이므로, 2015년 2월이 정년인 나는 퇴직할 때까지 더 이상 연구년을 받을 수 없게 되었다.

11 (토) 맑음

조교가 어제 나의 퇴근 후에 보낸 '2013학년도 연구년제연구교수 업적선발 결과 통보' 공문 이메일을 오늘 새벽에야 보고서, 그 답신 형태로 오전 6시 33분에 권오민 교수에게 이런 메일을 보냈다.

> 권오민 선생,
>
> 이제 시원하십니까?
>
> 당신은 금년에 신청하지 않아도 선발이 반 년 늦어질 뿐이었고, 2015년 2월이 정년인 나는 이제 더 이상 기회가 없게 되었군요.

16 (목) 대체로 맑음

아침 9시 반에 출발하여 종일 중국의 서쪽 끝에 있는 도시 카슈가르로 이동했다. 오늘도 500km를 이동한 셈이다. 도중에 성균관대 동양철학과의 신정근 교수로부터 전화를 받았는데, 한국철학회의 추계학술대회에서 「동양의 학문관」이라는 제목으로 발표를 해 달라는 용건이었다. 이메일로 그것에 대한 설명을 보내주면 귀국한 후 검토하여 회답하겠노라고 했다.

19 (일) 서울은 한때 부슬비 진주는 개임

대한항공 KE8884편으로 01시 20분에 우루무치를 출발하여 7시 인천에 도착하였다.

산청군으로부터 외송에 짓고 있는 별장의 주소가 경상남도 산청군 신안면 외송리 6-6에서 새 도로명 주소인 신안면 둔철산로 393-23으로 바뀌게 된다는 통지문이 도착해 있었다.

20 (월) 맑음

신정근 교수에게 회답 이메일을 보내어 언제까지 몇 매 정도를 집필하면 되는지, 그리고 발표된 원고가 출판될 예정인지를 물었다. 얼마 후 신 교수로부터 전화가 걸려와 그런 질문들에 대해 답변해 주었으므로, 일단 원고 집필을 수락하였다.

어제까지의 일기를 퇴고하여 오후 3시 14분에 가족·형제들과 제자인 김경수·구자익·안명진 군에게 전달하였고, 이번 여행의 일행 중 김동영 씨가 오후 4시 52분에 전체 참가자의 이메일 주소를 부쳐왔으므로, 전체 답신 형태로 「서역기행」 파일을 첨부해 부쳤다. 일기의 분량은 95장이었다.

22 (수) 비

『서울대동창회보』 8월 15일호(제413호) 19면에서 부산교통의 曺玉煥 회장이 지난 7월 26일 남명선생의 사상에 대한 연구와 교육을 위해 서울대에 5억 원을 출연했다는 기사를 읽었다. 이 돈으로 '남명학시민연구기금'을 조성하고, 또한 사범대에 '남명학시민교육연구실'을 개설하는 것으로 되어 있다.

성균관대학의 최영진 교수가 나를 이어 한국동양철학회장을 맡은 후 처음으로 나온 『동양철학』 제37집을 받았다. 논문 7편이 실린 단출한 것이었다. 임원명단에서 나는 명예회장으로 되어 있다.

일기의 내용을 발췌하여 남명학·등산·해외여행으로 분류하는 작업은

2001년 7월 11일 분까지 나아갔다.

23 (목) 비

일기의 발췌 분류는 2002년 7월분까지 나아갔다. 그러나 5월분을 여는 데 에러메시지가 뜨고, 6월분은 아예 깨어져서 열리므로 조교와 철학과 강사인 유재한 군을 불러 상의했지만 해결하지 못했다. 집으로 돌아와 구자익 군에게 전화를 했더니, 6월분 파일을 자기에게 보내달라고 하므로 이메일 첨부파일로 보냈는데, 보낸 후에 첨부파일을 클릭해 보니 문제없이 열리는 것이었다. 결국 파일을 복사하는 과정에서 손상이 간 모양이다.

24 (금) 많은 비

일기는 2003년 11월분까지 나아갔다. 어제 에러 메시지가 떴던 2002년 5월분도 23일분까지의 일기만이 남아 있었는데, 우리 집의 컴퓨터에 있는 원본 파일을 클릭했더니 역시 문제없이 열렸다. 지난 8월 9일에 1997년 6월분의 파일도 10일 이후의 부분이 결락되어 있음을 발견한 바 있었는데, 집에 있는 파일로 클릭해 보니 그것도 전부가 다 보였다. 역시 복사과정에서 문제가 발생한 것이었다.

27 (월) 맑음

일기의 분류 편집은 2005년 4월 9일 분까지 나아갔다.

밤 11시 15분에 성균관대의 신정근 교수에게 새로 이메일을 보냈다. 지난 20일에 한국철학회 추계발표회에서 「동양의 학문관」이라는 주제의 발표를 하기로 구두로 승낙했었으나, 그 후 1주일 사이에 좀 더 생각해 보니 출판할 계획이 없는 글을 집필하기 위해 적지 않은 시간을 소비하기는 어렵다는 판단이 들므로, 다른 사람에게 부탁해 달라고 당부했다.

28 (화) 태풍

일기 작업은 2007년 5월분까지 나아갔다.

29 (수) 흐리고 다소 서늘함

일기의 정리는 2009년 12월분까지 나아갔다.

30 (목) 태풍이 지나가고 오후는 개임

일기의 발췌 분류 작업은 학교 컴퓨터에 들어 있는 2012년 7월분까지를 마쳤다. 「남명학의 현장」 파일은 A4용지로 총 904쪽, 원고지로는 7,908.7장이었다. 이제 그 중에서 남명학 관계 내용만을 발췌하는 작업에 들어가 1987년 1월부터 7월분까지를 마쳤다.

31 (금) 쾌청, 초가을 날씨

「남명학의 현장」은 1990년도 분까지 마쳤다.

9월

3 (월) 맑음

『남명학의 현장』 일기의 정리는 1992년 9월 25일분까지 나아갔다.

4 (화) 낮 한때 부슬비

김경수 군으로부터 어제 오후에 '새로운 논문이 발표를 기다리고 있습니다'라는 제목의 이메일이 왔다. 「南冥 '學記圖' 自圖說 批正」이라는 논문인데, 그 초록에 의하면 2011년 10월 13일 東京의 國立公文書館에서 元代 程復心의 『四書章圖』의 초간본을 발견했는데, 남명의 "학기유편에 실린 24도를 정복심의 사서장도와 대조해 본 결과, 이 중 무려 14도가 정복심의 저작임을 확인할 수 있었다. 나머지 10도 중, 주자의 저작 5도를 제하고 나면, 남명의 것이라고 할 수 있는 도표는 5개에 불과하다"는 내용이었다.

오늘 새벽 그 글을 보고서 김 군에게 연락하여 고려대 『철학연구』 지에 투고되어 현재 심사 중인 논문의 전문을 전해 받았다. 김 군은 울산대 손영식 교수의 논문이리라고 했는데, 초록을 읽고서 짐작했던 바와 같이 역시 고려대 이승환 교수의 것임이 분명했다. 오전 11시 11분에 이승환 교수에게 이메일을 보내어 나도 그 자료를 입수하고 싶다는 의사를 표시했더니 오후에 이 교수로부터 전화가 걸려왔다. 이 교수와의 대화를 통해 北京대학 중국고문헌연구중심의 顧永新 씨와 京都대학의 宮紀子 씨가 이미 이 문헌을 발견하고서 그것에 대한 논문을 쓰고 있음을 알았으며, 원본은 일본 皇宮의 書陵部에도 한 부 소장되어 있다는 것, 그리고 顧永新 씨가 上海의 古籍출판사를 통해 이 문헌의 영인본을 출판할 계획임도 알았다.

이 교수가 복사해 온 것은 12책 분량의 전체가 아니고 그 중 성리학 관계 부분만이라고 하는데, 복사 당시 일본 측에 외부로 유출하지 않겠다는 서약서를 썼음에도 불구하고 나의 부탁대로 복사 제본하여 우송해 주겠다는 약속을 받았다. 이 교수도 이 논문에서 몇 군데 언급하고 있는 바와 같이, 남명의 心統性情圖 중 上圖가 정복심의 것을 그대로 옮겨온 것임은 내가 처음으로 주장한 바 있었다. 이 교수는 오후 7시 21분에 내게 이메일을 보내어 고영신 씨와 미야 노리코 씨의 논문을 첨부파일로 보내주었으며, 복사되는 대로 영인본을 우송해 주겠다고 썼다.

「남명학의 현장」 정리 작업은 1993년 4월분까지 마쳤다.

5 (수) 맑음

오늘도 이승환 교수와 두 차례 이메일을 주고받았다. 京都대학 조교수인 宮紀子가 2001년에 발표한 논문 「程復心 〈四書章圖〉 出版始末攷」에서 조선 성종, 명종 및 선조 3년의 〈사서장도〉 官刻本이 있고, 일본 足利학교에도 〈四書章圖通義〉 12책 조선판이 소장되어 있었다고 했는데, 이 교수는 논문에서 〈학기유편〉이 간행되던 무렵 이 책은 대단한 희귀본이었기 때문에 편집자 중 아무도 실제로 본 사람은 없었을 것이라고 추정한 데 대한 의문의 제기였다. 이에 대해 이 교수는 조선에서 간행된 것은 〈四書輯釋章圖通義大成〉 혹은 그 重訂本이었고, 程復心의 책은 아니었다고 설명했다. 이에 대해 나는 〈학기유편〉 초간본에 실린 정인홍의 서문 내용을 간추려 설명하여 〈학기유편〉의 간행자 및 간행 과정에 대한 이 교수의 착오를 정정했고, 아울러 宮紀子가 착오를 범했다는 이 교수의 주장에 대한 의문을 표시했다. 이에 대해 이 교수는 일본의 足利학교 소장본이나 蓬左문고 소장본 조선판은 모두 정복심의 원작이 아니라고 응답해 왔다.

「남명학의 현장」은 1993년 11월분까지 나아갔다.

6 (목) 맑음

「남명학의 현장」 발췌 작업을 계속하여 1995년 4월 8일 조까지 나아갔다.

7 (금) 맑음

「남명학의 현장」은 1996년 10월분까지 나아갔다.

10 (월) 오전 중 흐린 후 개임

「남명학의 현장」 1996년도 분을 마저 정리하였다.

11 (화) 맑음

「남명학의 현장」 작업을 계속하여 1997년 10월분까지 마쳤다.

12 (수) 맑음

「남명학의 현장」은 1998년 8월 10일분까지 나아갔다.

13 (목) 맑음

지만지로부터 금년 1월 18일부터 7월 15일까지의 인세보고가 왔다. 이에 의하면 내가 번역한 『남명 문집(소설전집)』은 이 기간 중 73부가 출고되어 인세 131,400원이 발생하였고, 『남명집』과 『남명집(보급판)』은 절판되어 더 이상 판매되지 않는다고 한다.

오전 중 내일 있을 대학원 수업에 대비하여 배종호 편 『한국유학자료집성』 중에서 權尙夏의 『寒水齋集』과 李柬의 『巍巖遺稿』를 읽었다. 오후에는 「남명학의 현장」 발췌 작업을 계속하여 1999년 6월분까지 나아갔다.

14 (금) 흐림

「남명학의 현장」 작업을 계속하여 2000년 2월 14일 분까지 나아갔다.

17 (월) 태풍 후 개임

「남명학의 현장」은 2000년 11월분까지 마쳤다.

18 (화) 맑음

「남명학의 현장」 작업을 계속하여 2001년 7월 26일 분까지 나아갔다.

19 (수) 맑음

고려대의 이승환 교수가 내 요청에 따라 지난 9월 4일에 자기가 일본에서 발견한 元代 程復心의 『四書章圖』의 복사물을 보내주겠다는 이메일을 보내온 지로부터 제법 시간이 흘렀음에도 불구하고 아직 그것이 도착하지 않았으므로, 오늘 새벽에 새로 이메일을 보내보았다. 오전 10시쯤에 회답이 왔는데, "너무 일이 바빠서 자료정리를 못하고 있습니다. 이번 금요일 여헌학회 발표, 이번 토요일 다산학회 발표, 이번 달 말 대만 학회 발표, 10월 중순 독일 국제학회 발표, 10월말 남당학 연구소 발표 등 너무도 많은 발표 일정이 있어서 도저히 자료에 손을 못 대고 있습니다. 조금만 더 기다려주시면 감사하겠습니다."고 썼다. 서울의 명문대학에 있으므로 그렇게 바쁜 모양이다. 나라면 그러한 일정을 소화할 능력이 도무지 없으니, 진주와 같은 지방도시에 앉아서 내 페이스로 작업해 나갈 수 있는 것을 다행이라고 해야 하겠다.

오늘 오후에 ≪조선일보≫의 전병균 씨라는 사람으로부터 전화를 받았다. 이승환 교수가 최근에 그 자료로써 남명의 학기도에 관해 발표한 논문에 대한 내 의견을 묻는 것이었다. 대체로 이 교수의 말이 맞을 것이라고 대답했다. 그러면 남명학 연구에 미치는 충격은 어떠냐고 하므로, 나로서는 평소에 학기도가 남명의 독자적인 성리설을 개진한 것이라기보다는 이미 알려져 있는 성리설을 도해한 것이라는 견해를 피력해 왔었으나, 그것을 남명의 독창적인 견해로 간주해 온 종래의 설들은 무너지지 않을 수 없을 것이라고 말했다.

「남명학의 현장」은 2001년 11월분까지 마쳤다.

20 (목) 맑음

「남명학의 현장」 정리 작업을 계속하여 2002년 7월 14일분까지 나아갔다.

21 (금) 맑음

「남명학의 현장」 2003년 3월분까지를 마쳤다.

24 (월) 맑음

「남명학의 현장」은 2003년 12월분까지 마쳤다.

25 (화) 맑음

고려대 이승환 교수로부터 『사서장도찬석 은괄총요』 권 상·중·하를 오늘 오전에 내 앞으로 부쳤다는 이메일 연락을 받고서, 지난주에 ≪조선일보≫ 기자로부터 이 교수의 논문에 대한 전화 질문을 받고서 대화한 내용을 설명해 주었다.

「남명학의 현장」 2004년 9월분까지 나아갔다.

26 (수) 맑음

「남명학의 현장」은 2005년 11월분까지 마쳤다.

27 (목) 맑음

「남명학의 현장」 작업을 계속하여 2006년 11월분까지 나아갔다.

고려대 철학과의 이승환 교수가 일본 內閣文庫 소장 程復心 著『四書章圖纂釋 檃括總要』上中下 3책의 복사물을 학교로 우송해 주어 오늘 입수하였다.

28 (금) 맑음

「남명학의 현장」은 2007년 11월분까지 나아갔다.

30 (일) 맑음

추석이라 오전 중 집에서 쉬다가, 처가에서 제사가 끝났다는 전화 연락을 받고서 처가로 갔다. 성묘를 마친 다음 저녁 무렵 외송으로 들어가 나의 새 별장을 둘러보았다. 새 집은 예상했던 것보다도 훨씬 더 멋있다고 하면서 아내가 크게 만족해했다.

10월

2 (화) 맑음

학교에 나가 고려대 이승환 교수가 보내준 程復心의『四書章圖纂釋 檃括總要』상·중·하의 내용을 훑어보았다. 오후에는「남명학의 현장」 작업을 계속하여 2009년 4월 10일 분까지 나아갔다.

3 (수) 맑음

개천절 휴일이라 또 하루를 쉬었다.

집과 아내 연구실에 있는 짐들을 챙겨 외송으로 이사를 했다. 아내 연구실의 큰 냉장고와 에어컨을 그리로 옮기고 외송에 있는 작은 냉장고는 아내 연구실로 가져갔다. 효당 최범술 스님으로부터 받은 '茶道無門' 액자는 외송의 거실 벽에 걸고, 김충렬 교수가 써 준 '學標敬義' 액자는 2층 서재의 벽에 걸었다. 이삿짐센터에 25만 원을 지불하였다.

아침부터 아주머니 세 명이 와서 잔디를 심어, 해질 무렵에야 비로소 마쳤다. 새로 심은 잔디에다 고무관으로 물을 듬뿍 주었다. 밤과 은행알도 제법 많이 주웠다.

4 (목) 맑음

「남명학의 현장」은 2009년 5월 4일분까지 나아갔다.

5 (금) 맑음

이승환 교수가 보내 온 『四書章圖』 복사물은 김경수 군이 자기도 빌려서 복사하고 싶다고 하므로 대여해 주었다.

8 (월) 맑음

「남명학의 현장」은 1010년 3월 12일 분까지 나아갔다.

9 (화) 맑음

「남명학의 현장」은 2010년 12월 1일 분까지 나아갔다.

10 (수) 맑음

「남명학의 현장」은 2012년 2월분까지 나아갔다.

11 (목) 맑음

「남명학의 현장」 작업을 계속하여 2012년 9월까지의 전체를 일단 마쳤으며, 1987년 1월 처음으로 다시 돌아가 87년 11월 24일 분까지의 부분을 수정 보완하였다. 분량은 A4용지 766쪽, 원고지로는 6,370.9장의 분량이었다.

지난주 금요일에 고려대 이승환 교수로부터 받은 『사서장도찬석 은괄총요』 상·중·하 권을 김경수 군에게 빌려주었더니, 오늘 김 군이 세 묶음으로 된 그것을 양면복사 하여 한 책으로 제본한 것과 함께 돌려주었다.

12 (금) 맑음

「남명학의 현장」은 89년 8월분까지 나아갔다. 1차 발췌 때는 세세한 내용을 누락한 부분이 많았기 때문에 두 번째로 검토하며 그런 것들을 새로 보충하고 있다. 그러므로 분량이 늘어나 A4용지 791쪽, 원고지 6,551.2장의 분량이 되었다.

15 (월) 맑음

「남명학의 현장」은 1990년 6월분까지 나아갔다.

일본의 동방학회로부터 금년도 가을 학술대회 안내장과 더불어 회원 동정 난에 실을 메시지의 반신용 엽서가 도착하였다. 정년이 얼마 남지 않았으므로 이제 학회를 탈퇴하겠다는 의사를 적어 보냈다.

16 (화) 맑음

예문서원의 오정혜 여사와 통화하여 절판된 교재 『동아시아의 사상』의 재판 여부에 대해 물어보고, 아울러 지금 준비하고 있는 책 『남명학의 현장』의 출판 가능성에 대해서도 타진해 보았다. 「남명학의 현장」은 오늘 현재 1991년 12월 3일분까지 나아갔다. A4용지로 817쪽, 원고지로는 6,735.6장의 분량이다.

17 (수) 맑음

「남명학의 현장」은 92년 7월분까지 마쳤는데, A4용지 835쪽, 원고지 6,889.1장의 분량이 되었다.

18 (목) 맑음

「남명학의 현장」 작업을 계속하여 1993년 8월분까지 마쳤다. A4용지 859매, 원고지 7,095.3매의 분량이었다.

19 (금) 맑음

「남명학의 현장」은 1994년 8월분까지 마쳤다. A4용지 880쪽, 원고지 7,255.7장의 분량이 되었다.

산청군으로부터 「건축신고(신고사항변경) 수리 알림」이라는 통지문을 받았다. 이에 의하면, 나는 금년 6월 20일에 산청군 신안면 외송리 6-6 답에 대지면적 842㎡의 단독주택을 건설한다고 신고하였다가, 10월 15일에 832㎡로 변경하였는데, 이곳에다 1층 76.11㎡, 2층 21.6㎡, 도합 97.71㎡의 일반목구조 건축물을 세운 것으로 되어 있다.

22 (월) 흐리다가 정오 무렵부터 부슬비

총장으로부터 10월 20일자로 된 30년 근속표창장(제7207호)을 받았다.

「남명학의 현장」은 95년 10월 14일분까지 나아갔다. A4용지 904쪽, 원고지 7,437.4장의 분량이다.

23 (화) 맑음

「남명학의 현장」 작업을 계속하여 1996년 10월분까지 나아갔다. A4용지 911쪽, 원고지 7,483.2장의 분량이 되었다.

24 (수) 맑음

「남명학의 현장」은 1997년 8월 12일분까지 나아갔고, A4용지 925쪽,

원고지 7,588장의 분량이 되었다.

25 (목) 맑음

「남명학의 현장」 작업을 계속하여 1999년 2월분까지 마쳤다. A4용지 938쪽, 원고지 7,678.3장의 분량이 되었다.

26 (금) 맑음

오전의 대학원 수업을 마치고 난 다음, 남명학관 남명홀에서 개최되고 있는 본교 남명학연구소 설립 22주년 및 『남명학연구』 발간 20주년 기념 학술대회로 가서 발표논문집 『남명학 연구성과의 회고와 전망(II)』를 한 부 얻었다. 오후에는 국립진주박물관 강당에서 열리는 사단법인 남명학연구원의 2012년 학술대회 '임진왜란 강우지역 의병활동 재조명'에 참가했다. 종합토론 시간에 좌장인 박병련 부원장의 요청으로 내가 일어나 발언하기도 했다.

29 (월) 맑음

지난주 금요일에 있었던 남명학연구소와 남명학연구원의 학술대회 발표논문집에 실린 자료들에 보이는 새 문헌들을 「남명학관계기간문헌목록」에다 추가하였다.

그런데 본교의 남명학연구소 발표논문집 『남명학 연구성과의 회고와 전망(II)』에 의하면, 한국국제대의 손흥철 교수가 쓴 글 「남명학 연구저술에 관한 簡考—남명과 남명학파의 철학사상을 중심으로—」에는 나의 연구 성과가 크게 다루어져 있지만, 본교 한문학과 관련자들이 쓴 다른 글들에서는 거의 내가 언급되어져 있지 않다.

그 중 한문학과 출신으로서 본교의 한적도서관인 文泉閣에 사서로 근무하는 이정희 군이 쓴 「남명학고문헌시스템 개발과 그 성과」 83쪽에서는 "일찍이 남명학 관련 자료 수집의 중요함을 인식하고 수집활동을 착수한 사람은 경상대학교 한문학과 H 교수와 철학과 오이환 교수다.

1988년경 소장자로부터 고문헌을 대여하여 복사한 뒤 되돌려 주는 방식으로 남명학 관련 고문헌 약 1,000여점을 확보하여 경남문화연구소에 비치하기 시작하였다."고 하였고, 그 주석에서 "이 자료는 남명학연구소에서 이관 받아 관리해 오고 있다. 그 후 다시 1부를 더 복사하여 사단법인 남명학연구원에서도 보관하고 있다."고 적고 있다.

당시 H 교수는 사단법인 남명학연구원의 지원에 의한 나의 수집 활동에 몇 차례 동행하였을 뿐임에도 불구하고 마치 그가 중심이고 내가 보조자인 것처럼 기술하였을 뿐 아니라, 남명학연구원 부이사장이었던 조옥환 사장의 자택에 보관해 두었던 자료를 연구원 원장이나 수집자인 나와 아무런 상의도 없이 연구소로 이관하였다가 나중에 연구원 측의 항의에 의해 한 부씩을 더 복사하여 보관한 뒤 원래의 복사물은 연구원으로 반환하였음에도 불구하고 마치 사정이 그 반대인 것처럼 서술하고 있다.

한문학과 최석기 교수가 쓴 「남명학 관련 문헌 번역의 현황과 과제」에서도 『남명집』의 판본을 언급할 때는 반드시 김윤수 씨가 부여한 명칭을 사용하고 있으며, 남명의 학문적 전환이 이루어진 시기에 관한 이상필 교수의 설에 대하여는 이를 추종하지 않는 의견을 제시하였는데, 토론자인 한문학과의 윤호진 교수는 오히려 이상필의 설을 지지하였다.

본교 연구지원실로부터 2009년도 한국연구재단의 연구결과물을 연구재단의 홈페이지에 올리라는 연락이 있어 그 결과물인 「『德川師友淵源錄』의 성립」을 연구지원실의 담당자에게로 보내어 그녀가 올리도록 조처했다.

30 (화) 맑음

「남명학의 현장」 1999년 6월분까지 나아갔다. A4용지 944쪽, 원고지 7,726.3장의 분량이 되었다.

31 (水) 맑음

어제 서울대출판문화원으로부터 이메일이 왔는데, 내 논문 「양웅의 성선악혼설」에 대한 2차 교정쇄가 첨부되어 있었다. 수정의견을 적어 보냈다.

「남명학의 현장」 1999년 9월분까지를 입력했다. A4용지 947쪽, 원고지 7,747.6장의 분량이 되었다.

11월

1 (목) 맑음

「남명학의 현장」 두 번째 발췌작업을 계속하여 2000년 10월분까지 마쳤다. A4용지 956쪽, 원고지 7,805.7장의 분량이었다.

2 (금) 맑으나 어제보다 더 쌀쌀함

「남명학의 현장」은 2001년 9월분까지 나아갔다. A4용지 961쪽, 원고지 7,840장의 분량이 되었다.

2001년 9월의 일기에 의하면, 이 달 18일에 경기도 고양시 일산구 백석동 유니테크빌 909호에 있는 한국학술정보주식회사의 컨텐츠개발부에 속해 있는 김승현이라는 사람이 내 연구실로 전화를 걸어와 내 단독저서들을 전자출판하고 싶다는 의사를 표시해 왔었고, 이틀 후인 20일에 그가 내 연구실로 방문해 와 나의 저서 『남명학파연구』 상·하 2책 및 역서인 가노 나오키 저 『중국철학사』를 전자출판하기 위한 전송권 설정 계약서를 두 부 작성하여 한 부씩 나누어가진 바 있었는데, 이후 그로부터 아무런 연락이 없었다. 그 책이 과연 전자출판 되어 있는 지를 확인하기 위해 현재는 파주로 이주해 있는 그 출판사로 전화를 걸어 컨텐츠개발부의 양종혁 씨에게 문의해 보았다. 그로부터 얼마 후인 오후 5시 26분에 한국학술정보(주) 출판사업부의 이주은 대리가 이메일을 보내왔는데, 뜻밖에도 그녀의 주선으로 출판된 내 책 『남명학의 새 연구』 상·하 2권에 대한 인세내역을 첨부한 것이었다. 이에 의하면, 이 책 상권은 금년 2월부터 9월까지 7개월 동안 총 94책, 하권은 93책이 판매된 것으로 되어 있다.

5 (월) 맑음

예문서원의 오정혜 여사로부터 전화를 받았는데, 내 책 『동아시아의 사상』은 절판하고 그 대신 전자출판으로 전환한다고 한다. 조만간에 계약서를 작성해 보내주겠다고 했다.

한국학술정보 출판사업부의 이주은 씨로부터도 회답 이메일을 받았다. 2001년에 한국학술정보 콘텐츠개발부의 김승현 씨가 찾아와서 나의 저서 『남명학파연구』 상·하 2권과 역서인 가노 나오키 저 『중국철학사』를 전자출판하기 위한 '전송권 설정 계약서'를 작성한 건은 자기가 입사하기 전이라 정확히는 모르겠으나, "계약만 했고 결국 전자책 제작이 되지 않은 것으로 보시면 됩니다."라는 것이었다.

오늘 아침 ≪경남일보≫에서 양웅의 책을 주석한 대진의 『방언소증』이 소명출판으로부터 3책으로 출판되었다는 소식을 접했으므로, 서울대 출판문화원의 정미경 씨에게로 이메일을 보내어 '더 읽을거리'의 끝에 그 내용을 추가해 달라고 당부했는데, 오후에 알았다는 회답을 받았다.

「남명학의 현장」은 2002년 3월분까지 나아갔다. A4용지 965쪽, 원고지 7,870.1장의 분량이 되었다.

6 (화) 맑음

「남명학의 현장」 2002년 11월 20일분까지 나아갔다. A4용지 970쪽, 원고지 7,900.7장의 분량이 되었다.

페이스북의 京都대학 얼람나이를 통해 이 대학을 졸업한 在韓 일본인으로 구성된 서울洛友會 회장인 産經신문 서울주재 특별기자 겸 논설위원 黑田勝弘 씨가 『주간조선』 44주년 기념호에 실은 「노벨상의 산실, 京

都대학의 비밀」이라는 글을 읽었다. 이에 의하면, "일본인 노벨상 수상자는 지금까지 총 19인인데, 문학상이나 평화상을 제외한 과학 분야는 16인으로서, 그 가운데 수상 제1호인 湯川秀樹 박사를 비롯한 8인이 京都대학관계자이다.(京都대학 발표)" "과거, 한국인 과학자로서 노벨상 수상의 가능성이 있었던 인물은 두 사람이 있다. 둘 다 반세기 이상 예전의 일이지만, 한 사람은 李升基 박사(1905~1996년)이고 또 한 사람은 李泰圭 박사(1902~1992년)이다. 기묘하게도 이 두 사람은 모두 京都대학 출신의 과학자였다." "〈수학의 노벨상〉으로 일러지는 국제학술상에 〈필드상〉이라는 것이 있다.…이것을 이미 일본인 3명이 수상하고 있는데, 그중 2명이 京都대학 출신자이다."고 되어 있다.

7 (수) 맑음

「남명학의 현장」은 2003년 12월분까지 나아갔다. A4용지 981쪽, 원고지 7,981.6자의 분량이 되었다.

8 (목) 맑음

京都대학 문학부 동창회보인『以文』55호(2012)가 입수되었다. 이에 의하면, 池田秀三 교수는 금년 3월 31일에 정년퇴직이 아닌 早期퇴직을 하였으며, 동양고전학강좌의 宇佐美文理 씨가 그 뒤를 이어 금년 4월 1일에 교수로 승진하였다. 나와 같이 공부하였으나 후배인 中純夫 씨(초기江華派의 연구—조선에 있어서 양명학 수용—)가 작년 11월 24일에, 宇佐美文理 씨(중국예술이론사연구)는 금년 1월 23일에, 그리고 같이 공부하지 않은 후배인 南澤良彦 씨(南北朝隋唐明堂연구)는 금년 3월 26일에 각각 논문제출로 박사학위를 취득하였다. 중국철학사 전공에는 현재 宇佐美 씨가 주임이 되어 혼자서 연구실 운영과 학생지도를 맡아 보고 있으며, 퇴직한 池田 씨는 논문집 출판을 준비하고 있는 모양이다. 나와 같이 공부했던 인문과학연구소의 武田時昌 교수와 木下鐵矢 씨, 그리고 東京大學의 川原秀城 교수 등이 학내 혹은 학외로부터 출강하고 있는 모양이다.

助手는 한국인으로 보이는 金東鎭 씨가 맡아보고 있다.

「남명학의 현장」은 2004년 9월분까지 나아갔다. A4용지 990쪽, 원고지 8,053.3장의 분량이 되었다.

9 (금) 맑음

「남명학의 현장」은 2006년 8월분까지 나아갔다. 미국 체재 기간이 포함된지라 진도가 빨랐다. A4용지 997쪽, 원고지 8,099.1장의 분량이 되었다.

12 (월) 맑음

「남명학의 현장」은 2007년 5월분까지 나아갔다. A4용지 1,001쪽, 원고지 8,122.3장의 분량이 되었다.

오후 5시부터 학과회의가 있었다. 2013~2014학년도 대학원 교육과정 개편과 2013학년도 1학기 교양·교직과목 수업시간표 작성이 주된 안건이었다. 다음 학기에 나는 학부의 한국철학사(3)와 일반대학원의 한당유학연구(3)를 합한 6시간을 맡게 되었다. 정년퇴직 2년 전부터는 학기당 6시간만 맡으면 되기 때문이다.

13 (화) 맑으나 쌀쌀함

다음 학기 대학원의 한당유학연구 수업에서 桓寬의 『鹽鐵論』을 다루기로 작정하고서 그 텍스트들을 찾아보고 해제를 읽었다. 번역본에는 서강대학교 사학과의 김환규 교수와 서강대 강사인 이철호 씨가 공역한 『염철론』(소명출판, 2002)을 내가 구입해 있으나 그것은 이미 절판이고, 그 외에 건양대 교수인 김원중 씨가 1998년 신원문화사에서 출판한 것과 2007년 현암사에서 출판한 것 중 후자만이 현재 시판되고 있으나 그것은 전체 60편 중 37편만을 추려 담은 것이다.

원서로는 明 弘治 14년에 宋 嘉泰本을 飜刻한 서禎本(四部叢刊), 明 嘉靖 32년의 張之象本(漢魏叢書), 淸 嘉慶 12년의 張敦仁本(世界書局 新編諸子集

成) 및 淸 光緖 17년의 王先謙本(國學基本叢書) 등이 주요한 것인데, 이것들은 내가 모두 소장하고 있다. 수업의 텍스트로는 王利器의 『鹽鐵論校注』(中華書局 新編諸子集成, 1992) 상·하권을 택할까 한다.

14 (수) 맑으나 쌀쌀함

「남명학의 현장」 편집 작업을 계속하여 2008년 6월분까지 마쳤다. A4용지 1,008쪽, 원고지 8,164.3장의 분량이 되었다.

예문서원으로부터 내 저서 『동아시아의 사상』을 전자출판 하기 위한 '배타적 발행권 설정 계약서'가 우송되어져 왔다. 나는 다음 학기부터 이 강의를 더 이상 맡지 않게 되었으므로, 강사에게 맡기기 위해 온라인 강의를 오프라인으로 전환하는데 동의하였다.

오늘 우송된 ≪교수신문≫(제664호, 2012년 11월 12일) 10면에 '화제의 인물_18대 대선 출마 선언한 고주몽 부경대 교수'라는 제하의 4단 기사와 12면 하단에 '제2 세종대왕 취임 고주몽 대통령 출마'라는 제목의 광고가 실렸다. 고주몽이란 과거 1980년대 초에 본교 강사로 재직한 바 있었고, 나에게는 서울대 철학과 선배가 되는 G(66세, 부경대 사학과) 씨가 개명한 것이다. 그는 고려대 대학원에 진학한 후 김충렬 교수의 지도하에 周敦頤의 『通書』 연구로 철학박사 학위를 취득한 바 있었고, 중국 西安에 가 머무르면서 남명 사상을 연구하는 국제적 학술단체인 '국제남명학회'를 창립하는 데 중심적 역할을 하여 그 공동회장을 역임한 바도 있었다. 신문 보도에 의하면 "남명의 성리학을 바탕으로 한 '正道사상'의 구현을 위해 국내외적으로 각종 사회와 학술활동을 벌여온 사람이"라고 한다. 그는 제주도 출신으로서 학창시절부터 기인으로 알려져 있었지만, 좀 정신병자가 아닌가 싶다.

15 (목) 맑음

「남명학의 현장」 편집 작업을 계속하여 2009년 10월분까지 마쳤다. A4용지 1,018쪽, 원고지로는 8,231.8장의 분량이 되었다. 2009년 7월 6

일의 일기에 의하면, 내가 『고대일록』 번역본 최종고에 대한 감수를 끝내고서 그것을 남명학연구원으로 보냈을 때 역문의 원고는 A4용지 525쪽, 머리말 등 부록을 포함하면 총 562쪽, 원고지로는 3,739.4장의 분량이었다고 한다. 이것을 출판하였을 때 신국판 2책의 분량이었으므로, 그렇게 본다면 「남명학의 현장」은 현재 상태로 신국판 4책의 분량이 된다고 하겠다.

16 (금) 흐리다가 저녁부터 비

「남명학의 현장」은 2011년 1월 11일분까지 나아갔다. 입력하다 보니 컴퓨터의 에러로 갑자기 문단 나누기가 되지 않으므로, 몇 번 파일을 닫았다 새로 열기를 반복하다가 포기하고서 퇴근하였다. A4용지 1,027쪽, 원고지 8,288.7장의 분량이 되었다.

20 (화) 본격적인 초겨울 날씨

「남명학의 현장」은 2011년 9월 4일분까지 나아갔다. A4용지 1,034쪽, 원고지 8,334.2장의 분량이었다.

21 (수) 맑음

「남명학의 현장」은 2012년 10월분까지 마쳐 일단 두 번째의 편집을 끝냈다. A4용지 1,051쪽, 원고지 8,449.7장이 되었다.

22 (목) 맑음

충남대 유학연구소에서 심사를 위촉해 온 논문 「學記圖에서 본 曺植의 易學觀과 修養經」을 읽고서 오후 3시 26분에 그 심사서를 이메일로 부쳤으며, 그런 다음 「남명학의 현장」을 세 번째로 검토하기 시작하여 1987년 1월부터 5월분까지 나아갔다. 이번에는 발췌해 둔 내용들을 모두 읽어보면서 과연 출판할 만한 가치가 있는지 어떤지를 검토해 보는 작업이다.

23 (금) 맑음

오전 수업이 끝난 다음 우봉이 찾아왔다. 점심 식사를 마친 후 경남문화예술회관으로 가서 제1전시실에 전시되어 있는 '2012 진주의 사계-아름다운 동향전'에 출품된 우봉의 작품을 둘러보았다. 이 전시회는 진주 출신으로서 타지에 나가 활동하는 화가들과 진주에 거주하는 현지 화가들의 합동전인데, 오늘 오후 5시 30분에 오픈 하여 11월 28일까지 6일간 전시한다는 것이다. 우봉은 진주 출신이 아니지만 진주의 다솔사 등지에서 오래 생활했기 때문에 뒤늦게 작품을 내게 된 모양이다. 우봉은 자신이 회장으로 있는 섬진강문화포럼의 이름으로 자기를 홍보하는 내용의 책자를 한 권 편집해 가져왔는데, 그 첫머리에 내가 쓴 글 「다솔사의 추억」이 실려 있었다.

오후 3시가 넘어서 혼자 학교로 돌아가 퇴근 시간까지 「남명학의 현장」을 세 번째로 검토하였다. 오늘은 1987년 9월분까지의 추려 놓은 내용을 모두 읽어보았는데, 아무래도 빠진 부분이 있는 것 같아 87년 1월분부터 새로 일기의 원문과 대조해 가며 읽기 시작하여 5월분까지 마쳤다. 역시 발췌하는 과정에서 별로 중요하지 않다고 생각한 부분들을 많이 빠트렸던 모양인데, 지금은 남명학과 관계되는 내용은 가능한 한 모두 포함시키기로 마음을 바꾸고서 빠트렸던 부분들을 새로 뽑아내어 싣기로 한 것이다. A4용지 1,053쪽, 원고지 8,463.5장의 분량이 되었다.

26 (월) 간밤에 비 온 후 개었으나 추움

「남명학의 현장」 편집을 계속하여 1987년 8월에 이르렀다. A4용지 1,053쪽, 원고지 8,466.1장의 분량이 되었다.

27 (화) 맑음

「남명학의 현장」은 88년 5월 5일분까지 나아갔다. A4용지 1,056쪽, 원고지 8,481.2장의 분량이 되었다.

28 (수) 맑음

「남명학의 현장」은 89년 1월 6일분까지 나아갔다. A4용지 1,065쪽, 원고지 8,549.7장의 분량이 되었다.

29 (목) 흐림

「남명학의 현장」 89년 9월 3일분까지 나아가 A4용지 1,069쪽, 원고지 8,579.1장의 분량이 되었다.

30 (금) 맑음

「남명학의 현장」은 90년 7월 2일분까지 나아갔다. A4용지 1,076쪽, 원고지 8,635.7장의 분량이 되었다.

사재명 군이 2004~2006년 당시 서부경남 지역의 각처에 소장된 고문헌들을 조사하면서 작성한 목록 가운데서 산청 부분의 것을 이메일로 보내주었다. 답장을 보냈다.

12월

1 (토) 맑음

가족이 함께 외송에 들어갔다. 겨울이라 농장에는 별로 할 일도 없어, 스프링클러로 잔디에다 한 번 물을 준 후, 2층의 서재로 올라가서 가지고 간 노트북컴퓨터로 「남명학의 현장」을 편집하였다. 90년 11월 19일분까지 나아갔고, A4용지 1,079쪽, 원고지 8,652.5장의 분량이 되었다.

3 (월) 맑으나 쌀쌀함

사범대학 윤리교육학과 일반대학원의 박사학위청구논문인 裵文圭 씨의 『東學思想에 나타나는 한국의 固有性 연구―『東經大全』의 주요 경편들을 중심으로―」를 읽기 시작했다. 배 씨는 창원시 내서읍 신감리에 있는 광려중학교의 교사로서, 11월 29일에 내 앞으로 등기 발송한 우편물이 11월 30일에 배달되었다가 오늘에야 내게 입수된 것이다. 배 씨는 작년에 학위청구논문을 제출했다가 주로 내가 결정적인 문제점을 지적하여 일단 회수했던 것인데, 이번에 제출한 논문은 거의 전면적으로 새로 쓴 것 같았다. A4용지로 총 237쪽인데, 오늘 28쪽까지 나아갔다. 내가 이 논문의 심사에 주심이 되는 모양이다.

4 (화) 맑으나 쌀쌀함

배문규 씨의 박사학위청구논문을 계속 읽어 전체의 절반 정도 분량인 112쪽까지 나아갔다. 문헌을 폭넓게 섭렵하고 있으며 논의가 비교적 온건하여, 작년에 제출했던 것보다 훨씬 나은 듯하였다.

5 (수) 저녁부터 부슬비

2교시의 중국철학사 시간에 철학과 3학년 박민석 군이 清代 乾嘉시대에 관한 발표를 하는데, 이미 절판된 지 오래인 나의 번역서 『중국철학사』를 주된 자료로서 인용하고 있었다. 어디서 그 자료를 입수했느냐고 물었더니 Naver에서 E북으로 건 당 5,000원에 판매하고 있다는 것이었다.

지난달 2001년 9월 20일자로 이 책과 나의 저서 『남명학파연구』 上·下卷에 대한 전송권설정계약을 맺은 바 있는 한국학술정보 측에 문의해 보았더니, 이주은 씨로부터 계약은 맺었어도 실제로 출판되지는 않았으리라는 회답을 받았으므로, 이 씨에게 다시 한 번 확인을 요청하는 이메일을 보냈다. 그리고는 박민석 군을 불러 네이버를 통해 조회해 본 결과, 내가 번역한 『중국철학사』는 1988년도 판이 인터넷 교보문고를 통해 5,000원에 판매되고 있음을 알았다. 그래서 교보문고에 전화를 걸어 문의해 보았고, 퇴근 도중에 교보문고의 연락을 받은 을유문화사 측으로부터 전화를 받았는데, 금년부터 POD와 E북 방식으로 각각 교보문고를 통해 보급하고 있다는 것이었다. 나와 이에 관한 정식 계약을 다시 맺기로 하고, 아울러 종이책으로 다시 출판해보는 것이 어떻겠느냐는 의견도 전했다.

오후에 배문규 씨의 박사학위청구논문을 계속 읽어 161쪽까지 나아갔다.

6 (목) 맑으나 쌀쌀함

배문규 씨의 박사학위청구논문을 마저 읽었다.

한국학술정보(주) 출판사업부의 이주은 대리로부터 이메일 답신이 왔다. 내 책『중국철학사』의 전자판을 판매하고 있는 곳은 자기네가 아니라 을유문화사이며, 2011년 3월 1일자 출간이라고 되어 있다는 내용이 있었다. 이는 어제 내가 을유문화사 측으로부터 받은 전화에서 금년부터 발매하고 있다고 들은 바와는 다르므로, 오늘 내가 을유문화사로 다시 전화를 걸어보았다. 어제 저녁 나에게 전화를 걸었던 사람은 영업부장인 강정우 씨였는데, 그의 말에 의하면 POD 제작에 시간이 걸려 실제로 판매된 것은 금년부터이며, POD는 권당 17,500원에 5부가 팔려 22,750원의 수익이 있었고, e-book은 권당 5,000원에 6부가 팔려 18,000원의 수익이 있었다는 것이었다. 학교 주소로 이에 관한 계약서를 보내주겠다고 했다. 나는 오늘도 종이책 재간의 가능성에 대해 협의해 보고서 연락해 달라고 말해두었다.

7 (금) 폭설

모처럼「남명학의 현장」정리 작업을 다시 시작하여 91년 1월분까지 마쳤다. A4용지 1,085쪽, 원고지 8,698장의 분량이 되었다.

오후 6시부터 사범대학 교육문화센터 6층 세미나실(613호실)에서 배문규 씨의 학위논문 심사가 있었다. 내가 주심이 되었고, 재작년의 심사에 이어 2차 심사로 간주하기로 하였다. 서울에서 온 김용휘·김춘성 씨, 지도교수인 손병욱 교수, 윤리교육과의 金岱君 교수와 나를 합해 심사위원은 모두 5명이었다. 배 씨는 보통나이로 36세이며 이미 10년 이상 교사 생활을 하고 있는 모양이다.

10 (월) 강추위

을유문화사로부터 나의 번역서인 가노 나오키 저 『중국철학사』에 대한 '2차적 사용권 및 전송 허락 계약서'가 2부 부쳐져 왔으므로, 서명 날인하여 그 중 한 부는 을유문화사로 반송하였다.

「남명학의 현장」 편집 작업을 계속하여 91년 6월분까지 마쳤다. A4용지 1,086쪽, 원고지 8,710.4장의 분량이 되었다.

11 (화) 맑음

종일 「남명학의 현장」 작업을 하여 1992년 7월 7일분까지 나아갔다. A4용지 1,091쪽, 원고지 8,746.5장의 분량에 이르렀다.

12 (수) 맑음

「남명학의 현장」은 1992년 11월 4일분까지 나아갔다. A4용지 1,093쪽, 원고지 8,760.8장의 분량이 되었다. 세 번째 편집인 이번에는 발췌해 둔 본문들을 모두 읽으면서 필요한 경우 약간의 수정을 가하고 있기 때문에 진도가 다소 늦다.

13 (목) 맑음

「남명학의 현장」은 1993년 5월분까지 나아갔다. A4용지 1,094쪽, 원고지 8,769.4장의 분량이 되었다.

14 (금) 비

일반대학원의 한국성리학연습을 끝으로 이번 학기의 모든 수업을 종강했다. 3시간 수업을 마친 후 대학원 학생들과 함께 내동면 독산리 175-10의 내동삼거리 옆에 있는 해운대辛대구탕왕갈비탕으로 가서 대구탕과 소주를 점심으로 함께 들며 종강파티를 가졌다.

점심을 든 후 학교로 돌아와 「남명학의 현장」 작업에 다시 종사했는데, 웬일인지 어제 작업한 부분이 저장이 되어 있지 않아 그 부분을 새로 하는 수밖에 없었다.

15 (토) 아침에 짙은 안개 낀 후 개임

혼자서 외송에 들어갔다. 도착해 보니, 건너편 산골짜기가 안개로 뒤덮여 있다가 서서히 사라져 가는 모습이 절경이었다.

「남명학의 현장」 작업을 계속하여 1993년 11월분까지 나아갔다. A4용지 1,096쪽, 원고지 8,779.7장의 분량이 되었다.

17 (월) 맑으나 쌀쌀함

종일 작업하여 「남명학의 현장」은 1994년 9월분까지 마쳤다. A4용지 1,103쪽, 원고지 8,836.8장의 분량이 되었다.

18 (화) 맑으나 쌀쌀함

「남명학의 현장」은 95년 7월 20일분까지 나아갔다. A4용지 1,111쪽, 원고지 8,899.9장이 되었다.

배문규 씨가 수정된 박사학위 심사용 논문을 부쳐왔다.

19 (수) 맑음

아침 9시 남짓에 아내와 함께 투표장인 럭키아파트 노인정으로 가서 제18대 대통령선거·경상남도지사보궐선거·경상남도의회의원보궐선거에 투표를 했다. 투표를 마친 후 노인정 부근에 세워둔 차를 몰고서 아내의 연구실에 들렀다가 아내와 둘이서 외송에 들어갔다. 나는 2층에서 배문규 씨의 박사학위 심사용 논문의 영문 요지와 서론을 읽었다.

20 (목) 맑음

「남명학의 현장」은 96년 5월분까지 나아갔다. A4용지 1,118쪽, 원고지 8,948.9장의 분량이 되었다.

21 (금) 비와 진눈개비

동지이자 내 양력 생일날이다.

「남명학의 현장」은 97년 2월분까지 나아갔다. A4용지 1,124쪽, 원고지 8,992.5장이 되었다.

오후 4시부터 배문규 씨의 박사학위청구논문 최종심이 있었다. 金春成 씨는 도로사정 때문에 부산서 오는 데 4시간이나 걸려, 결국 심사가 끝난 후 회식 자리에서 합류하였다. 내가 심사위원장이 되어 이 논문을 통과시키기로 결정하였다.

24 (월) 맑음

「남명학의 현장」은 97년 10월분까지 나아갔다. A4용지 1,126쪽, 원고지 9,008.4장의 분량이 되었다.

26 (수) 맑음

「남명학의 현장」은 98년 11월분까지 나아갔다. A4용지 1,135쪽, 원고지 9,077.2장의 분량이 되었다.

27 (목) 맑음

「남명학의 현장」은 99년 6월분까지 나아갔다. A4용지 1,139쪽, 원고지 9,110.2장이 되었다.

28 (금) 오전까지 폭설

「남명학의 현장」은 2000년 5월분까지 나아갔다. A4용지 1,147쪽, 원고지 9,171.3장의 분량이 되었다.

31 (월) 맑음

「남명학의 현장」 편집 작업을 계속하여 2000년 6월분을 정리해 두었다.

2013년

1월

2 (수) 맑음

지난해에 출판한 『남명학의 새 연구』 상·하권과 『남명문집』에 대한 본교의 저역서출판장려금 각 70만 원씩, 도합 210만 원이 12월 31일자로 입금되었다.

「남명학의 현장」은 2001년 3월분까지 나아갔다. A4용지 1,152쪽, 원고지 9,216.4쪽의 분량이다.

3 (목) 맑으나 강추위

「남명학의 현장」은 2001년 10월 13일분까지 나아갔다. A4용지 1,154쪽, 원고지 9,224.4장의 분량이 되었다.

4 (금) 맑음

「남명학의 현장」은 2002년 3월분까지 나아갔다. A4용지 1,158쪽, 원고지 9,262.7장의 분량이 되었다.

5 (토) 맑음

회옥이와 둘이서 외송에 들어갔다. 눈이 아직 덜 녹아서 승용차는 관음사 아래쪽의 빈 공간에 세워두고 걸어서 올라갔다. 회옥이는 1층의 큰방에서, 나는 2층의 서재에서 각자 책과 컴퓨터로 작업을 했다. 오늘은 『黃帝四經譯註』와 알프레드 포르케의 『중국고대철학사』 번역본 해제 등을 읽고, 「남명학의 현장」은 2002년 4월 22일분까지 나아갔다.

7 (월) 맑음

「남명학의 현장」은 2002년 12월분까지 나아갔다. A4용지 1,163쪽, 원고지 9,302.2장의 분량이 되었다.

8 (화) 맑음

「남명학의 현장」은 2004년 2월 13일분까지 나아갔다. A4용지 1,168장, 원고지 9,348.4장의 분량이 되었다.

9 (수) 맑음

「남명학의 현장」은 2004년 11월분까지 나아갔다. A4용지 1,176쪽, 원고지 9,416.5장의 분량이 되었다.

일본 동방학회의 소식지 『동방학회보』 No.103이 우송되어져 왔는데, '회원통신' 난에 탈퇴를 알리는 나의 소식이 실려 있다.

10 (목) 맑음

「남명학의 현장」은 2006년 8월분까지 나아갔다. A4용지 1,185쪽, 원고지 9,483.6장의 분량이 되었다.

11 (금) 맑음

「남명학의 현장」은 2007년 10월분까지 나아갔다. A4용지 1,190쪽, 원고용지 9,524.7장의 분량이 되었다.

12 (토) 맑음

혼자서 외송에 들어갔다. 아내가 준 Parklon 전기방석을 서재의 의자 위에 깔고서 서지오를 통해 전원에 연결하니 한결 따뜻했다. 「남명학의 현장」은 2007년 12월분까지의 작업을 마쳤다. A4용지 1,190쪽, 원고지 9,525.4장의 분량이 되었다.

22 (화) 흐리고 오후 한때 빗방울

여행 기간 동안의 일기를 「인도네시아 기행」이라는 이름의 파일로 만들어 어제 가족과 제자 및 친지 9명에게 보냈었는데, 김경수, 안명진, 두리로부터 회신을 받았다. 파일은 원고지 85.1장의 분량이었다.

23 (수) 흐리고 대체로 부슬비

『한국사상사학』 제42집(2012. 12)과 『남명학연구』 제36집(2012.12)에 실린 남명학 관계의 새 자료들을 「남명학관계기간문헌목록」에다 추가하였다.

학과 예산에서 내게 배정된 자산취득비로 구입한 이화여자대학교 철학과 이규성 교수의 저서들이 입수되었으므로, 그 내용을 검토해 보았다. 『동양철학, 그 불멸의 문제들』(1994), 『왕선산, 생성의 철학』(2001), 『최시형의 철학—표현과 개벽—』(2011), 『한국현대철학사론—세계상실과 자유의 이념—』(2012)인데, 모두 이화여대출판부에서 간행한 것들이다. 나는 이미 이 교수의 『내재의 철학, 황종희』를 구입해 있으므로, 이로써 그의 책들을 모두 입수한 셈이다.

이규성 교수는 1952년에 충남 연산에서 출생하였고, 1971년에 서울대 철학과에 입학하여 석사 박사도 거기서 마쳤다. 그러므로 나이는 나보다 세 살이 적으면서 나보다 2년 선배인 셈인데, 서로 말을 놓고 지내는 사이이며, 재학 시절에 가깝게 교류하였다. 나는 그가 꽤 데카당한 기질이 있으나, 서울대 철학과 교수가 될 만한 자격이 있다고 보았고, 실제로 그는 이남영 교수의 제자들 중 스승으로부터 가장 사랑받는 존재였으므로 자기 후임이 되어 달라는 위촉도 받은 바 있으나 사양하였다고 들은 듯하다. 그는 원래 명말청초의 중국철학을 전공하였으나 근자에는 한국현대철학 쪽으로 전환한 모양이다. 그러니 남명학을 공부하다가 중국철학으로 다시 돌아가고자 하는 나와는 방향이 정반대인 셈이다. 그리고 동서 철학을 종합하여 세계인으로서의 철학을 추구하는 점도 동양철학 고유의 방법을 고수하는 나와 크게 다른 점이다.

24 (목) 맑음

모처럼 다시 「남명학의 현장」 작업을 계속하여 2009년 2월분까지 마쳤다. A4용지 1,203쪽, 원고지 9,635.7장의 분량이 되었다.

25 (금) 맑으나 쌀쌀함

「남명학의 현장」 편집 작업을 계속하여 2009년 12월분까지를 마쳤다. A4용지 1,210쪽, 원고지 9,688.7장의 분량이 되었다.

26 (토) 맑음

혼자서 외송에 들어갔다. 아내가 마련해 준 도시락으로 점심을 들고 난 후 운동 삼아 다시 과수원의 잡목들을 베어내는 작업을 좀 하였다. 「남명학의 현장」은 2010년 12월분까지 나아갔다. A4용지 1,217쪽, 9,749.5장의 분량이 되었다.

28 (월) 맑음

「남명학의 현장」은 2012년 7월 9일분까지 나아갔다. A4용지 1,223쪽, 원고지 9,795.8장의 분량이 되었다. 내일이면 3차 편집을 마칠 수 있을 듯하다. 이로써 30년 가까운 세월에 걸친 나의 남명학 관계 작업도 드디어 대단원의 막을 내리게 될 모양이다. 앞으로는 출판사를 물색하는 일이 남았다.

12시 55분에 서울대 철학과의 조은수 교수에게 이메일을 보내 『마음에 대한 철학적 성찰』 동양편의 출간이 교정쇄를 보낸 지로부터 또 제법 시일이 지났음에도 불구하고 이토록 늦어지고 있는 이유에 대해 다시 한 번 물어보았다. 15시 2분과 16시 38분의 두 차례에 걸쳐 회답을 받았는데, 서울대출판부 측의 말로는 지금 유학 편은 3교 정도, 불교 편은 재교 정도 진행된 상황인데, 2월말, 3월초 정도에 동시 출간하는 것을 목표로 하고 있다는 것이었다.

29 (화) 맑음

「남명학의 현장」의 3차 편집을 마쳤다. A4용지 1,229쪽, 원고지 9,835.4장의 분량이었다. 예문서원에 전화를 걸어 오정혜 여사와 그 출판 문제를 상의하고자 했으나 부재중이라 돌아오면 전화를 걸어달라고 했는데, 두 시간 정도 지나 퇴근 시간이 가까워 와도 전화가 걸려오지 않는 지라 다시 전화를 걸어 오 여사의 휴대폰 번호를 물어 통화하였다. 그 결과 오후 5시 6분에 원고 파일을 첨부하여 예문서원으로 보내어 일단 검토를 요청해 두었다. 보내고 난 후 그 원고를 처음부터 다시 한 번 읽어보기 시작하여 1987년 1월분까지 마쳤다.

어제 『남명학연구』 제35집이 배달되지 않은 것을 알고서 남명학연구소에 전화하여 한 부 전달해 받았는데, 오 여사의 전화를 기다리면서 그 중 김경수 군의 논문 「진단과 장백단의 도교 내단 이론 비교」를 읽어보았다. 2008년에 학위를 받은 이후, 그 주제와 관련하여 2010년과 2011년에 4편의 논문을 더 발표하였음을 알았다.

30 (수) 맑고 포근함

「남명학의 현장」을 다시 한 번 읽기 시작하여 88년 10월분까지에 이르렀다.

31 (목) 맑음

「남명학의 현장」 퇴고 작업을 계속하여 1990년 9월 4일분까지 나아갔다.

2월

1 (금) 비

「남명학의 현장」 퇴고는 1992년 8월분까지 나아갔다.

3 (일) 맑음

아내와 함께 외송에 들어갔다.

2층 서재에서 「남명학의 현장」 퇴고 작업을 계속하여 93년 6월 21일분까지 나아갔다.

4 (월) 간밤에 비 온 후 오전 중 흐리다가 정오부터 갬

「남명학의 현장」 퇴고는 95년 5월 16일분까지 나아갔다.

5 (화) 흐리다가 저녁부터 비

「남명학의 현장」 퇴고는 97년 3월분까지 나아갔다.

6 (수) 흐림

예문서원의 오정혜 씨로부터 전화 연락이 왔다. 지난 1월 29일에 첨부해 보낸 「남명학의 현장」 원고의 출판은 맡아줄 수 없다는 내용이었다. 일기라는 개인적 기록의 성격 문제도 있고, 신국판 5권 정도의 큰 분량이니 그럴 것임은 짐작하고 있었다. 나로서는 그래도 내가 출판될 책의 상당 부분을 매입해 준다는 조건으로 성사시켜 보고자 했지만 그것에 대해서도 부정적인 반응이었다. 자비출판의 형식으로 한다면 그 비용이 얼마나 들지 지난번에 일기 전체의 출판을 가지고서 문의해 보았을 때처럼 견적을 뽑아 달라고 부탁해 두었다. 그럴 경우 시판에 내놓지는 못하고 개인적으로 아는 사람들에게 나누어주는 방식이 되는 모양이며, 출판사 측에서는 책의 출판 과정에 대해서도 세세한 신경을 쓰지 않는 모양이다.

「남명학의 현장」 원고의 퇴고는 오늘 현재 99년 3월 6일분까지 나아갔다.

7 (목) 강추위

「남명학의 현장」 퇴고는 2000년 3월 17일분까지 나아갔다. 자비로 출판을 강행할지 어쩔지 고민 중이다. 나로서는 20여 년간 계속해 온 남명학에 관한 연구가 일단 매듭지어졌고, 또한 조옥환 사장이 출판비를 대주겠다고 약속한 상황이라, 지금과 같은 여건이라면 출판을 결단해야 하지 않을까 싶다.

사단법인 남명학연구원에서 남명학연구총서6으로서 간행한 『동강 김우옹』(예문서원, 2012)을 보내왔으므로, 거기에 실린 새로 보는 논문들을 「남명학관계기간문헌목록」에다 추가하였다.

8 (금) 강추위

서울 강동구 천중로 196 정일빌딩 401호에 있는 (주)글로벌콘텐츠출판그룹으로부터 자기 회사의 출판물을 홍보하는 이메일이 보내져 왔다. 이 그룹은 글로벌콘텐츠 외에도 도서출판 경진, 작가와 비평, 세림출판, 컴원미디어, 글모아출판, 인하대학교 출판부, 행정DB센터 등과 연계되어 있는 회사였다. 점심 산책 후 그 이메일을 보고서 글로벌콘텐츠로 전화를 걸어 도서출판을 상의하고자 한다고 했더니, 직원이 대표자인 홍정표 씨에게로 전화를 바꿔주었다. 홍 씨에게 「남명학의 현장」 건을 설명했더니, 꽤 긍정적인 반응을 보이면서 출판조건 등에 대한 내 의사를 문의해왔다. 금년 봄에 홍 씨가 본교를 방문할 때 만나서 구체적인 상의를 하기로 하고, 통화가 끝난 직후인 오후 1시 22분에 일단 검토해 보도록 퇴고 중인 원고를 그에게 이메일 첨부파일로서 보냈다. 원고의 퇴고는 오늘 2001년 6월분까지 나아갔다.

9 (토) 강추위

혼자서 외송에 들어갔다. 집수리는 다 끝나 있고, 수도의 물도 잘 나오고 있었다. 날씨가 따뜻해지면 국전에 서예로 입선한 적이 몇 번 있다고 하는 손병욱 교수의 부인에게 청해 '圓徹學舍'라는 글씨를 써 받아서 편액에 새겨 정면 입구의 문 위에다 걸려고 생각하고 있었는데, 오늘 살펴보니 편액을 걸기에 적당한 공간은 없었다. 그래서 이 집의 이름은 내 마음 속에만 간직해 있기로 마음을 고쳐먹었다. 내가 해외여행을 통해 수집해 온 외국 각 민족의 전통 모자들을 아직은 비어 있는 거실 붙박이 서가의 각 칸에다 하나씩 진열해 두었다. 모두 합해서 열두 개였다.

2층의 서재에 올라가 「남명학의 현장」 퇴고 작업을 계속하여 2002년 2월분까지 나아갔다. 퇴고라고는 해도 별로 내용을 고치는 것은 아니고, 한 문장이 너무 긴 곳을 적당한 길이로 잘라주거나, 명백한 오타나 문장부호에 일관성이 없는 곳, 띄어쓰기, 정서법 등을 눈에 띄는 대로 바로잡아 체제의 일관성을 유지하는 데 주안을 두고 있을 따름이다.

11 (월) 맑고 포근함

혼자 외송에 들어갔다.

「남명학의 현장」 퇴고는 2002년 11월 2일분까지 나아갔다.

12 (화) 낮에 눈

「남명학의 현장」 퇴고는 2004년 8월분까지 나아갔다.

오후 2시 4분에 예문서원으로부터 자비출판에 따른 견적서를 이메일로 받았다. 책의 분량은 신국판 500페이지 5권 분량이며, 출판비는 대략 1권당 삼백만 원 정도로서 총 1,500만 원 정도가 들겠다는 것이었다. 작년 4월 19일에 받은 견적서로는 내 일기 전부를 출판할 경우 총 원고지 분량은 46,100장이며, 신국판 판형으로는 1,000페이지 10권, 4×6배판 판형으로는 700페이지 10권인데, 4×6배판으로 100부를 출판할 경우 편집비 및 인쇄비가 삼백만 원에서 삼백이십만 원 정도이며, 총 금액이 삼천만 원에서 삼천이백만 원 정도라는 것이었다. 지금의 경우는 원고지 9,835.4장이니 전체 일기의 1/4도 채 못 되는데, 비용은 그 절반 정도라고 하니 너무 비싸다고 하겠다. 일단 "좀 더 고려해 보겠습니다."라고 대답해 두었다.

13 (수) 맑음

「남명학의 현장」 퇴고는 2007년 6월 11일 분까지 나아갔다.

14 (목) 맑음

경기도 포천시 선단동 산11-1에 있는 대진대학교 교육관 2층 국제회의실에서 개최되는 2013 동양철학 연합학술대회에 참석하기 위해 오전 8시 30분 발 고속버스로 상경했다.

오늘의 연합학술회의는 한국동양철학회가 중심이 되어 한국도교문화학회, 동양철학연구회, 한국유교학회, 한국주역학회, 한국양명학회가 함께 참여한 것이다. 개회식을 마친 후 1시 30분부터 1·2분과로 나뉘어 논문발표가 진행되는데, 내가 도착해 보니 1분과에서는 첫 번째 순서인 대진대의 권인호 교수가 발표를 하고 있었다. 먼저 1층 로비에서 경기도 시흥시 매화동에 사무실이 있는 민족문화문고의 문용길 씨로부터 외국에서 간행된 동양철학 전문서적들의 복사판을 골라 18만 원어치를 구입한 후 2층의 발표장으로 다시 올라갔다. 1분과에서 서울대 양일모 씨의 「중국철학사의 탄생」과 한림대 강중기 씨의 토론, 공주대 김연재 씨의 「중국적 사유와 유가철학의 방법론 문제—주역과 사서의 관계를 중심으로—」와 태동고전연구소 엄연석 씨의 토론을 경청하였다. 회의 도중에 예문서원의 오정혜 여사로부터 전화가 걸려왔으므로 복도로 나가서 통화하였다. 내 책의 출판을 맡아주기 어렵다는 내용이므로 알겠노라고 응답했다.

발표회를 마친 후 각 학회 별로 회의를 가졌다. 나는 한국동양철학회의 2013년도 정기총회에 참석했다. 연구이사 양일모 씨의 사회로 진행되었는데, 18대 회장인 성균관대 최영진 교수는 작년에 내가 이월해 준 12,035,019원에다 정례적인 수입을 보탠 것 외에는 별도 기금을 한 푼도 모으지 못하고 총 수입 18,673,011원에서 14,367,205원을 지출하고서 4,305,806원만을 19대로 이월하였다. 정인재, 나, 최영진, 양일모 씨가 복도로 나가서 잠시 협의하여 이미 정해져 있는 대로 고려대학교 철학과의 이승환 씨를 19대 회장으로 선출하였다.

15 (금) 맑음

연구실에 나가 종일 「남명학의 현장」 원고에 대한 검토를 계속하여 2009년 10월분까지 나아갔다. 2009년 10월 26일자 일기에서 池田秀三 교수의 六天說에 대한 논문 등이 수록된 책의 제목이 『兩漢 유교의 新연구』임을 확인하여, 민족문화문고의 문용길 씨에게 전화를 걸어 그 책을 입수해서 영인본을 간행해 보도록 권했다.

17 (일) 흐리다가 저녁부터 비

주중에 두 차례 외지에 다녀왔으므로, 일요일임에도 산에 가지 않고 혼자서 외송으로 들어갔다. 「남명학의 현장」에 대한 검토를 계속하여 2011년 8월분까지 나아갔다. 내일 하루면 다 마쳐질 듯하다.

18 (월) 오전 중 부슬비 내린 후 흐림

「남명학의 현장」 퇴고를 마쳤다. 어제까지의 부분으로 A4용지 1,231쪽, 원고지 9,848.6장의 분량이었다. 출판가능성을 확인하기 위해 (주)글로벌콘텐츠출판그룹으로 전화를 걸어보았으나 대표자인 홍정표 씨가 외출 중이었다. 일기를 처음부터 다시 훑어보며 등산과 해외여행 파일 중에서도 혹시 빠진 부분이 있는지를 체크하기 시작했다. 오늘은 88년 12월분까지 나아갔다.

19 (화) 맑으나 다소 찬바람

오전 중 (주)글로벌출판그룹의 홍정표 대표와 다시 통화하여 「남명학의 현장」 출판 건을 확정짓고서, 10시 43분에 1차 교정을 마친 원고를 송부했다. 홍 씨의 말에 의하면, 3월 말에서 4월 초에 출판사에서 내게로 교정쇄를 보내고, 4월 중순까지 편집을 마무리하여, 4월 말에서 5월 초쯤에 책이 출판될 수 있을 것이라는 것이었다. 초판은 인세에 상당하는 액수를 현물인 책으로 지급하는 것이 인문학 분야 출판의 대세라고 하므로, 그렇게 하기로 했다.

20 (수) 맑음

「등산」「해외여행」의 검토 작업은 일기 94년 12월분까지 나아갔다.

21 (목) 맑음

(주)글로벌콘텐츠출판그룹의 홍 대표로부터 전화를 받았는데, 오늘 말로는 내부에서 협의해 본 결과 내 책은 시장성이 없어 출판을 맡아줄 수가 없고 그 대신 자비출판은 가능하다는 것이었다. 그래서 일단 「남명학의 현장」 출판은 접어두기로 작정했다.

「등산」「해외여행」 파일의 검토 작업은 99년 3월분까지 나아갔다.

22 (금) 맑음

「등산」「해외여행」 파일의 보완은 2004년 9월분까지 나아갔다. 등산 파일에는 답사 등 주말여행의 내용을 추가하였다.

23 (토) 맑음

회옥이와 함께 외송에 들어갔다. 2층의 서재에서 「등산」과 「해외여행」 파일의 보완 작업을 계속하여 2009년 2월분까지 나아갔다.

25 (월) 맑음

「등산」「해외여행」 파일의 보완작업을 한 차례 마치고서, 「등산」 파일은 보완 도중에 답사 관계 내용을 추가하기 시작했기 때문에, 87년 1월로 되돌아가서 처음부터 새로 답사 관계 내용을 추가하기 시작하여 90년 5월분까지 나아갔다.

경제학과의 장상환 교수와 더불어 산책을 하는 도중에 (주)글로벌콘텐츠출판그룹의 홍정표 대표와 최근에 주고받은 이야기가 화제가 되었다. 장 선생의 의견에 따라, 내가 홍 대표에게 다시 전화를 걸어 그가 「남명학의 현장」 출판을 사절할 때 언급했었던 바와 같이 만약 내가 그 파일의 양을 대폭 줄여 사적인 내용 등을 빼고서 공적인 부분만을 간추려 새로 내용을 정돈한다면 출판할 용의가 있는지를 물었다. 홍 씨의 말은 이번에 또 달라져, 문제는 출판할 경우의 시장성이므로 내가 출판될 책의 상당 부분을 매입해 줄 용의가 있다면 지난번에 보낸 파일 전체를 가지고서 출판하는 것이 바람직하겠다는 것이었다. 그러므로 자비로 출판할 경우의 구체적인 조건과 비용 등에 대해 다시 이메일로 통지해 달라고 말해두었다.

26 (화) 흐리고 낮 한때 빗방울

「등산」 파일의 보완 작업은 1993년 8월분까지 나아갔다.

27 (수) 포근한 봄 날씨

(주)글로벌콘텐츠출판그룹의 홍정표 대표이사로부터 어제 오후 5시 26분에 이메일이 왔다. 며칠 전에 전화로 다시 협의한 바에 따라, 내 책 『남명학의 현장』을 400쪽 기준으로 5책씩 총 300질을 제작하되, 그 중 150질을 내게 보내준다는 조건으로 1,500만 원의 비용부담을 요구해 왔다. 오늘 비로소 그 메일을 읽고서, 오전 9시 51분에 김경수 박사에게로 전달하여 조옥환 사장과 상의해 그 결과를 알려달라고 했다.

「등산」 파일의 보완은 96년 12월분까지 나아갔다.

28 (목) 맑음

「등산」 파일의 보완 작업은 2000년 9월분까지 나아가서 일단 마쳤다. 그 이후 부분은 이미 답사 관계의 내용이 추가되어져 있는 듯했기 때문이다. 그리고 종래의 「등산」 파일은 「답사와 등산」으로, 「해외여행」 파일은 「해외견문록」으로 명칭을 변경했다. 장차 출판할 경우 책 이름으로 쓰기 위해서이다. 그런 다음 「해외견문록」 파일을 퇴고하기 시작했다. 이 파일은 현재 크기가 A4용지 747쪽, 원고지 6,872.9장으로서 「남명학의 현장」처럼 꽤 방대한 분량인데, 그것은 시카고에서 보낸 1년간의 연구년 동안 일기가 그대로 들어가 있는 까닭도 있으므로, 장차 그 중에서 사적인 부분을 과감하게 빼고 나면 현재보다는 분량이 꽤 줄어들 듯하다.

오후 2시 4분에 김경수 박사로부터 이메일이 왔는데, 부산교통에 7~8차 전화하여 조금 전에야 비로소 조옥환 사장과 통화했다고 한다. 내 일기 중 남명 관련 부분을 출판할 준비가 되었다고만 했는데, 이번 주까지는 조 사장이 버스요금 조정 때문에 매우 바쁘므로 다음 주에 만나자고 한다는 것이다. 오후 5시 33분에 회신을 보내어, 내가 함께 조 사장을 만날 수도 있으며, 만약 내 일기에서 타인의 명예를 훼손할 수 있는 부분이 있어 그런 부분들을 수정해야 할 필요가 있다고 느낀다면 구체적으로 지적해 달라고 했다.

3월

1 (금) 새벽까지 비 온 후 점차 개었으나 강한 바람

삼일절 휴일이라 혼자서 외송에 들어갔다.

「해외견문록」의 퇴고 작업을 계속하여 첫 번째 미국 여행 부분까지 나아갔다.

2 (토) 맑음

아내와 함께 외송에 들어갔다.

이 달부터는 봄이라고 생각하고서 글을 읽는 대신 온종일 농장 일을 할까 생각했으나, 아직은 조금 추운 듯하여 「해외견문록」의 퇴고 작업을 계속했다.

4 (월) 맑음

「해외견문록」의 퇴고는 1998년 태국 여행 부분까지 마쳤다.

5 (화) 맑음

「해외견문록」의 퇴고는 내몽고 여행 부분까지 마쳤다.

오후에 김경수 박사가 찾아와 수일 내로 조옥환 사장을 면담할 예정임을 알리고, 진주교육대학 김낙진 교수의 연구를 위해 내게서 영남대출판부로부터 간행된 『단계일기』 탈초본을 빌려갔다.

6 (수) 맑음

「해외견문록」은 첫 번째 인도여행에까지 나아가 있다.

7 (목) 정오 무렵 부슬비 내리다가 개임

지식을만드는지식으로부터 인세보고가 왔다. 그것에 의하면 내가 번역한 『남명문집』은 총 132부가 제작되어, 정산기간인 2012년 7월 16일부터 2013년 1월 15일까지의 사이에 21부가 판매되었고, 현재 재고는 26부이며, 인세는 37,800원이라는 것이다.

김경수 군으로부터 조 사장과 어렵게 연락이 되었는데, 여전히 매우 바빠서 조 사장이 시간이 나는 대로 김 박사에게 전화를 주어 만날 약속을 잡기로 했다고 한다.

「해외견문록」의 퇴고는 2001년 12월부터 2002년 1월에 걸친 중국 강남 여행 부분까지 나아갔다.

8 (금) 맑음

『선비문화』 제23호(2013·봄)를 읽고서 그 속에 보이는 새 자료들을 「남명학관계기간문헌목록」에다 수록하였다.

「해외견문록」의 퇴고는 2004년 1월의 베트남·캄보디아 부분까지 마쳤다.

9 (토) 맑고 포근한 날씨

혼자서 외송에 들어갔다.

「해외견문록」 중 '러시아 횡단 철도' 부분을 조금 더 검토해 보다가, 점심을 든 후 다시 차를 운전하여 오전 중에 걸어본 산 중턱 길로 다시 올라가 등산로를 따라서 屯鐵山 등반을 해보았다.

11 (월) 맑음

김경수 박사가 나의 부탁에 따라 「남명학의 현장」 원고를 다 읽고서 수정할 필요가 있는 부분들을 표시해 왔기에 그것들을 반영하였다. 그 후 처음부터 다시 읽으며 두 번째로 퇴고하기 시작하여 1988년 6월분까지 나아갔다.

12 (화) 맑음

「남명학의 현장」 2차 퇴고는 1989년 9월분까지 나아갔다.

13 (수) 아침까지 부슬비 온 후 흐림

「남명학의 현장」은 1990년 12월분까지 나아갔다.

14 (목) 맑으나 다소 쌀쌀함

「남명학의 현장」은 1991년 8월 6일 분까지 나아갔다.

15 (금) 맑음

「남명학의 현장」 두 번째 퇴고는 1992년 10월분까지 나아갔다. 어제 오후에 김경수 군이 보내온 이메일에 의하면 조 사장이 너무 바빠서 25일 이후에나 만나자고 한다는 것이었다. 나도 퇴고를 마치기까지에는 어차피 시간이 좀 더 걸리게 되어 있다.

「답사와 등산」 파일의 분량을 검토해 보았더니, A4용지로 862쪽, 원고지로는 7,690.4장의 분량이었다. 너무 분량이 많으므로, 답사 부분과 해외의 등산 부분은 대부분 「남명학의 현장」 및 「해외견문록」에 포함되어 따로 출판될 터이니 여기서는 빼는 것이 좋겠다는 생각이 들었다.

18 (월) 아침까지 비 온 후 개임

「남명학의 현장」 2차 퇴고는 1993년도 분까지 마쳤다.

19 (화) 맑음

오전 중 『염철론』 권3 「通有」 편을 읽고, 오후에는 「남명학의 현장」 2차 퇴고를 계속하여 1995년 3월 26일 분까지 나아갔다.

20 (수) 맑음

「남명학의 현장」 퇴고는 1996년 9월 16일 분까지 나아갔다.

21 (목) 맑으나 꽃샘추위

「남명학의 현장」 2차 퇴고는 97년 8월분까지 나아갔다.

예문서원으로부터 『동아시아의 사상』 2012년 인세계산표가 왔는데, 합계 20부가 팔려 인세는 14,000원이라고 한다.

22 (금) 흐리고 쌀쌀함

「남명학의 현장」 2차 퇴고는 1998년 12월분까지 마쳤다.

25 (월) 꽃샘추위

「남명학의 현장」 퇴고는 2000년 11월분까지 나아갔다.

26 (화) 맑음

『염철론』「錯幣」「禁耕」「復古」 편을 읽고, 「남명학의 현장」 2차 퇴고는 2001년 2월분까지 나아갔다.

27 (수) 맑음

「남명학의 현장」 2차 퇴고는 2001년 11월분까지 나아갔다.

28 (목) 맑음

「남명학의 현장」은 2002년 10월분까지 나아갔다.

29 (금) 맑음

오늘 우송되어 온 『퇴계학과 유교문화』 第52호(경북대학교 퇴계연구소, 2013. 2)에서 경북대 국문과 정우락 교수의 「구암 이정 연구의 반성적 모색」, 함규진 씨의 「17세기 초 조선의 恩義兼盡論 논쟁과 그 정치사상적 의의」 등의 내용을 훑어보고서, 「남명학관계기간문헌목록」에다 추가하였다.

「남명학의 현장」은 2003년 5월분까지 나아갔다.

4월

1 (월) 맑음

「답사와 등산」 파일의 이름을 「국토탐방」으로 바꾸었다. 「남명학의 현장」 2차 퇴고는 2004년 8월분까지 나아갔다.

2 (화) 맑음

오전 중 『염철론』「非鞅」「晁錯」 편을 읽고, 「남명학의 현장」은 2006년 9월분까지 나아갔다.

3 (수) 맑음

「남명학의 현장」 2차 퇴고는 2007년 10월분까지 나아갔다.

4 (목) 맑음

「남명학의 현장」은 2009년 8월분까지 나아갔다.

5 (금) 맑음

「남명학의 현장」 2차 퇴고는 마침내 지난번에 3차로 편집해 둔 것의 마지막 부분인 2013년 2월 17일까지를 마치고서 2월분 끝까지 나아갔다.

6 (토) 비

혼자서 외송으로 들어가 마침내 2차 퇴고를 마쳤다.

농장에는 봄꽃이 절정이었다. 해발 400미터 정도의 조금 높은 곳이라, 매화는 지고 있으나 이제 벚꽃이 절정이고 흰 자두꽃도 화려했다. 복사꽃은 피기 시작하고 있었다.

9 (화) 맑음

안동문화방송의 조동진 기자라는 사람으로부터 전화가 걸려왔다. TV 방송을 위해 남명 관계의 인터뷰를 하러 다음 주 목요일 오후 1시 반에서 2시 사이에 연구실로 방문해 오겠다는 것이었다. 별로 달갑지는 않지만, 멀리서 찾아오겠다는 사람을 거절할 이유도 없을 듯하였다.

오전 중 어제 배달되어져 온 『남명학』 제18집(사단법인 남명학연구원, 2013.3)에 실린 김경수 군의 논문 「유학의 본질과 남명학의 본질」을 읽었고, 이 책에 보이는 새 논문들을 「남명학관계기간문헌목록」에 실었으며, 오후에는 『염철론』 「刺權」 「刺復」 편을 읽었다.

10 (수) 맑음

다시 「해외견문록」의 퇴고에 착수하여 '러시아횡단철도'에서부터 '두 번째 對馬島'까지 나아갔다.

오후에 김경수 군으로부터 전화를 받았는데, 조옥환 사장과 통화하여 내일 오전 9시 30분에 조 사장 사무실에서 만나기로 약속했다고 한다. 오늘은 김 군이 조 사장과 반시간 정도 통화하였는데, 모레인 음력 3월 上丁日의 덕천서원 향례를 계기로 하여 이현재(전 국무총리) 덕천서원장이 조순 씨(전 도산서원장)로 교체되고, 서원의 外任도 하유집·권영달 씨로부터 淸香堂 후손인 이병도 씨와 桐谷 후손인 이왕주 씨로 교체하기로 예정되어 있다고 한다.

조 사장은 현재 남명을 위해 지어진 네 개의 신도비를 모두 세우고, 수우당 최영경을 덕천서원에 復享할 의사를 가지고 있는데, 그 문제와 관련하여서는 내가 이미 논문을 써서 발표한 바가 있다고 했더니 그것을 읽어보고 싶어 했다면서, 『남명학파연구』 중의 '신도비의 재건과 당론의 동향' 및 『남명학의 새 연구』 하권 중의 '덕산비 시비' 부분의 파일을 보내달라는 것이었다. 그 파일들을 찾아서 15시 41분에 김 군에게 이메일 첨부파일로서 부쳤다.

김 군이 내가 중심이 되어 작업하다가 사임으로 말미암아 중단되고 만 『남명집』 정본의 번역 간행 문제를 언급했더니 조 사장은 그것도 이번에 꼭 다시 추진해야겠다고 말했다 한다. 편집 작업은 나의 의도에 따라 사재명 군이 실무를 맡아서 당시 이미 마쳐두었으니, 사 군에게 연락하여 그 파일을 찾아보겠다고 했다.

11 (목) 맑으나 쌀쌀함

「해외견문록」의 퇴고는 '미국에서 보낸 1년' 중 '알래스카' 여행 부분까지 나아갔다.

오후에 김경수 군이 연구실로 찾아와 조 사장을 면담한 결과를 전해 주었다. 10년 이상의 기간 동안 덕천서원의 외임을 맡았던 하유집 씨는 조순 씨에게 전화를 걸어, 자신이 차기 원장이 될 터이니 조 씨는 원장직을 수락하지 말라고 말했었다고 한다. 마침내 새로운 인사가 결정되자, 하 씨의 제의에 의해 H 교수에게 告由文 작성을 의뢰하고 그 대가로서 50만 원을 지불하기로 결정되었다는 것이다.

조 사장은 내 책『남명학의 현장』출판비 1,500만 원 중 1,000만 원만 대겠다고 응답했다고 한다. 그러한 결과를 듣고서 글로벌콘텐츠의 홍정표 대표와 통화하여 그 문제를 상의했다. 홍 대표는 그러한 조건으로 출판을 수락하겠노라고 말했고, 4월 중에 연구실로 방문해 와 구체적인 출판 계획에 대해 상의하기로 했다. 홍 씨가 다른 좋은 책의 출판도 맡겨달라고 하므로,『해외견문록』『국토탐방』의 건에 대해서도 운을 떼 두었다.

12 (금) 맑음

'시카고에서 보낸 1년'의 첫 부분을 새로 편집하여 '알래스카'까지에 이르렀다.

15 (월) 맑음

「해외견문록」의 편집 및 퇴고 작업을 계속하여 '시카고에서 보낸 1년' 중 켄터키 여행 부분까지 나아갔다.

16 (화) 포근한 봄 날씨

「해외견문록」의 편집 및 퇴고 작업을 계속하여 남미 칠레 여행 부분까지 나아갔다.

17 (수) 흐리고 낮 한때 빗방울

「해외견문록」은 미국 서부 철도여행을 마친 후 크리스틴과의 이메일 왕래 부분까지 나아갔다.

18 (목) 맑음

「해외견문록」은 시카고 사우드 배링턴의 조규승 씨 댁 방문 대목까지 나아갔다.

오후 1시 30분 남짓에 안동MBC의 보도팀 부국장인 조동진 씨가 촬영기사 두 명을 대동하여 내 연구실을 방문해 와 남명에 관한 인터뷰를 촬영해 갔다. 한국유학에 관한 3부작 다큐멘터리를 제작한다고 한다. 예전에는 TV 출연을 10번도 넘게 했었으나 근자에는 실로 오랜만이다.

19 (금) 맑음

「해외견문록」은 靑藏열차 대목에까지 이르렀다.

22 (월) 맑으나 다소 쌀쌀함

오전 중 어제 배달된 『씨올의 소리』 2013년 3·4월호(227)의 내용을 훑어보았다. 『씨올의 소리』 뒷면에 난 광고에 의하면 "정본 함석헌 전집을 간행할 필요가 있기 때문에 앞으로 5~8년에 걸쳐서 대대적으로 작업을 진행하려고 합니다. 새로 발견된 글들과 새로 풀어야 할 고전강좌 등을 포함하면 약 40권에서 50권 정도의 분량이 될 것입니다"라고 한다. '새로 풀어야 할 고전강좌'라 함은 아마도 조형균 씨가 보관해 온 녹음테이프들을 말하는 것이 아닌가 한다.

오후에는 「해외견문록」의 퇴고를 계속하여 2010년 8월의 스칸디나비아 여행 대목에까지 이르렀다.

23 (화) 비

「해외견문록」 1차 퇴고 작업은 작년 여름의 중국 실크로드 여행 대목까지 마쳤다. 이제 올 겨울의 인도네시아 여행 부분만 남았으니, 내일이면 모두 끝낼 수 있을 듯하다.

24 (수) 맑음

「해외견문록」의 1차 퇴고를 마치고서, 오전 9시 54분에 글로벌콘텐츠의 홍정표 대표에게 이메일로 보내어 출판가능성을 타진해 두었다. 이어서 2차 퇴고를 시작하여 '첫 미국'의 시카고 도착 부분까지 검토했다. 총 분량은 A4용지 598쪽, 원고지 5,501.9장의 분량이었다. 「남명학의 현장」이 1,236쪽에 9,883.8장의 분량이니, 대략 그 절반 정도 된다.

25 (목) 맑으나 낮 한때 빗방울

동양철학전공 대학원생들 및 강사인 김경수 군과 함께 외송에 다녀왔다. 학생들이 준비해 온 고기 등을 위쪽 별채 부근의 돌판에다 구워먹으며 대화를 나누다가 아래쪽의 본채로 내려와 데커에서 판을 벌이기도 하고, 또 거실로 들어가 놀기도 하였다. 다 함께 개울 건너편의 소나무숲 능선에 있는 松堂 李光坤의 무덤을 찾아가 나의 설명을 듣기도 하였다.

26 (금) 맑음

「해외견문록」의 2차 퇴고 작업을 계속하였다.

오전 10시 반부터 남명학관 남명홀에서 '大笑軒 趙宗道의 行蹟과 思想'을 대주제로 한 2013년 남명학연구소 학술대회가 열렸으므로, 개회 시간에 가서 발표논문집을 한 부 얻어와 거기에 실린 논문들을 「남명학관계기간문헌목록」에다 추가하였다. 『남명학연구』 제37집(경상대학교 남명학연구소, 2013.3)이 배부되어져 왔으므로, 거기에 실린 새 논문들도 목록에 올렸고, 그 중 김경수 군의 논문 「'황극'에서 '중용'으로 다시 '大公'으로—유학의 현대화를 위한 모색—」을 읽어보기 시작했다.

오후 4시의 종합토론 시간에 맞추어 다시 남명홀로 나가 보았는데, 거기서 내 제자 조평래 군을 만났다. 예전에 그가 서울 종로구의 낙산에서 거처하고 있을 때 한 번 찾아가서 하룻밤을 잔 뒤 다음날 서울대 철학과 후배인 정원재·신정근 군과 더불어 넷이서 북한산을 함께 등반한 이래 처음 만난 듯하다. 그는 작년쯤인가 본교 남명학관에서 一山 趙昺奎에 관한 발표가 있었을 때도 와서 참관하여 방명록에 서명을 남겨둔 것을 보았었는데, 이번에도 본교까지 와서 나를 찾아보지 않고 그냥 돌아갈 참이었던 것이다. 휴게시간에 함께 밖으로 나와서 내게 무슨 섭섭한 점이 있느냐고 물었더니, 그렇지는 않고 자기 처지가 부끄러워 그랬다는 것이었다. 현재는 고향인 함안에서 문중 山 만2천 평 정도를 맡아 감 농사를 지으며 문중 일도 보고 있는 모양이었다.

29 (월) 흐리고 낮 한때 부슬비

오전 중 『남명학연구』 제37집에 실린 김경수 군의 논문을 마저 읽은 다음, 「해외견문록」의 2차 퇴고 작업을 계속하여 중국 鄒城·咸陽에서의 국제학술대회 참가 대목까지 나아갔다.

30 (화) 맑음

「해외견문록」 2차 퇴고 작업을 계속하여 '북중국'의 내몽고 초원 부분까지 나아갔다.

김윤수 씨가 회장으로 있는 한국도교학회로부터 제2회 도교학술상 시상식 초대장이 이메일로 왔다. 이에 의하면 내 제자인 김경수 박사가 「진단과 장백단의 도교 내단이론 비교」(경상대학교 경남문화연구원 『남명학연구』 2012. 09)라는 논문으로 그 수상자로 결정되어 5월 8일 오후 7시에 서울 충무로의 대림정에서 시상식을 개최한다는 것이다.

5월

1 (수) 맑음

「해외견문록」은 인도 가르왈 히말라야 부분 중 바드리나트로 가는 도중의 피팔코티 마을 대목까지 나아갔다.

점심 무렵에 서울 강동구 길동 349-6 정일빌딩 401호실에 있는 (주)

글로벌콘텐츠출판그룹의 대표이사 홍정표 씨가 연구실로 찾아왔다. 연구실에서 그가 마련해 온 『남명학의 현장』에 대한 네 가지 출판 사양을 가지고서 좀 협의한 후, 함께 문산읍 이곡리 301-1에 있는 생선구이 전문식당 藝사랑으로 가서 함께 점심을 들면서 협의를 계속했다. 『남명학의 현장』은 하드커버 5책 분량으로 300부를 간행하여 저자인 내게 그 중 150부를 주며, 지난번에 파일로 첨부해 보내 검토해 보도록 한 『해외견문록』의 1차 퇴고분도 출판을 맡아주기로 했다. 그러므로 아직 퇴고 작업을 시작하지 않은 『국토탐방』을 포함한 나의 일기 발췌분 모두에 대한 출판을 맡아주기로 사실상 승낙한 셈이다. 『해외견문록』에 대해서는, 초판에서는 저자에 대한 기증본만을 책으로 받고, 그것이 500부 이상 팔린 단계에 이르면 소급하여 전체 판매 분량에 대해 정가의 1할에 해당하는 인세를 지급받기로 했다.

오후에 대구에 있는 校書館 출판사의 대표 申國澈 씨가 연구실로 찾아와 그로부터 古山子 金正浩의 『靑邱圖』 한 권(민족문화추진회)을 구입하였다. 그와 대화를 하고 있는 중에 국어교육과의 명예교수 조규태 씨로부터 전화가 걸려왔다. 본교 경남문화연구원의 연구교수로 있다가 작년에 재단법인 경주문화유산연구원의 학예연구실장으로 전임하여 갔었던 朴勇國 씨가 1년 만에 그 직장을 사임하고서 진주로 다시 돌아와 오늘 낮에 조 교수와 함께 조 교수 집안의 선조인 曺潤孫의 유적지를 돌아보았으며, 박 씨는 진주시 문산읍의 이곡리 출신이라는 말도 하였다. 반가운 마음에 퇴근 후 6시 30분에 신안동의 한정식점 촉석루에서 농경제학과의 김병택 교수를 포함한 네 명이 만나 저녁 식사를 함께 하자고 했다. 박 씨는 올해 보통나이로 53세인데, 본인은 연구직인 줄로 알고서 경주로 부임해 갔었지만, 알고 보니 사실상 행정직 비슷한 직책이라 적응할 수가 없어 마음고생이 심했다가 올해 2월말로서 사직했다고 한다. 내가 보기에 그는 상당한 학문적 능력이 있는 사람인데, 그 재능에 비해 아직 안정된 직장을 구하지 못하고서 현재 무직의 상태로 있는 점이 안타까웠다.

석식을 마친 후 술을 그다지 즐겨하지 않는 박용국 씨는 귀가하고,

나머지 세 명이 평거동에 있는 베를린으로 장소를 옮겨 독일맥주를 들며 2차를 하였다. 일본에서 부인이 돌아와 있는 김병택 교수도 먼저 돌아간 후 제자인 김경수 박사에게 전화를 걸어보았더니, 얼마 후 그와 함께 『논어』를 읽고 있는 철학과 학생 세 명과 함께 그 장소로 왔으므로, 계속하여 독일맥주와 치즈를 들며 대화를 나누다가 밤 11시 무렵에 귀가하였다. 조규태 교수로부터는 박용국 씨의 논문 「진주지역의 역사 자원으로서 曺潤孫 연구」가 실린 『경남권문화』 제21호(진주교육대학교 경남권문화연구소, 2012. 12) 한 권을 얻었고, 박 씨로부터는 이 논문의 별쇄본 및 그가 최근에 쓴 다른 논문 「경남문화재단의 바람직한 역할 모색」(『경남학』 제33호, 경상대학교 경남문화연구원)을 각 한 부씩 얻었다.

2 (목) 맑음

「해외견문록」 중 2000년 북인도·가르왈 히말라야 부분의 2차 퇴고를 마쳤고, 어제 받은 박용국 씨의 논문 「진주지역의 역사 자원으로서 曺潤孫 연구」를 읽어 제2장 제1절까지 나아갔다.

3 (금) 맑음

박용국 선생으로부터 받은 두 편의 논문을 읽었고, 조규태 교수로부터 받은 박용국 씨의 논문 중 조윤손 관계의 글이 실린 『경남권문화』 제21호의 내용도 훑어보았다. 진주교대에서는 1972년에 진주문화권연구소를 설립하여 1980년 이후로 그 기관지인 『진주문화』를 19호까지 발행해 왔는데, 2010년에 연구소의 명칭을 경남문화권연구소로 바꾸고서 2010년 12월에 『경남권문화』 제20호를 발행한 이래 이것이 그 두 번째 호가 되는 셈이다. 검토를 마친 후 「해외견문록」의 퇴고 작업을 좀 더 계속하여 뉴질랜드 여행 중 밀포드사운드 대목까지 나아갔다.

정오에 인문대학 뒤편 주차장에서 조규태 교수를 만나 그의 승용차에 동승하여 문산읍 이곡리 어수마을에 있는 수궁어탕으로 가서 메기탕으로 점심을 든 후, 함께 그 부근의 문산읍 松谷里에 있는 조윤손의 고향

마을과 亭子里 홍정 마을에 있는 조윤손의 별장 冥鴻亭 터를 찾아갔다. 엊그제 조 교수는 박용국 씨와 함께 이 일대를 답사한 모양인데, 송곡리는 조윤손(1469~1548)의 부친 淑沂(1434~1509) 때 본관지인 창녕으로부터 妻家鄕으로 이주해 온 곳이고, 명홍정은 조윤손이 만년에 지은 것으로서 여기서 만권장서를 소장하고서 유유자적했다고 한다. 송곡리는 회재 이언적의 서자 全仁이 曺玉剛이라는 이름으로 조윤손의 아들이 되어 태어나 성인이 된 후까지 거주한 곳이기도 하다.

조 교수는 송곡리의 조윤손 저택이 있었던 곳이 지금 장로교회가 서 있는 本洞쯤일 것으로 추측하였다. 우리는 그 교회 뒤편의 文化柳氏 재실과 송곡저수지 부근의 晋陽鄭氏 재실 松谷齋에도 들러보았다. 송곡재는 文良公 乙輔 이하의 선조들을 祭享하는 곳이었다. 명홍정의 위치는 지도에는 표시되어 있지 않은 길을 따라서 穎川江을 따라 한참 들어가 길이 막다른 지점에 있는 홍정경로회관 부근쯤일 것으로 조 교수는 추정하고 있었다. 우리는 경로회관에 들어가 故老에게 물어보고자 했더니, 그곳에는 할머니들이 모여 화투놀이를 하고 있었다. 할머니 중에 전화로 마을의 고사에 밝은 사람을 불러주는 이가 있어 머지않아 두 명의 남자 노인이 왔다. 그들의 말에 의하면, 이 마을은 원래 명홍정이라고 불렀고, 마을 사람들은 지금도 조판서의 정자가 있었던 자리라는 사실을 알고 있는데, 일제시기에 홍정으로 개칭했다고 한다. 정자리라는 이름도 명홍정에서 유래한 것이 아닐까 싶다.

우리는 그들을 따라 조판서의 명홍정 터로 전해져 온다는 장소를 찾아가 보았다. 그곳은 경로회관 뒤편으로 좀 떨어진 곳의 바위 절벽 위에 있었다. 예전에는 길이 있었다고 하지만 지금은 잡목에 덮여 있고, 그 속의 잡초를 헤치고 보니 나지막한 돌에 '長江萬里流 白鷗沙頭眠'이라 새긴 것과 자연적으로 훼손되어 이제는 제법 큰 글씨로 된 '乾' 자 하나만이 남아 있는 작은 바위도 있었다. 절벽 바로 앞을 흘러가는 영천강의 건너편으로 지금은 비닐하우스 단지로 되어 있는 곳이 예전에는 백사장이었고, 그 건너편에는 호수가 지금도 남아 있으며, 정면으로 좀 떨어진 곳에는 고성 땅의 蓮花山(526m)과 混沌山(499m)이 바라보였다. 그 부근 지금은 SK송전탑이 서 있는 곳 뒤편의 무승당이라는 지명이 있는 곳에 정자가 하나 세워져 있었다. '무승당'을 '武勝堂'이라는 한자로 비정하면 조윤손의 무인으로서의 공적에 합당한 이름이 될 것이라는 생각도 들었다.

이곡리 어수마을 뒷산에 있는 조숙기·윤손 부자의 무덤 옆에 있는 조규태 교수의 새 밭으로 올라가서 그가 100평 정도 되는 터를 개간하여 최근에 심어둔 감나무를 둘러보았다. 학교로 돌아와 인터넷으로 '명홍정 상량문'을 쳐서 灌圃 魚得江이 지은 그 글의 번역문을 읽어보았다. 인터넷을 접속하다 보니 우연히 정재필이라는 사람이 쓴 논문 「낙강연안을 비롯한 영남지역의 창작현장과 그 유적—<봉산욕행록>을 중심으로—」의 全文을 만나게 되었다. 그것은 한강 정구가 75세 되던 해인 1617년(광해군 9년, 己巳)에 제자들을 데리고서 신병 치료차 동래로 45일에 걸친 온천 여행을 다녀온 기록에 대한 연구였다. 『蓬山浴行錄』은 나도 가지고 있는 글인데, 당시 사림에서 정구의 위상 및 그의 퇴계·남명 嫡傳으로서의 자부심과 권위적인 태도를 알 수 있었다.

마침 내 연구실에 『灌圃詩集』이 있어 그 중 「冥鴻亭上樑文」의 원문과 그 밖에 「配監司靑蘿公遊曺水使冥鴻亭呈靑蘿」라는 제목의 칠언절구 한 수 및 「書冥鴻亭湖船」이라는 제목의 칠언절구 세 수도 확인하였다. 이어서 『진양지』 권2 亭臺 조에서 '명홍정' 부분도 찾아보았다. 거기에는 "冥鴻亭在松谷里, 故判書曺潤孫所構, 朱欄畵棟, 羅絡巖上, 濯纓臺在其下"라 하였고, 이어서 어득강의 상량문과 『관포시집』에 보이는 네 수의 시도 제목 없이 모두 인용해 두었다. 지금의 명홍정 자리가 당시에는 송곡리에 속했음과 그 아래 절벽의 이름이 탁영대였음도 확인할 수 있었다.

6 (월) 초여름 날씨

『灌圃詩集』에 실린 「명홍정상량문」을 여러 차례 읽었고, 또한 같은 곳에 실린 명홍정 관계 詩 4편도 몇 번 읽어보았다. 그런 다음 「해외견문록」의 2차 퇴고를 계속하여 2002년의 남중국 부분까지 나아갔다.

7 (화) 맑음

어제 읽은 『관포시집』 속의 글들을 다시 한 번 검토한 후, 「해외견문록」의 퇴고작업을 계속하여 2003년의 서유럽 여행 중 룩셈부르크 대목까지 나아갔다.

8 (수) 맑음

「해외견문록」은 '러시아횡단열차' 중 바이칼 호수 대목까지 나아갔다.

조교가 성과급연구비 지급을 위한 나의 '항목별 활동실적'을 작성해 왔다. 이것에 의하면, 나는 2012년도에 강의는 22시수 22학점을 담당했으며, 석·박사 지도는 1학기에 박사 1명 석사 1명, 2학기에 박사 1명 석사 3명이었고, 교내봉사활동으로는 도서관운영위원, 교외봉사로는 한국동양철학회 명예회장, 단행본으로 저서 『남명학의 새 연구』 상·하 2책 및 역서 『남명문집』을 출판하였다.

『일본중국학회소식』 지가 부쳐져 왔다. 나는 2011년 이래 이 학회의 회비를 납부하지 않아 현재 누적회비가 21,000엔인데, 장차 회비미납에 의한 자동탈퇴가 되도록 할 생각이다.

9 (목) 맑음

수업을 마친 후 차를 몰아 金谷面 亭子里로 가서 조규태 교수와 박용국 씨 및 조 교수의 문중 사람인 진주의 초대 임업시험장장을 지냈다는 분을 만났다. 조 교수의 문중 분은 임업시험장을 현재의 반성면에 있는 수목원 자리로 옮긴 사람이라고 했다. 그들과 함께 文山面 耳谷里의 魚藪마을로 와서 수궁어탕집에서 함께 점심을 들었다. 알고 보니 박용국 씨는 이 어수마을에서 태어났다고 한다. 나는 지난 3일에 이 일대의 조윤손 유적지를 방문했을 때 홍정마을의 명홍정 유적지로 들어가는 길이 내가 가진 몇 종류의 지도에는 모두 뚜렷이 표시되어 있지 않으므로, 그 정확한 위치를 확인하고자 오늘 그들과 다시 합류한 것이었다.

그곳은 영천강에 걸쳐진 홍정교를 건너기 직전에 강을 따라 이어진

도로를 따라 들어가 막다른 지점이었다. 지난주에 마을 주민의 안내를 받아 조판서의 정자를 찾아갔을 때 확인했던 바위에 새겨진 글자들을 오늘 다시 한 번 찾아보았다. 그러나 조 교수와 박 선생은 이곳은 아마도 명홍정의 동편에 선비 河就演이 짓고 魚得江이 명명했다고 『진양지』에 기록되어진 釣月臺이며, 조윤손의 명홍정은 그보다 더 아래쪽의 홍정경로회관으로 올라가는 어귀 부근에 있는 廢家쯤일 것이라고 추정하였다. 나로서는 『진양지』에 명홍정이 바위 위에 있고, 그 아래에 濯纓臺가 있다고 되어 있으며, 「명홍정상량문」에도 '占一丘之敞軒'이라고 하여 명홍정이 언덕 위에 위치해 있다고 하였고, 조월대에 대해서는 '危若倒墜'라 하여 명홍정보다 훨씬 더 높은 절벽 위에 위치해 있다고 보이므로, 조월대는 해발 120미터쯤 되는 높이의 이 야산을 좀 더 올라간 지점에 있었을 것이라고 본다. 그러나 그들의 견해는 바뀌지 않는 듯하였고, 박용국 씨는 명홍정의 위치를 비정한 글을 이미 한 편 써두었는데 조만간에 남명학연구원이 발행하는 『선비문화』에다 기고할 예정이라고 했다.

박 씨의 안내를 받아, 그 부근 금곡면 儉岩里 雲門洞의 晉陽河氏들이 거주하던 옛 터를 찾아가 보았다. 그곳으로 가는 도중에 박 씨가 舊河道라고 한 仁潭里의 연못 부근을 지나갔다. 여기는 지난번에 홍정마을 사람이 호수 자리라고 하던 곳인데, 박용국 씨의 설명에 의하면 현재의 영천강 가에 높은 제방을 쌓기 이전에 강물이 흐르던 곳이라고 한다. 그러므로 명홍정과 관련한 기록에 자주 보이는 호수의 위치가 어디인지는 여전히 불명하다고 하겠다.

금곡면 검암리 115-1의 雲水堂 자리에 도착하여 마침 그곳을 관리하는 하항식 씨를 만나 안내를 받았다. 운수당은 조선 전기의 문신 河潤(1452~1500)의 堂號로서, 그는 진양하씨 운수당공파의 派祖가 된 사람이며, 문산면 玉山里 원촌에 있었던 鼎岡書院에 봉안된 九先生 중의 한 사람이다. 조월대의 주인인 하취연은 그의 5남 1녀 중 다섯 번째 아들이다. 息山 李萬敷가 지은 「通訓大夫司憲府持平雲水堂河先生行狀」에 의하면 그는 문과에 급제하여 성종 조에 벼슬하였고, 연산군 5년 사헌부 지평으로서

敢言하다가 순천군수로 좌천되어 3년 후에 49세의 나이로 임지에서 죽은 인물이다. 이 행장에도 하윤이 진주 永善縣 松谷里 사람이라고 보이듯이, 이곳 검암리 일대도 당시에는 송곡리에 속했던 것이다.

현재의 운수당은 일제시기에 지어진 재실인데, 경남문화재자료 제401호로 지정되어져 있으며, 그 앞에 역시 3칸으로 된 조선시대 건물 望楸亭이 있고, 운수당의 옆으로는 雲岡書院이라 하여 서원 형식으로 된 서당이 있다. 조윤손의 1남 3녀 중 첫 딸은 하윤의 손자인 결에게 출가하여 아홉 명의 아들을 낳았고, 둘째 딸은 유홍에게 출가하여 자식이 없었으며, 셋째 딸은 정항에게 출가하여 그 부부의 묘가 현재 이곡리의 조윤손 묘 아래쪽에 있다.

망추정은 임진왜란 때 공을 세운 河天瑞·慶灝 부자의 재실인데, 하천서의 호는 望楸軒, 경호의 호는 泣楸이다. 하천서는 임진왜란이 일어나자 의병을 일으켜 군대를 훈련시키고 허물어진 진주성을 수축하고 못을 깊이 파서 장차를 대비하였는데, 후에 그 공이 인정되어 좌승지로 추증된 인물이다. 그는 남명의 둘째 자형인 河公亮의 사위이자 남명의 친우로서 을사사화 때 대사간으로서 죽은 함안이씨 李霖(자 仲望)의 외손으로서, 자가 仲礪인데, 남명과도 가까워 『남명집』에 몇 군데 보이는 인물이다.

연구실로 돌아온 후 한국정신문화연구원이 간행한 『고문서집성』 중 雲門진양하씨 편이 내 장서 중에 있는 줄로 생각하고서 찾아보았으나 보이지 않는지라, 그 대신 『남명집』의 오언절구 중에 보이는 「記夢贈河君幷小序」 및 「遊頭流錄」 23일 조에 보이는 하천서에 관한 기록 및 목판본과 연활자본 두 종류의 『鼎山誌』 중 하윤 관계 부분을 찾아보았다.

어제 오후 6시 45분에 글로벌콘텐츠의 홍정표 대표가 『남명학의 현장』 및 『해외견문록』의 출판계약서 초안을 첨부한 이메일을 보내왔으므로, 그것을 검토한 후 오늘 오전 4시 53분에 회신을 보냈다. 오후 3시 43분에는 홍 씨의 답신 내용을 김경수 군에게 전달하여 조옥환 사장께 『남명학의 현장』 출판에 따르는 비용의 송금 문제를 상의해 보도록 했다.

10 (금) 아침까지 부슬비 내린 후 흐림

어제에 이어 『남명집』 중의 「解關西問答」과 『관포시집』 중 칠언절구의 「釣月堂」 두 수 및 칠언율시의 「釣月堂」 한 수, 그리고 목판본과 연활자본 『鼎山誌』 중의 운수당 하윤 관계 글 등을 두루 읽었다. 칠언절구 「조월당」의 注에 의하면 하취연의 이 집은 그의 본가 북쪽에 위치해 있었고, 어득강 자신이 그 이름을 지었다. 「해관서문답」에 의하면 남명의 장인인 남평조씨 曺琇의 庶妹가 조윤손의 서출 차남이자 曺玉剛(李全仁의 原名)의 同腹 아우인 義山(족보상으로는 義碩)에게 출가하였으므로 남명은 조윤손 집안의 내력에 대해 잘 알고 있었고, 옥강은 조윤손이 죽은 후 나이 40이 가까워서야 조윤손의 사위들에 의해 집안에서 쫓겨나 생부인 이언적의 고향인 경주를 거쳐 귀양지인 강계로 찾아간 것으로 되어 있다.

「해외견문록」의 퇴고는 2005년 6월의 張家界 대목 중 上海 도착 부분까지 나아갔다.

13 (월) 맑음

「해외견문록」은 '시카고에서의 1년' 중 캐나디언 로키 여행을 마치고서 시카고로 돌아온 이후까지 나아갔다.

14 (화) 맑음

「해외견문록」 '시카고에서의 1년' 중 켄터키 여행을 마치고 나서 시카고대학을 방문하는 대목까지 나아갔다.

다음 학기 일반대학원에서 내가 담당하게 될 중국근대철학연습에서는 顔元의 주저인 『四存編』(存治·存人·存學·存性)을 읽기로 마음먹고서 내가 가진 『顔李遺書』 중 顔元 부분의 내용을 훑어보고, 日原利國 編 『中國思想辭典』 중 顔元·李塨·王源·孫奇逢 항목을 찾아보았으며, 錢穆의 『中國近三百年學術史』 중 제5장 '顔習齋·李恕谷' 부분의 내용도 검토하였다.

15 (수) 맑음

「해외견문록」은 2006년 1월 24일 부분까지 나아갔다.

16 (목) 맑음

「해외견문록」의 퇴고 작업을 계속하여 2006년 3월 21일 마이애미의 올랜도 방문 대목까지 나아갔다.

오늘 ≪경남일보≫에서 한문학과의 H 교수(61세)가 제32회 스승의 날을 맞아 학생지도 및 교육발전에 기여한 공로로 국무총리 표창을 수상했다는 보도를 접했다. 본교의 추천에 의한 것일 터이다. 이 기사에서 그가 경상남도 문화재위원, 도사편찬위원회 인물선정위원회 부위원장을 역임하였음도 알았다. 2012년 2월 27일자 ≪경남일보≫에 실린 진주향교 사무국장 심동섭 씨가 쓴 '후원회'라는 제목의 칼럼 기사에서 그 달 18일 연암공업대학 대강당에서 있었던 '실재 H 교수 연학 후원회' 결성식에 참석했던 '경향 각지의 유림 350여 명' 가운데에 경상대 총장도 포함되어 있었다는 내용을 읽었다. 심 씨는 그 추진위원 중 한 사람인데, 스스로 'H 교수의 제자'라고 말하고 있다. H 교수는 퇴계학술상, 사미헌학술상을 수상하였으며, 한문학회 회장과 李家源 선생의 제자들로서 구성된 淵民학회의 회장도 역임한 것으로 되어 있다.

19 (일) 아침까지 부슬비 내리고 오후에 개임

혼자서 외송에 들어갔다. 2층 서재에서 「해외견문록」의 퇴고 작업을 계속하여 멕시코시티 여행 중 과달루페 성당 방문 대목까지 나아갔다.

20 (월) 맑음

「해외견문록」의 퇴고 작업을 계속하여 2009년 1월 13일의 그리스 여행 끝 날까지 나아갔다.

21 (화) 맑음

「해외견문록」의 2차 퇴고 작업을 계속하여 2010년 8월의 스칸디나비아 여행 부분까지를 마쳤다.

22 (수) 맑음

「해외견문록」의 2차 퇴고는 2013년 1월 19일 인도네시아 발리의 울루와뚜 절벽사원 대목까지 나아갔다. 내일이면 마침내 마칠 수 있을 듯하다.